Christian Schubert

Der neue französische Traum

Christian Schubert

Der neue französische Traum

Wie unser Nachbar seinen Niedergang stoppen will

Frankfurter Allgemeine Buch

Bibliografische Information der Deutschen Nationalbibliothek
Die Deutsche Nationalbibliothek verzeichnet diese Publikation
in der Deutschen Nationalbibliografie; detaillierte bibliografische
Daten sind im Internet über http://dnb.d-nb.de abrufbar.

Christian Schubert
Der neue französische Traum
Wie unser Nachbar seinen Niedergang stoppen will

Frankfurter Societäts-Medien GmbH
Frankenallee 71–81
60327 Frankfurt am Main
Geschäftsführung: Oliver Rohloff

Erste Auflage
Frankfurt am Main 2017

ISBN 978-3-95601-202-0

Frankfurter Allgemeine Buch

Copyright	Frankfurter Societäts-Medien GmbH
	Frankenallee 71–81
	60327 Frankfurt am Main
Umschlag	Julia Desch, Frankfurt am Main
Satz	Wolfgang Barus, Frankfurt am Main
Titelbild	© Blackspring/Shutterstock
Druck	CPI books GmbH, Leck

Printed in Germany

Für Rosemarie Schubert

Sommaire

Vorwort   9

Frankreichs Träume   14

Dreißig glorreiche Jahre   26

Frankreich heute: Abstieg einer Industrienation   37

Wo sind die Jobs?   59

Mehr Arbeit für weniger: die 35-Stunden-Woche   76

Der Terror, der aus der Vorstadt kommt   83

Gewerkschaften: Grüße aus der Vergangenheit   105

Staatsausgaben: Frankreichs „nationales Genie"   117

Frankreich und das Geld der anderen   152

Auf der Suche nach dem französischen Liberalismus   166

Wie die Franzosen den Liberalismus erst erfanden und dann abschafften   177

Die wirtschaftsliberale Revolution   205

Die Wende zum Etatismus   224

Wo der Staat Konzerne lenkt   234

Französische Gründerzeit – die Start-ups   238

Wo Frankreichs Elite herkommt   248

Frankreichs globale Konzerne   257

Das neue politische Personal:
Emmanuel Macron – Marine Le Pen   293

Nachgefragt beim Altersweisen   308

Ausblick   313

Danksagung   320

Der Autor   320

Vorwort

Wir alle kennen das: Frankreich ist ein Land zum Leben, nicht zum Arbeiten. Beneidenswert, womit unser Nachbar so gesegnet ist: Natur in vielfältiger Schönheit, Kultur in allen ihren Ausprägungen, bedeutende Geschichte aus jeder Epoche und eine Sprache, die in den Ohren wie Musik klingt. Kein Geschmack bleibt vernachlässigt: Champagnerreben, soweit das Auge reicht, Weinberge in unüberschaubarer Zahl, herausgeputzte Châteaux, idyllische Dörfer, malerische Täler, atemberaubende Gebirge, lange Sandstrände — und Paris mit seinen alten Mauern, seiner modernen Baukunst, seinen Museen, Theatern und Kinos. Verliebte Paare flanieren durch die Gassen, in unnachahmlicher Lässigkeit bevölkert der Pariser die Cafés und Restaurants. Falls Gott nicht sowieso in Frankreich leben sollte, so „öffnet" er nach einem alten Sprichwort in Momenten der Langeweile zumindest „das Fenster und betrachtet die Boulevards von Paris".[1] Die Krönung der französischen Kultur, die Küche, ist eine Feierstunde der Lebenslust. Sie beginnt mit raffinierten Appetithäppchen, die das Französische zelebriert wie keine andere Sprache — als „amuse-bouches", als Gaumen-Amüsement. Zwei Stunden später ist das kulinarische Hochamt mit der verwirrend großen Käseauswahl immer noch im Gange. Danach kommt noch das Dessert, die Crème brûlée, die Mousse au chocolat, das Soufflée Ananas-Passion, das Sorbet banane-passiflore …

Ganz klar, Frankreich ist ein Land für das Pläsier, nicht für die Plackerei. Doch arbeiten müssen die meisten Menschen dort leider auch, trotz all der Verlockungen, es nicht zu tun. Darum soll es in diesem Buch vor allem gehen. Dabei wird sich zeigen, dass das Angenehme mit dem Nützlichen durchaus vereinbar ist. Die Franzosen brillieren immer dann, wenn ihnen diese Verbindung gelingt.

Seit rund 13 Jahren versuche ich nun, Frankreich als Journalist arbeitend „zu bewältigen", es zu verstehen und möglichst wahrheitsgetreu zu beschreiben. Meist konzentriere ich mich dabei auf Wirtschaftsthemen, dafür habe ich das Land kreuz und quer bereist, seine Menschen befragt und beobachtet. Von meiner Heimat aus gesehen, nahe der französischen Grenze bei Freiburg, war Frankreich immer schon mehr als ein Nachbar, es war eine Faszination. Nicht selten fuhren wir in den siebziger Jahren zum Einkaufen auf die andere Rheinseite. Dort beeindruckte das riesige Lebens-

---

1 Heinrich Heine: Französische Zustände, S. 80, Köln 1995.

mittelangebot in Supermärkten, die das Personal schon damals mit Rollschuhen durchkreuzte. Nicht wenige Deutsche hatten jenseits der Grenze auch Arbeit gefunden. Gastfreundschaft und die hervorragende Küche im Elsass waren die ersten Erinnerungen. 2004 dann, bei meiner Ankunft als Auslandskorrespondent, hatte sich eine leichte Skepsis entwickelt. Ein Studium der Wirtschaftswissenschaften an der Universität Köln, dessen sehr deutsche ordo-liberale Prägung auch durch ein Auslandssemester in Paris nicht erschüttert wurde, zudem vier Jahre in der Frankfurter Wirtschaftsredaktion der F.A.Z. sowie acht Jahre als Korrespondent im „ultraliberalen" Großbritannien — all das geht nicht spurlos vorüber und lässt eine gewisse Prägung zurück. Sie verleitet zur Annahme, dass es ein Land wie Frankreich eigentlich gar nicht geben könne. Eine Wirtschaft, die der Staat organisiert, müsse doch früher oder später ins Unheil führen. Nach einiger Zeit stellt sich dann aber heraus, dass das Land immer noch existiert. Die meisten Menschen gehen weiter zur Arbeit und abends in die Restaurants. Die Metro fährt auch fast immer, und die Bäcker backen ihre Baguettes wie eh und je.

Alles wie gehabt? Überhaupt nicht. Der Wandel in den Schattierungen zwischen schwarz und weiß kommt zum Vorschein, wenn man genau hinsieht. Manches Vorurteil verbleicht. Wieso sind die Pariser eigentlich abends immer so lange im Büro? Genießen sie nicht die 35-Stunden-Woche? Müssen sie nicht ihre Kinder aus der Crèche abholen, zumal meistens beide Eltern arbeiten? Wenn ich dagegen abends in Deutschland anrufe, ist meistens keiner mehr da. Frankreich zählt auch viel weniger staatliche Firmen als Deutschland, und die Franzosen gründen im Durchschnitt jeden Tag rund 1500 Unternehmen — deutlich mehr als die Deutschen. Manche von ihnen expandieren in die ganze Welt. Dienstleistungen sind da, wenn man sie braucht. Mein gut sortierter Supermarkt um die Ecke ist jeden Abend bis um 22 Uhr geöffnet, außer am Sonntag, wenn er um 13 Uhr schließt. Der Laden befindet sich nicht in Paris, sondern in einem kleinen Vorort, wo man etwa so einkaufen kann wie in Amerika, denn die großen Hypermarchés sind auch ganz in der Nähe. Hat das alte französische Konzept des „Laissez-faire" doch seine Spuren hinterlassen?

Gleichzeitig lamentieren alle über die Krise, die Regierung, Europa und — noch schlimmer — die Globalisierung. Auch das ist eine alte Gewohnheit, und doch bleibt nichts beim Alten. Manchen Niedergang spürt man zunächst kaum, weil er sich einschleicht. Irgendwann kommt ein Punkt, an dem es nicht mehr beim Jammern bleibt. Dann schlägt ein Land eine neue Richtung ein — die Frage ist nur, ob es sich auf sich selbst zurückzieht oder sich für die Zukunft öffnet.

Der Blick auf unsern Nachbarn ist wichtig, denn Deutschland braucht Frankreich heute mehr denn je. Nach dem Brexit-Votum haben wir keinen anderen europäischen Partner von ähnlichem Gewicht. Der Wechsel im Präsidentenamt der Vereinigten Staaten erfordert eine enge Zusammenarbeit im deutschen, französischen und europäischen Interesse. Nationale Alleingänge führen nicht weit. Die großen Herausforderungen von den Flüchtlingswellen über den Klimawandel und die Terrorgefahr bis zur Euro-Krise können nur grenzüberschreitend gelöst werden. Frankreich ist unser Schlüssel zu Europa.

Lange Zeit herrschte die Idee vor, dass Europa durch die Aufnahme neuer Länder immer größer werde. Deutschland wie Frankreich sollten Seite an Seite das Gebilde zusammenhalten. Wohlstand, Sicherheit und Freiheit würden sich dann immer weiter ausbreiten. Der eine organisiert die Nordländer, der andere kümmert sich um den Süden. Zusammen bringen sie die unterschiedlichen Interessen auf einen Nenner. Soweit der Plan. Er funktionierte eine Weile und brachte Frieden sowie wirtschaftlichen Wohlstand. Doch diese Arbeitsteilung innerhalb des Führungstandems setzt ein Gleichgewicht voraus. Es ist verloren gegangen — nicht nur weil Deutschland wegen der Wiedervereinigung politisch erwachsen geworden ist, sondern mehr noch durch den wirtschaftlichen Abstieg Frankreichs. Deutschland war politisch einst der Jüngling und Frankreich die Vaterfigur. Heute haben sich die Rollen vertauscht. Frankreich stieg vom Senior- zum Juniorpartner herab. Durch die schrecklichen Terroranschläge ist das französische Selbstvertrauen zusätzlich angeschlagen. Tiefe Verunsicherung hat sich breit gemacht. Die Flüchtlingswelle verschärft die Ängste der Menschen.

„Was wir wollen, ist ein starkes Deutschland und ein starkes Frankreich, prosperierend, frei, sicher, solidarisch, Herren ihres Schicksals", verkündete einst ein französischer Präsident im Bundestag. Es war François Mitterrand im Januar 1983 zum 20. Jahrestag des deutsch-französischen Freundschaftsvertrages. Mehr als drei Jahrzehnte später muss dieses Ziel als verfehlt gelten, vor allem in wirtschaftlicher Hinsicht. Gut ein halbes Jahrhundert lang waren beide Länder füreinander jeweils der wichtigste Handelspartner. Damit ist jetzt Schluss. Die Vereinigten Staaten von Amerika sind seit 2015 der größte Kunde deutscher Waren. Bei den Einfuhren auf den deutschen Markt verdrängten die Lieferanten aus China und aus den Niederlanden (wegen des Hafens von Rotterdam) die französische Wirtschaft schon vor geraumer Zeit.

Dabei hätte unser Nachbar alle Voraussetzungen, um in der globalisierten Welt erfolgreich zu bestehen: Die Bevölkerung wächst, so dass Frankreich 2050 mehr Einwohner haben könnte als Deutschland.[2] Zudem verfügen die Franzosen über eine gute Infrastruktur, einen funktionierenden öffentlichen Dienst, eine brillante Ingenieurselite, weltweit aufgestellte Konzerne, quirlige Unternehmensgründer und ein Bildungswesen mit einigen Stärken. Doch Frankreich ist erst bequem und dann mutlos geworden. Seine Politikerkaste hoffte lange Zeit, dem Bruch mit alten Gewohnheiten entgehen zu können. Privilegien haben sich überall verfestigt und werden mit Zähnen und Klauen verteidigt. Die staatliche Neuverschuldung übersteigt seit vielen Jahren das Wirtschaftswachstum. Frankreich braucht sie wie eine Droge.

So finden sich die Deutschen heute alleine an der Spitze Europas wieder. Zu ihrem Bedauern ist es um sie einsam geworden. Deutschland will und kann Europa aber nicht als Single führen. Die zu erwartenden Spannungen mit den Anführern anderer Machtblöcke von Donald Trump bis Wladimir Putin verlangen eine gemeinsame Stärke. Daher ruhen große Hoffnungen auf dem Nachbarland. Allein schon in Fragen von Verteidigung und Sicherheit sind Frankreichs Erfahrung und Sinn für Realpolitik unverzichtbar. Es gibt ohnehin kein Entkommen aus der deutsch-französischen Zweisamkeit. Durch den Euro und die EU sind die Schicksale der beiden Nachbarländer eng aneinander gekettet. In beiden Ländern findet die Zugehörigkeit zu Währungs- und Europäischer Union weiterhin breite Unterstützung. Die Eurorettung wäre ohne Frankreich nicht denkbar gewesen, denn das Land schultert fast die gleiche Last wie Deutschland. Nach dem Brexit werden die Franzosen die zweitgrößte Volkswirtschaft der EU haben, die Nummer Zwei im Euroraum sind sie schon seit Gründung der Währungsunion. So gilt weiterhin: Wenn sich Deutsche und Franzosen nicht einig sind, geht in Europa gar nichts.

Wer Frankreich nicht versteht, versteht damit auch nicht das Umfeld für Deutschlands Zukunft. Dieses Buch soll Einblicke in das Innenleben unseres Nachbarlandes schaffen. Es schaut zurück und nach vorne, versucht die Chancen für einen Neubeginn sowie die Blockaden zu beschreiben. Es geht ebenso um die geistigen Grundlagen wie um das konkrete Leben — im Beruf, in der Arbeitslosigkeit oder im Ruhestand. Der Schwerpunkt liegt auf der wirtschaftlichen Entwicklung, denn sie ist die Voraussetzung für alles andere. François Hollande scheiterte vor allem, weil er die Arbeits-

2 Schätzung von Eurostat, 8. Dezember 2014.

losigkeit nicht verringerte. In den Augen der Franzosen waren seine Präsidentschaftsjahre eine verlorene Zeit.

Mit seinem jungen Nachfolger Emmanuel Macron hat ein neuer Versuch begonnen, den Niedergang Frankreichs zu stoppen und den Wiederaufstieg zu beginnen. Er ist nicht der Erste, der den Franzosen die Wende verspricht. Die alten Beharrungskräfte sind weiter da. Die extremen Parteien am rechten wie am linken Rand nutzen die Verunsicherung der Bürger rücksichtslos aus. Sie wünschen sich das Land in eine Zeit zurück, die es nicht mehr gibt. So bleibt jeder Wandel ein steiniger Weg. Doch der Blitzaufstieg von Macron steht auch für einen neuen Realismus im Lande. Der Mann im Elysée-Palast versucht, den Menschen keine falschen Versprechungen zu machen, er sucht einen Fortschritt, der die Franzosen nicht überfordert, aber dennoch voranbringt. Der ehemalige Investmentbanker ist kein typisches Produkt der Politikerkaste. Frankreich wagt mit ihm ein riesiges Experiment. Die etablierten Parteien sind gedemütigt, denn als Verfechter des Stillstandes haben sie ihren Vertrauensvorrat aufgebraucht. Viele Franzosen sehnen sich nach einem Ende der Erstarrung. Zumindest in den Debatten kommen die Herausforderungen Frankreichs in ungewohnter Offenheit zur Sprache. Führt dies auch zu einem echten Kurswechsel? Wird das neue politische Personal seiner Verantwortung gerecht? Ein neuer Traum ist auf jeden Fall geboren. In den kommenden Jahren wird er in der Wirklichkeit getestet.

Paris, Mai 2017

Frankreichs Träume

In unserer täglichen Hektik, geplagt von unseren Sorgen und Nöten tut es manchmal gut, kurz die Augen zu schließen, sich zurückzulehnen und die Gedanken in eine andere Welt wandern zu lassen. Eine Welt, in der alle Bürger gleich sind, Faulheit und Habgier abgeschafft wurden und die Menschen in wenigen Stunden mehr erarbeiten als sie brauchen. Reiche „mit Gold in den Händen und Niedertracht in den Herzen" kennt diese Welt nicht mehr. Wer Vermögen besitzt, verwendet es für Wissenschaft und Kunst. Jedermann „ist simpel und bescheiden" bekleidet, von Bettlern fehlt jede Spur, die Kranken werden in Krankenhäusern geheilt, die es überall gibt. Die Gleichheit ist nicht absolut. „Unterschiede zwischen den Menschen bewirken naturgemäß lediglich die Tugend, das Genie und die Arbeit. Aber Schmarotzer und Nichtstuer gibt es nicht mehr." Die Wohlhabenden lassen prächtige Gebäude errichten und tun sich durch ehrenvolle Unternehmungen hervor. „Ihr Geld fließt nicht in den unreinen Schoß einer Beischläferin oder zu jenem strafwürdigen Tisch, auf dem drei Würfel rollen."

Keine soziale Klasse muss zum Vorteil einer anderen darben. „Ein Fürst lässt nicht dreihundert Leute arbeiten, um zwölf Gästen ein Essen zu geben. Er macht aus seiner Tafel keine Opernbühne, er sucht keinen Ruhm zu erwerben aus einer wahren Schande, nämlich einer übertriebenen, sinnlosen Verschwendung". Es gibt weder Mönche noch Pfaffen, noch Dienstboten, unnütze Knechte, noch „Hersteller kindischer Luxusartikel". Die Kinder gehen auf „Schulen der vier Nationen", in denen sie Italienisch, Englisch, Deutsch und Spanisch lernen. Doch das Französische hat die Oberhand. Griechisch und Latein wird nicht mehr gelehrt.

Die Welt ist harmonisch und friedlich. „Die Fackel des Krieges ist für immer erloschen. Die Herrscher haben sich endlich dazu bequemt, auf die Philosophen zu hören." Alle Einwanderungsfragen sind einvernehmlich geklärt. „Der Inder und der Chinese sind unsere Landsleute, sobald sie einen Fuß auf unseren Boden setzen. Wir gewöhnen unsere Kinder daran, die ganze Welt als eine und dieselbe Familie zu betrachten, die unter den Augen des Vaters aller versammelt ist". Der Buchdruck hat die Erleuchtung gebracht: „Durch die Verdoppelung ihrer Kenntnisse haben die Menschen gelernt, einander zu lieben und zu achten". Die Nationen haben enge Bündnisse geschmiedet. „Zwei edelmütige Völker hassen einander nicht mehr, nur weil sie sich törichterweise die Feindschaft, die ihre Herren gegeneinander hatten, zu Eigen machten. Wir haben unsere Einsichten und Künste zusammengebracht, über alles besteht Austausch in einem für beide Seiten gleich vorteilhaften Grade." Die Menschen kommen sich über die Grenzen hinweg näher: „Die empfindsamen Engländerinnen zum Beispiel passen vorzüglich zu unseren Franzosen, die doch ein wenig zu viel Leichtsinn besitzen, und unsere Französinnen haben die melancholische Laune der Engländer auf wunderbare Weise zu mäßigen gewusst."

Wir schreiben das Jahr 2440. Ein Franzose hat genau 672 Jahre geschlafen und ist erwacht. Mit großen Augen geht er umher, schnell findet sich ein freundlicher Begleiter, der ihm die schöne neue Welt erklärt. „Heiliges, verehrungswürdiges Jahr 2440", ruft der Franzose. Leider darf er nicht lange bleiben. Nachdem er dem weinenden Ludwig XIV. zwischen den Trümmern von Versailles begegnet ist, muss er zu seinem Bedauern wieder in die Wirklichkeit zurückkehren.

Das Science-Fiction-Werk stammt von dem französischen Schriftsteller Louis-Sébastien Mercier. 1771 hat er seine Zukunftsutopie unter dem Titel „L'an 2440" veröffentlicht. Das geschah zunächst anonym in Amsterdam, denn das Buch galt zu Recht als scharfe Kritik an der absolutistischen Monarchie Frankreichs. Bald wurde der Roman ein Bestseller, in Leipzig kam schon ein Jahr später eine deutsche Übersetzung heraus.[1] Goethe und Schiller waren davon höchst angetan. Es war ein früher George Orwell, doch ins Zuversichtliche gewendet: Fast ein halbes Jahrtausend nach „1984" war die Welt von ihren Übeln geheilt. Der Roman spiegelt die Lebendigkeit der Debatten im vorrevolutionären Frankreich wider, das mit Inbrunst alternative Gesellschaftsentwürfe, neue Regierungsformen und ein anderes Wirtschaften diskutierte. In den Pariser Salons entstand damals ein Ideengemisch, dessen revolutionäre Explosion einige Jahre später sich noch kaum jemand ausmalen mochte. „L'an 2440" war die Projektionsfläche all derjenigen, die eine andere Welt wollten: eine Welt der Rationalität, der Gewaltenteilung, der bürgerlichen Verantwortungsgemeinschaft, mit natürlicher Religionsausübung, einem humanen Strafsystem und ohne Sklaverei.

Eine Welt auch, in der die Wirtschaft wie geschmiert läuft: „Brauchbare Erzeugnisse werden reichlich und in jeder Art hergestellt, das Überflüssige geht ins Ausland, und wir beziehen dafür zusätzliche Lebensmittel". Kanäle durchziehen das Reich und gestatten einen ungehinderten Verkehr.

---

1 Louis-Sébastien Mercier: Das Jahr 2440. Ein Traum aller Träume, Leipzig 1772, neue Übersetzung: Frankfurt 1982.

Die Saône ist mit Mosel und der Loire verbunden. „Der Handel verbreitet seine Schätze von Amsterdam bis Nantes und von Rouen bis Marseille". Überall werden die Felder bestellt, die Bauern genießen hohes Ansehen und Monopole sind verboten.

Der Brotpreis schwankt im Jahr 2440 auch nicht mehr, weil man Getreidespeicher errichtet hat, „die stets voll sind für den Notfall, und wir sind nicht mehr so dumm, unser Brot ins Ausland zu verkaufen, um es dann drei Monate später dreimal so teuer wieder einkaufen zu müssen. Man hat die Interessen des Anbauers und des Verbrauchers aufeinander abgestimmt, und es kommen alle beide dabei auf ihre Kosten. Die Ausfuhr ist nicht verboten, weil sie großen Nutzen bringt; aber man hat ihr vernünftige Grenzen gesetzt. Ein einsichtsvoller und redlicher Mann wacht über die Einhaltung dieses Gleichgewichts, und er schließt die Tore, sobald sich die Waage zu sehr nach der einen Seite senkt."

Selbst die Staus im Straßenverkehr sind verschwunden. Es gibt „nicht mehr den lächerlichen und beleidigenden Anblick von tausend Karossen, die so ineinander verkeilt waren, dass sie drei Stunden lang warten mussten, während der schwerreiche, verblödete Fahrgast, der sich kutschieren ließ und vergessen hatte, dass er Beine zum Gehen besaß, an der Wagentür schrie und wehklagte, dass er nicht fort konnte".

Mercier, der Vater dieser Vision, war politisch ein heller Kopf. Als ob er die Revolution kommen sah, schrieb er, dass die Bastille 2440 „bis auf die Grundmauern abgerissen ist". Einen König gibt es weiterhin, er ist aber ein weiser Mann, der oft zu Fuß durch die Stadt geht, „und wenn er müde ist vom vielen Gehen, wählt er den Laden eines Handwerksmannes, um sich auszuruhen". Jedes Jahr fastet er drei Tage lang, damit er sein Mitleid für die Armen behält. Den Garten der Tuilerien hat er für das Volk geöffnet. Der Staat ist eine Republik mit einem aufgeklärten Herrscher geworden. Mercier bezeichnete sich später denn auch als „den echten Propheten der Revolution". Paris rühmte er als das Zentrum aller Idealisten, die eine Experimentierstube für ein besseres Leben suchten.

Schöne neue Welt

Sich die Welt schön denken, an das Gute im Menschen glauben, Utopien statt finsteren Zukunftsbildern — all das ist ein fester Bestandteil der französischen Geistesgeschichte. Die großen frankophonen Philosophen legten dafür die Saat aus, allen voran Jean-Jacques Rousseau mit seiner

Vision einer Gesellschaft voller gleicher, tugendhafter Bürger, die einem Naturzustand nahe sind. Merciers Erzählung knüpft an Rousseau an, er wird in seiner Zukunftswelt verehrt. Warum haben die Franzosen eine solche Freude an der Utopie? Vielleicht liegt es daran, dass es die kleine Herrscherelite von Versailles bis zur Revolution besonders wild getrieben hatte mit ihrem ebenso korrupten wie despotischen Regierungssystem, das die Wirtschaft hemmte und damit das Volk verarmen ließ. Auf jeden Fall debattieren die Franzosen schon lange große Gesellschaftsentwürfe mit heißer Leidenschaft. Viele radikale Ideen und Zukunftsvisionen sind in Frankreich entstanden. Pierre-Joseph Proudhon (1809–1865) entwickelte etwa die These, nach der Eigentum Diebstahl sei, und wurde so zum Vordenker der Anarchisten.[2] Die Forderung nach Gleichheit als Endzustand und nicht nur als Chancengleichheit machte sich besonders in Frankreich breit. In seinen populären Schriften verdammte der italienisch-stämmige Revolutionär Philippe Buonarroti (1761–1837) „die Ordnung des Egoismus". Charles Fourier (1772–1837), einer der größten Utopisten, beklagte die Habgier und Ineffizienz des „kommerziellen Geistes", der in der englischen Gesellschaft zum Höhepunkt komme.[3] Etliche Autoren zitierten auch aus dem Evangelium und entwickelten die christliche Soziallehre. Die Ideen des Grafen Saint-Simon schufen den Frühsozialismus. Manche wollten es nicht nur bei geistiger Arbeit belassen. Etienne Cabet (1788–1856) schrieb erst den populären Zukunftsroman „Reise nach Ikarien" und machte sich danach an die reale Umsetzung. In seiner Idealwelt lenkt der Staat das Wirtschaftsleben und legt die Zahl der Arbeiter fest, die Industrie, Handel und Landwirtschaft zugeordnet werden. Die Arbeitszeit wird verkürzt, und Maschinen nehmen den Menschen schwere Arbeiten ab. Strenge Reglementierung ist die Voraussetzung dieses Systems. Der Staat kontrolliert die Werke der Künstler und genehmigt nur die Arbeiten mit einem sozialen Nutzen. Mitte des 19. Jahrhunderts wanderte Cabet mit ein paar Hundert Gleichgesinnten in die Vereinigten Staaten aus. Seine in Texas gegründete Gemeinschaft fand dort aber kein bleibendes Zuhause, sie zog von Bundesstaat zu Bundestaat und kam nie zur Ruhe. Schließlich verstieß sie ihren Guru, weil er zu despotisch geworden war. Das Experiment war gescheitert.

Die Kommune von Paris war auch so ein Versuch am lebenden Bürger. Sie hielt 1871 für zwei Monate die ganze Hauptstadt in ihrem Griff. Der Aufstand richtete sich nicht nur gegen die Invasion der deutschen Armee am

2 Sudhir Hazareeshingh: Ce pay qui aime les idées, Flammarion, Paris 2015, S. 116.
3 Charles Fourier: Théorie des quatre mouvements et des destinées générales, Leipzig 1808, S. 369.

Ende des deutsch-französischen Krieges, er hatte das Ziel, die Utopie einer Volksherrschaft Wirklichkeit werden zu lassen. Wieder tobten die Debatten. Mehr als 70 Zeitungen wurden in der zehnwöchigen Kommunenzeit gegründet. Doch auch dieser Traum platzte. Die Regierungstruppen schlugen die Rebellion brutal nieder und Tausende starben.

Frankreich ist „das Land, das die Ideen liebt". So beschreibt es der in Oxford lehrende Politologe Sudir Hazareesingh. Aufgewachsen im Inselstaat Mauritius, den die Franzosen „Ile de France" nannten, als sie dort noch Zuckerrohr anbauten, ist Hazareesingh einer der scharfsinnigsten Frankreich-Kenner, weil er einen Blick ohne Vorbehalte auf das Land wirft. Bis heute ist Französisch die Muttersprache der Oberschicht und der Medien von Mauritius. So bekam Hazareesingh französische Kultur schon eingeimpft, bevor er nach Europa übersiedelte. Seine Bewertung ist von viel Empathie geprägt, er hält die Franzosen für das intellektuellste Volk der Welt, das die Geistesgeschichte bleibend prägte. Die französischen Gedankenblitze hätten aber auch viele Utopien voller irrationaler, ja esoterischer Inhalte hervorgebracht, merkt er an. Ihr vorherrschender Ansatz ist universell angelegt: Frankreich denkt immer gleich für die ganze Welt mit, auf dass seine Ideen nicht nur die Franzosen beglücken. Der Revolutionär und Theoretiker Louis-Auguste Banqui (1805–1881) träumte von der Diktatur des Proletariats als Mittel zum „Glück für die künftige Menschheit", das auf dem Recht auf Arbeit und Wohnen fußen sollte. Die Brüderlichkeit, die in der Revolution zum Grundwert erhoben wurde, war der Schlüssel zu diesem Glück — ohne nationale Grenzen über die Kulturräume hinweg. Als selbstempfundene geistige Avantgarde genoss Frankreich ein Überlegenheitsgefühl, das in einen ausgeprägten Missionierungsdrang mündete. In der Kolonialpolitik hätten die Franzosen nicht nur strategische und ökonomische Interessen zu verfolgen, sondern auch „die Pflicht, niedrigere Rassen zu zivilisieren", forderte der französische Politiker und Schulgründer Jules Ferry 1884. Später verschafften sich die Stimmen des Respekts für andere Kulturen aber auch Gehör. Der sozialistische Anführer Jean Jaurès (1859–1914) verteidigte die muslimische Zivilisation, „die so viel beigetragen hat in der Philosophie, der Wissenschaft und der Kunst". 1904 gründete er die Zeitung „L'Humanité", was sowohl als Menschlichkeit wie als Menschheit übersetzt werden kann.

„Das Ziel der Gesellschaft ist das gemeinsame Glück", steht schon in der Französischen Verfassung von 1793. Das Glück der Menschen ist ein zentraler Begriff. Liberale Denker sind demgegenüber vorsichtiger. Sie wollen lieber Freiheitsräume schaffen, die der Einzelne füllen kann, wie er will. Daher sehen sie für die öffentliche Hand keinen Glücks-Auftrag. „Niemand kann mich zwingen, auf seine Art glücklich zu sein", meinte schon Immanuel Kant. In linken Kreisen Frankreichs haben sich die Glücks-Pläne dagegen gehalten. Die Kommunisten spielen heute politisch kaum eine Rolle mehr, doch ihr Gedankengut erzeugt immer noch Anziehungskraft. Die Monatszeitschrift der Kommunistischen Partei, La Revue du projet, widmete ihre Juni-Nummer 2016 alleine dem Begriff des „Glücks".[4] Der Staat sei für den „bonheur" der Menschen verantwortlich, lautet die Botschaft. „Die Kommunistische Partei Frankreichs muss dringend zur Partei des Glücks für alle gemacht werden", schrieben die Autoren. Der Linkspolitiker Jean-Luc Mélenchon spricht von den „sozialen Bedingungen für den Zugang zum Glück". Um „die Wege dorthin zu verbreitern, müssen die Ketten der Menschen durchschlagen werden".

Doch Frankreichs große Ideengeschichte erschöpft sich natürlich nicht nur in Phantasien und Wunschträumen. Schließlich hatte schon sein großer Philosophensohn René Descartes (1596–1650) die Vernunft zum obersten Prinzip erklärt („Ich denke, also bin ich"). Er forderte unbezweifelbare Einsichten und machte sich damit die Religion zum Feind. „Er täuscht sich oft, doch er träumt niemals", schrieb der Philosoph und Politiker Victor Cousin im 19. Jahrhundert über Descartes. Voltaire war als Gegenspieler von Rousseau ebenfalls ein großer Realist. Französische Intellektuelle zeigten auch immer wieder erstaunlichen Weitblick: „Ein Tag wird kommen, wo zwei immense Gruppen, die Vereinigten Staaten von Amerika und die Vereinigten Staaten von Europa, die einen gegenüber den anderen, sich die Hand über das Meer reichen, ihre Produkte, ihren Handel, ihre Industrie, ihre Kunst und ihre Ideen austauschen. (...) Und zu diesem Tag wird es keine 400 Jahre brauchen." So sprach Victor Hugo in seiner Eröffnungsrede beim „Kongress des Friedens" in Paris 1849. Er schlug nicht nur vor, die Vereinigten Staaten von Europa zu gründen, sondern sah auch die Einführung einer gemeinsamen Währung sowie die Reisefreiheit für die Menschen voraus. Sein Optimismus reichte sehr weit: „Ein Tag wird kommen, wo Ihr, Frankreich, Russland, Italien, England, Deutschland, all ihr Nationen des Kontinents ohne die besonderen Eigenheiten Eurer ruhmreichen Individualität einzubüßen, Euch eng zu einer höheren Gemeinschaft zusammenschließen und die große europäische Bruderschaft begründen werdet (...) Ein Tag wird kommen, wo es keine anderen Schlachtfelder mehr geben wird als die Märkte, die sich dem Handel öffnen, und der Geist, der sich den Ideen öffnet." Bei der Einbeziehung von Russland in eine europäische Gemeinschaft lag Hugo bisher falsch, und den englischen Wunsch nach

---

4 La Revue du projet du Parti communiste français: Dossier „Le Bonheur", Nummer 58, Juni 2016.

Eigenständigkeit — Stichwort Brexit — sah Hugo auch nicht. Aber sonst hält seine Vision dem Realitätstest durchaus Stand. Dabei ist seine Frist von 400 Jahren noch lange nicht abgelaufen.

Und dennoch: Die französischen Mahner des Realismus fanden, dass sie im großen Strom der Utopien oft untergingen. Der große Liberale Alexis de Tocqueveille klagte im 19. Jahrhundert über die Intellektuellen: Sie misstrauten den Tatsachen und gefielen sich nur darin, möglichst kühne Gesellschaftskonzepte zu erdenken — je allgemeiner, umso besser. Lösungen fänden nur dann Beachtung, wenn sie mit den bestehenden Verhältnissen radikal reinen Tisch machten, schimpfte Tocqueville. Der Essayist Emile Montégut schrieb 1858: „Es gibt kein anderes Volk, in dem die abstrakten Ideen eine so große Rolle gespielt haben, dessen Geschichte solche unbezwingbaren philosophischen Tendenzen bezeugt und wo die Einzelnen sich um die tatsächlichen Verhältnisse so wenig kümmern."[5] Hazareesingh drückt es mit dem Understatement eines Oxford-Professors und mit Verweis auf die gleichlautende Kritik des Ethnologen Claude Lévi-Strauss so aus: „Die intellektuellen Entwürfe aus Frankreich sind spekulativ in dem Sinne, dass ihr Räsonnement nicht unbedingt in der empirischen Wirklichkeit verankert ist". Man könnte auch einfacher sagen: „Tant pis pour les faits" — was kümmern mich die Fakten. Wie wäre es anders zu erklären, dass Jean-Paul Sartre nach der Rückkehr von einer Reise in die Sowjetunion 1954 sagte: „Die Freiheit der Kritik ist in der UDSSR total."[6] In das gleiche Muster passt die Aussage der früheren sozialistischen Umweltministerin Ségolène Royal, die als dritthöchstes Regierungsmitglied im Dezember 2016 dem Begräbnis von Fidel Castro beiwohnte. Der Lider Maximo sei ein „Monument der Geschichte", sagte sie während ihres Besuches, in Kuba herrschte „die Freiheit der Religionen und des Bewusstseins". Von den politischen Häftlingen in Castros Diktatur wollte sie nicht sprechen. Zu den Menschenrechtsfragen kursierten viele „Desinformationen", sagte Royal. Man sollte Castro stattdessen huldigen, denn schließlich sei er auch einem großen Vorbild gefolgt: Ihm sei es zu verdanken, dass „sich die Kubaner von der Französischen Revolution inspirieren ließen, ohne dass sie die Terrorherrschaft kennengelernt haben".

Wunschbilder, Utopien, Träume — sie inspirieren die französische Politik bis heute. Anders als in Deutschland hat das Wort „Traum" in Frankreich in der Politik einen guten Klang, es kann geradezu zum Kampfbegriff werden. „Faire rêver", jemand zum Träumen einladen — das ist nicht nur

---

5 Emile de Montégut, Libres Opinions morales et historiques, Paris, 1858, S. 3.
6 Libération, 15 juillet 1954.

eine Redensart, sondern eine Erwartungshaltung der Wähler. Der Politiker hat eine Ausnahmegestalt zu sein, die im Bürger die Vorstellungskraft erweckt, ihm werde eine bessere Welt gebaut. Der französische Präsidentschaftskandidat François Hollande hielt im Januar 2012 in Le Bourget eine Rede, die seinem Wahlkampf für die Präsidentschaft viel Zündkraft verlieh. Vor 25.000 begeisterten Zuhörern nahm er 22 Mal das Wort vom „Traum" in den Mund. Er begann mit einem Zitat von Shakespeare. „Sie sind gescheitert, weil sie nicht mit dem Traum begonnen haben." Dann kündigte er an, seine Nation mit dem Traum der Franzosen aufs Neue zu bezaubern, jenem „Traum, den die Bürger durch die Jahrhunderte seit der Französischen Revolution zärtlich in sich trugen, dieser Traum vom besseren Leben, dieser Traum, eine bessere Welt zu hinterlassen, dieser Traum vom Fortschritt, dieser Traum, immer wieder neue Etappen der Menschheit zu erreichen. Dieser Traum gehört uns nicht alleine. Es ist aber so, dass wir, Frankreich, die Republik erfunden haben. Wir waren es, die das Ideal einer Gesellschaft hochhielten, wir glauben daran, dass die Gesellschaft die Emanzipation jedes Einzelnen ermöglichen kann, wenn sie sich organisiert, sich die erforderlichen Mittel gibt und Gleichheit, Freiheit und Brüderlichkeit zu ihrer Lebensweise macht".

Der französische Traum — „das ist unsere Geschichte", rief Hollande und nannte als Meilensteine die Gründung der 3. Republik 1870, die Befreiung 1945, den Widerstandskampf gegen die deutsche Besatzung, den Studentenaufstand im Mai 1968 und die Wahl von François Mitterrand zum Präsidenten 1981. „Der französische Traum ist das Vertrauen in die Demokratie, die Demokratie, die stärker ist als die Märkte, stärker als das Geld, stärker als der Glauben und die Religion. Der französische Traum ist die Vollendung des republikanischen Versprechens im Hinblick auf die Schule, den Laizismus, die menschliche Würde und das Allgemeinwohl. Der französische Traum, das ist der Schmelztiegel, der den Menschen aller Hautfarben die gleichen Rechte ermöglicht und die gleichen Pflichten abverlangt. Der französische Traum ist die Bekräftigung universeller Werte, welche die Grenzen und die Nationen übersteigen."

So sprach Hollande in einer Rede, die noch Jahre danach beachtet wurde — allerdings wegen einer anderen Passage: „Mein wirklicher Gegner, das ist die Welt der Finanzen", mit diesem Bekenntnis gab er seinem Wahlkampf einen strammen Linksdrall, der zum späteren Triumph beitrug. Auch diese Wendung gehört ins Reich des Traumes, denn welcher Staat kann heute ohne die Finanzwelt auskommen? Hollande hatte schon 2011 ein Buch mit gesammelten Ansprachen und Interviews unter dem Titel

„Der französische Traum" herausgebracht.[7] Im Vorwort hieß es: „Dieser französische Traum bedeutet, dass jede Generation die Aussicht hat, besser zu leben als die vorhergehende. Er verkörpert die in die Tat umgesetzte Gleichheit. Diesen französischen Traum will ich in das Bewusstsein aller zurückbringen."

Was aus diesem Traum wurde, ist bekannt: Hollandes Amtszeit war fast bis zum Ende von steigender Arbeitslosigkeit begleitet und von den furchtbaren Terroranschlägen überschattet. Ohne jede Chance auf die Wiederwahl trat er im Präsidentschaftswahlkampf 2017 gar nicht mehr an.

Stimmungswechsel

Schon vor Hollande sind die Präsidenten mit blassen Bilanzen abgetreten. Seit Jahrzehnten haben die Franzosen das Gefühl, auf der Stelle zu treten. Im Elysée-Palast gaben sie sich die Klinke in die Hand, doch jeder Hausherr mutete dem Volk nur ein striktes Minimum an Unannehmlichkeiten zu. Die Folge waren hohe Staatsschulden, wirtschaftliche Stagnation und Arbeitslosigkeit. Die Welt wandelte sich mit wachsender Geschwindigkeit, in Frankreich aber verharrte weitgehend der Status quo. Die Politiker meinten, sie könnten die Herausforderungen der Globalisierung mit Nichtbeachtung bestrafen.

Die Geduld vieler Franzosen mit ihrem Führungspersonal ist zur Neige gegangen. Wie aber soll es weitergehen? Die einen sagen, Frankreich finde sein Heil nur in der Abschottung. Den Glauben an seligmachende Gleichheit durch staatlichen Dirigismus halten sie dabei wach. Sie träumen den alten Traum vom französischen Super-Sozialstaat weiter und verbinden ihn mit dem neuen Traum vom Rückzug auf sich selbst. Marine Le Pen ist die „Marianne" der so träumenden Franzosen, sie ist die Leitfigur des Front National — einer Partei, die nicht neu ist, sondern schon 1972 gegründet wurde. Neu ist dagegen, dass ihre Isolierungspläne auch am linken Rand des politischen Spektrums auf Zuspruch stoßen.

Daneben verschafft sich eine neue Strömung Gehör: Träume sind schön und gut, sagen ihre Anhänger, Träume sind unverzichtbar; ohne sie gäbe es keinen Fortschritt. Doch was ist, wenn sich die Träume zu weit von der Realität entfernen? Bleiben sie dann nicht reine Kopfgeburten, Luftschlösser und damit Trugbilder?

7 Le rêve français: Discours et entretien de François Hollande (2009–2011), Paris 2011.

Ende August 2016 hielt ein Mann eine Rede, den man fast vergessen hatte. François Fillon hatte als Premierminister fünf Jahre lang im Schatten des hyperaktiven Präsidenten Nicolas Sarkozy gestanden. Nach der Abwahl von Sarkozy und einem Nachfolgestreit um die Parteiführung war Fillon aus dem Blickfeld verschwunden. Der Franzose aus dem ländlich geprägten Departement Sarthe nördlich der Loire war ohnehin nicht der Typ, der sich immer in den Vordergrund drängte. Im Stillen und mit viel Fleiß arbeitete Fillon an seiner Rückkehr. Lässig in ein weißes Hemd gekleidet, Knopf offen, setzte der Ex-Premier in einer Sommerrede 2016 unter dem freiem Himmel seiner Heimatstadt Sablé-sur-Sarthe ganz neue Akzente: „Ich bin nicht da, um die Franzosen zum Träumen zu bringen", rief er seinen Anhängern zu. „Im echten Leben werden die Träume nur selten wahr", sagte er, „die Franzosen sind keine Kinder, denen man zum Einschlafen schöne Geschichten erzählt. Es ist genau dieses Verhalten, das der Keim unseres Niedergangs ist. Ich bin kein Marktschreier, kein Opportunist, kein Mann ohne Überzeugungen, kein Interpret eines Drehbuchs, das die Umfrageinstitute geschrieben haben. Ich will mit dieser Politik der Illusionen und der unhaltbaren Versprechen brechen". Stattdessen wolle er den Franzosen reinen Wein einschenken, denn sie könnten die Wahrheit über den Zustand ihres Landes vertragen. Fillon brachte ein Buch heraus — sein Titel: „Faire" („Machen"), und ungeschrieben stand dahinter: Nicht träumen.

Die Botschaft kam bei Millionen von Franzosen an. Bei den Vorwahlen des bürgerlich-konservativen Lagers ließ er politische Schwergewichte wie den Ex-Präsidenten Nicolas Sarkozy und den ehemaligen Premierminister Alain Juppé weit hinter sich. Die Überraschung war perfekt. Zumindest die bürgerliche Rechte und viele Angehörige der politischen Mitte wollten nichts mehr vom Träumen hören. Der selbsternannte Macher Fillon nannte es nicht so, doch auch ihn motivierte ein Traum: „Ich will Frankreich in zehn Jahren zur führenden Macht in Europa machen", sagt er — und damit Deutschland überholen, versteht sich.

Fillons Pläne kennzeichnete eine Radikalität, die man in Frankreich so nicht gekannt hatte. Staatliche Regeln zurückdrängen, den Unternehmen Freiräume schaffen, Steuern und Staatsausgaben senken — das waren die wichtigsten Zutaten seiner schwer verdaulichen Kost. Offen bekannte er sich sogar zum wirtschaftsliberalen Erbe von Margaret Thatcher. Für einen führenden Politiker aus Frankreich wäre das früher einem Selbstmordversuch gleichgekommen.

Der Selbstmord fand statt, aber auf eine andere Art als erwartet. Der Januar 2017 brachte die große Entzauberung des François Fillon. Die französische Presse kam dahinter, dass er seiner Frau auf Kosten der Steuerzahler viele Jahre lang ein üppiges Salär als parlamentarische Beraterin verschafft hatte, obwohl sie offenbar kaum für ihn gearbeitet hatte. Sein problematisches Verhältnis zu Geld und Etiketten des Reichtums erschien in grellem Licht. Das Saubermann-Image platzte wie eine überhitzte Glühbirne. Wie sollte dieser Mann glaubwürdig für Einsparungen und Mehrarbeit eintreten können? Fillon stolperte letztlich über sich selbst.

Der einstige Favorit, der zum größten Verlierer dieser Wahl wurde, hinterließ dennoch Spuren. Seine Gegner forderten jetzt nicht nur eine verstärkte „Moralisierung" der Politik, dank Fillon war auch ein Realitätssinn entstanden, über den die Politik seither nicht mehr hinwegsehen kann.

Emmanuel Macron hat Fillons Weckruf ebenfalls gehört. Der junge Mann war die Entdeckung dieses Wahlkampfes. Er hatte die Politik als Wirtschaftsberater von François Hollande und dann als Wirtschaftsminister kennengelernt. Nach nur wenigen Lehrjahren entschloss er sich, seine eigenen Spielregeln einzuführen. Macron verließ die sozialistische Regierung, die zu einem sinkenden Schiff geworden war, und er baute eine Bewegung auf, die Frankreichs Politik völlig umkrempeln sollte. Sie brachte die Sozialistische Partei an den Rand der Explosion und gewann die Herzen der Franzosen. Er sei nicht links oder rechts, sondern für das, was funktioniere, sagte der junge Politiker. Mit solchen Aussagen entledigte er sich bewusst des ideologischen Ballastes der Vergangenheit, wie es zuvor schon in Großbritannien ein Tony Blair oder in Deutschland ein Gerhard Schröder getan hatte.

Auch Macron träumt seinen Traum. Er fordert eine Rückkehr zum „Traum der Produktion, die im Herzen unserer Geschichte und Identität steht".[8] Seit jeher treibe dieser „produktive Traum" Frankreichs Unternehmer und Beschäftigte an. Es gäbe keine dringendere Aufgabe, als daran wieder anzuknüpfen. Macron schwebt der Wiederaufbau der Industrie unter grüngefärbten Vorzeichen an. Der junge Politiker verbindet Klugheit und Mut mit Charisma, Redegewandtheit, Kampfbereitschaft und taktischem Gespür, daher ist er das erfrischende Element der aktuellen französischen Politik. Seit Napoléon Bonaparte gab es in Frankreich keinen so jungen Machthaber mehr. Seine Unerfahrenheit birgt Gefahren, die Unterstützung des Parlaments ist ungewiss. Doch die Altpolitiker stecken tief in der

---

8 Emmanuel Macron: Révolution, Paris 2016, S. 75.

Sinnkrise. Auf Macron ruhen nun große Hoffnungen, auch wenn er völlig ungetestet ist und hinter sich eine weitgehend unbekannte politische Truppe geschart hat.

Macron will ein Wirtschaftsprogramm umsetzen, das etliche liberale Elemente enthält. Es sieht weniger harte Sparmaßnahmen vor, als sie Fillon wollte. Konservative Werte in gesellschaftlichen Fragen von der Skepsis gegenüber der Homo-Ehe bis zur strikten Begrenzung von Einwanderung lehnt Macron ebenfalls ab. Er verspricht nicht nur Blut, Schweiß und Tränen, sondern auch sozialen Ausgleich. Damit kommt er bei vielen Franzosen an.

Macrons Traum ist somit ein anderer als der seiner Vorgänger. Es ist der Traum von Chancengleichheit, nicht von der Gleichheit im Endergebnis, es ist ein Traum der Eigeninitiative und Unabhängigkeit, die den Menschen die Selbstverwirklichung erlaubt. Er bezeichnet sich als einen Anwalt der politischen Mitte, die Frankreich bisher nicht getestet habe. Das alte Wechselspiel zwischen links und rechts will er beenden, weil sich die Lager entweder blockierten oder die Politik ihrer Vorgänger rasch wieder rückgängig machten. Das Ergebnis war Stagnation. Als Macron noch Mitglied der sozialistischen Regierung war, tat er etwas Unerhörtes: Er rief die jungen Leute dazu auf, nicht nur Millionäre, sondern gleich Milliardäre werden zu wollen. Die Start-up-Kultur, die sich in der ganzen Welt ausgebreitet hat, ist auch seine Kultur. Sein Erfolg ist der eines politischen Start-up-Unternehmens. Sein Traum ist nicht mehr nur ein französischer Traum, er ist der Traum einer globalen Jugend. Mit seiner 2016 gegründeten „Bewegung" „En Marche!" („Vorwärts!") will er das politische Leben erneuern. Zehntausende von Franzosen haben sich den „marcheurs" angeschlossen.

So wirkt Frankreich plötzlich wieder jung. Das politische Personal scheint einen neuen, einen pragmatischen Weg zu suchen. Eine Lust am Aufbruch ist zu spüren, wenn er auch von vielen Zweifeln begleitet wird.

Aufbruch, doch um wo anzukommen? Will man an früheren Ruhm anknüpfen? Werfen wir einen Blick zurück in die jüngere Vergangenheit Frankreichs. Es geht um eine Periode, der viele nachtrauern. Sie wird sich nicht zurückholen lassen, aber vielleicht könnte sie die Franzosen motivieren, wieder an sich zu glauben.

Dreißig glorreiche Jahre

Jede Minute der Reise war im Voraus geplant. Schon Wochen vorher hatten die Zeitungen den Ablauf genau beschrieben. Am Freitag des 7. Mai 1971 begab sich Präsident Georges Pompidou auf den Flugplatz Le Bourget bei Paris. Zwei Minuten früher als vorgesehen, um 14.38 Uhr, hob sein Flugzeug mit ohrenbetäubendem Lärm von der Erde ab. Sanft drückte es Pompidou in die Lehne seines Sitzes, durch die kleinen Fenster beobachtete er, wie erst die Landschaft und dann die Wolken vorbeirasten. Es dauerte nicht lange, da überflog sein Flugzeug schon Le Havre an der normannischen Küste. Zu sehen war die Hafenstadt nicht mehr. Pompidou flog in einer Höhe von mehr als zehn Kilometern. Dann ging es hinaus über den Atlantik. Der Chefpilot André Turcat hob das Flugzeug jetzt auf siebzehn Kilometer und drückte die Schubhebel ein weiteres Mal nach vorne. Für genau sechzehn Minuten flog die Maschine mit mehr als 2200 Stundenkilometer — zweimal so schnell wie der Schall.

Der Präsident flog in einem Flugzeug, das es eigentlich gar nicht geben konnte. Spitz wie ein Pfeil und laut wie Donnerhall verband es die Kraft eines Kampfjets mit der Eleganz einer Passagiermaschine — eine Königin der Lüfte, die aber noch nicht gekrönt war. Die Concorde war die Zukunft der Luftfahrt, die in der Gegenwart vorbeischaute. Sie symbolisierte wahr gewordene Science-Fiction.

Bequem in Anzug und Krawatte gekleidet, jagte Pompidou über die Wolken. Neben ihm saß der Manager Henri Ziegler, Chef des französischen Concorde-Herstellers SNIAS, der ihm Fotos aus Broschüren zeigte. Dabei rauchte Pompidou eine Zigarette. Als die Maschine den Atlantik überflog, fühlte sich Pompidou bemüßigt, zu den Franzosen zu sprechen. Daher durchbrach an diesem Tag nicht nur ein französischer Präsident erstmals die Schallmauer, es kam auch zur Weltpremiere eines Hörfunkinterviews aus einem Überschallflugzeug. „Der Flug ist ruhig und sanft", berichtete Pompidou den Hörern von France Inter mit viel Rauschen im Hintergrund, „wenn ich von weitem nicht sehen würde, wie außergewöhnlich schnell die Küste Frankreichs vorbeizöge, würde ich gar nicht merken, dass ich mit mehr als 2200 Kilometern in der Stunde fliege". Schon Jahre zuvor hatte der französische Philosoph Roland Barthes von der „Vernichtung des Raumes" geschrieben — die „Paradoxie nämlich, dass ein Übermaß

Präsident Pompidou in der Concorde beim Hörfunkinterview
Quelle: Airbus Heritage)

an Geschwindigkeit sich in Ruhe verwandelt".[1] In der Concorde traf diese Analyse mehr denn je zu. Der Präsident saß in der Testmaschine mit der Nummer 001, die noch mit Messgeräten vollgestopft war. „Ich befinde mich hier in einem Laboratorium", erzählte Pompidou seinen Hörern. Bis zum ersten kommerziellen Flug der Concorde sollten noch fast fünf Jahre vergehen.

Um 15.55 Uhr landete der Präsident an diesem Freitag bei bedecktem Himmel auf dem Flughafen Toulouse-Blagnac. In einer Stunde und 15 Minuten hatte er 1600 Kilometer zurückgelegt. Nun begann das irdische Besuchsprogramm von Pompidou: Stehend in einem offenen Cabriolet traf er in Toulouse ein, vor ihm eine Eskorte aus zwölf Motorrädern, hinter ihm eine Wagenkolonne mit Citroën-Limousinen. Die Stadt war begeistert, dicht gedrängt säumten die Bürger den Straßenrand. Seit seinem Besuch von Lyon vor einem halben Jahr hatte der Präsident der Provinz keinen offizi-

---

1 Roland Barthes: Mythen des Alltags, Original von 1957, dt. Übersetzung, Berlin 2015, S. 121.

ellen Besuch mehr abgestattet. Das Capitole, den Stadtpalast von Toulouse, betrat Pompidou durch die Porte du Donjon, wo die Bürger im Mittelalter Schießpulver gelagert hatten, um sich gegen Angriffe der Spanier zu schützen. Der Bürgermeister überreichte dem Präsidenten einen Originalbrief von Baudelaire, den der Schriftsteller mit siebzehn seiner Mutter gewidmet hatte. Dann wandte sich Pompidou auf dem Balkon des Capitole an die Bürger. „Die Größe eines Landes wie Frankreich verlangt es, dass Tag für Tag ein neuer Stein zu unserem Bauwerk hinzugefügt wird. Mit Ihnen werden wir das Gebäude bis in den Himmel der Concorde bauen!", rief er und fügte hinzu: „Frankreich ist heute wieder Herr seines Schicksals — so wie schon lange nicht mehr". Die Menge jubelte.

Später lud man in der Präfektur von Toulouse aus Anlass des hohen Besuches zu einem Festessen. Gereicht wurde geschmorter Wolfsbarsch und gebratener Lammrücken zu Steinpilzen und Bohnen, dazu ein erlesener Rotwein des Château Cheval Blanc, Jahrgang 1962. Wieder ergriff der Präsident das Wort: Er rühmte das Bevölkerungswachstum Frankreichs und seine wirtschaftliche Kraft. „Unsere Industrieproduktion steigt seit zehn Jahren stärker an als in den anderen westlichen Ländern. Mit unserem Volkseinkommen haben wir Großbritannien überholt. In den Spitzentechnologien wie Nuklearenergie, Weltraum, Luftfahrt, Elektronik, Informatik und Meeresforschung gehören wir zu den Besten der Welt". Der Präsident begnügte sich nicht mit einer Demonstration von Stolz und Selbstbewusstsein, sondern wies dem französischen Volk auch den Weg in die Zukunft: „Unsere industrielle Kraft ist noch nicht ausreichend. Wir haben vor, sie in den nächsten zehn Jahren zu verdoppeln". Frankreichs Kompass deutete dabei nur in eine Richtung — auf die Industrienation östlich des Rheins. „Durch unsere Aufholjagd schließen wir die Lücke zur Produktion von Deutschland. Beim Sozialprodukt pro Kopf werden die beiden Länder in zehn Jahren auf dem gleichen Stand liegen".[2]

Frankreich in den frühen siebziger Jahren: Unser Nachbar war damals eine Speerspitze des technischen Fortschritts, ein Symbol der Modernität. Das Land war drauf und dran, an alte Größe anzuknüpfen. Die historische Statur verband sich scheinbar spielend mit dem Vertrauen in die Zukunft. Die sogenannten „dreißig glorreichen Jahre" waren auf ihrem Höhepunkt angelangt. Der Ökonom Jean Fourastié hatte so das französische Wirtschaftswunder nach dem Ende des Zweiten Weltkrieges getauft

---

2 http://bcl.unice.fr/politext/database/XXsiecle/Pompidou/PompidouTextes.html#_ Toc377647026.

und darüber einen Bestseller geschrieben.[3] Es war die Epoche, nach der sich die meisten Franzosen heute noch zurücksehnen, egal ob sie Realisten oder Träumer sind. Diese drei Jahrzehnte sind ihr Referenzpunkt für Größe und Wohlstand, und Pompidou war der Repräsentant dieser Zeit. Mitte 1969 hatte er die Nachfolge des Weltkriegshelden Charles de Gaulle angetreten. Der ehemalige Rothschild-Bankier war ein Technokrat mit wirtschaftsliberalen Zügen, er verkörperte ein anderes Frankreich. „Der Mann, der die Porsches und Saint-Tropez liebte, wollte die Erfordernisse der Industrie mit der neuen Gesellschaft versöhnen", schrieb später der Historiker Jacques Marseille.[4]

Die Ölkrisen, die der goldenen Epoche ein abruptes Ende bereiten sollten, waren damals noch nicht absehbar. Ehrgeizige Großprojekte wurden auf den Weg gebracht. Sie überschritten technische Grenzen, waren aufregend und schön. Der 1965 eröffnete Mont Blanc-Tunnel erweckte den Eindruck, Berge ließen sich wenn schon nicht versetzen, so doch als Hindernis ignorieren. Staumauern in den Alpen, mehr als hundert Meter hoch, zeugten vom Willen, sich die Natur Untertan zu machen.

Die technische Machbarkeit ließ die Ästhetik nicht in Vergessenheit geraten. Frankreich war das Land des elegantesten Autos der Welt — der „DS" oder wie die Franzosen sagten: „Déesse", die „Göttin" von Citroën. Der Philosoph Roland Barthes setzte sie mit den großen gotischen Kathedralen gleich — eine „epochale Schöpfung, die mit Leidenschaft von unbekannten Künstlern entworfen wurde und von deren Bild, wenn nicht von deren Gebrauch ein ganzes Volk zehrt, das sie sich als ein vollkommen magisches Objekt aneignet".[5]

In den siebziger Jahren begannen auch die Planungen für das französische Netz der Hochgeschwindigkeitszüge. „Frankreich hört nicht auf, die Welt mit den Errungenschaften seiner Ingenieure und den Fähigkeiten seiner Arbeiter zu erstaunen", verkündete Präsident François Mitterrand im September 1981 bei der Einweihung der ersten TGV-Strecke.[6] Sie verband Paris mit Lyon in nur zwei Stunden und 40 Minuten. Überall wurde gebaut. Neueste Kernkraftwerke schossen aus dem Boden, die Weltraumrakete

---

3 Damit spielte er auf die französische Juli-Revolution von 1830 an, die als die „Trois Glorieuses" den dreitägigen Sturz der Bourbonen mit der Machtergreifung des Bürgertums in einem liberalen Königreich bezeichnet. Jean Fourastié: Les Trente Glorieuses ou la révolution invisible, Fayard, Paris 1979.
4 Jacques Marseille, Nouvelle Histoire de la France, Paris 1999, S. 425.
5 Barthes, S. 196.
6 http://discours.vie-publique.fr/notices/817128000.html.

Ariane flog ins All, der Internet-Vorläufer Minitel kam in die Haushalte. Frankreich versuchte sich auch als Computernation. Der Hersteller Bull sollte IBM Konkurrenz machen, so zumindest der Wunsch der Politiker, der einige Jahre danach auch Wirklichkeit wurde. Mitte der sechziger Jahre hatte der Bull-Rechner „Alpha 60" sogar in einem Kinofilm von Jean-Luc Godard Berühmtheit erlangt. Der Computer kontrollierte die Stadt Alphaville, in der menschliche Gefühle verbannt waren. Eddie Constantine jagte als Geheimagent Lemmy Caution den bösen Drahtzieher „Professor von Braun" in einem technikskeptischen Science-Fiction-Film. Auf der Berlinale gewann der Streifen den Goldenen Bären.

Angst vor dem technischen Wandel blieb in der Realität jedoch weitgehend den Intellektuellen überlassen. Die Gegner großer Bauprojekte, der Atomkraft oder der Opferung von Naturflächen waren eine Minderheit. Das Volk dagegen genoss den Stolz, dass „Le France" als größtes Kreuzfahrtschiff der Welt die Meere durchkreuzte. De Gaulle ließ in Algerien Atombomben und im Südpazifik Wasserstoffbomben testen. Für seine Unabhängigkeit scheute Frankreich weder Aufwand noch Risiken. Technischer Fortschritt und nationale Größe gingen Hand in Hand. Die Studentenproteste hatte nur ein kurzes Beben ausgelöst. Im Mai 1968 spielte die Jugend mit den später hinzugekommenen Gewerkschaften Revolution, doch nicht sehr lange. Auf dem Campus lasen sie Marcuse und Trotzki, debattierten über den Strukturalismus und den Nouveau Roman. Truffaut und Godard erfanden das Kino neu, und Sartre stritt mit Aron über die moderne Gesellschaft. Doch die Jugend träumte auch davon, einen „Floride" zu fahren, das schnittige Cabriolet von Renault, und Johnny Hallyday sang „Cheveux longs – idées courtes" (Lange Haare – kurzgreifende Ideen). Schnell gewann der Wohlstandstaumel wieder die Oberhand.

Ganz klar: Es hatte schon sorgenvollere Zeiten gegeben. Die Löhne stiegen zweistellig, und überall eröffneten sich neue Möglichkeiten. „Moulinex befreit die Frau", verkündete der gleichnamige französische Küchengerätehersteller. Das Kochen wurde automatisiert und damit scheinbar kinderleicht. Die Lebensmittel kaufte sich die moderne Frau rasch in den „Hypermarchés" zusammen. Schon in den sechziger Jahren waren sie fußballfeldgroße Supermärkte, nur mit dem Auto erreichbar. 1963 war der erste „Hypermarché" Frankreichs eröffnet worden.

An Modernität standen die siebziger Jahre unserer Gegenwart in nichts nach. Die damalige Generation reiste beispielsweise viel schneller als wir heute – jedenfalls wer sich eines der teuren Flugtickets in einem Überschallflugzeug leisten konnte. Heute erreicht ein Langstreckenflugzeug

Produktion des Renault Floride
Quelle: Renault

nur die halbe Geschwindigkeit einer Concorde, wir reisen ungefähr immer noch so schnell (oder langsam) wie schon die Menschen Ende der fünfziger Jahre. Die Concorde dagegen verband Paris und London mit New York in dreieinhalb Stunden. Sie war das Lufttaxi des internationalen Jetsets. Der Donnervogel stellte sich auch in den Dienst der Wissenschaft. Am 30. Juni 1973 flog die Maschine 74 Minuten lang im Schatten des Mondes. Noch nie zuvor und auch danach nicht blickten Menschen so lange auf eine Sonnenfinsternis. Weil die Concorde so schnell war, konnten acht Wissenschaftler an Bord das Naturspektakel in aller Ruhe filmen und auswerten. Auf der Erde sind dafür nur sechs bis sieben Minuten Zeit.

Das Wirtschaftswunder à la française weckte große Hoffnungen. Weder der Himmel noch entferntere Sphären setzten der Nation Grenzen. So eroberte Frankreich auch den Weltraum, erst für die militärische Verteidigung und dann als kommerzielles Geschäftsfeld. Schon 1961 gründeten die Franzosen ihre Weltraumbehörde Cnes. Vier Jahre danach starteten sie vom Versuchsgelände Hammaguir in der Sahara Algeriens ihren ersten Satelliten, der die Trägerraketen der französischen Atomstreitmacht kontrollierte. „Félicette" flog für zehn Minuten ebenfalls ins All; sie war die erste Astronauten-Katze der Geschichte und kam wohlbehalten wieder auf der Erde an. Nach der Unabhängigkeit Algeriens verlagerte Frankreich seinen Raketenbahnhof nach Französisch-Guyana, dem Nachbarland von Brasilien, wo die kommerzielle Nutzung von Satelliten ihren Aufschwung nahm.

Energie war für den Modernisierungsschub in Hülle und Fülle vorhanden. Unabhängigkeit war Frankreich so wichtig, dass de Gaulle schon vor den Ölkrisen anfing, die Atomenergie auszubauen. Mit drei Vierteln seiner Stromproduktion aus Kernkraftwerken stieg das Land zur größten Nuklearnation der Welt auf, von den atomgetriebenen U-Booten und Atomraketen ganz zu schweigen.

Keine Frage: In den „Trente Glorieuses" hat sich Frankreich wieder aufgerichtet. Das Trauma des Zweiten Weltkrieges, der die Niederlage gegen Nazi-Deutschland und die Besatzung brachte, trat in den Hintergrund. Politisch war die Bundesrepublik Deutschland damals noch ein Zwerg. Die deutsch-französische Partnerschaft gedieh zunächst nur langsam. Die Franzosen wollten zwar die Wiedereingliederung Deutschlands in Europa, doch zunächst mit dem Ziel, den Nachbarn zu kontrollieren. Die Erinnerung an die Erzfeindschaft war noch frisch. Als Bundeskanzler Adenauer am 2. Juli 1962 bei seinem ersten offiziellen Besuch mit Charles de Gaulle durch Paris fuhr, wurden am Straßenrand der Porte d'Orléans Eier und Tomaten auf den Präsidenten-Citroën geworfen.[7] Sprechchöre wie „Keine Nazi-Mörder" und „Oradour" erklangen, in Anspielung auf das SS-Massaker an Hunderten von Dorfbewohnern.[8] Der Aufenthalt Adenauers verlief zwar überwiegend respektvoll und freundlich, doch nicht alle Wunden, welche die „Boches" geschlagen hatten, waren verheilt.

Immer mehr Franzosen blickten indes nicht zurück, sondern nach vorne. Wirtschaftlich ging es in großen Schritten aufwärts, seit de Gaulle 1958 an die Macht zurückgekehrt war. Das politische Chaos der Vierten Republik endete, und Frankreich wurde durch die Integration in die neugeschaffene Europäische Wirtschaftsgemeinschaft wettbewerbsfähiger. In den „glorreichen" Jahren zwischen 1945 und 1975 veränderte sich Frankreich stärker als in den zweieinhalb Jahrhunderten zuvor, schrieb der Ökonom Fourastié.[9] Mit seiner Zusammenfassung von dreißig Jahren zu einer einzigen Glanzperiode ging der Wirtschaftsexperte zwar reichlich grob vor, denn

7 Spiegel, 11.07.1962, http://www.spiegel.de/spiegel/print/d-45140782.html.
8 Le Monde, 4.07.1962.
9 Fourastié, S. 46.

tatsächlich wechselten sich in dieser Zeit Auf- und Abschwünge ab. Nicht zu vergessen ist, dass Frankreich nach dem Zweiten Weltkrieg in Indochina, Korea, am Suez-Kanal und in Algerien weiterkämpfte; von 1939 bis 1962 stand die Nation ständig im Krieg. Doch spätestens vom Ende des Algerien-Kriegs bis 1975 lässt sich eine kontinuierliche Wachstumslinie zeichnen.[10]

Die meisten Initiativen gingen in den sechziger Jahren auf die nationale Vaterfigur De Gaulle zurück. Wie kein anderer verkörperte er den Typus des Staatssouveräns, der wusste, was für sein Land gut war und es dann auch möglich machte. Niemand lebte und feierte die „Grandeur" Frankreichs besser als er. Die Sternstunden der technischen Entwicklung nutzte er zu sorgfältig orchestrierten Auftritten – zum Beispiel bei der Einweihung des Gezeitenkraftwerkes an der Mündung der Rance in der Bretagne am 26. November 1966. Der einzigartige Bau nutzt bis heute die Kraft des Meers, um für die Bretonen einen großen Teil ihres Stroms zu erzeugen. Der General sprach bei der Eröffnung von einem „großen Sieg der Technik" und erinnerte daran, dass der staatliche Energiekonzern Electricité de France (EdF) den Stromausstoß in zwei Jahrzehnten verfünffacht hatte. „So wie die Rance von ihrer Quelle Richtung Meer geschickt wird, so bleibt auch Frankreich sich treu und marschiert mit dem technischen Fortschritt", rief der General. Er bläute seinen Landsleuten den Glauben an die eigene Glorie förmlich ein. „Frankreich kann ohne Grandeur nicht Frankreich sein", schrieb er in seinen Memoiren.

Der Staat war damals die große Triebfeder des Fortschritts. Das Plankommissariat des Premierministers machte in seinen Mehrjahres-Entwürfen präzise Vorgaben, die fleißige Beamte umsetzten. Es war eine industrielle Revolution von oben. Der Staat sollte richten, was die private Wirtschaft vermeintlich nicht hinbekam. Der Renault-Konzern wurde nach dem Zweiten Weltkrieg wegen seiner Kollaboration mit den Deutschen verstaatlicht. Zudem befanden sich Air France, der Triebwerkshersteller Snecma, die Energiekonzerne EdF und GdF sowie das Kohleunternehmen Charbonnages de France in öffentlichem Eigentum. Der Motivationsschub war staatlich verordnet, und die Franzosen ließen sich gerne davon mitreißen. Selbst der Brotpreis wurde erst 1987 endgültig freigegeben. Nicht alles gelang dem Staat, der „Plan calcul" für den Aufbau einer französischen Computerindustrie scheiterte; seinen Werkzeugmaschinenbau verlor Frankreich trotz aller Anstrengungen ebenso. Und dennoch marschierte

---

10 http://www.academia.edu/6209157/Les_Trente_Glorieuses_%C3%A2ge_dor_du_
second_XXe_si%C3%A8cle.

die Industrie in Riesenschritten voran. Wenn man das Produktionsniveau von 1938 als Basis mit 100 Punkten nimmt, dann hatte Frankreich 1973 das Niveau von 488 Punkten erreicht.[11]

Lange Zeit war das Land ein Nachzügler der Industrialisierung gewesen. Noch 1949 arbeiteten 29 Prozent der Bevölkerung im Agrarwesen. 1980 waren es aber nur noch 9 Prozent. Die Landwirtschaft hatte sich durch die sprunghaft gestiegene Produktivität stark verändert. Nachdem ein landwirtschaftlicher Beschäftigter 1946 noch gut fünf Franzosen ernährte, waren es 1975 schon 26. Stellen gab es in Hülle und Fülle. Die Arbeitslosenquote interessierte allenfalls einige Statistiker. Zwischen 1946 und 1974 stieg sie kein einziges Mal über die Grenze von 3 Prozent. Was Henry Ford einst seinen Arbeitern verordnete, der „Fordismus", wurde nun auch in den französischen Fabriken akzeptiert: Ein System der standardisierten Massenproduktion mit hoch spezialisierten Maschinen, Fließbändern und zerstückelten Arbeitsschritten. Die Gewerkschaften willigten ein, denn im Gegenzug erhielten sie jedes Jahr saftige Lohnerhöhungen, die durch die Produktivitätszuwächse gedeckt waren. Die Produktivität der französischen Arbeiter stieg zwischen 1950 und 1973 mehr als doppelt so stark wie in den Vereinigten Staaten.[12]

Allseitige Bewunderung war die Folge dieser Aufholjagd. Frankreich galt mit seiner Mischung aus staatlicher Lenkung, Sozialstaat und Marktwirtschaft als Zukunftsmodell. Das amerikanische Hudson-Institut sagte 1973 in einer Studie voraus, dass Frankreich im Jahr 1985 ein höheres Pro-Kopf-Volkseinkommen genießen werde als die Vereinigten Staaten — ganz zu schweigen von Deutschland. Im Jahr 2000 würden die Franzosen sogar ein Wohlstandsniveau erreichen, das dem Zweieinhalbfachen der amerikanischen Wirtschaftsleistung entspräche, meinten die Forscher. Das Hudson-Institut fiel damals zwar häufiger durch sehr optimistische Aussagen auf, dennoch verdeutlicht die Prognose die Stimmung dieser Zeit.

Das European Management Forum, aus dem später das Weltwirtschaftsforum von Davos hervorging, führte Frankreich ebenfalls in seiner Liste der wettbewerbsfähigsten Länder 1979 auf dem „exzellenten dritten Rang" unter sechzehn untersuchten westeuropäischen Industrienationen. Der Forumsgründer Klaus Schwab schrieb: „Es ergibt sich das Bild eines Landes

11 Jean Fourastié: L'Economie Française dans le Monde, Paris 1988, S. 8.
12 In Frankreich wuchs sie um 5,2 Prozent, während die USA auf 2,2 und Großbritannien auf 2,9 Prozent kamen. Die Bundesrepublik lag bei 5,6 Prozent. Siehe: Angus Maddison, Dynamic Forces in Capitalist Development, A long Run Comparitive View, Oxford University Press, 1991, S. 7.

mit erheblichem Gewicht in der europäischen Wirtschaft und viel Fort-
schrittsdynamik. Dies geht auf wesentliche Anstrengungen für Restruk-
turierung, Modernisierung und Zukunftsvorbereitungen in den vergangenen zehn Jahren zurück."[13] Frankreich übertraf mit seinem Wachstum
Deutschland und genoss eine hohe Produktivität bei vergleichsweise niedrigen Lohnstückkosten. Für die Kriterien „industrielle Effizienz und Produktionskosten" erhielt Frankreich die besten Noten. „Zu seinen Qualitäts-
merkmalen gehören auch gut bezahlte und niedrig besteuerte Manager
sowie die starke Eingliederung von Einwanderern in den Arbeitsmarkt",
hieß es in der Studie des European Management Forum von 1979. Seine
Kritik hielt sich in Grenzen: „Frankreichs Schwächen sind sein Mangel an
kommerziellem Geist und seine sozio-politische Polarisierung". Dies läge
an der „sehr unterschiedlichen Haltung des Kommunistischen Parteifüh-
rers Georges Marchais in Frankreich verglichen mit Enrico Berlinguer in
Italien". „Die Menschen in Frankreich stellen ihr Gesellschaftskonzept
stärker in Frage als in Italien", meinte das Forum.

Dank der gesellschaftlichen Umbrüche brach auch für die Hälfte der
Bevölkerung — die Frauen — eine neue Zeit an. Frankreich war bei der
Gleichberechtigung ein Nachzügler gewesen. Erst seit 1965 durfte eine ver-
heiratete Frau ohne Einverständnis ihres Mannes ein eigenes Bankkonto
eröffnen und den Beruf ausüben, den sie wollte. Die Studentenbewegung
beschleunigte den Wandel. 1972 trat die erste Frau in die Ecole Polytechnique ein, der wichtigsten Elite-Ingenieursschule des Landes. Im gleichen
Jahr beschloss die Nationalversammlung das erste Gesetz zur Lohngleich-
heit zwischen Mann und Frau. Der Einfluss der Kirche schwand, die sexuelle Befreiung brach sich ihre Bahn.

Politisch brachen ebenfalls alte Muster auf. Der Ökonom Jean Fourastié sah
„Symptome für eine neue Zeit". Nachdem jahrzehntelang die Rechte und
die Linke die gleichen unveränderten Ideologie-Schemata verfolgt hätten,
entdeckten viele Intellektuelle von 1970 an die „Freiheit des Denkens".
Sie machten sich vom Stalinismus und von ihrer Faszination für Karl
Marx und Lenin frei. „Die neuen Philosophen zünden ihre Feuerwerke,
die neuen Ökonomen haben mit einem bisher unvorstellbaren Erfolg Lob-
gesänge auf den Kapitalismus angestimmt".[14] Und dabei hatten die Franzosen endlich wieder eine führende Stellung eingenommen. „Alle Völker
haben seit jeher davon geträumt, sich aus Armut, Härte und Miseren zu

13 European Management Forum: Report on the Competitiveness of European Indus-
   try, Genf, 1979.
14 Fourastié: Les Trentes Glorieuses, S. 273.

befreien. Aber niemandem gelang dies schneller und klarer als Frankreich in diesem dritten Viertel des 20. Jahrhunderts", schrieb Fourastié.[15] Das Land konnte auf seine Errungenschaften somit stolz sein. Seitdem ist fast ein halbes Jahrhundert vergangen. Was ist daraus geworden?

15 Fourastié: Les Trentes Glorieuses, S. 28.

Frankreich heute: Abstieg einer Industrienation

Machen wir einen großen Sprung in die Gegenwart. Die Welt ist eine andere geworden. Neue Generationen von Politikern und Wirtschaftsführern haben die Macht übernommen. Zwei schwere Ölkrisen zerstörten viele Träume der Industrieländer schon in den siebziger Jahren. Die Berliner Mauer und der Eiserne Vorhang fielen, der Kalte Krieg endete, das demokratische Europa wuchs, schuf einen einheitlichen Binnenmarkt und gab sich in seinem Kern eine gemeinsame Währung.

Und Frankreich? Wohin führte der Modernitätsschub von damals? Hat die Aufbruchsstimmung einen dauerhaften Aufbruch bewirkt?

Pauschale Antworten auf Fragen nach dem „Wohlbefinden" einer ganzen Nation sind immer unvollständig und höchst subjektiv. Doch es gibt Anhaltspunkte, man muss sie nur finden. Fangen wir in der Hauptstadt an, das kann in einem zentralistischen Staat ja nicht falsch sein.

Fast jeder fünfte Franzose lebt im Großraum Paris. Er ist der Knotenpunkt des Landes geblieben, der die Wege und damit auch die meisten Entscheidungsträger zusammenführt. Die Metropole glänzt in hellem Schein, sie ist weiterhin mehr als eine Reise wert. Wie begehrt die Stadt ist, zeigen die Immobilienpreise, die durchschnittlich dreimal so hoch sind wie in Berlin. Die Chinesen stehen an den Konsumtempeln der Luxusfirmen Schlange, Spitzenrestaurants und Museen sind ausgebucht, Start-up-Unternehmen schießen aus dem Boden wie die Pfifferlinge im Wald von Rambouillet. Neuerdings lassen sich auch einige internationale Großbanken in Paris nieder, weil sie London wegen des Brexit den Rücken kehren.

Metropolen in großen Zentralstaaten genießen einen wichtigen Vorteil: Sie ziehen die Talente eines ganzen Landes an, denn weiterhin gilt: Wer in Frankreich etwas werden will, muss nach Paris. Dort bildet sich ein brodelndes Gemisch aus Begabungen und Schaffensdrang, das auch viele Ausländer anzieht. Die Konkurrenz ist heftig, doch die gegenseitige Befruchtung auch. Wer wegzieht, wird schnell ersetzt, so hält sich der Talentpool am Leben. All das macht Metropolen wie Paris ökonomisch zu einem Perpetuum mobile. Sie treiben sich immer wieder selbst an, ihre innere Kraft immunisiert sie gegen die konjunkturellen Schwankungen im Lande.

Frankreich lebt freilich auch von und in seiner Fläche. Diese Regel hat ebenso Bedeutung: Wer das ganze Land verstehen will, muss Paris verlassen. Die „Provinz", der die Franzosen heute den schonenden Titel der „Regionen" geben, bietet ja auch viele Lichtblicke — kulturell und ökonomisch. Im Sommer ziehen die Musik- und Theaterfestivals Millionen von Besuchern an. Etliche Städte haben sich zu wirtschaftlichen Innovationszentren entwickelt. In Lyon forscht die Pharmaindustrie an neuesten Impfstoffen, und Zwanzigjährige entwickeln dort die jüngste Generation von Computerspielen. Toulouse setzt in der Luft- und Raumfahrtindustrie Maßstäbe, Clermont-Ferrand hat es geschafft, die Hauptstadt der Reifenproduktion zu bleiben. Und das Burgund sowie das Bordelais verbreiten in der ganzen Welt ihre hochentwickelte Weinkultur, die längst ein bedeutender Wirtschaftszweig geworden ist.

Und dennoch: Dieses Bild ist nicht komplett. Ein großes Land wie Frankreich besteht immer aus hellen und dunklen Tupfen. Die Frage ist, welche sich vermehren und welche abnehmen. Wie bei einem pointilistischen Tableau von Georges-Pierre Seurat muss der Betrachter einige Schritte zurücktreten. Dabei ist die starke Schattenbildung nicht zu übersehen. Die grauen und finsteren Töne überwiegen im heutigen Frankreich. Wer sie sucht, muss nur den Pariser Autobahnring des Boulevard périphérique Richtung Norden oder Süden überschreiten. Dort gerät man von der herausgeputzten Innenstadt in eine ganz andere Welt. Der Alltag in den Banlieues ist ein Überlebenskampf, den Langzeitarbeitslosigkeit und fehlende Lebensperspektiven prägen. Gerade die Jungen leiden darunter, und mancher von ihnen gleitet in den Drogenhandel oder in die islamistische Radikalisierung ab.

Frankreichs Randgebiete

Wer sich dann noch weiter von den Metropolen und ihren oft tristen Gürteln entfernt, entdeckt weitere dunkle Flecken. Der französische Geograph Christophe Guilluy nennt sie das „Frankreich der Peripherie".[1] Es sind kleine und mittlere Städte wie Guéret (im Departement Creuse), Tarbes (Hautes-Pyrénées), Agen (Lot-et-Garonne), Villefranche-de-Rouergue (Aveyron), Moulins (Allier), Niort (Deux-Sèvres), Albi (Tarn), Béziers (Hérault), Vierzon (Cher), Nevers (Nièvre), Saint-Quentin (Aisne), Noyon (Oise) oder Calais (Pas-de-Calais). Sie wurden im harten Wettbewerb der Globalisie-

---

1 Christophe Guilluy: La France périphérique. Comment on a sacrifié les classes populaires, Paris 2014.

rung abgehängt. Die Industrie ist weggezogen und die Landwirtschaft bietet längst keine Alternative mehr. Ihre Bewohner fühlen sich als die Verlierer des 21. Jahrhunderts. Die Anbindung an die öffentliche Infrastruktur hat große Lücken bekommen. Eine Stadt wie Guéret mit ihren 13.800 Einwohnern im Departement Creuse ist mit dem Zug nur noch schwer zu erreichen, obwohl sie Sitz der Präfektur ihres Departements ist. Die staatliche Bahngesellschaft SNCF bietet einen Busservice zur nächsten größeren Stadt, das ist für sie billiger. Die Innenstadt von Guéret wirkt wie ausgestorben, die Geschäfte haben selbst am Samstag die Gitter heruntergezogen, denn die Mieter sind fort. Das liegt nicht nur an den großen Supermärkten am Stadtrand, sondern auch an der schrumpfenden Kaufkraft der Bevölkerung. Die Parkplätze sind belegt, doch nur von den Autos der Beamten und Angestellten, die in der Departemements-Verwaltung oder im Krankenhaus arbeiten. Diese beiden Einrichtungen sind mit Abstand die größten Arbeitgeber von Guéret. „Der Wohlfahrtsstaat sichert eine erhebliche Umverteilung von den Metropolen zum Frankreich der Peripherie", analysiert der Geograph Guilluy, „die Einkommen sinken tendenziell, sie fallen aber nicht ins Bodenlose. Öffentliche und halböffentliche Arbeitgeber sowie personenbezogene Dienstleistungen federn den Abzug der Industrie ab". Doch ein Land, das nur von seiner eigenen Verwaltung lebt, ist kein zukunftsfähiges Modell. Das „tiefe Frankreich", wie die Franzosen ihre ländlichen Gegenden nennen, erscheint wie in ein Loch gefallen. Seine Bewohner fühlen sich von Aufstiegschancen und wirtschaftlicher Integration abgeschnitten. „Das ist der große Unterschied zu den dreißig glorreichen Jahren", sagt Guilluy, „damals war die soziale Leiter nach oben nicht blockiert". Die hohen Immobilienpreise anderswo sowie die starke soziale Verwurzelung mit ihrer Heimat machen die Menschen zusätzlich unbeweglich. Doch die Arbeit kommt nicht mehr zu ihnen. So besteht Frankreich zunehmend aus einigen urbanen Powerhäusern, an deren Rändern sich viele Einwanderer und die Überbleibsel der einstigen Arbeiterklasse scharen. Das dörfliche und kleinstädtische Frankreich bleibt dagegen auf der Strecke. Der Tourismus bietet nur jenen Orten einen Ausweg, die mit schöner Natur oder Sehenswürdigkeiten gesegnet sind. Der Geograph Guilluy kommt zu einem drastischen Schluss: „Die öffentlichen und privaten Eliten haben ein Modell errichtet, das nur noch einem von drei Franzosen nützt."[2]

Auch die makroökonomischen Daten sprechen eine klare Sprache. Die Hoffnungen von früher haben tiefer Ernüchterung Platz gemacht. Viele Optimisten täuschten sich in den siebziger Jahren gewaltig, allen voran

2 Interview in Le Figaro, 30. September 2016.

das amerikanische Hudson-Institut mit seiner Vorhersage, dass Frankreich Mitte der achtziger Jahre die Vereinigten Staaten überholt haben würde. 1985 erreichten die Franzosen ein Bruttoinlandsprodukt (BIP) pro Kopf seiner Bevölkerung von umgerechnet 15.530 Dollar. Die Vereinigten Staaten kamen schon auf 20.700 Dollar. Die Bundesrepublik Deutschland lag mit 15.140 Dollar fast gleichauf mit Frankreich.[3] Seither ist der Abstand gewachsen.

Nach den „Trente Glorieuse" war es zunächst weiter bergauf gegangen, wenn auch nicht mehr geradlinig und schnell. Zwischen 1945 und 1975 hatte sich die wirtschaftliche Leistung Frankreichs gemessen am Bruttoinlandsprodukt vervierfacht; in den darauffolgenden dreißig Jahren stieg sie immerhin noch um weitere zwei Drittel. Das Bildungsniveau machte Sprünge nach vorne, die Franzosen lebten gesünder, die durchschnittliche Lebenserwartung erhöhte sich um sieben Jahre.[4]

Auch das neue Jahrtausend fing für Frankreich recht gut an. Das französische Wachstum übertraf die deutschen Vergleichswerte Ende der neunziger Jahre, und die Arbeitslosigkeit war unter die Marke von drei Millionen Menschen gesunken. Die Internetblase war an der französischen Börse noch nicht geplatzt, die Politiker rieben sich wegen der sprudelnden Steuereinnahmen die Hände und sprachen von einem haushaltspolitischen „Jackpot", den es zu verteilen galt. Präsident Jacques Chirac pries am 27. Juni 2000 im deutschen Bundestag den „brillanten Erfolg Europas" und die „starke Dynamik der Integration unserer Wirtschaftspotentiale".[5]

Doch der vermeintlich gute Start in das 21. Jahrhundert war ein Trugbild. Die Balken waren schon morsch. Frankreich litt an Selbstüberschätzung. Zum Symbol der abgestürzten Hoffnungen wurde vier Wochen nach Chiracs Bundestagsrede die Concorde. Eine kleine Titan-Lamelle lag am 25. Juli 2000 auf der Runway des Pariser Flughafen Roissy-Charles de Gaulle. Sie reichte aus, um einen Reifen des Überschallflugzeuges beim Überfahren zum Platzen zu bringen und dadurch die Kerosintanks in Brand zu setzen. 113 Menschen starben bei der Katastrophe. Die Maschine, die nie in Serie gebaut wurde, war für alle Beteiligten ein wirtschaftliches Milliardengrab, der Abgeordnete Jean-Jacques Servan-Schreiber nannte sie ein „industrielles Vietnam". Jetzt war auch noch ihr technischer Glanz zerstört.

3 http://www.worldeconomics.com/Data/MadisonHistoricalGDP/Madison%20Historical%20GDP%20Data.efp.
4 Jacques Marseille: La guerre des deux France, Paris 2004, S. 26 ff.
5 https://www.bundestag.de/parlament/geschichte/gastredner/chirac/chirac2/244736.

Frankreich litt längst an einer Krankheit, die nur noch nicht mit voller Wucht ausgebrochen war. Die Symptome wurden verniedlicht oder übersehen. Der Konjunkturverlauf war zu einer Zickzack-Kurve geworden, der nach jeder Krise etwas mehr Arbeitslose hinterließ. Die Vollbeschäftigung verblich zu einer fernen Erinnerung. Doch die Regierungen verhielten sich so, als lebten sie weiter in den „Trente Glorieuses", sie ließen die Staatsausgaben wachsen und verteilten soziale Wohltaten. 1974 war das letzte Jahr, in dem Frankreich einen ausgeglichenen Haushalt präsentierte.

Die Dominanz der Schwarzseher

Die Finanzkrise von 2007/2008 war dann der Auslöser, der offene Wunden ins Fleisch riss. Seither hütet Frankreich das Krankenbett. Körper und Geist sind befallen. Die „Deklinologen" beschwören in großer Zahl das Ende Frankreichs herauf. Schon immer fanden die Franzosen eine dekadente Lust daran, sich selbst die Eingeweide zu verdrehen und den eigenen Tod anzukündigen. „Die Franzosen betrachten sich als ein Volk im Verfall, wenn nicht als ein Volk, das am Ende ist", schrieb der italienische Schriftsteller Curzio Malaparte schon in den späten vierziger Jahren.[6] Das Leben war damals noch von den Nachwirkungen des Krieges geprägt, doch nun scheint wieder eine besonders finstere Stunde geschlagen zu haben. Die Kassandrarufe erklingen so laut wie lange nicht mehr. In den Regalen der Buchhandlungen dominieren die Schwarzseher mit Voraussagen über den „Französischen Selbstmord", den „Bürgerkrieg, der kommen wird" und die „Verrottung Frankreichs". Der Widerstand in Form von Werken wie „Die dreißig glorreichen Jahre liegen vor uns", „Frankreich bläst zum Gegenangriff", und „Frankreichs Erwachen" geht unter. Um den Franzosen Mut zu machen, sah sich der französische Präsident François Hollande sogar wieder gezwungen, den Begriff der „Grande Nation" zu bemühen. Anders als viele Deutsche glauben, kommt diese Bezeichnung kaum einem Franzosen über die Lippen. Ursprünglich benutzten ihn ausländische Bewunderer der Französischen Revolution.[7] Napoleon sprach ebenfalls von der „Grande Nation", um die geographische Größe seines Reiches zu betonen. Ausländische Frankreich-Gegner drehten die Bezeichnung im 19. Jahrhundert dann mit einem Unterton von Ironie und Häme ins Negative. Später bedienten sich de Gaulle und andere Präsidenten gelegentlich des Begriffs.

---

6 Curzio Malaparte: Journal d'un étranger à Paris 1967, S. 93.
7 „Grande Nation", Text der österreichischen Botschaft in Paris, www.ambafrance-at.org/IMG/pdf/Grande_Nation_all_-2.pdf.

Wie auch immer man ihn versteht, er entspricht heute weniger denn je dem Identitätsgefühl der Franzosen.

Die wichtigste Ursache dafür ist ökonomischer Natur. Der deutsche Wirtschaftspolitiker Karl Schiller hat einst das „magische Viereck" aus stabilen Preisen, hoher Beschäftigung, außenwirtschaftlichem Gleichgewicht und Wirtschaftswachstum geprägt. Frankreich dagegen ist heute in einem „teuflischen Viereck" gefangen. Es setzt sich zusammen aus hoher Staatsverschuldung, hohen Staatsausgaben, hoher Steuerbelastung und hoher Arbeitslosigkeit.

Aus den einschlägigen Ranglisten über die Wettbewerbsfähigkeit der Nationen springt den Franzosen der Bedeutungsverlust entgegen. Das Davoser World Economic Forum listet Frankreich unter 140 Nationen auf dem 22. Platz.[8] 2009–2010 lag das Land noch auf Rang 16 und 1979 hatte es, wie beschrieben, noch den 3. Platz inne, auch wenn damals nur 16 europäische Nationen untersucht wurden. Ein anderes Schweizer Institut, das IMD World Competitiveness Center aus Lausanne, stuft die Franzosen ebenfalls seit Jahren herab. 1989 notierte Frankreich noch auf dem 13. Rang, 1997 dann auf Platz 22, und bis heute sind die Franzosen auf den 32. Platz von 60 Rängen zurückgefallen.[9] Der Vergleich mit Deutschland zeigt einen wachsenden Abstand: Die deutsche Volkswirtschaft verlor in den Augen des World Economic Forum zwar auch an relativer Wettbewerbsfähigkeit, doch die Deutschen fielen zwischen 1979 und 2016 nur vom 1. auf den 4. Rang zurück. Beim IMD stiegen sie seit 1989 vom 5. auf den 12. Platz ab. Beide Institute kommen zu ähnlichen Schlüssen: In Frankreich sei der Arbeitsmarkt trotz einiger Lockerungen immer noch zu rigide. Dass Löhne mit der Auftragslage der Unternehmen schwanken können, dass Beschäftigte leicht angeheuert, entlassen und im Betrieb versetzt werden können — alle diese Voraussetzungen für eine flexible Wirtschaft seien weniger gegeben als anderswo. Hohe Sozialabgaben und Steuern erschwerten das Agieren der Unternehmen. Ein großer und teurer Staatsapparat, der die öffentliche Verschuldung in die Höhe trieb, sei für die Wirtschaft wie ein Klotz am Bein.

Es hagelt allerdings nicht nur Kritik. So lobt das World Economic Forum die französische Infrastruktur wie das Straßen- und Bahnnetz sowie die Telekommunikation und die Energieversorgung. Auch bei den Themen Innovationskraft und Innovationsbereitschaft sowie Gesundheitssys-

8 http://reports.weforum.org/global-competitiveness-report-2015−2016/.
9 http://www.imd.org/uupload/imd.website/wcc/scoreboard.pdf.

tem und Schulausbildung rangiert Frankreich besser als seine Gesamt-
note. Zudem gibt es Vergleiche, in denen Frankreich sich verbessert. Die
Weltbank untersucht regelmäßig, wie sich kleine und mittelständische
Unternehmen entwickeln. Es geht nicht nur um das Arbeitsrecht und um
Steuerbelastungen, sondern auch um bürokratischen Aufwand wie Bau-
genehmigungen und die Registrierung von Eigentum, zudem um Rechts-
sicherheit, den Zugang zu Krediten und den Schutz von Minderheitsak-
tionären. Zwischen 2006 und 2016 verbesserte sich Frankreich vom 44.
auf den 29. Rang. Besonders lassen sich Unternehmen heute leichter und
schneller gründen als früher. Die Weltbank hat im Laufe der Jahre allerdings ihre Bewertungskriterien etwas verändert, so dass die Starrheit des
Arbeitsrechts und die Abgabenbelastung weniger schwer ins Gewicht fallen als früher. Das kommt Frankreich zugute.[10]

Die klassischen Ranglisten geraten immer wieder in die Kritik, weil sie
sich fast ausschließlich auf leicht messbare makroökonomische Kriterien
stützen. Diese abstrakten Chiffren haben mit dem Alltag der Menschen
oft wenig zu tun; ihre Zufriedenheit oder gar ihr Glück erfassen sie nicht.
Wenn man alleine schon bedenkt, dass ein Terroranschlag das Bruttoinlandsprodukt wegen der Wiederaufbauarbeiten erhöht, wird klar, wie
berechtigt die Einwände sind. Doch auch bei alternativen Messmethoden
glänzt Frankreich nicht: Beim Human Development Index der Vereinten
Nationen liegen die Franzosen auf Rang 22 (Deutschland Platz 6), beim
„Better Life Index" der OECD, Kriterium Lebenszufriedenheit, belegt Frankreich den 23. von 38 Rängen (Deutschland den 13.).[11] Im „World Happiness
Report" rangiert Frankreich auf dem 32. Platz von 106 Nationen (Deutschland auf dem 16.).[12]

Geht es den Deutschen also besser als den Franzosen? Das meinen zumindest die Statistiker — ob dieses Urteil die Lebensrealität widerspiegelt ist
eine andere Frage. In jedem Fall belasten solche Vergleiche jedoch das
Image eines Landes. Und das hat konkrete Auswirkungen: Die Attraktivi-
tätsvergleiche der Wirtschaftsprüfer Ernst & Young zeigen Frankreich seit
Jahren als Nachzügler beim Anlocken ausländischer Investoren. „In der
Galaxie Europas scheint der Planet Frankreich mehr denn je in der Schwe-
relosigkeit zu schweben, distanziert von den Raketen Großbritannien und

10 http://www.doingbusiness.org/~/media/WBG/DoingBusiness/Documents/Annual-
    Reports/English/DB17-Full-Report.pdf.
11 http://www.oecdbetterlifeindex.org/fr/countries/france-fr/.
12 Herausgegeben von den Ökonomen John Helliwell, Richard Layard und Jeffrey
    Sachs, Ausgabe 2013–2015.

Deutschland", schreiben die Autoren einer Studie.[13] Die Großbank HSBC hat 2016 fast 27.000 „expatriierte" Angestellte in 100 Ländern befragen lassen. Dabei handelt es sich um Personen, die nicht in ihrem Heimatland arbeiten. Die Frage lautete, welches Land für die berufliche Entwicklung das Beste sei. Dabei kam heraus, dass ein Auslandsaufenthalt in Frankreich für die Karriere aus Sicht der Befragten eher schädlich ist. Die Kriterien waren der Erwerb neuer Kompetenzen, Aufstieg im Unternehmen, Sicherheit des Arbeitsplatzes, Einkommen und Vergütungspaket, Gleichgewicht zwischen Privatleben und Beruf, Arbeitskultur und berufliche Verwirklichung. Frankreich landete auf dem 35. Platz von 45 bewerteten Ländern. Die Schweiz rangierte auf dem Spitzenplatz, zudem befanden sich Österreich, Schweden, Norwegen, Deutschland und Großbritannien unter den besten zehn Ländern. Frankreich gehört lediglich bei einem Kriterium zu den Top-Fünf: beim Gleichgewicht zwischen Privatleben und Beruf. Nur 16 Prozent der Expats in Frankreich gaben dagegen an, dass sie sich durch ihren französischen Auslandsaufenthalt beruflich verbessert hätten. Bei der Frage nach Gehaltserhöhungen liegt die Karrierestation in Frankreich sogar auf dem zweitletzten Platz vor Spanien.

So haben es die Optimisten in Frankreich heute schwer. Eine Übermacht von Gegenargumenten scheint sie zum Verstummen zu bringen. Die Industrie ist auf dem Rückzug, die Arbeitslosigkeit hartnäckig hoch. Die Politiker sind zu Reformen unfähig, die Frankreich Hoffnung gäben. Das Land ist nicht der einzige „kranke Mann Europas", doch der größte von ihnen. Das Prädikat des „kranken Mannes Europas" trugen schon viele, in der Mitte des 19. Jahrhunderts etwa das Ottomanische Reich; vor allem englische Autoren verbreiten es gerne. Zu Beginn des Jahrtausends galt Deutschland als der kranke Mann Europas, dann aber rafften sich die Deutschen zu schmerzhaften Reformen auf. Heute muss sich Frankreich diesen traurigen Titel gefallen lassen. Französische Politiker hören den Befund nicht gerne, gerade wenn er aus Deutschland kommt. Doch das ändert nichts an seiner Berechtigung. Frankreich ist ein konservatives Land in dem Sinne, dass sich seine Strukturen veränderten Bedingungen selten geschmeidig anpassen. Wandel kam in der Vergangenheit in Form von Brüchen; dazwischen herrschte Stagnation. Derzeit befindet sich Frankreich wieder in einer Phase des Stillstandes. Wer aber stehen bleibt, fällt im Wettbewerb der Nationen zurück. Wegen der Globalisierung ist die Konkurrenz rauer denn je.

13 E&Y: Baromètre attractivité 2016.

Die Fabriken sterben

Besonders der Blick auf die industrielle Landschaft Frankreichs gibt Anlass zur Sorge. NLMK in Beautor (Departement Aisne), Wabco in Claye-Souilly (Seine-et-Marne), Allia in Digoin (Saône-et-Loire), Seita in Riom (Puy-de-Dôme), Delphi in La Rochelle (Charente-Maritime) und Saint-Aubin-du-Cormier (Ille-et-Vilaine), — diese Namen stehen für eine Momentaufnahme aus der französischen Provinz. Sie sind nur einige Beispiele für Fabrik-schließungen, die zwischen Herbst 2016 und Frühjahr 2017 angekündigt oder in die Wege geleitet wurden. Jeder Fall ist anders gelagert, mal ist es ein Autozulieferer oder ein Elektronikhersteller, mal ein Badezimmeraus-statter, ein Lampenproduzent oder ein Textilverarbeiter. Die Gründe für die Schließung enthalten immer zwei Elemente: zu hohe Kosten und zu niedrige Nachfrage.

Kaum jemand kennt die Namen der Firmen, oft auch nicht einmal ihre Orte. Meistens sterben die Fabriken einen stillen Tod. Wenn es sich nicht um bekannte und große Unternehmen handelt, beschreiben nur die Lokalzeitungen ihr Siechtum und dann ihr Ableben. 120 Arbeitsplätze hier, 230 da, 180 dort, meist weit weg von Paris. Auch etliche ausländi-sche Firmen sind dabei, etwa Philips in Lamotte-Beuvron (Loir-et-Cher), Hitachi in Ardon (Loiret), Whirlpool in Amiens, Intel an fünf Standorten über das Land verteilt. Ab und an besetzen die Arbeiter für eine Weile das Firmengelände und es schaut ein Politiker vorbei, der seinen Unmut in die Mikrofone spricht. Doch wenn die Gewerkschaftszentralen in Paris nicht entschieden haben, den Fall für eine aufsehenerregende Aktion zu instrumentalisieren und weder die Arbeiter noch die Lokalpolitiker auf die Barrikaden steigen, ebben die Protestwellen früher oder später ab. Irgendwann einigen sich die Beschäftigten mit der Firmenleitung über die Höhe der Abfindungen und die Unternehmenshilfen bei der Jobsuche der Beschäftigten. Dann wird zugeschlossen — für immer.

Zwischen der Finanzkrise 2009 und dem Jahr 2016 sind 1900 Fabriken aus Frankreich verschwunden. Auf der anderen Seite kamen auch neue hinzu, oft auf Initiative ausländischer Investoren. Rund 1300 Fabriken wurden in diesem Zeitraum gebaut, doch das macht in sieben Jahren immer noch einen Verlust von 600 Werken.[14] An jedem Standort ist der Aderlass ein Drama. Die Fabrikhallen verkommen zu Industriebrachen

---

14 Laut der französischen Beratungsgesellschaft Trendeo: http://www.trendeo.net/2016/10/04/de-nouveau-des-usines-en-france-les-donnees-trendeo-du-deuxieme-se-mestre-2016/.

und die Maschinen werden verschleudert; vor allem gehen die Fertigkeiten und das Wissen ganzer Belegschafts-Generationen verloren. Kein Lehrling erwirbt mehr die Kenntnisse der Älteren. Hunderte von Zulieferbetrieben verlieren einen Großkunden. Vielen Gegenden Frankreichs fehlt eine Struktur mit diversen Arbeitgebern. Wenn an solchen Orten das dominierende Unternehmen aufgibt, bleibt oft nur eine wirtschaftliche und soziale Wüste zurück. Die Geschäfte stürzen in die Krise, weil die Kaufkraft der Bevölkerung einbricht. Die Menschen ziehen weg, Schulen und Arztpraxen machen dicht, Vereine lösen sich auf, und oft schließt am Ende auch das Postamt als letzte Bastion des öffentlichen Dienstes.

Der Kampf um Alstom

Im Herbst 2016 gab der französische Konzern Alstom die Schließung seines ältesten Werkes im ostfranzösischen Belfort bekannt. Das war eine Schocknachricht. Alstom ist in Frankreich industrielles Urgestein. In den zwanziger Jahren entstand der Konzern unter dem Namen „Alsthom", was auf seine elsässischen Ursprünge aus dem 19. Jahrhundert zurückging und zudem den Fusionspartner Thomson-Houston beschrieb. 2014 verkaufte Alstom den Geschäftsbereich des Turbinenbaus für Kraftwerke an General Electric. In französischer Hand blieb nur die Herstellung von Bahnen, darunter die prestigeträchtigen Hochgeschwindigkeitszüge TGV. Am Standort Belfort bot Alstom im Herbst 2016 den 400 Arbeitnehmern neue Stellen in seinem elsässischen Werk Reichshoffen an, 200 Kilometer nördlich. Der Konzern hat zwölf Standorte in Frankreich, die alle nicht ausgelastet sind, und will zwei davon aus Effizienzgründen zusammenlegen — kein ungewöhnlicher Vorgang in der Industrie. Doch ein Aufschrei ging durch die Politik und die Medien. Die sozialistische Regierung, die im Wahlkampf mit dem Rücken zur Wand stand, versprach daher neue Aufträge. Zunächst weigerte sich die staatliche Bahngesellschaft SNCF, neue Züge zu bestellen, doch die Regierung bestand darauf. Schließlich ließ sich die SNCF breitschlagen, weil ihr das Finanzministerium im Gegenzug umfangreiche Steuervergünstigungen versprach.

Für viel Geld rettet der französische Staat somit ein veraltetes Werk, um einigen hundert Mitarbeitern den Umzug in eine Region zwei Autostunden entfernt zu ersparen. Wer das einem Amerikaner erzählt, erntet nur blankes Erstaunen. „Die Franzosen haben ein Problem mit der Mobilität. Sie hängen sehr am Zentralstaat, aber auch an ihrem Wohnort. Diese fehlende Mobilität — zwischen den Regionen und zwischen den Berufen — erklärt zu einem großen Teil die Arbeitslosigkeit", räumte der frühere

Wirtschafts- und Finanzminister Michel Sapin ein.[15] Wenn man mit den Bürgermeistern der Region spricht, spürt und versteht man ihre Angst vor Werksschließungen. Weil sie oft von nur einem Unternehmen abhängen, hätte ein Abzug verheerende Auswirkungen. Doch es ist noch nie ein tragfähiges Modell gewesen, Industriearbeitsplätze mit Steuergeldern am Leben zu erhalten. Die Regierung müsste die Anreize für eine diversifizierte Wirtschaftsstruktur sowie für mehr Mobilität und Qualifizierung verstärken, anstatt Unternehmen und Bürger mit hohen Steuern zu belegen, um den aufgeblähten öffentlichen Dienst zu finanzieren.

Wenn es eine Fabrikschließungen in die Fernsehnachrichten schafft, dann erleben die Franzosen sie per Bildschirm meist als epische Schlacht: Die heroisch kämpfenden Arbeiter gegen die kaltblütigen Fabrikbesitzer aus der anonymen Finanzwelt. An die Rollenverteilung in diesem Stück, das immer wieder aufgeführt wird, hat man sich gewöhnt. Die mit den Kitteln ihrer Gewerkschaften bekleideten Arbeiter stehen vor Barrikaden oder brennenden Haufen aus Gummireifen. Wenn sich einer der Topmanager blicken lässt, muss er gut aufpassen. Bei aufgeladener Stimmung werden Führungskräfte schon mal für eine Nacht in ein Büro eingesperrt. Nach der Finanzkrise verbreiteten sich solche Freiheitsberaubungen, die nichts anders als Geißelnamen waren, wie ein Lauffeuer. Dass die Polizei in solchen Fällen einschreitet, ist in Frankreich undenkbar. Schließlich gehe es um Arbeiter, die ihre Jobs verteidigen, heißt es nachsichtig. Meistens sind es Rituale nach dem gleichen Muster. Irgendwann werden die Manager wieder freigelassen, denn die Unternehmensleitung erhöht die angebotenen Abfindungen. Sie will den Firmennamen schnell aus den Schlagzeilen holen und sieht von der Erstattung einer Anzeige ab. Welches Unternehmen sorgt schon gerne mit der Zurschaustellung seines zerrütteten Betriebsklimas für Aufsehen? Spätestens nach einigen Wochen findet das Thema in den Medien nicht mehr statt. In den seltenen Fällen, in denen es zu einem juristischen Nachspiel kommt, können die Angeklagten häufig mit Freispruch rechnen oder allenfalls mit niedrigen Geldstrafen.

Das Fabriksterben hat nach der Finanzkrise einen traurigen Höhepunkt erreicht. 80.000 Arbeitsplätze gingen alleine 2009 verloren. In den acht Jahren davor war es insgesamt eine halbe Million. 2016 machten zwar wieder mehr neue Fabriken auf als alte verschwanden. Doch die neuen Standorte sind viel kleiner als früher und schaffen weniger Arbeitsplätze. „Beim aktuellen Rhythmus der Fabrikeröffnungen brauchen wir 21 Jahre, um

15 Gespräch mit dem Autor am 17.10.2016.

den Verlust seit 2009 wieder auszugleichen", berichtet die französische Beratungsgesellschaft Trendeo.

Das Desinteresse der Politiker

Es ist nicht so, dass die Politiker dem Fabriksterben völlig tatenlos zusehen. Doch ihre Antworten bestehen meist nur aus symbolischem Aktionismus. 2005 führte die konservativ-bürgerliche Regierung unter Jacques Chirac einen Steuerzuschuss für die Heimkehr von Werken ein, die zuvor ins Ausland verlagert worden waren. Die Vergünstigung blieb ohne messbare Wirkung und wurde bald wieder gestrichen. Unter Nicolas Sarkozy nahm die Regierung den Faden erneut auf und stellte 200 Millionen Euro für die Rückkehrer bereit. Das französische Gießereiunternehmen Loiselet war der erste Empfänger, es verlagerte sein Werk aus China in die Kleinstadt Dreux westlich von Paris und schuf so 100 Arbeitsplätze. Die Werkseröffnung fiel dann schon in die Amtszeit der Sozialisten, die 2012 an die Macht gelangten. So nutzte sie der flamboyante Industrieminister Arnaud Montebourg zu einem medienwirksamen Auftritt.

Der ehemalige Anwalt ist ein großgewachsener und gutaussehender Mann, der sich gerne wortgewaltig in Szene setzt. „Nach der Flucht der Fabriken in die Welt hat die Stunde der Rückkehr geschlagen", sagte er vor den Kameras in einem Stolz, der ihm eigentlich nicht gebührte. Montebourg ist ein ganz besonderes Exemplar der französischen Politikerkaste. Er ist ein scharfer Gegner von Globalisierung und staatlicher Sparpolitik, und er gefällt sich als Tribun im Dienste mittelständischer Unternehmer und des kleinen Mannes. Im Mai 2014, er war seit einem Jahr zum Wirtschaftsminister aufgestiegen, gab er mir mitten in der Übernahmeschlacht um den französischen Industriekonzern Alstom ein Interview in einem vollbesetzten Café neben der Nationalversammlung in Paris. Die Weltkonzerne General Electric aus Amerika und das deutsch-japanische Gespann von Siemens und Mitsubishi kämpften damals erbittert um den Kauf von Alstom. Es stand viel auf dem Spiel, vor allem die Zukunft von mehr als 90.000 Arbeitsplätzen bei Alstom. Wir saßen mitten im Gedränge des Cafés, und Montebourg hörte nicht auf, während des Gesprächs Freunde und Bekannte zu begrüßen, ihnen die Hand zu schütteln oder zuzuwinken. Zwischendurch sagte er gewichtige Sätze: „Die Offerte von General Electric ist kein Angebot einer Allianz, sondern einer Übernahme – ein Angebot, das zur dauerhaften Schwächung der verbleibenden Alstom-Transportsparte führen würde. (…) Siemens dagegen setzt auf eine Allianz im Transport unter französischer Führung und in der Energie unter deutscher Führung. Für uns ist der rheinische Kapitalismus viel interessanter, denn er akzeptiert Mitspracherechte wichtiger Akteure wie des Staates, der Gewerkschaften sowie der Gebietskörperschaften. Wenn wir künftig in Connecticut vorsprechen müssen, um unsere Standorte zu erhalten, wäre das ein Problem", sagte Montebourg. Dann kam wieder ein Bekannter vorbei, „Hallo, wie geht's? Wir müssen uns unbedingt treffen. Ruf' mich an", rief der Minister, um danach wieder zum Gespräch zurückzukehren. „Das Angebot von General Electric ist eine Finanzoperation im Interesse der Aktionäre", meinte er. Dem Alstom-Chef Patrick Kron warf er vor, den Verkauf an die Amerikaner „hinter dem Rücken des Managements, der meisten Aktionäre, der Beschäftigten und der Regierung eingefädelt" zu haben. „Ich finde, das sind ungehörige Methoden".[16]

Der Ausgang ist bekannt: General Electric gewann die Schlacht und übernahm die Energiesparte von Alstom. Einen Montebourg konnte das jedoch nicht unterkriegen. Er rühmte sich am Ende, den Amerikanern wichtige Konzessionen abgerungen zu haben, die sich später allerdings als weitgehend wirkungslos herausstellten.

Montebourg ist nicht nur Politiker, er ist immer auch ein Showman. Auf der Titelseite eines Magazins posierte er in einem gestreiften Matrosenpullover des bretonischen Herstellers Armor-Lux, und er fuhr gerne im Renault-Elektroauto „Zoe" umher. Ein Softwareprogramm ließ er entwickeln, mit dem die französischen Unternehmen ausrechnen konnten, ob sich eine Rückverlagerung lohnt. „Mit dem Low-cost-Mythos bei den Produzenten" werde er aufräumen, kündigte der Minister an und taufte das Programm „Colbert 2.0." in Anlehnung an den allmächtigen Minister des Sonnenkönigs Ludwig XIV., von dem noch zu lesen sein wird. Montebourgs Mitarbeiter versichern, er sei ein hart arbeitender Politiker. Immerhin gebührt ihm das Verdienst, dass er bei den Linken das Interesse an der Industrie wieder geweckt hat. Er scheute sich auch nicht, aus der Politik ins reale Leben der Unternehmen hinabzusteigen — jedenfalls für eine kurze Zeit. Nach seinem Abtritt als Wirtschaftsminister belegte er Kurse an der Managementschule Insead, und für die Möbelkette Habitat arbeitete Montebourg als Berater. Bald danach stürzte er sich schon wieder in den Präsidentschaftswahlkampf, wo er aber in den Vorwahlen der Sozialisten scheiterte.

Man wird den Eindruck nicht los, dass ein Mann wie Montebourg die Politik als ein Spiel begreift. Und man kann noch weiter gehen: Der ganzen

16 Frankfurter Allgemeine Zeitung, 8. Mai 2014.

französischen Industriepolitik fehlt es an „Ernsthaftigkeit". Denn im Laufe der Jahre hat die Politik die Standortbedingungen für die gesamte Wirtschaft geschwächt — durch hohe Steuern, Abgaben und einen Wust von Vorschriften. Punktuelle Subventionen sollen die Lasten immer wieder ausgleichen. Doch ein bleierner Teppich bleibt schwer, auch wenn er an einzelnen Stellen durchstoßen wird. Die Strategie ist weder durchdacht noch wirksam.

Die aus China heimgeholte Gießerei Loiselet, die Montebourg so triumphierend besucht hatte, meldete sechs Monate nach ihrer Rückkehr übrigens Konkurs an. Darauf übernahmen sie drei Geschäftsleute aus Algerien, doch das funktionierte auch nicht. Im April 2016 wurden die letzten Anlagen und Maschinen meistbietend versteigert. Andere Unternehmen kehrten ebenfalls nach Hause zurück, die Verlagerung ins Ausland scheitert aus verschiedenen Gründen immer mal wieder. Die französischen Verbraucher machen sich heute auch mehr Gedanken über die Frage, wo welche Ware hergestellt wird — Stichwort lokales Einkaufen. Das ist ein Plus für die Produzenten in Frankreich. Doch von einer großen Rückkehrwelle kann keine Rede sein. Die Fälle lassen sich pro Jahr an zwei Händen abzählen. Frankreichs Industrie stirbt weiter.

Dieser Niedergang ist bedenklich. Er vollzieht sich in Frankreich schneller als anderswo. Früher träumten einige Politiker, Soziologen und Volkswirte noch von einer Welt ohne Fabriken, sie sagten ein postindustrielles Zeitalter an sauberen Schreibtischen in wohlklimatisierten Büros voraus. Doch die Industrie ist weiter unverzichtbar, trotz des Erfolges von Google, Facebook und des „3D-Druckens", das die Herstellungsprozesse dezentralisiert. Die Industrie sorgt für drei Viertel der Forschung und Entwicklung sowie für 95 Prozent der Exporte. Viele Dienstleistungen, man denke beispielsweise an einen Frisör, lassen sich eben nur schwer ins Ausland bringen. Zudem ist die Industrie ein Antreiber der Produktivität durch Automatisierung und Rationalisierung. Ein einzelner Industriebeschäftigter kann erhebliche Werte „schöpfen", entsprechend sind die Löhne in der Industrie durchschnittlich höher als in der Dienstleistungsbranche. Für die meisten Dienstleister (und für alle Volkswirtschaften) ist die Industrie daher eine große Einnahmequelle. Man schätzt, dass heute ein Arbeitsplatz in der Industrie drei bis vier Stellen außerhalb der Industrie schafft. Kurzum: Eine Volkswirtschaft, die nichts mehr herstellt, ist zum Scheitern verurteilt.

Frankreich ist indes heute schon keine „Industrienation" mehr. Lange Zeit bezeichnete dieser Ausdruck die entwickelten und damit wohlhabenden

Nationen dieser Erde, die sich etwa in der Organisation für wirtschaftliche Entwicklung und Zusammenarbeit (OECD) mit Sitz in Paris versammelt haben. Industrieländer sind „Staaten mit relativ hohem Anteil der verarbeitenden Industrie am Bruttosozialprodukt, relativ langer Tradition der industriellen Produktion, relativ hohem technologischen Niveau und Pro-Kopf-Einkommen sowie relativ hoher Funktionsfähigkeit bzw. Effizienz des Wirtschaftssystems". So definiert das Gabler Wirtschaftslexikon den Begriff in Abgrenzung zu den Entwicklungsländern. Von diesen vier Kriterien sind im Falle Frankreichs drei erfüllt, nicht aber das erste. Nur noch gut 11 Prozent des französischen Bruttoinlandsproduktes (BIP) gehen auf die Industrie zurück. 1970 lag der Wert noch doppelt so hoch.[17] Das Gewicht der Dienstleistungen kletterte in diesem Zeitraum dagegen von knapp 32 auf über 45 Prozent.

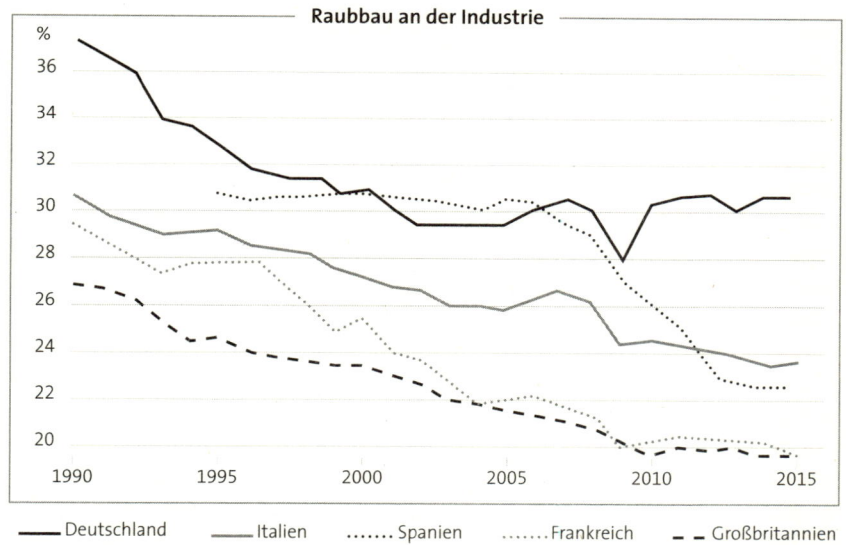

Raubbau an der Industrie

Deutschland   Italien   .... Spanien   .... Frankreich   – – Großbritannien

Bruttowertschöpfung der Industrie (in Prozent des BIP)
Quelle: Weltbank

Die Weltbank kommt in ihren Berechnungen zu ähnlichen Ergebnissen. Sie setzt das Gewicht des verarbeitenden Gewerbes für Frankreich zwar höher an — bei gut 19 Prozent des BIP — doch sie bezieht sich dabei auf die Bruttowertschöpfung, die Abschreibungen enthält.[18] Kein anderer ver-

17 Diese Zahl ermittelte das staatliche Statistikamt Insee für das Jahr 2014, dem letzten verfügbaren Zeitraum, indem es die industrielle Nettowertschöpfung mit dem BIP ins Verhältnis setzte. http://www.insee.fr/fr/ffc/ipweb/ip1592/ip1592.pdf.
18 http://donnees.banquemondiale.org.

gleichbarer Staat Europas ist nach Angaben der Weltbank auf ein derart niedriges Industrieniveau gesunken.

In allen entwickelten Volkswirtschaften schrumpft heute die Industrie. Die Menschen geben mehr Geld für Dienstleistungen und weniger für verarbeitete Güter aus. Man denke nur daran, welchen Anteil die Urlaubsreisen an unseren Budgets einnehmen, während etwa ein Autokauf weniger bedeutend geworden ist. Zudem haben viele Industrieunternehmen Dienstleistungen an Fremdfirmen ausgelagert, von der Kantine über die Wachmannschaft bis zur IT-Abteilung. Damit fallen diese aus der Industriestatistik heraus. Industrieunternehmen verlagern ihre Fabriken auch ins Ausland, weil sie dort näher am Kunden sind. Mit Schwächen des Heimatmarktes hat das nichts zu tun.

In Frankreich aber vollziehen sich diese Einschnitte schneller, und sie schneiden tiefer ins Fleisch als anderswo. Die Produktion des verarbeitenden Gewerbes fiel zwischen 2009 und 2015 um 15 Prozent.[19] Die Zahl der Industriebeschäftigten sank seit 1980 von 5,3 auf 3,4 Millionen Menschen. Ohne die Zeitarbeiter sind sogar nur noch 3,1 Millionen Personen oder weniger als 11 Prozent der arbeitenden Bevölkerung in der Industrie tätig.[20] Man stelle sich vor: Rund 2 Millionen Menschen — das entspricht etwa den Einwohnern von Paris innerhalb seines Autobahnringes „Périphérqiue" — haben innerhalb einer Generation ihren Industriejob verloren.

Lang lebe der Import!

Der Industrieabbau ist auch eine wesentliche Ursache für die notorische Exportschwäche Frankreichs. Seit dem Jahr 2000 importiert das Land ununterbrochen mehr, als es exportiert. Und schon in den siebziger und den achtziger Jahren war die Bilanz meist negativ. Grundsätzlich gesehen ist es kein Problem, wenn eine Volkswirtschaft über einen bestimmten Zeitraum mehr Waren und Dienstleistungen ein- als ausführt. Sind Güter in der gewünschten Qualität gar nicht oder nicht zu angemessenen Preisen im Inland vorhanden, kaufen die Konsumenten diese eben den Herstellern im Ausland ab. Es findet ein Warenaustausch statt, der nach herkömmlicher Auffassung der Volkswirtschaftslehre die Wohlfahrt im Land der Importeure wie der Exporteure erhöht. Eine Nation, die permanent mehr

19 Frédéric Parrat: Déclin de l'industrie français, Paris 2016, S. 19.
20 http://www.gouvernement.fr/partage/3813-l-industrie-en-france.

importiert als exportiert, muss sich allerdings im Ausland verschulden; das Ausland erhält Forderungen gegen sie. Sie können mit der Notenpresse beglichen werden, doch das geht nicht lange gut, denn dadurch verliert die Währung des Inlandes an Wert, die Gläubiger werden sie somit ungern als Zahlungsmittel akzeptieren. Ein anderer Weg ist die Kreditaufnahme im Ausland. Diesen Weg geht Frankreich. Große permanente Außenhandelsdefizite (oder in weitergefassten Definition permanente Leistungsbilanzdefizite[21]) sind aber nicht empfehlenswert. Sie können zwar auch das Ergebnis einer besonders starken Nachfrage im Inland sein. Doch wenn ein Land sein Einkommen nur für Produkte verwendet, die im Ausland produziert werden, stellt sich irgendwann die Frage, wie dieses Einkommen entstehen soll, wenn das Land doch nur die Arbeitsplätze im Ausland unterstützt. So führt die schwindende Produktion im Inland häufig zu höherer Staatsverschuldung, weil Steuereinnahmen ausfallen und Sozialleistungen für die Arbeitslosen erforderlich werden. Die berühmt-berüchtigten Zwillings-Defizite entstehen. Man könnte auch sagen: Ein Land konsumiert mehr, als es sich leisten kann — auf Kosten der nachfolgenden Generation.

Im August 2010 sprach der französische Premierminister François Fillon zu Vertretern dieser kommenden Generation an der Universität in einem Pariser Vorort: „Ein Land, das über seine Verhältnisse lebt, lässt seinen Kindern keine andere Wahl als unter ihren Verhältnissen zu leben, denn eines Tages kommt die Rechnung immer auf den Tisch".[22] Ein Mann der klaren Worte, könnte man meinen — doch nicht der klaren Taten: Fillon und sein Vorgesetzter, Präsident Nicolas Sarkozy, mussten am Ende ihrer Amtszeit 2012 eingestehen, dass das französische Außenhandelsdefizit in fünf Jahren um drei Viertel auf mehr als 74 Milliarden Euro angestiegen war. Die französische Staatsverschuldung kletterte von 65 auf über 90 Prozent des BIP. Dafür waren zu einem großen Teil die Finanzkrise und die Bekämpfung ihrer Folgen verantwortlich. Doch Sarkozy war nie ein Freund von Haushaltsdisziplin gewesen, und Fillon folgte den Vorgaben seines Chefs. Die Wettbewerbsfähigkeit der französischen Wirtschaft verloren sie dabei aus den Augen.

Unter der folgenden sozialistischen Regierung ist das französische Handelsdefizit insgesamt wieder gesunken. Die fallenden Energiepreise und der schwache Euro halfen dabei. Die Zahl der exportierenden Unternehmen wuchs, doch die strukturelle Schwäche blieb. Bei den verarbeiteten

---

21 Leistungsbilanz entspricht dem Außenhandelssaldo im Warenverkehr plus Dienstleistungsbilanz plus Bilanz der Erwerbs- und Vermögenseinkommen sowie laufende Übertragungen.
22 http://discours.vie-publique.fr/notices/103001894.html.

Waren ist das Handelsdefizit 2016 sogar wieder gewachsen, und die Dienstleistungsbilanz war nur knapp positiv. Frankreich zählt lediglich 120.000 exportierende Unternehmen — ein Drittel des deutschen Niveaus und die Hälfte Italiens. Die Gewinnmargen der Firmen liegen seit langem unter dem europäischen Durchschnitt. Daher investieren die Unternehmen zu wenig. Stattdessen gestatten sie ihren Beschäftigten oft Lohnerhöhungen, die über den Produktivitätszuwächsen liegen. Auch die Eigentümer werden durch hohe Dividendenausschüttungen nicht selten königlich bedient. Unter anderem ist das eine Folge der hohen Kapitalbesteuerung Frankreichs. Netto müssen für die Aktionäre Beträge übrig bleiben, die mit anderen Verwendungen ihres Geldes konkurrieren können. So wurde der Industrieapparat im Laufe der Jahre erheblich geschwächt, teilweise ist er von gestern oder vorgestern. Maschinen, elektronische Steuerungen und Fabrikanlagen sind durchschnittlich 19 Jahre alt.[23] Bei der Ausstattung von Robotern hinkt Frankreich weit hinterher. Die deutsche Industrie setzt gut vier Mal so viele, die italienische Industrie fast doppelt so viele Roboter ein. Die Firmen sind auch in ihrer Größe schlecht aufgestellt. Das Land zählt sehr viele kleine und einige sehr große Unternehmen. Abgesehen von der wachsenden Gruppe junger Start-ups sind die Kleinunternehmen meist auf die lokalen Märkte fixiert. Ihnen fehlen der Wille und die Fähigkeit zu wachsen und zu exportieren, geschweige denn im Ausland zu investieren. Bürokratische Blockaden und die Belastungen durch Steuern und Abgaben hemmen ihren Aufstieg. Seit Jahren verliert Frankreich daher in der Weltwirtschaft Marktanteile.

Wenn mal ein Betrieb zu einer vielversprechenden Größe herangewachsen ist, dann entscheiden sich die Eigentümer zudem oft für den Verkauf an einen großen Konzern, der nicht selten aus dem Ausland stammt. So fehlt in der Größenstruktur der Unternehmen der Mittelbau. Frankreich träumt von einem „Mittelstand à l'allemande" in Form exportorientierter, technologisch führender Unternehmen mit einigen tausend Mitarbeitern und Umsätzen im Milliardenbereich. Doch dieser Traum ist bisher nicht wahr geworden. Frankreich ist nicht das einzige Land, das Deutschland um seinen Mittelstand beneidet — dieser ist das Fundament des deutschen Exporterfolges. Doch die Franzosen haben sich in den vergangenen Jahren mehr als andere Länder von Deutschland abhängen lassen.

Außenhandelsdefizit in Frankreich, Außenhandelsüberschuss in Deutschland — die wachsende Spreizung sorgt im Verhältnis der beiden Länder seit Jahren für Streit, und nicht nur dort. Mächtige Nationen, allen voran

23 Laut Philippe Varin, Präsident des Cercle de l'industrie, im Figaro, 6. November 2016.

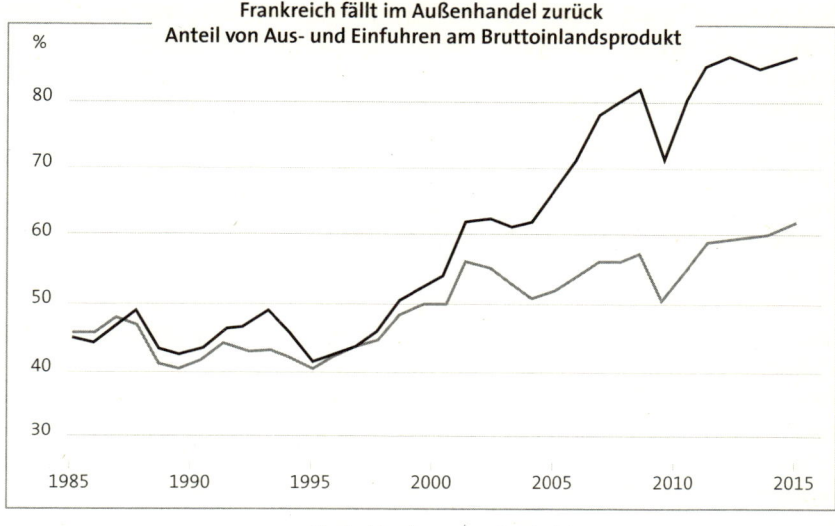

Frankreich fällt im Außenhandel zurück
Anteil von Aus- und Einfuhren am Bruttoinlandsprodukt

Deutschland   Frankreich

Quelle: Weltbank

die Vereinigten Staaten, und die EU-Kommission haben sich der französischen Kritik an Deutschland angeschlossen. Der deutsche Handelsbilanzüberschuss ist sicherlich seit einigen Jahren außergewöhnlich hoch und führt zu Ungleichgewichten, die langfristig abgebaut werden müssen. Doch die französische Kritik, Deutschland drücke seine europäischen Konkurrenten wie eine böse Macht an die Wand, hat keine Substanz. Zum einen wird übersehen, dass die Wachstumsraten der deutschen Exporte zunehmend auf die Nachfrage im außereuropäischen Raum zurückgehen und damit nicht die europäischen Konkurrenten auf ihren Heimatmärkten verdrängen. Zudem profitieren die europäischen Partner Deutschlands von den deutschen Exporten, weil sie Zulieferer der deutschen Industrie sind. Deutschland ist nicht nur Exportweltmeister, sondern auch drittgrößter Importeur der Welt. Wie eine Lokomotive zieht die deutsche Industrie die anderen mit. In Frankreich gilt das beispielsweise für die wettbewerbsfähigen Automobilausrüster, die für die deutschen Hersteller unverzichtbar sind. Wenn man die Betrachtung auf die weiter gefassten Leistungsbilanzüberschüsse Deutschlands ausweitet, dann ist zudem der Hinweis sinnvoll, dass diese Zahlen deutsche Direktinvestitionen im Ausland enthalten. Die deutschen Unternehmen bauen im Ausland Werke oder übernehmen dort andere Firmen. Zudem haben deutsche Privatanleger viel Kapital ins Ausland geschafft. Über diese Investitionen können die Empfängerländer froh sein, weil sie dort Arbeitsplätze schaffen sowie

Forschung, Entwicklung und die Infrastruktur stärken. Daher sind die deutschen Leistungsbilanzüberschüsse gut für Europa. Das heißt nicht, dass sie in ihrer aktuellen Höhe langfristig tragbar sind. Auch die starken Lohnerhöhungen haben in Deutschland bisher nicht für Ausgleich gesorgt. Mehr öffentliche Investitionen in die deutsche Infrastruktur könnten daher Abhilfe leisten. Doch jemand muss sie bezahlen — sollten sie auf Kosten der unternehmerischen Wettbewerbsfähigkeit Deutschlands gehen, trügen alle Schaden davon.

Woher kommt der deutsche Exportboom? Er fußt auf Deutschlands robuster Industrie, die es verstanden hat, hochqualitative Produkte im oberen Preissegment zu verankern. Die Kunden im Ausland schätzen die breite Warenpalette von soliden Autos bis zu langlebigen Werkzeugmaschinen unabhängig davon, ob sie ein wenig teurer oder billiger sind. Die französische Kritik greift somit zu kurz. Deutschland müsse mit einem großen Masterplan seinen Leistungsbilanzüberschuss abbauen, heißt es. Doch das ist eine Forderung, die der staatsplanerischen Denktradition Frankreichs entspricht. Schon auf der Verwaltungskaderschmiede Ena (Ecole nationale d'administration) und anderen „Grandes Ecoles" bekommen die Franzosen sie eingeimpft. Daher träumt die technokratische Hautevolee davon, Exporte, Importe, Kapitalströme und Direktinvestitionen ganzer Länder so zu verschieben wie Architekten am Reißbrett Häuserblöcke umstellen. Durch die Steuerpolitik könnten etwa Exporte verteuert oder Importe verbilligt werden, heißt es. Doch Deutschland ist dieser Zentralismus — verordnet von einer politisch-administrativen Elite — fremd. Leistungsbilanzen sind weitgehend die Ergebnisse von Marktprozessen. Die Deutschen lassen sich nicht einfach in Konsumanbeter zum Wohle von Importen umerziehen. Sie sparen gerne, um angesichts der unbefriedigenden Demographie für das Alter vorzusorgen. Oder sie sind einfach nur vorsichtig. Das ist ihr gutes Recht. Somit können Politiker die Warenströme nicht einfach durch eine paar Steuer-Prozentpunkte umlenken, gerade nicht bei den preisresistenten Waren der deutschen Exporteure. Die Autos von BMW oder Mercedes sind unter wohlhabenden Chinesen nun mal stark gefragt. Angesichts der überall heraufziehenden Forderungen nach Protektionismus bleibt zu hoffen, dass ausländische Waren weiterhin die Grenzen überschreiten dürfen, ohne dass sie künstlich verteuert wurden.

Frankreich projiziert sein zentralstaatliches Denken gerne aufs Ausland. So unterliegen viele Franzosen dem Missverständnis, die Agenda 2010 von Bundeskanzler Gerhard Schröder sei ein Metakonzept gewesen, das ganz Deutschland in einem Schritt die Kehrtwende befahl. Die Reformen der Regierung waren ein wichtiges Mittel zur Erhöhung der Wettbewerbsfähigkeit, doch mindestens genauso bedeutsam war die Lohnzurückhaltung der Arbeitnehmer in den frühen 2000er Jahren. Wegen der Tarifautonomie in Deutschland blieb die Regierung da außen vor. Stattdessen entstanden die Beschlüsse zur Lohnmoderation im Dreieck zwischen Arbeitgebern, Gewerkschaften und Betriebsräten, und das häufig dezentral in den Betrieben, von denen viele die Arbeitergeberverbände verlassen hatten und damit nicht mehr an die Tarifverträge gebunden waren.[24] Die Arbeitnehmer verstanden, dass ihre Unternehmen auf der Kostenseite wettbewerbsfähiger werden mussten, weil sonst die Aufträge ausgeblieben wären.

Zu solchen Einsichten kommt es Frankreich seltener. Der Dialog zwischen den „Sozialpartnern" ist häufig ein Kräftemessen zwischen „Sozial-Gegnern". Besonders wenn die Gewerkschaftszentralen aus Paris auf lokale Betriebsratsmitglieder einwirken, bekommen die Gespräche schnell eine ideologische Schlagseite. Die Verständigung wird dann schwierig. Ein Verlust der Wettbewerbsfähigkeit ist die unausweichliche Folge, gerade im Mittelstand.

Daher ist Frankreich heute nicht mehr der wichtigste Handelspartner Deutschlands. Vierzig Jahre lang waren die Franzosen bei den Importen und den Exporten unser bedeutendster Counterpart. Schon 2005 hörte das bei den französischen Ausfuhren nach Deutschland auf.[25] China und die Niederlande[26] haben den Exporteur Frankreich auf den dritten Platz zurückgedrängt. Seit 2015 sind die Franzosen zudem nicht mehr die größten Kunden deutscher Produkte, sondern die Vereinigten Staaten. Ob das nach der Wahl von Donald Trump so bleibt, ist abzuwarten. Doch aufgrund des unterdurchschnittlichen Wachstums des französischen Marktes ging eine Ära zu Ende, die mehr als ein halbes Jahrhundert dauerte. Seit den frühen sechziger Jahren war Frankreich der größte Importeur deutscher Waren gewesen. Damit ist es vorbei.

Frankreichs Wirtschaft hat sich Jahr für Jahr ein Stück weiter in eine Nebenrolle drängen lassen. Der Weltmarktanteil der französischen Exporte ging zwischen 1995 und 2013 um 42 Prozent zurück; heute liegt er nur noch bei 3,5 Prozent der weltweiten Ausfuhren. Wegen des Aufstiegs von China

24 Siehe Dustmann, Fitzenberger, Schönberg, Spitz-Oener: From Sick Man of Europe to Economic Superstar. Germany's Resurgent Economy, Journal of Economic Perspectives, Volume 28, Number 1, London 2014, S. 167–188.
25 https://de.statista.com/statistik/daten/studie/260049/umfrage/deutsche-importe-aus-frankreich/.
26 Der Hafen von Rotterdam dient als Eingangstor für außereuropäische Waren.

und den südostasiatischen Tigerstaaten fielen alle alten Industrienatio-
nen zurück. Doch im Vergleich mit Italien, Spanien Großbritannien und
Deutschland war der Rückgang in keinem anderen Land so heftig wie in
Frankreich.[27] In der Heimat hat das schwere Konsequenzen.

27 Notes du conseil d'analyse économique, Nummer 23, Mai 2015.

Wo sind die Jobs?

Flachdach, olivfarbene Blechwände, kleine Fenster — der einstöckige Zweckbau wirkt in einer Gegend voller netter Einfamilienhäuser wie eine Übergangslösung. Doch die staatliche Einrichtung dürfte noch lange gebraucht werden. Wie ein Magnet scheint das Arbeitsamt der südfranzösischen Mittelmeerstadt Agde die Menschen anzuziehen. Erst vor zwei Jahren ist die Behörde mit ihren fünfzig Mitarbeitern umgezogen, denn die alten Räume im Stadtzentrum wurden zu klein. Heute ist es schon wieder eng geworden. Man sieht es am zugestellten Parkplatz sowie an den Wartenden, die sich schon vor Büroöffnung morgens um 8 Uhr versammeln. Im Innern ziehen sie dann bald ihre Wartenummern, stehen Schlange vor den Schaltern und vor den Bildschirmen für die Internetrecherche. Dazwischen geht ein Mitarbeiter von einem zum anderen, um bei der elektronischen Arbeitsplatzsuche zu helfen. Wer schon einen Termin bei einem Berater hat, wird in eines der Einzelbüros gebeten. Ein junger Mann mit dünnem Vollbart und Baseballkappe klagt: „Ich habe mich vor acht Monaten eingeschrieben, bisher hat nichts geklappt. Es gibt hier einfach nichts". Sein Berufsschuldiplom als Mechaniker hat ihn bisher nicht weit gebracht, Dutzende von verschickten Lebensläufen blieben ohne Antwort oder kamen mit Absage zurück. Kaum hat er seine Klage beendet, steigt er in sein kleines Auto und braust davon.

Schon die Griechen haben das Städtchen Agde am Fluß „Hérault" gegründet. Der Ort mit seinem idyllischen Zentrum, zwei Autostunden von der spanischen Grenze entfernt, will gar nicht zu dem unangenehmen Thema der Arbeitslosigkeit passen. Eine warme Brise weht selbst im Dezember vom Meer her, und die Sonne beleuchtet einen grellblauen Himmel. Die Gegend weist die höchste Arbeitslosenquote Frankreichs auf — 17,9 Prozent im dritten Quartal 2016. Den traurigen Spitzenplatz hält Agde zusammen mit dem nahegelegenen Pézenas schon seit etlichen Jahren. Das nationale Statistikamt Insee teilt Frankreich in mehr als 320 Zonen ein, Agde bildet zusammen mit seiner kleineren Nachbarstadt Pézenas eine dieser Zonen und weist schon seit dem vierten Quartal 2012 eine Quote von mehr als 17 Prozent auf. Der Norden Frankreichs mit den Städten Calais, Valenciennes, Maubeuge, Saint Quentin, Lens, Hénin-Beaumont sowie der Region Thiérache zählt ebenfalls zur Spitzengruppe, doch keine Zone hat so viele Arbeitslose wie Agde-Pézenas.

Die Arbeitslosigkeit Frankreichs konzentriert sich entweder ganz im Norden in den früheren Regionen Nord-Pas-de-Calais und Picardie, die seit der Gebietsreform zu einer Einheit namens Hauts-de-France zusammengefasst wurden. Oder die Misere breitet sich weit im Süden in der Region Languedoc-Roussillon-Midi-Pyrénées aus, die heute L'Occitanie heißt. Im dritten Quartal 2016 verzeichneten die acht südfranzösischen Arbeitsmarkt-Zonen Céret, Perpignan, Sète, Alès, Béziers, Agde-Pézenas Narbonne und Perpignan eine Arbeitslosenquote von jeweils mehr als 14 Prozent. Im Norden überschritten die acht Zonen Lens-Hénin, Roubaix-Tourcoing, Saint-Quentin, Thierache, Tergnier, Calais, Valenciennes und Maubeuge diese Grenze. Sonst wies in ganz Frankreich keine andere Zone eine Arbeitslosenquote von mehr als 14 Prozent auf. Zum Vergleich: Der landesweite Durchschnitt lag in diesem Zeitraum bei 9,7 Prozent.

Dass etliche Gegenden im Norden Frankreichs von Arbeitslosigkeit gezeichnet sind, überrascht nicht. Jedem Besucher wird das schnell klar, wenn er ihre verblichenen Häuserfassaden und geschlossenen Schaufenster sieht. Die Kohlebergwerke, die metallverarbeitende Industrie und die Textilbetriebe sind längst verschwunden. Nur noch einige Industriemuseen sowie die hohen Abraumhalden aus Schiefer und Kohlegestein, auf denen die Menschen am Wochenende wandern oder sogar Skifahren, zeugen von einer stolzen Vergangenheit. Die Politiker haben selbst den Louvre mit einer Dependance nach Lens gebracht, doch den erhofften Wirtschaftsaufschwung kann das Museum alleine nicht in Gang bringen.

Im Süden ist die Erklärung komplizierter. Der Gürtel der Arbeitslosigkeit zieht sich hier am Mittelmeer Richtung spanischer Grenze entlang. Hunderttausende von Urlaubern strömen jedes Jahr in die Gegend, ohne zu wissen, dass sie in einer arbeitsmarktstatistischen Wüste Ferien machen. Selbst kaum einem Franzosen ist bekannt, dass Agde-Pézenas die höchste Arbeitslosigkeit des Landes aufweist. Dabei handelt es sich um alles andere als ein neues Phänomen. Schon vor zehn Jahren lag Agde-Pézenas auf dem zweiten Rang nur knapp hinter Lens-Hénin.

Sex, Sonne und soziale Misere

Agde ist eine sonnenverwöhnte Kleinstadt mit zwei Gesichtern. Im Winter hat sie rund 25.000 Einwohner, im Sommer aufgrund des Tourismus das Zehnfache. Doch auch in den kühlen Monaten ist der Ort nicht etwa verwahrlost. Ein modernes Schwimmbad bietet ebenso Ausgleich wie eine schön renovierte Stadtbibliothek. In der historischen Innenstadt laden enge Gassen zwischen alten Häuserfassaden zum Spazieren ein. Etliche Gebäude stehen allerdings leer, sie müssten renoviert werden, um ihren südeuropäischen Charme zu entfalten.

Zur Kommune gehört auch der bekannte Badeort Cap d'Agde. Die riesige Ferienanlage ist eines der Urlaubszentren, die der französische Staat in den sechziger Jahren in einer aufsehenerregenden Bauinitiative am Mittelmeer errichten ließ. So entstanden auch Betonburgen wie La Grande Motte oder Port Camargue, wo sich die Architekten mit modernen Entwürfen austoben durften. Die Infrastruktur von Cap d'Agde hat an einigen Stellen zwar ihre besten Tage gesehen, doch immer noch lockt der Ort die Urlaubermassen an. Viel Anziehungskraft übt die größte FKK-Hochburg Europas aus, die in Cap d'Agde entstanden ist. Eine weitläufige Anlage in der Größe einer Kleinstadt hält verschiedenste Angebote bereit – vom zwei Kilometer langen FKK-Strand bis hin zu sexuell freizügigen Hotels und Swinger-Partys, die immer wieder für Schlagzeilen sorgen.

Sex, Sonne, Sand und soziale Misere, wie passt das zusammen? Wer in Agde nach Antworten sucht, stößt bei den offiziellen Stellen erst einmal auf Schweigen. Der Bürgermeister habe so viel zu tun, dass ein Termin frühestens in zwei Monaten zu erhalten sei, sagt ein Mitarbeiter der Presseabteilung. Als ich es mit einer E-Mail an den Bürgermeister probiere, berichtet seine Sekretärin, dass der Mann seine E-Mails immer nur am Ende der Woche lese.

Andere sind auskunftsfreudiger. Beim Arbeitsamt, beim Regionalbüro des Statistikamtes Insee, bei zwei Sozialstellen zur Eingliederung von Arbeitslosen, bei einer lokalen Internetzeitung und bei einer Reihe von Kleinunternehmen wollen sie reden. Schließlich meldet sich auch der Kabinettsdirektor des Bürgermeisters. Die Auskünfte ergeben ein Bild, das viel über Frankreich aussagt. Demnach zieht Agde nicht nur Touristen an, sondern auch Arbeitslose. Im Sommer mangelt es nicht an Arbeit, wie man sich gut vorstellen kann, weil es vor Urlaubern nur so wimmelt. Dennoch schwanken die Arbeitsmarktdaten kaum; im Sommer sind etwa genauso viele Arbeitslose eingeschrieben wie im Winter. Doch müssten die Zahlen in den Urlaubsmonaten nicht sinken, weil die Restaurants Küchenhilfen, die Hotels Zimmermädchen und die Boutiquen Verkäufer brauchen? Die Antwort lautet: Ja. Und doch meldet das staatliche Statistikbüro Insee stabile Arbeitslosenzahlen auf hohem Niveau. Die Behörde berechnet ihre Daten anders als die Arbeitsamtsverwaltung. Insee setzt unter anderem auf stichprobenartige Telefoninterviews, während die Arbeitsämter nur jene Personen zählen, die ihre Stellensuche offiziell registriert haben. Nach der

Arbeitsamtsstatistik verringern sich die Arbeitslosen im Sommer gegenüber dem Winter aber auch nur um ein gutes Zehntel. Die Arbeitslosigkeit scheint sich in Agde also festgebissen zu haben — das ganze Jahr über.

„Die Sonne zieht eben auch die Misere an" — so formuliert es ein Lokaljournalist der „Hérault Tribune", und der Kabinettsdirektor des Bürgermeisters stimmt zu. Gerade jüngere Arbeitslose ziehen in großer Zahl vom Norden in den warmen Süden. Wenn schon arbeitslos, dann lieber in der Nähe eines Strandes. Die Sprecherin des Arbeitsamtes berichtet von einem „bestimmten Lebensstil", einem „choix de vie": Nur drei bis vier Monate im Jahr arbeiten und für den Rest des Jahres mit Arbeitslosenhilfe und anderen Staatshilfen auskommen, etwa mit Wohn- und Kindergeld — das ist kein Zuckerschlecken, aber es ist in Frankreich möglich. Der französische Staat lässt so schnell niemanden hängen. Mit einer Vielzahl von Instrumenten greift er den sozial Schwachen unter die Arme. Den Überblick zu behalten, ist nur den Experten gegönnt. Nicht nur die verschiedenen Hilfen variieren, auch die Auszahlungsstellen und die Bezugskriterien. Neben dem Zentralstaat vergeben die Regionen, die Departements, die Kommunen und die Arbeitsämter Vergünstigungen. Zur klassischen Sozialhilfe, zum Wohngeld, zum Anspruch auf eine Sozialwohnung und zum kostenlosen Krankenversicherungsschutz kommen etliche Sonderleistungen hinzu, je nach individueller Lage etwa kostenloser öffentlicher Transport für die ganze Familie, niedrigere Tarife für Strom, Wasser, Gas und Telefon, vergünstigte Museumbesuche, verbilligte Rundfunkgebühren, kostenloses Kantinenessen für die Kinder sowie spezielle Zuschüsse für Weihnachten und den Beginn des Schuljahres.

Dass die kumulierte Höhe und die Vielfalt dieses sozialen Potpourris für Kontroversen sorgen, kann nicht überraschen. Die Beihilfe zum Schulbeginn etwa (360 Euro für ein Grundschulkind) ist für den Kauf von Schulranzen, Heften und Taschenrechner gedacht. Stattdessen treibe sie in jedem Spätsommer die Verkäufe von Fernsehern und Flachbildschirmen in die Höhe, behaupten die Kritiker. Das ist nicht bewiesen, doch damit zeigt sich, wie gespalten die Lager sind. Der Rechnungshof kritisiert immer wieder den Wirrwarr verschiedener Hilfen und verlangt mehr Vereinheitlichung, doch bisher ohne Erfolg.

Frankreich kennt die Problematik sozialer Fehlanreize: Warum soll man arbeiten gehen, wenn sich die staatlichen Hilfen in der Summe kaum von den Einstiegsgehältern unterscheiden? Vor einigen Jahren hat die Regierung daher entschieden, einen Teil der Sozialhilfe (RSA) auch dann weiterzuzahlen, wenn jemand eine Arbeit aufnimmt. Durch den Kombilohn soll sich die Anstrengung auszahlen. Das ist nicht unproblematisch, weil dies die Unternehmen dazu verleiten kann, die Löhne niedrig zu lassen, da den Rest ja der Staat bezahlt. Die französische Regierung nimmt dies jedoch in Kauf, denn sie will die Anreize zur Annahme einer Stelle verstärken. So bezieht ein Arbeiter, der auf dem Niveau des staatlichen Mindestlohnes bezahlt wird, heute in etlichen Situationen erheblich höhere Mittel, als wenn er zuhause bliebe. In einigen Kategorien ist der Abstand allerdings nicht groß, etwa zwischen arbeitslosen Eltern mit zwei Kindern und der gleichen Familie, in der ein Elternteil als Niedriglöhner arbeitet. Wenn dann noch der Verlust der genannten Zusatzvergünstigungen hinzukommt, lohnt sich das Arbeiten kaum noch.

In Agde haben all diese Anreize für die Aufnahme einer Arbeit offenbar wenig Wirkung — und nicht nur dort. Andernfalls würden die Arbeitslosenzahlen im Lande sinken. Der Kabinettsdirektor des Bürgermeisters vermutet, dass etliche Bewohner durchaus einer Arbeit nachgehen — „kleine Jobs", wie er sagt — und dennoch als arbeitslos gemeldet seien. Das Kind hat einen Namen: Schwarzarbeit. „Das ist aber ein Problem in ganz Frankreich, nicht nur bei uns in Agde", meint der Mann. Die Immobilienpreise liegen anders als in typischen sozialen Brennpunktgegenden in der Mittelmeerstadt auf recht hohem Niveau; das ist eine Folge des Bevölkerungszugewinns und der Tatsache, dass Einkommen durchaus vorhanden sind.

So wie in anderen strukturschwachen Regionen leiden die Menschen in Agde und Pezenas aber unter einer anderen Schwäche — einem niedrigen Ausbildungsniveau. Viele haben die Schule ohne Abschluss verlassen. Woanders eine Stelle zu suchen, ist für wenige eine Option. „Besonders die Menschen an der Küste wollen nicht weg, das macht es schwer", stöhnt die Leiterin der Eingliederungsstelle von Pézenas. Dadurch bezahlt die Gegend heute die Rechnung für die einseitig auf den Tourismus ausgerichtete Wirtschaftspolitik. Industrie will man in den küstennahen Gebieten nicht haben, das kann man aus ökologischen Gründen verstehen. Doch im Landesinneren wäre durchaus Platz, zudem hat man die Ansiedlung anderer Unternehmen vernachlässigt.

Die öffentlichen Einrichtungen geben sich im Kampf gegen die Arbeitslosigkeit durchaus Mühe. Mit der Wintersportstadt Albertville haben die Küstenorte eine Partnerschaft gegründet, damit die Beschäftigten der Touristenbranche dort in den kalten Monaten Arbeit finden. Auf Jobmessen werben Wintersport- und Badeorte gemeinsam. Zudem versucht das Arbeitsamt, Austernzüchter im Winter im Weinbau oder bei der Instandhaltung von Campingplätzen unterzubringen. Doch die Zahl der Teilnehmer an solchen Umzugs- und Umbildungsprogrammen ist gering. Stattdessen nehmen die Mitarbeiter der sozialen Einrichtungen zu. „Als ich hier Ende der neunziger Jahre anfing, waren wir drei Leute, heute sind wir dreißig", berichtet die Eingliederungsexpertin von Pézenas. Sie soll das leisten, was das Arbeitsamt überfordert: in langen Interviews herausfinden, welche Ausbildung für die jungen Leute empfehlenswert wäre und sie dann bei der Arbeitssuche begleiten, also immer wieder nachhaken, Rat geben, ermutigen. Frankreich setzt Tausende solcher Einrichtungen ein, teilweise in privater Hand und teilweise auch mit europäischen Mitteln finanziert. Sie sollen eine Art Arbeitsamt mit menschlichem Gesicht sein – ohne Sanktionsinstrumente. Das klassische Amt dagegen ist sowohl für die Auszahlung des Arbeitslosengeldes zuständig als auch für die Kontrolle, ob die Arbeitslosen wirklich eine Arbeit suchen. Das sorgt für Konflikte und schreckt viele ab.

Trotz all dieser Bemühungen sind die Erfolge der Eingliederung ernüchternd – auch weil sich der Staat falsche Vorstellungen über die Nachfrage der Wirtschaft macht. „Eine Weile haben wir jede Menge Buchhalter ausgebildet, doch das ging am Bedarf vorbei, es gab einfach nicht die Stellen dafür", berichtet eine Jobvermittlerin in Pézenas. Und alles überlagert die Attraktivität des warmen Südens. „Wenn ich 150 Personen im Monat vermittle, dann bekomme ich durch Zuzug etwa genauso viele neue Arbeitslose dazu", berichtet die Arbeitsamtsleiterin von Agde.

Arbeitslos – jahrelang

Szenenwechsel: Im Großraum Paris gibt es die meisten Arbeitsplätze Frankreichs, absolut gesehen aber auch die meisten Arbeitslosen. Davon bekommt man einen Eindruck, wenn man sich einmal vor das Arbeitsamt eines Pariser Vorortes wie Trappes stellt. Die Kleinstadt mit 30.000 Einwohnern westlich der Hauptstadt ist erst in den siebziger Jahren gegründet worden, sie ist umgeben von florierenden Kommunen, die große Unternehmen anzogen, doch um Trappes haben sie einen großen Bogen gemacht. In einem grauen Gebäude, das an einen Plattenbau der DDR erinnert, gehen die Arbeitssuchen ein und aus. Da ist etwa Azhar, ein algerisch-stämmiger Franzose, 38 Jahre alt, verheiratet, zwei Kinder. Der stämmige Mann mit dunklem Vollbart ist eigentlich Lastwagenfahrer, doch nun hat er eine vierwöchige Fortbildung als Elektriker absolviert, vermittelt vom Arbeitsamt, und er hofft, damit seine Jobchancen zu erhöhen. Seit sieben Monaten ist Azhar arbeitslos; sein früherer Arbeitgeber, eine Baufirma, musste nach seinen Angaben schließen, weil sie bei der Buchführung getrickst hatte und die Rechnungen nicht bezahlte. „Ich hätte gerne einen CDI, einen unbefristeten Vertrag. Das bringt mehr Sicherheit. Ich habe Kinder, ich habe meine Wohnung gekauft und muss einen Kredit abbezahlen", sagt er. Dem Arbeitsamt stellt er gute Noten aus. „Die bemühen sich echt. Vor ein paar Jahren war ich schon mal hier, da war das noch anders. Aber es gibt eben kaum freie Stellen. Die Wirtschaft steckt in der Krise", sagt er.

Caroline, eine 24-jährige Kindergärtnerin, ist mit ihrem gleichaltrigen Mann Bouzid hier. Beide suchen einen Job. Er hat sich auf einer Baustelle vor zweieinhalb Jahren an der Schulter verletzt, war lange krankgeschrieben, und will jetzt als Lastwagenfahrer arbeiten. Sie möchte Kinder betreuen. Doch beide finden nichts. „Es ist nicht leicht, über die Runden zu kommen, unsere Miete beträgt 700 Euro im Monat", sagt Caroline, die ihr Haar hinter einem Kopftuch versteckt. Wie hoch ihre Arbeitslosenbezüge sind, wollen sie nicht sagen. Sie erwarten ein Kind. „Dann wird es noch teurer. Es ist aber gut, dass wir dann auch ein wenig Kindergeld bekommen", meint Caroline.

Frédéric hat gerade sein Studium beendet, vor fünf Monaten erwarb er einen Bachelor in „Projekt-Management" an einer nahegelegenen Universität. Direkt nach dem Studium wollte ihn niemand anstellen, also versucht er es jetzt auf dem Arbeitsamt. „In der Verwaltung einer Firma würde ich gerne arbeiten oder auch im öffentlichen Dienst", sagt er, „ich fange gerade mit der Suche an, mal sehen, ob es klappt".

Trappes gehört zu einem Dutzend Kommunen, die von der Regierung als besonders förderungswürdig angesehen werden. Die Stadt hat einen schlechten Ruf, weil sich dort stellenweise der islamische Fundamentalismus breit gemacht hat; Einige junge Leute sind aus Trappes in den Krieg nach Syrien gezogen. Soziale Konflikte flammen immer wieder auf, der Anteil von Einwanderern ist hoch. Die Gegend ist nicht überall verkommen. Wie im ganzen Ballungsraum Paris wechseln sich wirtschaftliche Kraftzentren mit Problemvierteln ab. Doch der Wohlstand ist ungleich verteilt, an Trappes geht er weitgehend vorbei.

Die Arbeitslosigkeit ist aber nicht nur eine Ortsfrage, sondern auch eine Folge des Ausbildungssystems. Yeleena, 21 Jahre alt, hat ihr Studium der Bildenden Künste abgebrochen, weil es nicht das richtige für sie war. Sie wollte auf einen praxisorientierten dualen Studiengang im Bereich der Kommunikation wechseln, fand aber kein Unternehmen für die erforderlichen Praktika. „Mindestens dreißig Bewerbungen habe ich rausgeschickt, ohne Erfolg", berichtet sie. Nachdem sie ihr Studium abbrach, fing sie als

Bedienung in einem Restaurant im 5. Arrondissement von Paris an. Doch der Chef kündigte ihr vor Ablauf der zweimonatigen Probezeit. „Er kann leicht Ersatz finden, die Leute stehen Schlange für solche Jobs". Jetzt ist sie beim Arbeitsamt eingeschrieben, doch die viermonatige Mindestbeitragszeit für den Erhalt von Arbeitslosengeld hat sie nicht erreicht. Sie lebt bei ihren Eltern, im September will sie wieder an die Universität gehen, bis dahin sucht sie einen Job als Verkäuferin oder Bedienung. „Ins Ausland zu ziehen, habe ich mir auch überlegt. Berlin oder eine Stadt in Großbritannien würde mich reizen. Abgeschrieben habe ich die Idee noch nicht", sagt Yeleena.

Beim Thema der Arbeitslosigkeit offenbart sich Frankreichs Beständigkeit und Stabilität — von seiner schlechten Seite. Es war im Herbst 1994, als ein junger Beamter in die Tasten seines Computers griff; er wollte sich seinen Frust von der Seele schreiben. Denis Olivennes galt als vielversprechendes Talent der französischen Verwaltung. Er studierte an den besten Schulen des Landes Literatur und Politikwissenschaften, bevor er die Kaderschmiede Ena absolvierte. Nach einigen Jahren beim Rechnungshof trat er als Berater in das Kabinett von Pierre Bérégovoy ein, der erst Wirtschafts- und Finanzminister und dann Premierminister der sozialistischen Regierung war. Nachdem Bérégovoy abgewählt wurde, machte sich Olivennes an seine Analyse. Mit kühler Präzision legte der Franzose den Finger in die Wunde. Er schonte weder seine linken politischen Freunde noch die Gegner im rechten Lager; mit den Vertretern der Wirtschaft sprang er genauso hart um wie mit den Gewerkschaften. So entstand ein Aufsatz, der sich gut zwei Jahrzehnte später wie ein brandaktuelles Pamphlet liest. Denn Frankreichs Arbeitslosigkeit liegt heute kaum unter dem Niveau von damals — knapp 10 Prozent der arbeitssuchenden Bevölkerung. Zwischendurch kam es zu einigen Schwankungen, doch seit 1983 ist die Quote nicht mehr unter 7 Prozent gefallen. In 24 der vergangenen 31 Jahre lag die Arbeitslosigkeit über 8 Prozent.[1] Wenn man noch all jene Menschen hinzurechnet, die während ihrer Suche nach einer Vollzeitstelle ein paar Stunden in der Woche arbeiten oder notgedrungen eine Fortbildung mitmachen, verdoppelt sich die Zahl. Alles, was man zum Verständnis dieser französischen Malaise wissen muss, hat Olivennes vor bald einem viertel Jahrhundert unter einer provokativen Überschrift zu Papier gebracht: „Die französische Präferenz für die Arbeitslosigkeit".[2] Olivennes These lautete: Frankreich erleidet nicht seine hohe Arbeitslosigkeit, das Land hat sie gera-

1 Einschließlich der Überseegebiete.
2 Denis Olivennes: La Préférence Française pour le chômage, Le Débat 1994/5, Gallimard, Paris, S. 138—153.

dezu gewählt. Seit Jahrzehnten bewahrheitet sich diese Analyse immer wieder. Die Politiker haben keinerlei Grund so tun, als stünden sie dem Phänomen wie einer Naturkatastrophe hilflos gegenüber.

Denn die Arbeitslosigkeit ist weitgehend hausgemacht. Wenn sie nicht gewollt ist, so wird sie zumindest akzeptiert. Sie ist weitgehend das Ergebnis eines teuren Sozialsystems und eines ausufernden Arbeitsrechts. Das hohe Niveau der sozialen Absicherung macht die Anstellung von Beschäftigten für die Unternehmen teuer; wenn sich dann herausstellt, dass der Mitarbeiter nicht in die Belegschaft passt, kann die Kündigung zu einem juristischen Marathonlauf werden, der mit hohen Abfindungszahlungen endet. Gleichzeitig werden die Arbeitslosen komfortabel gebettet, so dass sich die Anreize zur Annahme eines Jobs in Grenzen halten. Im Detail funktioniert die Mechanik so: Die Arbeitgeber bezahlen für jeden ihrer Mitarbeiter hohe Sozialabgaben und Steuern. Beides finanziert die sozialen Netze, die nicht nur den Absturz ins Bodenlose verhindern, sondern verglichen mit anderen Ländern ein recht angenehmes Auskommen garantieren. Genau die hohen Abgaben verhindern wiederum die Schaffung von Arbeitsplätzen, sie fördern sogar ihre Ersetzung durch Maschinen oder ihre Verlagerung ins Ausland. Das System ist in sich geschlossen. Doch draußen bleiben müssen die Geringqualifizierten, die Jungen und die Älteren. Diese „Outsider", wie sie im Sprachjargon der Ökonomen heißen, sind meistens die weniger produktiven Arbeitskräfte. Dadurch entsteht ein Nebeneffekt, auf den Frankreich geradezu stolz ist — die hohe Produktivität seiner Beschäftigten. Sie ist zu einem erheblichen Teil die Folge einer harten Auslese. Wer ungelernte und schwächere Kräfte erst gar nicht arbeiten lässt, kommt automatisch auf eine hohe Produktivität seiner Belegschaften.

Die Gründe für die hohe Arbeitslosigkeit sind vielfältig und vielschichtig. Im weiteren Verlauf des Buches werde ich sie erläutern. Doch eine Problematik offenbart sich rasch beim Blick auf die defizitäre Arbeitslosenkasse Frankreichs. Im Durchschnitt erhalten die Franzosen 70 Prozent ihres früheren Nettogehalts aus der staatlichen Arbeitslosenkasse. Anspruchsberechtigt ist man schon nach vier Monaten Beitragszeit — der kürzesten Periode in der OECD. Die Bezugsdauer des Arbeitslosengeldes von bis zu 24 Monaten (36 Monate für über 54-Jährige)[3] ohne Kürzung im Zeitverlauf ist eine der längsten Anspruchsberechtigungen. Zudem „ist die Obergrenze von 6200 Euro je Monat eine der höchsten unter den vergleichbaren Ländern", wie der Rechnungshof in einem unveröffentlichten Bericht formu-

---

3 Bis zur Reform vom März 2017 lag die Grenze noch bei 50 Jahren.

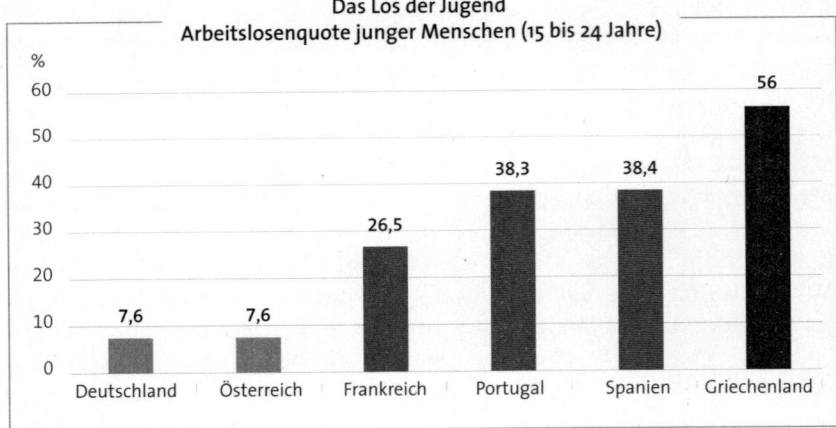

Quelle: Leconomiste.eu

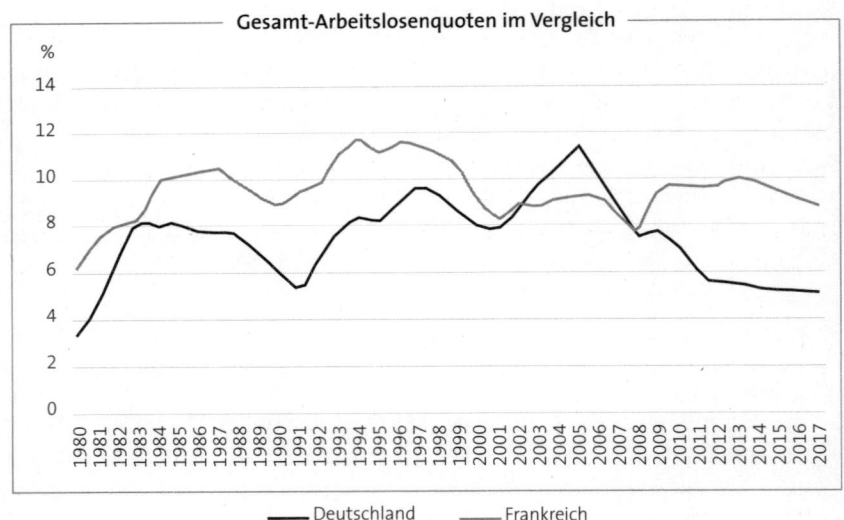

Quelle: IWF / actualitix.com

liert.[4] Dieser Umstand verdient an dieser Stelle eine Wiederholung: Gutverdiener, die zuvor 12.800 Euro oder mehr im Monat bezogen, können in Frankreich tatsächlich bis zu drei Jahre lang jeden Monat netto 6200

4 Unveröffentlichter Bericht des Rechnungshofes, siehe Les Echos, La Cour des comptes préconise de réduire l'indemnisation des chômeurs, 18. Januar 2016.

Euro aus der Arbeitslosenkasse entnehmen — eine herzliche Einladung zu einer ausführlichen Karrierepause oder ein goldener Steg bis zum Ruhestand. In Deutschland liegt die Höchstgrenze nicht bei 6200 Euro, sondern bei rund 2500 Euro, so wie in Schweden auch. In Spanien und Italien sind es nur 1700 Euro. Lange Zeit waren französische Arbeitslose über 55 Jahren zudem von der Pflicht befreit, nach einer Stelle zu suchen. Das Geld wurde überwiesen, ohne dass sie sich einmal im Monat beim Arbeitsamt melden mussten. Erst 2012 endete diese Annehmlichkeit.

Die Unterschiede im Arbeitslosengeld sind eine Folge der Beitragsbemessungsgrenzen. In Frankreich liegen sie sehr hoch, daher zahlen die Gutverdiener — und mehr noch ihre Arbeitgeber — viel Geld in die Sozialkassen ein. Später können die Beschäftigten daher auch viel erhalten. Spitzenverdiener, die arbeitslos werden, sind zwar nicht sehr zahlreich, denn die meisten wollen schnell wieder einen Job. Doch die Verlockung zum temporären Nichtstun ist groß. Ein Arbeitsloser über 54, der vorher gut verdiente, kann in Frankreich an einem Stück bis zu 223.200 Euro aus der Arbeitslosenkasse beziehen — die Summe entspricht seinen Ansprüchen während einer dreijährigen Berufspause. Grundsätzlich ist ein Versicherungssystem gegen Arbeitslosigkeit durchaus begrüßenswert, doch bei solchen Ausschlägen wird es zur sozialen Hängematte. Immerhin haben 2013 nicht weniger als 1600 Personen die 6200 Euro pro Monat kassiert.[5] Damit gibt die Arbeitslosenkasse jährlich mehr als 119 Millionen Euro für diese Personengruppe aus. Besser wäre es, die Auszahlungen und gleichzeitig die Beiträge zu begrenzen. Die Schaffung neuer Jobs würde für die Unternehmen dadurch interessanter. Die Arbeitslosenkasse Unedic redet indes ungern über ihre verwöhnten Gutverdiener, denn sie ist auf sie angewiesen. Insgesamt stehen ihren hohen Einzahlungen nur geringe Entnahmen gegenüber. Daher subventionieren die Gutverdiener den Rest der Arbeitslosen.

Die größere Herausforderung für die Arbeitslosenkasse sind indes die hohen Auszahlungen infolge der Massenarbeitslosigkeit. Daher steht der Kasse das Wasser finanziell bis zum Hals. Sie muss viele junge Leute, die kaum eingezahlt haben, ebenso alimentieren wie die als arbeitslos deklarierten Frührentner. Das Minus gleicht sie durch immer mehr Schulden aus. Zwischen 2008 und 2016 kletterten diese von 5,3 auf 30 Milliarden Euro, im Jahr 2019 könnten sie 41 Milliarden Euro erreichen — „ein solches Verschuldungsniveau ist problematisch, denn die Kosten können wegen steigender Zinsen erheblich zunehmen. Darüber hinaus ist ein

5 L'Express, 9. September 2013.

Schuldenabbau alleine durch eine wirtschaftliche Erholung bei unveränderten Leistungen und Beiträgen unmöglich", urteilt der Rechnungshof.

Die Arbeitslosenversicherung ist nur ein Element eines französischen Charakteristikums: Frankreich leistet sich das teuerste Sozialsystem in der OECD. 2016 gab das Land 31,5 Prozent seines Bruttoinlandsproduktes dafür aus. Seit 1990 sind die Ausgaben um ein knappes Drittel gestiegen und liegen jetzt zehn Prozentpunkte über dem OECD-Durchschnitt. Weil man für die Finanzierung dieser Ausgaben weitgehend den Faktor Arbeit belastet, zahlen die Arbeitslosen die Rechnung. Gerade die jungen Geringqualifizierten scheitern an der Schwelle zum Arbeitsmarkt, denn sie sind in Frankreich doppelt teuer: Die Arbeitgeber bezahlen für sie nicht nur hohe Abgaben und Steuern, sie müssen auch den hohen staatlichen Mindestlohn einhalten. In Frankreich liegt er bei fast 10 Euro brutto pro Stunde, das ist nach Luxemburg und zusammen mit Australien das höchste Niveau in der OECD.[6] Wenn ein Bewerber kaum eine Ausbildung mitbringt, geht der Arbeitgeber ein Risiko ein. Somit nützt der staatliche Mindestlohn den Arbeitsplatzbesitzern, aber er schadet den ungelernten Arbeitssuchenden. Der Staat zwingt sie, ihre Leistung zu einem überhöhten Preis auf dem Markt anzubieten. Wenn man bedenkt, wie viele Schulabbrecher das französische Bildungssystem produziert, wird die Dramatik deutlich. Mindestens 100.000 Menschen — rund einer von zehn — verlassen das Erziehungswesen jährlich óhne jeden Abschluss. Für viele bleibt die Tür zum französischen Arbeitsmarkt verschlossen. Rund ein Viertel der arbeitssuchenden Menschen im Alter von 15 bis 24 Jahren hat in Frankreich daher keine Stelle. Die Betonung liegt auf „arbeitssuchenden Menschen". Jene Personen, die sich in einer Ausbildung befinden, fallen nicht in diese Statistik; es handelt sich dabei um fast zwei Drittel eines Jahrgangs. Anders als häufig vorgebracht wird, haben somit nicht ein Viertel der ganzen jungen Jahrgänge keine Stelle, sondern rund 9 Prozent.[7] Dennoch sind das immer noch viel zu viele. In keinem anderen EU-Land gibt es absolut gesehen so viele Arbeitslose unter 25 Jahren wie in Frankreich. Im Dezember 2016 waren es 731.000. Spanien und Italien lagen deutlich darunter. Die beiden Südländer weisen relativ zur Größe ihres Landes zwar höhere Jugend-Arbeitslosenquoten auf (43 Prozent in Spanien und 40 Prozent in Italien gegenüber 26 Prozent in Frankreich)[8], doch dieser Hinweis tröstet keinen der frustrierten Jobsuchenden. Der erhoffte

6   http://stats.oecd.org/Index.aspx?DataSetCode=RMW.
7   Eurostat, Chiffres clés de l'Europe, Édition 2015, S. 78.
8   Eurostat, Pressemitteilung, 31. Januar 2017.

Start ins Berufsleben beginnt für sie gleich mit einem Scheitern. Allein die psychischen Schäden sind später oft nicht mehr zu reparieren.

Die Krux in diesem System ist, dass die Arbeitslosen keine Lobby haben. „Die Gewerkschaften vertreten per Definition die Interessen der Beschäftigten, den Arbeitgebern ist am sozialen Frieden mit ihren Mitarbeitern gelegen, und die Regierung steht im Dialog mit den Sozialpartnern; ihre Wählerschaft setzt sich aus viel mehr Beschäftigten als aus Arbeitslosen zusammen". So beschrieb Olivennes die Lage schon 1994. Daran hat sich bis heute nichts geändert. Einige private Vereine machen sich zwar für die Arbeitslosen stark, und auch die Gewerkschaft CGT hat Ende der achtziger Jahre eine kleine Abteilung für sie eingerichtet. Das sind ehrenvolle Initiativen, aber letztlich nur Feigenblätter. Die Besitzstandlosen, die Outsider, haben keine Stimme. Ungestört regeln die Insider, wie sie miteinander auskommen und unter sich bleiben. Wenn die Arbeitnehmer für einen scharfen Kündigungsschutz kämpfen, geben die Unternehmen und die Regierung nach, damit sie ihre Ruhe haben. Wenn die Gewerkschaften Lohnsteigerungen fordern, die über den Produktivitätszuwächsen liegen, machen die Arbeitgeber auch oft genug mit. Jeder neue Kompromiss aber erschwert den Außenstehenden den Eintritt in den privilegierten Klub.

Denis Olivennes weiß das heute besser denn je. Seine Weitsicht von damals hat er später in der Realität als Unternehmensmanager bestätigt gefunden. Er ist nach mehreren Stationen in großen Konzernen ein Top-Manager der Lagardère-Gruppe geworden. Als Chef der Radiostation Europe 1, der Magazine „Paris Match" und „Elle" sowie der Sonntagszeitung „Journal du Dimanche" ist er einer der wichtigsten Medienmacher des Landes. Ich suche ihn in seinem Büro bei Europe 1 im Herzen von Paris auf. Olivennes ist ein bulliger Typ, der an einen früheren Rugbyspieler erinnert. Dabei ist der Franzose Boxfan. Er gehört zu jenen unkonventionellen Managern, die es wohl nur in Frankreich gibt: lässig, selbstbewusst und scheinbar unbekümmert. Ein ehemaliges Top-Model, Inès de la Fressange, ist seine Lebensgefährtin. Sein politisches Herz schlägt links, doch aus der Politik hat er sich verabschiedet. Mit seinem grau gewordenen Bart sitzt Olivennes jetzt vor den Fotos seiner Boxidole und schüttelt den Kopf. „Mehr als zwei Jahrzehnte danach haben wir ziemlich genau die gleiche Arbeitslosigkeit wie damals, die gleiche Zahl von Langzeitarbeitslosen und die gleiche Zahl von jugendlichen Arbeitslosen. Das ist bedrückend. Die Regierungen haben sich einfach nicht zu den Reformen aufraffen können, die sich schon damals aufdrängten".[9] Olivennes kennt François Hollande persön-

9 Gespräch mit dem Autor, 10. November 2016.

lich; als dieser noch Präsident war, fragte Hollande ihn einmal um Rat für den Kampf gegen die Arbeitslosigkeit, doch zu seinem Bedauern befolgte er ihn nicht. Der Manager fordert heute wie damals, dass die Kosten für die Arbeit der Geringqualifizierten deutlich verringert werden – nicht durch eine Senkung des Mindestlohnes, sondern durch eine Verringerung der Sozialabgaben, welche die Arbeitgeber und die Arbeitnehmer zahlen müssen. Verschiedene Regierungen haben die Arbeitgeberabgaben zwar mehrfach gekürzt – nicht wenige Ökonomen halten dieses Mittel daher für abgenutzt, doch nicht Olivennes: Mit 15 bis 20 Prozent des Lohnes seien die Sozialabgaben immer noch zu hoch, findet er. Olivennes erinnert sich an die 2000er Jahre, als er die Buch- und Elektronikkette Fnac führte. „Während wir in Frankreich damals drei Verkäufer für einen Geschäftsbereich abstellten, waren es in Portugal zehn. In Frankreich waren sie einfach zu teuer". So fehlen Frankreich heute Niedriglohnjobs im Dienstleistungsbereich wie der Hotellerie, der Gastronomie und dem Einzelhandel. Olivennes ist empört, weil sich solange nichts getan hat: „Wir haben es mit einem unglaublichen Verrat der französischen Eliten zu tun. Ihre kleine Welt aus Politikern, Arbeitgebern, Gewerkschaften und hohen Technokraten akzeptiert stillschweigend einen Konsens, weil er einfach nur bequem ist", schimpft der Manager.

Ein starres und kompliziertes Arbeitsrecht erschwert die Lage zusätzlich. Für die Arbeitgeber ist es unterirdisch, nicht nur kleine Unternehmen finden sich darin kaum noch zurecht. Einschließlich der Kommentare und Erläuterungen umfasst der französische Code du Travail heute fast 3900 Seiten. Aus 800 Artikeln sind in vier Jahrzehnten mehr als 8000 geworden. Streitigkeiten landen oft beim Arbeitsgericht, das aus Laienrichtern besteht, gleichgewichtig gewählt von den Gewerkschaften und den Arbeitgebern. Nach einer Studie des Finanzministeriums vom Oktober 2014 beträgt die durchschnittliche Prozessdauer bis zu einem Urteil 15 Monate. Wenn sich das paritätisch besetzte Laiengericht nicht einig werden kann, muss ein professioneller Richter hinzugezogen werden. Dadurch können noch einmal 14 Monate vergehen; und für eine der häufigen Berufungen muss man mit weiteren 16 Monaten rechnen. Insgesamt kann ein solches Verfahren also bis zu drei Jahre und neun Monate dauern. Somit sind Entlassungen in Frankreich oft ein teures und schwer abschätzbares Abenteuer. Die Unternehmen sprechen von einer „Lotterie". Doch sie hat keinen Gewinner. Die Arbeitnehmer können sich zwar häufig über Abfindungen freuen, die deutlich über dem Niveau in Nachbarländern wie Deutschland liegen; aber auch für sie ist das juristische Gezerre eine Belastung, und am Ende sind sie es, die ohne Job dastehen. In diesem System verlieren letztlich alle.

Mit einer Reform des Arbeitsrechtes versuchte François Hollande im Jahr 2016 gegenzusteuern, doch er musste dieses Projekt derart verwässern, dass davon wenig übrigblieb. Die Idee, Höchstgrenzen für Abfindungen einzuziehen, gab er auf. Eine Reihe von Gewerkschaften unter der Führung der linksgerichteten CGT hatte einen Zermürbungskrieg gegen die Regierung angezettelt, der über Monate zu wiederkehrenden Demonstrationen und Streiks führte. Eine Weile schlossen sich Studenten und Schüler an. Die Beteiligung war nicht sonderlich hoch, es handelte sich nicht um eine Massenbewegung. Die Macht der Fernsehbilder, die durch Randalierer autonomer Gruppen dramatisiert wurden, setzte die Regierung aber unter Handlungsdruck. Im Parlament konnte sie ihr Gesetz nur mit der Brechstange des Notparagraphen 49,3 durchsetzen, der die Abstimmungen der Abgeordneten aufhebt. Die Reform trat zwar in Kraft, doch die Regierung war schwer beschädigt.

Frankreichs scharfer Kündigungsschutz gilt, egal ob die Arbeitsverträge befristet oder unbefristet sind. Daher schaffen sich die Unternehmen Flexibilität, indem sie die Vertragsdauer der Beschäftigung extrem verkürzen. Fast neun von zehn Neueinstellungen erfolgten 2015 auf der Basis von befristeten Kurzzeitverträgen mit einer Höchstdauer von meist nur 18 Monaten (inklusive Erneuerung). Diese Kurzzeitverträge, genannt CDD, wurden 1979 für Ausnahmesituationen eingeführt, heute sind sie das große Ventil für das verkrustete Arbeitsrecht. Die Arbeitgeber vereinbaren immer kürzere Vertragszeiten. 2015 wurden 4 Millionen CDD von höchstens vier Wochen Laufzeit vereinbart — eine Verdreifachung in 15 Jahren. Fast drei Viertel aller Neueinstellungen in Frankreich waren Kurzzeitverträge von höchstens vier Wochen. Gerade Hotels, Restaurants, Kulturbetriebe und Dienstleister in den Haushalten greifen gerne darauf zurück. Wenn man sich den Gesamtbestand der Arbeitsverträge anschaut, dann stellen die klassischen unbefristeten Verträge (CDI) noch immer die Mehrheit, doch die Kurzzeitverträge gewinnen rapide an Boden. Junge Leute werden heute fast nur mit einem CDD angestellt. Die Kurzzeitverträge können nur zweimal erneuert werden, daher müssen die jungen Leute danach die Firma wechseln oder eine Pause als Arbeitslose einlegen. Durch den häufigen Wechsel zwischen Kurzzeitvertrag und Arbeitslosengeld kann man teilweise mehr verdienen als mit einem Langzeitvertrag. Doch große Unsicherheit ist der Preis dafür. Damit ist auf dem Arbeitsmarkt eine extreme Spaltung entstanden. Die einen sind kaum kündbar, während sich die anderen von einem Monatsjob zum nächsten hangeln. Das hat weitere Folgen: Einen Bankkredit mit einem CDD zu bekommen, ist sehr schwer, eine Immobilie zu erwerben auch. Der Weg zum Aufbau eines Vermögens — und die Gründung einer Familie — beginnt später als in früheren Generationen.

Die Politiker sind sich dieser Blockaden seit langem bewusst, doch bisher legten sie die Hände in den Schoß. Würde man einen neuen Vertragstyp einführen, der den Kündigungsschutz der meist älteren Beschäftigten abmildert und den der Jüngeren ausweitet, sänken die Barrieren dieser Zweiklassengesellschaft ein Stück weit. Doch solche Ideen, hervorgebracht etwa vom französischen Wirtschafts-Nobelpreisträger Jean Tirole und vom ehemaligen Chefvolkswirt des Internationalen Währungsfonds, Olivier Blanchard, fanden bisher kein Gehör. Eine andere Lösung wäre, eine größere Vielfalt verschiedener Vertragstypen zu erlauben. Diese könnte die Angst der Unternehmen vor Neueinstellungen mindern.

François Hollande hatte sich in der zweiten Hälfte seiner Amtszeit durchaus bemüht, die Resignation seiner Vorgänger vor der Arbeitslosigkeit abzuschütteln. Nachdem er die Unternehmen anfangs mit höheren Steuern und Abgaben belastete, führte er danach umfangreiche Erleichterungen ein. Er blies auch zu einer großen Ausbildungsoffensive, die hunderttausende Arbeitslose in Lehrgängen staatlicher Organisationen unterbrachte. Die Arbeitslosenzahlen sanken am Ende seiner Amtszeit etwas, doch der Zeitpunkt war verpasst, um daraus politisches Kapital zu schlagen. Geradezu leichtfertig hatte Hollande zu Beginn seines Mandats eine rasche Besserung versprochen, so als hätte er sich weder mit den ökonomischen Grundlagen des Arbeitsmarktes beschäftigt noch mit den Launen der Statistik. Am 9. September 2012 kündigte er in den 20-Uhr-Nachrichten des Fernsehens an, dass die Arbeitslosenzahl schon in einem Jahr nicht mehr steigen werde. Bei seinen Neujahrswünschen Ende 2012 gab er sich drei zusätzliche Monate, um „die Kurve der Arbeitslosigkeit zu drehen". Hollande sah die Arbeitslosenzahlen zu Recht als Schlüssel zum politischen Erfolg. „Warum hat Sarkozy verloren? Nicht weil er Sarkozy ist, sondern weil es am Ende seiner Amtszeit eine Million Arbeitslose mehr gab", meinte der Präsident.[10] Aber schon im Februar 2013 musste Hollande kleinlaut einräumen, dass er sich wieder verschätzt hatte: Seine großspurigen Ankündigungen wurden ein ums andere Mal zum Flop. Im April 2014 war er zum Rückzug gezwungen. „Wenn die Arbeitslosigkeit nicht bis 2017 sinkt, habe ich keinerlei Grund, Kandidat zu sein oder eine Chance auf die Wiederwahl zu haben", verkündete er bei einem Besuch eines Reifenwerkes von Michelin. Er gab sich nun nicht mehr ein Jahr, sondern fünf Jahre

---

10 Gérard Davet, Fabrice LHomme, „Un Président ne devrait pas dire ça…", Paris 2016, S. 204. In Wirklichkeit betrug der Zuwachs in der Zeit von Sarkozy 680.000 Stellen.

Zeit. Doch auch das reichte nicht. Das Ende ist bekannt: Am 1. Dezember 2016 erklärte Hollande seinen Verzicht auf eine weitere Präsidentschaftskandidatur. 3,48 Millionen Personen waren zu diesem Zeitpunkt auf den Arbeitsämtern in der Kategorie A als arbeitslos gemeldet. Das sind all jene, die eine Arbeit suchen, keine Ausbildung absolvieren und auch keiner geringfügigen Tätigkeit nachgehen. Danach stieg die Zahl noch weiter. Im März 2017 waren 586.000 Personen mehr arbeitslos als beim Amtsantritt Hollandes im Mai 2012.

Hinzukommt, dass die Statistiken die Arbeitslosigkeit unterschätzen. Zum einen können die Definitionen darüber unscharf sein, wer ein Arbeitssuchender ist und damit überhaupt als arbeitslos erklärt werden kann. Menschen, die aus Frustration aufgehört haben, eine Arbeit zu suchen, werden von der Arbeitslosenstatistik nicht erfasst; das ist nicht nur in Frankreich so. Das Statistikamt Insee steckt solche Menschen sowie Personen, die aus verschiedenen anderen Gründen eine Arbeit nicht rasch aufnehmen können, in eine Kategorie namens „Halo" oder „Lichthof der Arbeitslosigkeit". Seit 2012 stieg die Zahl dieser Menschen in Frankreich von 1,28 auf 1,5 Millionen Menschen.[11] Zudem führen die Arbeitsämter neben der Kernkategorie A vier weitere Klassen, zu denen Menschen gehören, die nur ein paar Stunden pro Woche arbeiten und gerne eine Vollzeitstelle hätten, sowie solche, die in Ausbildungsinitiativen, staatlich finanzierten Arbeitsbeschaffungsmaßnahmen oder infolge von Unternehmensrestrukturierungen in Sozialplänen stecken. Zählt man all diese Kategorien zusammen, dann hat sich das Heer der Arbeitssuchenden in der Amtszeit von Hollande um 1,4 Millionen auf 6,2 Millionen Menschen erhöht. Beunruhigend ist dabei besonders die Explosion der Langzeitarbeitslosen, die schon länger als ein Jahr keine Stelle haben. Seit Mitte 2008 erhöhte sich ihre Zahl um 140 Prozent auf mehr als 2,4 Millionen Menschen.[12]

---

11 https://www.insee.fr/fr/statistiques/2586687.
12 http://dares.travail-emploi.gouv.fr/dares-etudes-et-statistiques/.

Mehr Arbeit für weniger: die 35-Stunden-Woche

Es war beim traditionellen Fernsehinterview zum Nationalfeiertag des 14. Juli 1993, als der französische Präsident François Mitterrand einen lange nachwirkenden Satz sprach. „Im Kampf gegen die Arbeitslosigkeit haben wir alles versucht". Hätte er bei diesem Gespräch mit den Journalisten im Elysée-Palast nicht die Ellbogen auf den Tisch gestützt, hätte man ihm die resigniert herabhängenden Schultern wohl förmlich angesehen. Nach zwölf Jahren im Amt kam Mitterrand zu dem Schluss, dass „die wirtschaftliche Depression, der technologische Wandel und häufig die mangelnde Ausbildung für neue Berufe" seine Regierung überforderte. Seit er in den Elysée-Palast eingezogen war, hatte die Arbeitslosigkeit um mehr als 80 Prozent auf gut 3 Millionen Menschen zugenommen. „Ein trauriges Ergebnis", wie er einräumte.

Doch alles hatte man noch lange nicht ausprobiert. Ende der neunziger Jahre, Mitterrand war längst verstorben, kamen seine Parteifreunde auf eine neue Idee: „Zeit für sich selbst — eine Chance für die Beschäftigung". Dieser Slogan prangte auf einem Plakat neben einem Foto zweier Arbeiter, einer im Blaumann, ein anderer locker in Jeans gekleidet. Die sozialistische Arbeitsministerin Martine Aubry warb damit für die 35-Stunden-Woche. Die Idee klang bestechend einfach. Alle plagen sich nicht mehr 39, sondern nur noch 35 Stunden in der Woche ab, dann bleibt Arbeit für die Arbeitslosen übrig. Das französische Gesetz zur Arbeitszeitverkürzung sollte ein großer Akt der Solidarität sein, eine ausgestreckte Hand mit der Botschaft: Wir teilen die Arbeit so auf, dass jeder davon hat.

Schon in den Jahren davor hatte die konservative Regierung unter Premierminister Alain Juppé den Unternehmen finanzielle Anreize gesetzt, damit sie die Arbeitszeit senkten. Im Ausland waren Unternehmen wie VW diesen Weg ebenfalls gegangen. Doch es handelte sich dabei um freiwillige Vereinbarungen. Die Sozialisten schrieben dagegen ein für alle verbindliches, einheitliches Gesetz. Sie sahen den Arbeitsmarkt wie einen Kuchen, den man nach Belieben durchschneiden kann. Das war ein Irrtum. Die Größe des Kuchens bleibt nicht immer gleich. Wirtschaft ist ein dynamisches Modell. Die heute noch gültige 35-Stunden-Woche zeigt, dass es in Frankreich weiter viele Anhänger der Theorien von Thomas Malthus (1766–1834) gibt.[1] Der englische Pastor und Ökonom verbreitete die

---

1 Pierre Cahuc, André Zylberberg: Le négationisme économique, Paris 2016, S. 149 ff.

These, dass der Kuchen in einer Volkswirtschaft gleich groß bleibt. Daher fürchtete er, dass die Bevölkerung in einer landwirtschaftlich geprägten Volkswirtschaft stärker steige als die Ressourcen. Mehr Menschen hieße weniger Einkommen pro Kopf, im schlimmsten Fall sogar Hungersnot oder Armut. Er konnte sich nicht vorstellen, dass mehr Menschen durch produktive Arbeit unter Hinzufügung von Kapital auch mehr Einkommen erzielen können. Die Argumente von Malthus nutzen auch viele Gegner der Einwanderung. Sie unterstellen, dass die Immigranten anderen immer etwas wegnehmen. Dabei können Zuwanderer als Produzenten und Konsumenten den Kuchen durchaus erweitern. Im Fall der 35-Stunden-Woche hat Frankreich den Kuchen zwar aufgeteilt, doch die Stücke wurden mit der Zeit kleiner. Die Unternehmen waren von einem auf den anderen Tag mit höheren Personalkosten konfrontiert, weil die Franzosen trotz geringerer Arbeitszeit die gleichen Löhne behielten. Anfangs kürzte die Regierung zum Ausgleich zwar die Sozialabgaben der Arbeitgeber, doch nach einer Weile konzentrierten sich diese Vergünstigungen nur noch auf die Beschäftigten mit niedrigen Gehältern. Für die übrige Belegschaft stiegen die Abzüge wieder an, denn die Löcher im Staats- und Sozialhaushalt waren zu stopfen. Am Ende fanden sich die Unternehmen in der schlechtesten aller Welten wieder: kurze Arbeitszeit, gleichbleibend hohe Löhne sowie hohe Abgaben. Im öffentlichen Dienst litten besonders die Krankenhäuser. Sie hatten neben der Kostenwelle einen organisatorischen Albtraum zu bewältigen.

Frankreich war dennoch von seinem Sonderweg überzeugt. Ende der neunziger Jahre hatten sich Tony Blair in Großbritannien und Gerhard Schröder in Deutschland daran gemacht, die Sozialdemokratie zu erneuern. Ihr gemeinsames Papier aus dem Jahr 1999 war eine Grundlage für das deutsche Reformprogramm „Agenda 2010". Der sozialistische Premierminister Lionel Jospin verweigerte dagegen die Mitarbeit. Frankreich brach in jener Zeit genau in die entgegengesetzte Richtung auf. Indem der französische Gesetzgeber alle Unternehmen in das gleiche Arbeitszeitkorsett zwängte, nahm er ihnen wichtige Spielräume im Wettbewerb. Und an die Beschäftigten erging das Signal, dass Freizeit nun das höchste Gut sei. Dieser Wertewandel hielt lange an. 2015 startete die Gewerkschaft Force Ouvrière eine Kampagne unter dem Titel „Man lebt nicht, um zu arbeiten. Man arbeitet, um zu leben". Sie forderte die Einführung der 32-Stunden-Woche bei vollem Lohnausgleich — und sie verlangte einen neuen Feiertag zum Gedenken an die Abschaffung der Sklaverei.[2] Auch die größere Gewerk-

2   https://www.force-ouvriere.fr/on-ne-vit-pas-pour-travailler-on-travaille-pour-vivre?
    lang=fr.

schaft CGT und einige Linkspolitiker haben sich die 32-Stunden-Woche auf ihre Fahnen geschrieben. Das zeigt, dass einigen Franzosen die Lust an der Utopie noch nicht vergangen ist.

Martine Aubry, Bürgermeisterin von Lille und Tochter des früheren EU-Kommissionspräsidenten Jacques Delors, gilt als die Mutter der 35-Stunden-Woche. Sie schätzt, dass durch die Arbeitszeitverkürzung nicht nur 400.000 Jobs geschaffen wurden, weil die Unternehmen zu Neueinstellungen gezwungen waren, sondern darüber hinaus 40.000 bis 50.000 Arbeitsplätze in der französischen Sport- und Freizeitindustrie.[3] Solche Erfolgsmeldungen sind allerdings höchst umstritten. Viele Ökonomen halten die 35-Stunden-Woche für einen Arbeitsplatzvernichter, weil die Unternehmen mittel- bis langfristig an Wettbewerbsfähigkeit verloren.[4]

Die nachfolgenden Regierungen arbeiteten sich an der 35-Stunden-Woche ab, ohne sie jedoch abzuschaffen. Sechs Folgegesetze gab es — fünf davon unter bürgerlich-konservativen Regierungen —, um Überstunden und andere Erleichterungen zu ermöglichen. Nicolas Sarkozy wollte die Franzosen „mit dem Wert der Arbeit versöhnen". Er befreite die Überstundenzuschläge von den Steuern, damit den Franzosen mehr im Geldbeutel blieb. Immerhin stiegen dadurch die Anreize zu zusätzlicher Arbeit. François Hollande gestattete weitere Abweichungen von der Regelarbeitszeit unter der Bedingung, dass sich Gewerkschaften und Arbeitgeber in den Betrieben einigen. Eine wachsende Zahl von Unternehmen nutzt die neuen Möglichkeiten heute, doch die Überstundenzuschläge gelten weiter schon von der 36. Arbeitsstunde an. So bleibt die Arbeit teuer. Viel bürokratischer Aufwand ist ebenfalls geblieben. Die großen Konzerne haben sich mit den Vorschriften weitgehend arrangiert, manche gewannen auch mehr Flexibilität, weil sie mit ihren Beschäftigten jährliche Arbeitszeiten vereinbarten und die Wochenarbeitszeit so mit der Auftragslage schwanken lassen können. Doch für den Mittelstand und die Kleinunternehmen, die den Großteil der Arbeitsplätze anbieten, ist die 35-Stunden-Woche weiterhin ein enges Korsett.

So leisten sich die Franzosen einen großen Luxus — auf dünnem Boden: Während der Wettbewerb durch die Globalisierung in der ganzen Welt schärfer wird, während die alten Industrienationen den neuen Konkur-

---

3 Martine Aubry: „Pourquoi je suis fière d'avoir fait les 35 heures", Alternatives Economiques Nummer 225, Mai 2004.
4 Siehe etwa die Analyse des damaligen OECD-Ökonomen Christian Gianella, „Les trente-cinq heures: un réexamen des effets sur l'emploi", in Économie et Prévision, Nummer 175-176, 2006.

renten ohnehin mit hohen Kosten entgegentreten müssen, meint Frankreich, es könne weniger arbeiten. Das zeugt entweder von der Unkenntnis wirtschaftlicher Zusammenhänge oder von unbändigem Selbstvertrauen in die eigene Produktivität. In der Tat sind die Franzosen sehr stolz auf die Früchte ihrer Arbeit, die ihnen in scheinbar kurzer Zeit gelingen. Wenn etwa der „Economist" schreibt, „die Franzosen könnten theoretisch freitags alle frei nehmen und würden dann immer noch mehr produzieren als die Briten in einer ganzen Woche", dann freut sich die Nation.[5] Es gibt freilich verschiedene Definitionen für Produktivität, und ein hoher Wert ist nicht immer positiv. Weil die Franzosen, wie erwähnt, viele junge und ältere Arbeitnehmer vom Arbeitsmarkt ausschließen, ist die Produktivität ihrer arbeitenden Bevölkerung pro Kopf automatisch hoch. Auch die Produktivität je Arbeitsstunde ist durch den Übergang auf die 35-Stunden-Woche gestiegen. Denn jeder versucht, so viel wie möglich in kurzer Zeit zu erledigen. Hoher Stress ist daher eine oft gehörte Klage in französischen Unternehmen.

Wer arbeitet weniger – Deutschland oder Frankreich?

Auch wenn viele Franzosen heute länger als 35 Stunden in der Woche arbeiten, so ist die Jahresarbeitszeit dennoch gesunken. Denn Ferien und Ausgleichstage sind heilig. 1998 arbeiteten die Franzosen mit einer Vollzeitstelle noch durchschnittlich 269 Stunden mehr als im Jahr 2015, hat die arbeitgebernahe Beratungsgesellschaft COE-Rexecode ermittelt. Auf der Basis von Eurostat-Daten stellt sie auch einen internationalen Vergleich an. Danach war innerhalb der Europäischen Union die effektive durchschnittliche jährliche Arbeitszeit eines Vollzeitbeschäftigten 2015 nirgendwo so niedrig wie in Frankreich: 1646 Stunden — 199 Stunden weniger als in Deutschland, 130 Stunden weniger als in Italien und 228 Stunden weniger als in Großbritannien.[6] Ein anderes Bild ergibt sich zwar, wenn man die Teilzeitbeschäftigten und die Selbstständigen hinzurechnet, denn diese arbeiten in Frankreich länger als in etlichen anderen Ländern. Eurostat räumt auch ein, dass die internationale Vergleichbarkeit begrenzt ist; so scheint die tatsächliche Arbeitszeit in Deutschland geringer als in der Untersuchung angegeben. Doch klar ist, dass die Franzosen bei der Arbeitszeit der Vollzeitbeschäftigten zu den Schlusslichtern Europas gehören. Eine deutsch-französische Studie des Statistischen Bundesamtes und

---

5 „Bargain basement", Economist, 12. März 2015.
6 COE Rexecode: „La durée effective annuelle du travail en France et en Europe", Juni 2016, S. 9.

von Insee kommt zu dem Ergebnis, dass die Franzosen viel mehr freie Tage haben als die Deutschen.[7] Das liegt an den Ausgleichstagen infolge der 35-Stunden-Woche. Vor allem Angestellte, die mehr als 35 Stunden pro Woche arbeiten, erhalten neben dem Urlaub zusätzlich Freitage, die sogenannten RTT. Das kann den Beschäftigten in Frankreich gewaltige Freizeitkontingente bescheren, besonders in Teilen des öffentlichen Dienstes. Journalisten bei Radio France beispielsweise haben nach acht Jahren Betriebszugehörigkeit einen Anspruch auf 68 Tage Urlaub plus RTT — das macht fast 14 Wochen Ferien pro Jahr. Nach Angaben des Rechnungshofes kommen 634 Mitarbeiter in diesen Genuss, und nicht einmal alle rechnen ihre Urlaubstage korrekt ab.[8] Beim staatlichen Elektrizitätslieferanten EdF hatten die Angestellten lange Zeit 27 Urlaubstage plus 23 Ausgleichstage vom Typ RTT. Erst durch das Zugeständnis saftiger Gehaltserhöhungen ist das Urlaubskonto, je nach Arbeitsvertrag, um sieben bis 16 Ausgleichstage geschrumpft. Die freien Ausgleichstage werden häufig auf Branchenebene zwischen Arbeitgebern und Gewerkschaften festgelegt. Kleine und mittelgroße Unternehmen haben mit der Umsetzung die größten Probleme. An bestimmten Wochentagen fehlt häufig ein wichtiger Mitarbeiter, sodass Besprechungen aufgeschoben werden müssen. Führungskräfte nehmen die Ausgleichstage oft gar nicht in Anspruch, vor allem in der Privatwirtschaft. In vielen Unternehmen kann man sie sich auszahlen oder auf die Rente anrechnen lassen. Das Gesetz erlaubt auch, die Frei-Tage Kollegen zu spenden, die ein krankes Kind zu betreuen haben.

„Metro, Job, Heia"

Wie lebt es sich im Land der 35-Stunden-Woche? Der französische Alltag hält die unterschiedlichsten Erfahrungen bereit. Wenn man jemanden nach 18 Uhr in einem Pariser Büro telefonisch erreichen will, hat man oft noch Erfolg. In Deutschland dagegen heißt es nicht selten: „So-und-so ist schon im Feierabend". Allerdings fangen viele Franzosen morgens später an — kein Wunder, wenn erst die Kinder in der Crèche (Kinderkrippe) abgegeben werden müssen und der Weg zum Büro weit ist. Die Menschen im riesigen Ballungsraum Paris brauchen mehr als eine halbe Stunde, um zur Arbeit zu kommen. Und das ist nur der Durchschnittswert aller Bewohner, bei vielen dauert es mindestens doppelt so lang. „Métro-Boulot-Dodo" sagen viele Städter über ihren Alltag — „Métro, Job und dann in die Heia".

7 Thomas Körner, Loup Wolff: „Tatsächlich geleistete Arbeitszeit in Frankreich und Deutschland", Wista Nummer 6/2016, S. 52.
8 Cour de Comptes: „Radio France — Les raisons d'une crise, les pistes d'une réforme", April 2015, S. 75.

So ist der Tagesablauf in Frankreich für viele vollgepackt bis in die späten Abendstunden. Dafür lassen die Franzosen nichts auf ihre Ferien kommen. Weil alle meistens gleichzeitig aufbrechen, entsteht der Eindruck, die Nation zelebriere geradezu ihre freie Zeit. Etwa alle zwei Monate wünschen die Radiosprecher ihren Hörern schönen Urlaub; dabei hat man das Gefühl, der letzte sei gerade erst zu Ende gegangen. Die Arbeitszeit atmet in Frankreich mit den Schulferien, und diese sind häufig und lang.

„Die Franzosen arbeiten nicht genug" — mit solchen Pauschalaussagen macht man sich in Frankreich keine Freunde, schon gar nicht als Deutscher. Im französischen Klischeebild ist jeder Deutsche ein disziplinierter Schwerarbeiter, der sich für seine Firma täglich aufopfert und dabei immer noch auf die Sekunde pünktlich ist. Auch wenn diese Vorstellung nicht viel mit der Realität zu tun hat, hat sie sich vielen Franzosen in den Kopf gesetzt. Sollte dieser Deutsche dann in Frankreich mit erhobenem Zeigefinger auftreten, ist es schnell vorbei mit der Sympathie. Das kann man durchaus verstehen, zumal die Deutschen durchschnittlich gesehen wahrscheinlich nicht viel mehr arbeiten als die Franzosen.

Angesichts des Globalisierungsdrucks arbeiten wahrscheinlich beide Länder, Frankreich und Deutschland, nicht genügend. Nur haben die Franzosen ein größeres Problem mit der internationalen Konkurrenz, wie die doppelt so hohe Arbeitslosigkeit zeigt. Nicht nur das Sozialsystem verteuert den Faktor Arbeit, die Verkürzung der Arbeitszeit hat den gleichen Effekt. So ist es kein Wunder, dass die französische Wirtschaft wenige Jobs schafft. Das führt auch zu einer kürzeren Lebensarbeitszeit. Die Unternehmen zögern, junge Bewerber fest einzustellen, und sie trennen sich gerne von den älteren Beschäftigten. Daher kommt es in Frankreich spät zum Berufseinstieg und früh zum Ruhestand. Ein Zukunftsmodell sieht anders aus.

Dennoch sind die Fronten beim Thema der 35-Stunden-Woche verhärtet. Dabei geht es nicht um den Arbeitswillen der Franzosen, der je nach Sichtweise fehlt oder vom Staat blockiert wird. Es geht alleine um Symbolpolitik. Für die einen ist die 35-Stunden-Woche ein Meilenstein des sozialen Fortschritts, der dem Turbo-Kapitalismus Einhalt gebietet. Für die anderen ist sie ein Kennzeichen der schmerzhaften Staatseingriffe, die in eine andere Zeit gehören. Welchem Lager man auch immer die größere Sympathie entgegenbringt, die Fakten sprechen eine klare Sprache: Die hohe Arbeitslosigkeit Frankreichs zeigt, dass die Arbeitszeitverkürzung nichts gebracht hat, im Gegenteil. Wie soll sozialer Fortschritt durch weniger Arbeiten erreicht werden? Seit „Germinal" von Emile Zola, dem französischen Standardroman über die Ausbeutung der Bergarbeiter im 19. Jahrhundert, haben sich die Zeiten geändert. Dass die einen absichtlich weniger arbeiten, um andere dafür mehr arbeiten zu lassen — ein derartiger gesamtstaatlicher Stellenplan, von oben aufgedrückt, kann zu Beginn des 21. Jahrhunderts nicht mehr funktionieren. Die Grundregeln der Ökonomie lassen sich nicht aushebeln: Erstens muss Wohlstand erarbeitet werden, bevor er verteilt werden kann. Zweitens entsteht nur wenig Wohlstand, wenn übertriebene Umverteilung signalisiert, dass sich die Anstrengung kaum lohnt. Diese Gesetzmäßigkeiten gelten auch auf dem Arbeitsmarkt. Warum soll ein Unternehmer viele Arbeitsplätze schaffen, wenn sie nicht nur teuer sind, sondern er die Stellen auch auf eine genau vorgeschriebene Kopfzahl verteilen muss? Ein Unternehmen kann mit permanent wechselnden Teilzeitkräften nur beschränkt zurechtkommen. Die Zeiten des Taylorismus, der die Arbeit in den Fabriken extrem zerstückelte und standardisierte, sind vorbei. Die Kontinuität am einzelnen Arbeitsplatz ist ein hoher Wert, der nicht beliebig beschnitten werden kann.

„Gegen die Arbeitslosigkeit haben wir alles versucht" — Mitterrands Resignation aus den neunziger Jahren ist weiterhin unbegründet. Wie der ehemalige Premierminister und heutige Bürgermeister von Bordeaux, Alain Juppé, schrieb, „hat man alles versucht, nur nicht das, was im Ausland funktioniert", nämlich mehr Flexibilität.[9]

9 Alain Juppé: Cinq ans pour l'emploi, Paris 2016, S. 12.

Der Terror, der aus der Vorstadt kommt

Wenn die Franzosen heute gefragt werden, was sie am meisten bedrückt, so sind es zwei Themen: die Arbeitslosigkeit und die Angst vor dem Terrorismus. Scheinbar hat das eine mit dem anderen nichts zu tun. Oder gibt es vielleicht doch eine Verbindung, auch wenn sie nicht streng kausaler Natur ist?

Im November 2015 waren wir erstmals mit einer bangen Frage auf unsere Nachbarn zugegangen. Die Familie wohnt schräg gegenüber von uns, ihr Sohn spielt in einer Heavy-Metal-Band. Wir klingelten, Julie öffnete die Tür. „Ihr seid hoffentlich nicht betroffen?" Dann kam die erleichternde Antwort: Nein, ihr Sohn war am Freitag, 13. November 2015 nicht in der Konzerthalle „Bataclan".

Im Großraum Paris von der Anschlagsserie der Schreckensnacht mehr oder weniger direkt in Mitleidenschaft gezogen worden zu sein — das war gar nicht so unwahrscheinlich. Immerhin besuchten 1500 Menschen das ausverkaufte Konzert der amerikanischen Band „Eagles of Death Metal", und es befanden sich Hunderte von Menschen in den Restaurants und Cafés, die am gleichen Abend zum Ziel der Terroristen wurden. Auch unsere Tochter hat das „Bataclan" mehrfach besucht, gottseidank aber nicht an diesem Abend. Der Tochter einer Bekannten dagegen geschah etwas, was man kaum nur als „Glück im Unglück" bezeichnen kann, denn der Ausdruck greift zu kurz. Sie arbeitete in einem der Restaurants, auf das die Anschläge verübt wurden. Für den Abend des 13. November 2015 war sie mit Freunden und Kollegen dort für eine Geburtstagsfeier verabredet. Doch sie fühlte sich unwohl und blieb zuhause, auch die Verabredung mit ihren Eltern am späteren Abend im gleichen Restaurant sagte sie ab. Nicht weniger als zehn ihrer Freunde und Kollegen starben im Kugelhagel. Viele Monate befand sie sich in therapeutischer Behandlung.

Man kann kein aktuelles Buch über Frankreich schreiben, ohne das Thema des Terrorismus zu behandeln. Der Terror hat das Land gepackt wie eine Pest, die immer wieder Eiterbeulen aufplatzen lässt. Er ist ein Angriff auf Frankreich von außen wie von innen, ein feindlicher Einfall aus der Fremde, aber auch ein Ausdruck hausgemachter Missstände. Die meisten Terroristen waren schließlich französische Staatsbürger; sie sind in Frankreich aufgewachsen.

Viele Länder, die zum Opfer der Dschihadisten geworden sind, kämpfen mit dieser doppelten Herausforderung. Die Gegner sind unter uns, nicht nur in Frankreich. Die Franzosen hat indes eine Kette besonders blutiger Anschläge heimgesucht. Von den 150 Toten, die Europol im Jahr 2015 für ganz Europa als islamistische Terroropfer zählte, gingen 148 auf Frankreich zurück.[1] Im Jahr danach kam es zum Anschlag von Nizza und zur Ermordung eines 86 Jahre alten Pfarrers in Saint-Etienne-du-Rouvray bei Rouen. Mehrere kleinere Attacken folgten, meist auf französische Sicherheitskräfte. Die Bedrohung ist weiter aktuell: Im Jahr 2016 verhinderten die französischen Sicherheitsbehörden nach Angaben des Innenministeriums 17 Attentate und nahmen 420 Personen unter Terrorverdacht fest.

Niemanden haben die Bluttaten von Frankreich kalt gelassen, und kein Journalist konnte sich von Berufs wegen den grausamen Ereignissen entziehen. Am Nachmittag des 7. Januar 2015 stand ich in der Rue Nicolas Appert im 11. Arrondissement von Paris, wo am Morgen zwei Terroristen die Redaktion von „Charlie Hebdo" fast vollständig ausgelöscht hatten. Zwei Tage später wurde ich Ohrenzeuge, als Sondereinheiten den jüdischen Supermarkt an der Porte de Vincennes stürmten. Gegen Mittag war dort der Franzose Amedy Coulibaly eingedrungen, bekleidet mit einer kugelsicheren Weste und bewaffnet mit einer Kalaschnikow, zwei Maschinenpistolen, zwei Tokarev-Handfeuerwaffen sowie fünfzehn Dynamitstangen. Ich befand mich in dem weiträumig abgesperrten Stadtviertel einen Straßenzug von dem Supermarkt entfernt, als die Befreiung der Geiseln begann. Das Rattern der Maschinengewehre und die Granaten der Spezialkräfte gingen selbst noch den Menschen in hunderten Metern Entfernung durch Mark und Bein. So hört sich Krieg an – ein Krieg mitten in Paris. Die Schläge der Detonationen ließen die Menschen zusammenzucken und bleich werden. Viele flüchteten sich auch noch weit entfernt in Cafés und Geschäfte.

Am darauffolgenden Sonntag marschierten zwei Millionen Menschen durch Paris, um ihre Trauer zu bekunden und für Meinungsfreiheit und Demokratie einzutreten. Staats- und Regierungschefs aus fast fünfzig Nationen begleiteten sie auf einigen hundert Metern. Nicht nur die Parole „Je suis Charlie" war auf Transparenten und Schildern zu lesen, sondern auch „Not afraid", „Nous sommes Liberté", „Tous contre le racisme", „Musulmanes en France – vivons ensemble en paix", „Pour le respect et les valeurs de la République". Frankreich erlebte mit den Appellen für Toleranz und

---

1 Europol: European Union Terrorism and Trend report 2016, Lyon July 2016.

Frieden einen starken Moment der Harmonie. Die Trikolore wehte so häufig wie selten. „Lange Zeit wurde unsere Nationalflagge als Symbol der politischen Rechten angesehen, sie symbolisiert aber unser aller Werte, vor allem die der Freiheit", sagte mir ein junger Student.

Doch die Solidaritätsbekundungen hielten die Mörder nicht zurück. Zehn Monate später, am Abend des 13. Novembers, schlugen sie am Stade de France, in Pariser Cafés und Restaurants sowie im „Bataclan" mit ungekannter Brutalität zu. Ich hatte mir im achtzehnten Arrondissement in einer Kneipe das Fußballspiel Frankreich-Deutschland angeschaut — ungefähr dort, wo einer der Terroristen für diese Nacht einen weiteren Anschlag geplant hatte, diesen dann aber unterließ. Bald darauf stand ich wieder vor den Polizeiabsperrungen, diesmal in der Nähe des „Bataclan". Der Drahtzieher der Attentate, Abdelhamid Abaaoud, war vielleicht nicht weit entfernt. Heute weiß man, dass er nach der Bluttat wieder zurückkehrte, um sich unter die Schaulustigen zu mischen. Damit kam er unter Umständen auch Präsident François Hollande recht nahe, der unmittelbar nach dem Anschlag an den Tatort eilte. Ich sah Karawanen von Krankenwagen ebenso vorbeifahren wie eine lange Schlange von Stadtbussen, die die Entkommenen zu einer psychologischen Betreuung bringen sollten. 90 Bataclan-Besucher ließen ihr Leben während eines dreistündigen Albtraums, in dem drei Terroristen wahllos meist junge Menschen niedermetzelten. An diesem Abend wurden insgesamt 130 Personen getötet und 413 verletzt.

Der nächste Schlag sollte die Franzosen kurz nach Ende der Fußballeuropameisterschaft treffen. Ein einziger Terrorist tötete mit einem Lastwagen 86 Menschen auf der Promenade des Anglais von Nizza. Das Attentat am Nationalfeiertag des 14. Juli war ein Angriff auf die Seele Frankreichs — und auf den Tourismus als eine der wichtigsten Einnahmequellen des Landes.

Wie viele weitere Anschläge kann das Land noch ertragen? Es werden auf jeden Fall nicht die letzten gewesen sein. „Kleinere" Angriffe, die sich meist auf Polizisten oder Soldaten richten, haben sich wiederholt, sei es am Louvre, auf den Champs-Elysées oder am Flughafen Orly. Frankreich und viele andere Länder müssen eine beispiellose Prüfung bestehen. Dabei kennen die Franzosen den Terrorismus der islamistischen Welt seit vielen Jahren. Von 1982 bis 1986 forderte eine Serie von Anschlägen, meist in Paris, 32 Tote und hunderte Verletzte. Die Täter kamen überwiegend aus dem Umfeld des palästinensischen Freiheitskampfes. In den neunziger Jahren exportierte der Bürgerkrieg in Algerien den Terrorismus in das frühere Mutterland. Die Machthaber des nordafrikanischen Landes, das einst mehrere Departements Frankreichs stellte, wollten Anfang der neunziger Jahre den Wahlsieg radikalislamischer Kräfte nicht hinnehmen und zwangen den Algeriern eine Diktatur auf. In der Folge entstand eine islamistische Untergrundbewegung, die Mitte der neunziger Jahre auf den Straßen von Paris, in der S-Bahn, vor einer jüdischen Schule und auf einem Marktplatz Bomben zündete. Die damaligen Netzwerke mit ihren charismatischen Anführern bilden teilweise heute das Rückgrat der neuen Organisationen. Doch zwei Jahrzehnte später ist eine andere Dimension des Schreckens erreicht. Der Terror ist zu einer vollends entfesselten Kraft geworden, und er hat seine Helfershelfer im Herzen Frankreichs gefunden. Er will nicht mehr nur auf die Unterdrückung in einer fernen Weltengegend aufmerksam machen, er zielt ins Innerste der französischen Gesellschaft, um sie zu zerstören.

Grigny, verlorenes Terrain der Republik

Spurensuche in den Vorstädten von Paris. Meine F.A.Z.-Kollegin Michaela Wiegel, der Fotograph Michael von Aulock und ich sind in Grigny unterwegs, einer Vorstadt im Süden von Paris nicht weit vom Flughafen Orly. Wir sehen uns in der Sozialbausiedlung La Grande Borne um, wo der Terrorist Amedy Coulibaly aufwuchs. Er hatte das Massaker im jüdischen Supermarkt angerichtet und war dort von der Polizei erschossen worden. Wir wollen zumindest in Ansätzen verstehen, wie er von einem Kleinkriminellen zu einem islamistischen Mörder werden konnte.

Zunächst verläuft unser Rundgang normal. Die Stimmung in der Gegend ist gedrückt, was wir nicht anders erwartet haben. Die Häuserfassaden der Siedlung sind verwittert, die Fensterrahmen vermodern, Menschen sind kaum zu sehen. Man kann sich aber vorstellen, dass die Architektur früher einmal einladender wirkte. Die Gebäude sind nur drei bis vier Stockwerke hoch, ihre Mauern sind sanft geschwungen und bunt, dazwischen liegen Grünflächen. Auch die Institutionen der Republik sind präsent. Die Grundschule „Aimé-Césaire", benannt nach dem Schriftsteller und Politiker aus Martinique, wirkt ordentlich. In einer modernen „Mediathek" spricht ein freundlicher Sozialarbeiter mit uns, wir blicken auf moderne Computer, Bastelmaterial für Kinder und ein kleines Café. Rund hundert Meter weiter sehen wir ein paar Jugendliche im Freien, die wir bald darauf ansprechen. Sie sind höchstens 15 und geben zunächst bereitwillig Auskunft, auch wenn einer mit der Aufschrift „Death" auf seiner Mütze einschüchtern will. Bald aber tun sie das, wofür sie bezahlt werden: Per

Handy rufen sie Verstärkung herbei. Ein dunkelhäutiger Mann, ein Hüne von zwei Metern, taucht plötzlich auf und rennt brüllend auf uns zu. In jeder seiner Hände schwingt bedrohlich ein Pflasterstein. „Ihr glaubt wohl, ihr könnt einfach so hierherkommen!", schreit er, „Haut ab, Ihr habt hier nichts verloren. Das ist unsere Siedlung. Lauft!" Bald schließt sich noch ein Kumpan mit spöttischem Gejohle an. Wir haben keine andere Wahl, als zum Auto zu flüchten.

Man hatte uns gewarnt: Fremde sind nicht willkommen in der Sozialbausiedlung La Grande Borne, und seit dem Anschlag auf den jüdischen Supermarkt gilt das erst recht für Journalisten. Eine Polizeibeamtin in der stark vergitterten Wache von Grigny erzählte von den Rauschgiftbanden, die das Viertel auch am helllichten Tag kontrollieren. Jugendliche und manchmal auch Kinder sind ihre Späher, sie rufen die Großen, wenn der Revierfrieden gestört scheint. Besonders erschreckend ist die Machtlosigkeit der Polizei. Am Nachmittag, wenn die Drogenhändler nicht mehr schlafen, rücken die Beamten nur in Vier-bis-Fünf-Mann-Stärke an. Die Polizistin berichtete von grassierender Angst in ihren Reihen. Seit den Anschlägen würden viele Kollegen ihre Waffen und Schutzwesten mit nachhause nehmen, was eigentlich verboten sei. Dabei reiche die Ausrüstung der Polizisten oft gar nicht aus. Es fehle an kugelsicheren Westen und neueren Autos. Der Staat spare an der falschen Stelle. In der Siedlung schlage den Polizisten blanker Hass entgegen, daher fühlen sie sich als Zielscheibe. Am Abend des Anschlages auf den jüdischen Supermarkt gab es vor dem Polizeirevier sogar eine Art Solidaritätskundgebung für den Spross der Siedlung, Coulibaly, die fast in einen Aufstand gegen die Polizei ausartete. In der Banlieue von Grigny, eine dreiviertel Stunde Autofahrt vom Elysée-Palast entfernt, ist ein rechtsfreier Raum entstanden — eine „No-go"-Zone des französischen Staates.

Der Grad der Verwahrlosung zeigt sich auch in den Versorgungsengpässen, unter denen die Anwohner leiden. Taxifahrer verweigern die Fahrt in das Viertel ebenso wie Ärzte und Pizzaausfahrer. Es gibt kein Postamt mehr, und im September 2016 schloss auch der einzige Supermarkt seine Tore. Der Eigentümer gab Diebstähle, permanente Unsicherheit und hohe Verluste als Grund an. 30.000 Menschen hatten somit keinen Supermarkt mehr. Eine Seele der Stadt verschwand, wie die Menschen in der Nachbarschaft sagten.

Die Lokalpolitiker reagierten mit ihren üblichen Automatismen: Der Bürgermeister Philippe Rio, ein Kommunist, warf der Supermarktkette eine Geschäftsstrategie der „sozialen Apartheid" vor. Die Waren in den Regalen seien einfach zu teuer gewesen, meinte er zu wissen. Ideologisch links gefärbte Argumente sind freilich keine gute Werbung für die Gewerbeansiedlung. Sein Verweis auf den allgemeinen Mangel ist indes zutreffend. 45 Prozent der Bevölkerung von Grigny leben unter der Armutsgrenze. Die Stadt ist eine der ärmsten und gleichzeitig eine der jüngsten Kommunen Frankreichs. Die Jugendarbeitslosigkeit liegt bei mehr als vierzig Prozent. Die französische Sprache ist hier nur rudimentär verbreitet. 58 Prozent der 15- bis 19-Jährigen verlassen die Schule ohne einen Abschluss. Neben La Grande Borne liegt eine zweite Siedlung, genannt „Grigny-2", in der 17.000 Menschen meist eng zusammengepfercht wohnen. Das durchschnittliche Jahreseinkommen ist in dieser Siedlung sogar noch niedriger als in La Grande Borne — 8800 Euro pro Person.

2015 wurde die Regierung im nahen Paris endlich aufmerksam auf die Missstände in Grigny. Der damalige Premierminister Manuel Valls war lange Zeit Präsident des Kommunalverbandes und Abgeordneter des Departements, zu dem die Vorstadt gehört. Ihm ist die Lage dort durchaus bekannt. Wie in Frankreich üblich, ließ er erst einmal einen Expertenbericht verfassen. Ein früherer Präfekt verschwieg darin die Dramatik nicht. Von einer „Sperrstunde" schrieb er — doch nicht vom Staat verhängt, sondern von den Drogendealern. „Die Allgegenwärtigkeit der lokalen Kriminalität erzwingt eine Ausgangssperre, sobald der Drogenhandel beginnt. Dies erschwert die Renovierungsarbeiten auf unerträgliche Weise". Im Sommer 2016 ernannte die Regierung einen speziellen Beauftragten für Grigny und versprach ein umfassendes Maßnahmenpaket mit mehr Polizisten, mehr Lehrern und mehr Geld für Berufsausbildung, Gesundheitswesen und Kultureinrichtungen.

Handelt es sich dabei um den x-ten Rettungsplan für die französischen Banlieues, der wie seine Vorgänger scheitern wird? Die genaue Antwort wird man erst in einigen Jahren kennen, doch vieles deutet darauf hin. Meist wollen die Politiker mit solchen „Rettungsplänen" ihr schlechtes Gewissen beruhigen oder Entschlossenheit nur vortäuschen. Schon im Herbst 2016 gerieten Grigny und seine Nachbargemeinde Viry-Châtillon wieder in die Schlagzeilen. Am Rande der Siedlung La Grande Borne griffen zehn Männer zwei Polizeifahrzeuge an. Sie zerschlugen die Windschutzscheiben, warfen Molotowcocktails hinein und stemmten sich gegen die Türen, um die Flucht der Polizisten zu verhindern. Vier Beamte wurden verletzt, davon zwei mit schweren Verbrennungen. Die Täter hatten sich nach Auskunft der Polizei an einer neuen Überwachungskamera gestört, die ihre kriminellen Geschäfte erschwerte. Der Angriff war ein kaltblütiger Mordversuch an französischen Polizisten, verübt an einem Samstagnachmittag auf offener Straße. Er zeigt, wie berechtigt die Ängste der Polizisten sind. Der Staat hat sich aus diesen Stadtvierteln verabschiedet. Nur bei seinen gelegentlichen Stippvisiten merkt er, womit er es zu tun hat – mit Feindesland.

Arbeitslosigkeit, Bildungsrückstand, Armut, Kriminalität und sozialer Verfall. Diese Verkettung von Fehlentwicklungen ist ein Nährboden für die Rekrutierung von Terroristen. Es ist nicht der einzige Weg dahin, doch einer, den etliche Terroristen beschritten haben. Coulibaly wuchs in einer französisch-malischen Familie als eines von zehn Kindern auf. In der Sozialbausiedlung La Grande Borne ging er zur Schule, dort nahm er auch die ersten Gelegenheitsjobs an – und wurde straffällig. Die typische Karriere eines Kleinkriminellen mit Spezialisierung auf Diebstahl und Rauschgifthandel begann. Zum radikalen Islam fand Coulibaly freilich nicht in La Grande Borne, sondern gleich nebenan in der Haftanstalt Fleury-Mérogis. Sie ist das größte Gefängnis Europas und liegt nur drei Kilometer südlich der Siedlung. Im Sommer 2016 bot das Gefängnis eigentlich nur Platz für 3000 Häftlinge, es hatte aber tatsächlich mehr als 4500 Insassen aufgenommen, davon knapp 100 Verurteilte in Verbindung mit islamistischem Terrorismus.[2]

Coulibaly drehte einen Film über die unerträglichen Haftbedingungen in Fleury-Mérogis, der sogar im französischen Fernsehen lief. Vor allem aber geriet er in der Haft unter den Einfluss des Dschihadistenführers Djamel Beghal, der in den Terrorstrukturen des algerischen Bürgerkrieges groß geworden ist. Beghal zog auch Chérif Kouachi in seinen Bann, der einer der Attentäter auf Charlie Hebdo war. Coulibaly und Kouachi konnten Beghal sogar noch besuchen, nachdem ihr Guru 2009 aus der Haft entlassen wurde und im südfranzösischen Departement Cantal unter Hausarrest lebte. Unbehelligt von Justiz und Polizei wurden die beiden zu „Schülern" ihres Terrormeisters, wie es in einem Dokument der Staatsanwaltschaft schon im Sommer 2013 hieß – anderthalb Jahre vor den Anschlägen auf Charlie Hebdo. Der Alarmruf verhallte ungehört.

Farhad Khosrokhavar, ein in Teheran geborener französisch-iranischer Soziologe, nennt fünf Phasen im Werdegang eines Terroristen: „Leben in der Banlieue, Straffälligkeit, Gefängnis, Initiationsreise in ein Kriegsgebiet und radikale Islamisierung".[3] Das Ausgestoßen-Sein verwandelt sich über

---

2 Libération: „A la prison de Fleury-Mérogis, la surpopulation devient critique", 3. Juli 2016.
3 Farhad Khosrokhavar: Radikalisierung, Hamburg 2016, S.14.

mehrere Stationen in eine zerstörerische Energie. „Im Dschihadismus nimmt der Hass eine neue Form an. Ohnmächtige Wut verwandelt sich in heiligen Zorn. Sie wird sakralisiert". Der Dschihad bietet jungen Leuten die Chance zum Ausstieg aus der Bedeutungslosigkeit und Anonymität. Für die Gesellschaft, die sie zurückweist, werden sie zu „negativen Helden". Doch die Welt des Islamismus macht sie zu Idolen. Bald bringt das erfolgreiche, meist weiße Frankreich ihnen nicht mehr Verachtung entgegen, sondern hat Todesangst vor ihnen. Ein Überlegenheitsgefühl entsteht, das die Medien durch ihre Berichterstattung noch verstärken. Mohammed Merah, der Attentäter aus Toulouse, filmte seine Morde an sieben Menschen, darunter drei jüdische Kinder, mit einer GoPro-Kamera und schickte sie an den Sender Al Jazeera (der sie aber nicht ausstrahlte).

In den Banlieues leiden zweifelsohne viele junge Leute unter einer Benachteiligung, die sie zornig macht. Das arbeitgebernahe Institut Montaigne testete Bewerbungsverfahren von sechs jungen Leuten mit vergleichbarer Qualifikation: Ein junger Mann mit Vornamen Mohammed musste 20 Lebensläufe bis zum ersten Bewerbungsgespräch abschicken, während alle anderen mit höchstens sieben auskamen.[4]

Dennoch: Eine rein ökonomisch-soziale Erklärung des Terrorismus greift zu kurz. Die Techniken seiner Rekrutierung ähneln jenen von Sekten und können Kandidaten aus allen Schichten einfangen. Erst kommt die Verführung, dann Gehirnwäsche, später Abschottung und zuletzt der Aufruf zur Gewalt.

Drancy: Die überforderte Kommune

Drancy, eine Stadt mit 67.000 Einwohnern, liegt am anderen Ende von Paris, im Nordosten des Ballungsraumes. Die „Rue Sadi Carnot" symbolisiert dort einerseits guten Willen, anderseits klägliches Scheitern, beinahe so wie der Weg zur Hölle, der mit guten Absichten gepflastert ist. Sie ist eine Durchgangsstraße wie viele andere, benannt nach einem französischen Präsidenten, der Ende des 19. Jahrhunderts von einem Anarchisten ermordet wurde. Doch inzwischen hat eine Häusergruppe an der Rue Sadi Carnot noch ein anderes, ein doppeltes Gesicht bekommen: Auf der Vorderseite beherbergt sie die „Lokale Mission für die Beschäftigung junger Menschen", und auf der Rückseite des gleichen Gebäudekomplexes befin-

---

4 http://www.institutmontaigne.org/fr/publications/discriminations-religieuses-lembauche-une-realite.

det sich die frühere Wohnung von Samy Amimour. Am 13. November 2015 erschoss er kaltblütig Dutzende junger Konzertbesucher im Bataclan von Paris und sprengte sich danach in die Luft.

Der Bürgermeister von Drancy, Jean-Christophe Lagarde, kennt die Mutter von Amimour gut und schwört, dass die Eltern alles taten, um die Radikalisierung ihres Sohnes zu verhindern. Sie war im Vereinsleben engagiert, er handelte mit Textilien. Der Vater suchte seinen Sohn sogar in Syrien auf und bekam die Zusage eines Imams, ihn unter einer Bedingung nach Hause zu schicken: „Wenn er es will". Amimour wollte nicht. Zu diesem Zeitpunkt, es war im Juni 2014, war der junge Franzose seiner Familie, seinen Freunden und dem französischen Staat schon entglitten. Seine achtzehn Jahre alte Frau, die ihn beim Busfahren in Paris kennengelernt hatte, folgte Amimour nach Syrien und ermutigte ihn zu dem Attentat. „Ich hätte mich so gerne mit ihm in die Luft gesprengt", schrieb sie kurz danach in einer E-Mail; sie war zu dem Zeitpunkt schwanger.

Die Behörden in Frankreich hätten viel früher eingreifen müssen, schimpft Bürgermeister Lagarde, der auch Parlamentsabgeordneter und Vorsitzender der Zentrumspartei UDI ist. „Amimour war den Sicherheitsbehörden genau bekannt. 2012 befand er sich zeitweise in Haft, ihm wurde der Pass abgenommen, weil er in den Jemen reisen wollte. Dennoch ist ihm die Ausreise nach Syrien gelungen." Ein Richter hatte ihm seine Papiere zurückgegeben, weil Amimour und sein Anwalt darum gebeten hatten; anders könne er keine Arbeit finden, argumentierten sie. Der Bürgermeister will auch nicht verstehen, dass man die radikalen Prediger in den französischen Vorstädten unbehelligt ließ. Amimour besuchte die Moschee Casanova des Nachbarortes Le Blanc-Mesnil; sie hat nach Lagardes Worten systematisch Dschihadisten rekrutiert — ein Vorwurf, den die Moschee und der dortige Bürgermeister heftig abstreiten. Sie sagen, Lagarde wolle nur von seinem eigenen Versagen ablenken. Doch dieser beharrt auf seinen Vorwürfen und teilt auch gegen die übergeordneten Behörden Frankreichs aus: „Sie sagen uns, wir sollen die Moscheen nicht schließen, weil man dann die jungen Leute besser überwachen könne. Doch wer wurde in diesem Fall überwacht?"

Drancy gehört nicht zu den verwahrlosten Vorstädten, die man selbst tagsüber meiden sollte — kein Vergleich mit Grigny. Die Grünanlagen und die Häuserfassaden sind gepflegt. Die Arbeitslosigkeit von etwa 18 Prozent liegt zwar deutlich über dem nationalen Durchschnitt, doch die Stadt engagiert sich durchaus im Kampf gegen sozialen Notstand. Die lokale Missionsstelle gegen Jugendarbeitslosigkeit will sogar vom Ausland lernen und kooperiert mit einem Sozialprojekt in Berlin. Doch die Kommunen sind überfordert. Sie fühlen sich vom Zentralstaat in Paris alleingelassen. Die Menschen auf den Straßen von Drancy halten mit ihren Meinungen nicht hinterm Berg: Zwei Frauen marokkanischer Herkunft mit Schleier über Haar und Hals meinen, dass der Staat ja nicht alles leisten könne, vor allem das Elternhaus müsse das Abgleiten junger Leute verhindern. „Da muss man richtig hinterher sein", sagt eine der Frauen und hebt die Hand wie für eine Ohrfeige. „Alles verändert sich eben. Früher fand man hier einen Job, heute fast nicht mehr. Früher gab es hier auch mal sechs Kinos, heute kein einziges mehr", berichtet ein Sohn algerischer Einwanderer, der heute 50 Jahre alt ist.

Samy Amimour arbeitete ein gutes Jahr lang als Busfahrer beim städtischen Nahverkehrsunternehmen von Paris, RATP. Irgendwann wollte er nicht mehr, weil er die Arbeit mit seinem Glauben für unvereinbar hielt. Der Arbeitsplatz kann in Frankreich durchaus zum Ort der Radikalisierung werden. Bei der RATP haben sich regelrechte islamistische Zellen gebildet, die man lange Zeit gewähren ließ. Wie Gewerkschaftsvertreter berichten, nahm das Unternehmen hin, dass bestimmte Mitarbeiter weibliche Kollegen nicht per Handschlag begrüßen, die Anweisungen weiblicher Vorgesetzter ablehnen und keinen Bus fahren, den vorher eine Frau gesteuert hat. Eine Busfahrerin in Drancy bestätigte mir diese Schilderung.[5] Nach den tagelangen Aufständen in der Banlieue im Jahr 2005 hatte die RATP auf die so genannte Strategie „des großen Bruders" gesetzt. Man heuerte gezielt Männer an, die im Milieu der Vorstädte respektiert wurden, damit die Busse bei der Durchfahrt seltener angegriffen wurden. Das Bewerfen mit Steinen oder andere Attacken sind an manchen Orten keine Ausnahme. Doch mit den „großen Brüdern" holte man sich auch den einen oder anderen radikalen Muslim ins Haus. Inzwischen wurde diese Beschäftigungsstrategie wieder aufgegeben, die internen Spannungen sind aber geblieben.

Nicht nur die RATP ist als Unternehmen mit Religionskonflikten konfrontiert. Fast ein Viertel aller Manager hat heute in Frankreich in ihren Unternehmen mindestens einmal im Monat mit einem religiösen Sachverhalt zu tun, heißt es in einer Studie.[6] Der französische Arbeitgeberverband Medef gründete in Reaktion auf die Terroranschläge vier Arbeitsgruppen. Eine davon hat das Ziel, „die Unternehmenschefs im konstruktiven und

5 „Wenn der radikale Islam in die Firma kommt", F.A.Z., 19. November 2015.
6 http://grouperandstad.fr/wp-content/uploads/2016/03/20150421-cp-exxtude-institut-randstad-ofre-fait-religieux-en-entreprise-2015.pdf.

friedlichen Management der Diversität zu unterstützen — vor allem der religiösen Diversität".

Sevran: Labor der Globalisierung

Auf der weiteren Suche nach Antworten begebe ich mich nach Sevran. Der französische Islamforscher Gilles Kepel und der für Stadtpolitik zuständige Minister Patrick Kanner haben die Stadt im Nordosten von Paris als ein „Molenbeek Frankreichs" bezeichnet. Damit bezogen sie sich auf jene belgische Stadt im Großraum Brüssel, die in der ganzen Welt einen traurigen Ruf als Brutstätte des Terrorismus erworben hat. 15 junge Männer sind von Sevran aus nach Syrien in den Krieg gezogen, und die meisten von ihnen haben das wohl nicht überlebt.

Catherine und Daniel Dupuy, sie 71, er 73 Jahre alt, haben mich eingeladen, um über Sevran zu erzählen. Sie leben in einer Wohnung im neunten, dem zweitobersten Stock eines Hochhauses nahe dem Stadtzentrum. Die Gebäude dort sind etwas vergilbt, aber in keinem schlechten Zustand. Die Gegend wirkt aufgeräumt, der Aufzug funktioniert genauso wie die Eingangstür im Erdgeschoss mit ihrem Sicherheitscode. Nicht alle Siedlungen in den Pariser Banlieues sind heruntergekommen. Es gibt auch viele Viertel mit ein- bis zweistöckigen Wohnhäusern umgeben von schmucken Gärten. Dazwischen stehen gepflegte Hochhäuser, die nicht ganz so hoch sind. Dort türmen sich auch weniger soziale Probleme auf.

Wir schauen Videos von der Stadtgeschichte an, historische Aufnahmen aus der Zeit, als Sevran noch ein Dorf war. Bilder von den ersten Fabriken im 19. Jahrhundert sind zu sehen, von einem Sprengstoff-Werk, in dem einst auch Alfred Nobel arbeitete, und von den ersten Hochhäusern aus den siebziger Jahren. Seit 1971 leben die Dupuys in Sevran. Ihr zweites Kind war erst 3 Monate alt, als sie in den Turm an der Avenue Henri Dunant zogen. Nebenan gab es damals noch einen Bauernhof, und das Wort von der „Cité", das für Hochhaussiedlung steht, war unbekannt.

Bevor die Dupuys nach Sevran zogen, hatten sie in Paris eine enge Hinterhofwohnung mit Toilette auf dem Flur bewohnt. Durch den Umzug vergrößerte sich ihre Wohnfläche bei gleicher Miete von 25 auf 80 Quadratmeter. Bald waren drei Kinder da, doch es ließ sich aushalten in Sevran. Sie hatten einen Balkon und genossen den Blick auf das 20 Kilometer entfernte Paris mit der am Montmatre aufragenden Kirche von Sacré-Cœur. Er arbeitete bei Kodak, stieg vom Arbeiter zu einem Manager auf, der oft auch ins Ausland reiste. Sie war Übersetzerin bei Radio France, bevor sie sich um die Kinder kümmerte und gleichzeitig ein engagiertes Leben in den städtischen Vereinen begann. Eines Tages kauften sie ihre Wohnung und stotterten Monat für Monat ihren Kredit ab. Sie führten das zufriedene Leben einer Mittelstandsfamilie wie Millionen andere auch.

Doch nach und nach veränderte sich ihre Umgebung. „Als wir kamen, waren hier lauter Familien mit kleinen Kindern so wie wir", erzählt Catherine. Das ist heute nicht mehr so. Etliche Nachbarn im Haus sprechen nur gebrochen Französisch. Damit keine Missverständnisse aufkommen: Das Ehepaar ist in keiner Weise ausländerfeindlich und schon gar nicht rassistisch. In ihre Familie haben Ausländer eingeheiratet, sie scheuen keinen Kontakt mit Menschen aus fernen Weltregionen. Doch weniger denn je fühlen sich die Dupuys heute unter ihresgleichen. Catherine spricht darüber ohne den Ton des Bedauerns. Sie beschreibt die Entwicklung nur, wie sie ist.

Politisch standen die Dupuys schon immer links. Sie fühlen sich den Kommunisten nahe und gingen jahrelang zum „Fête de l'Humanité", ein Fest, das die kommunistische Partei organisiert. Trotz vieler Bitten traten sie nie der Partei bei, aber ihre Werte teilen sie. Die kommunistischen Bürgermeister hätten meistens Gutes für Sevran bewirkt, die S-Bahnanbindung hergeholt, Wohnraum für sozial Schwache geschaffen und viel für die Kultur getan, etwa Musik- und Theaterfestivals organisiert. „Die Kommunisten stehen auf der Seite der Schwachen und setzten sich für Solidarität in der Gesellschaft ein, das schätzen wir an ihnen", sagt Daniel.

Dem Strukturwandel waren aber auch die kommunistischen Bürgermeister nicht gewachsen. Nach und nach schlossen die Fabriken und hinterließen Industrieruinen mit verseuchten Böden. Immer weniger Bewohner hatten eine Arbeit, die Gegend verarmte. „Es gibt keine soziale Durchmischung mehr, weil fast alle Weißen weg sind. Wie sollen sich da die Menschen, die hier sind, integriert fühlen?", fragt ihre Tochter Vinca, die mit einem türkischen Zyprioten verheiratet ist und in Paris lebt.

Die Dupuys wollen dennoch in Sevran bleiben: „Wir haben keine Angst, hier sind wir zuhause, es geht uns gut", sagt er. „Und wir sind in der Nähe unserer Kinder und Enkelkinder", sagt sie. Dass Kriminalität um sie herum zum Alltag gehört, ist ihnen bewusst. Sie versuchen gelassen zu bleiben. Catherine Dupuy weiß genau, wer unten im Eingangsbereich ihres Hauses mit Drogen handelt. Doch die jungen Männer lassen sie in Ruhe — und umgekehrt. Auf dem Parkplatz vor dem Haus sitzen oft einige Jugendliche auf ihrem Auto oder lehnen sich daran. „So meine Herren", sagt sie dann freundlich, „jetzt werde ich Ihnen Ihr Sofa wegnehmen". Die jungen Leute entschuldigen sich dann und räumen das Feld.

Harmonie und Frieden also? Davon kann nur eingeschränkt die Rede sein. Man lebt mehr neben- als miteinander. Daniel schimpft: „Sie haben ein neues Polizeigebäude gebaut, aber es gibt noch immer keinen einzigen Polizisten mehr". Und seine Frau erinnert sich wehmütig an die Zeiten, als die Vereinsszene noch lebendiger war. Sie engagierte sich lange Zeit in einer Freundschaftsgruppe für die Bretagne, organisierte Reisen, Vorträge und gesellige Abende. Jetzt gibt sie ihrer Tochter ein Dutzend Briefe für die Post mit auf den Heimweg. Es sind die Benachrichtigungen, dass der Verein aufgelöst wird — mangels Nachwuchs.

Sevran hat sich in den vergangenen Jahren stark gewandelt. Auf dem Wochenmarkt gibt es heute Halal-Fleisch sowie Hosen und Kleider für 5 Euro. Die meisten Frauen laufen mit Schleier oder Kopftuch umher, die Anzeigetafeln sind auf Arabisch und auf Französisch beschrieben, in den Cafés im Zentrum dominieren die Männer. Kein Vergleich mit früher: Sevran gehörte einst zum roten Gürtel von Paris, den linken Bastionen am Rande der Hauptstadt. Was den Kommunismus angeht, so hatte Deutschland die DDR und Frankreich die Banlieue. Es waren höchst unterschiedliche Erfahrungen mit dieser Ideologie. In den Vorstädten der französischen Metropolen siedelten sich die großen Fabriken an, und nebenan wohnten gleich auch die Arbeiter. Gaullisten und Kommunisten hatten sich nach dem Zweiten Weltkrieg die Gegenden aufgeteilt und ließen sich weitgehend in Ruhe. Fast ein halbes Jahrhundert lang bis Anfang der achtziger Jahre umschloss ein kaum unterbrochenes rotes Band die Hauptstadt — von Nanterre im Westen über Malakoff im Süden bis zu den Städten und Gemeinden im Norden und Osten von Paris. Als de Gaulle 1964 die Pariser Departements neuordnen ließ, sagte er zu seinem Innenminister Roger Frey: „Glauben Sie wirklich, dass die Kommunisten von Saint-Denis herabkommen werden, um die Bastille zu stürmen? Zu Ihrer Information, sie wurde bereits gestürmt, Monsieur Frey. Es wird kommunistische Departements geben. Und warum nicht? Sie werden sich sehr gut um ihre Angelegenheiten kümmern".[7]

1977 erreichte der rote Eroberungszug mit mehr als 70 kommunistischen Bürgermeistern im Großraum Paris seinen Höhepunkt.[8] Namen von Stra-

7 „1964: Naissance d'un ‚département communiste'", Le Parisien, 7. Juli 2014.
8 Philippe Subra: Le Grand Paris, Géopolitique d'une ville mondiale, Paris 2012, S. 265.

ßen und Plätzen legen davon noch heute Zeugnis ab. Etliche Kommunen haben ihre Avenue Lénine, ihren Boulevard Maurice Thorez oder ihre Cité Gagarine. In dem links-regierten 2700-Seelen-Dorf Essômes-sur-Marne östlich von Paris hält der Bürgermeister sogar noch an seiner Rue Staline fest. Viele junge Vorstadtbewohner sind als „Banlieusardes" stolz auf die Departements-Nummer 93 („neuf-trois") von Seine-Saint-Denis. Bei den Kommunisten kommt eine historische Dimension hinzu. Sie mögen die Zahl, weil sie an das Jahr 1793 erinnert, das die radikalste Phase der Französischen Revolution einleitete.

Einem Mann wie Stéphane Gatignon sieht man nicht an, dass er von dieser kommunistischen Vergangenheit berichten könnte. Der Bürgermeister der 50.000-Einwohner-Stadt Sevran ist mit seinen 48 Jahren ein jugendlicher Typ geblieben. Doch seine Vorfahren und er stammen aus dieser Welt der vergangenen Lokalpolitik. Er ist inzwischen ein Grüner geworden, aber eigentlich weiß er nicht mehr richtig, wo er parteipolitisch hingehört. Gatignon ist ein unkonventioneller Politiker, trat schon mal in Hungerstreik, um für seine Gemeinde Geld von der Regierung zu bekommen, und er plädierte für den Einsatz von Blauhelmen in den Vorstädten, um für mehr Sicherheit zu sorgen. In einem großzügigen Büro unter dem Dachstuhl seines frisch renovierten Bürgermeisteramtes sitzt er und erklärt Frankreich. Über ihm prangt ein Gemälde seines Helden Nelson Mandela.

„Das war damals eine richtige Gegengesellschaft in den Banlieues", erzählt Gatignon. „Alles war organisiert oder stark beeinflusst von den Kommunisten. Sie hatten den ganzen Alltag strukturiert. Es gab die Jugendorganisation der Pioniere und die kommunistische Jugend. Die Sportvereine standen unter ihrem Einfluss, ebenso die Organisationen der Sozialbauten, die billige Wohnungen verteilten. In den Fabriken hatten die kommunistischen Gewerkschaften das Sagen. Nach dem Krieg kam die Idee der Mitbestimmung auf, das funktionierte zwar nicht, weil die Gewerkschaft CGT sie nicht wollte, dennoch haben sich die Gewerkschaften und die Patrons in vielen Fragen immer wieder geeinigt. Die Arbeitgeber bezahlten und hatten ihre Ruhe." Gatignon zieht eine Schwarz-Weiß-Fotografie hervor, die eine Handvoll Männer an einem Tisch zeigt. In der Mitte sitzt Ambroise Croizat, der Vater der französischen Sozialversicherung. „Der zweite Mann von rechts ist mein Großvater Louis Gatignon", sagt sein Enkel. Er war im Zweiten Weltkrieg Widerstandskämpfer gewesen und danach Gewerkschafter in der Metallindustrie. In einer Expertengruppe arbeitete er am Aufbau der französischen Sozialversicherung mit.

Es war eine ziemlich überschaubare, eine heile Welt. Die Gaullisten bestimmten die Außen- und Verteidigungspolitik sowie die Grundlinien der Wirtschafts- und Innenpolitik. Die Kommunisten durften sich in den Kommunen ausleben. Die Stadtverwaltungen boten billige Reisen nach Kuba und in andere kommunistische Sonnenländer an, viele Schulklassen aus der Banlieue besuchten regelmäßig Ostdeutschland. „Ich habe die DDR gekannt. Bei uns war es aber überhaupt nicht wie in der DDR", wendet Gatignon ein, „unser System war echt populär. Es war eine sehr offene, eine sehr fortschrittliche Welt. Die größten Intellektuellen und Künstler standen dahinter", erinnert sich der Bürgermeister. „Es gab auch eine große Distanz zwischen der französischen Führung der Kommunistischen Partei und der Realität vor Ort. Die Parteiführung hat sich nie von Moskau losgesagt – anders als die Italiener. Das war ein großer Fehler".

Heute ist von dieser Welt nichts mehr übrig. Der industrielle Umbruch ließ in den französischen Vorstädten keinen Stein auf dem anderen. In Sevran war der amerikanische Kodak-Konzern einer der größten Arbeitgeber gewesen, wovon noch heute das Kameraobjektiv im Stadtwappen zeugt. Ganz Frankreich schickte seine Filmdosen nach Sevran, um sie dort entwickeln zu lassen – ein lebendiges Archiv für die Erinnerungen einer Nation. Mitte der neunziger Jahre machte das Werk dicht, denn Kodak hatte den Anschluss an das digitale Zeitalter verpasst; für die Entwicklung analoger Filme interessierte sich niemand mehr. Der amerikanische Konzern Westinghouse, der in Sevran seit Ende des 19. Jahrhunderts Bremsen für Züge hergestellt hatte, zog ebenfalls ab, sodass der Stadtteil „Freinville" („Bremsenstadt") dem Verfall preisgegeben war. Im Jahr 2014 schloss dann auch das große Werk von Peugeot und Citroën in der Nachbarstadt Aulnay-sous-Bois. „Das war ein Schlag in die Substanz, auch für Sevran. Als ich 2001 Bürgermeister wurde, arbeiteten dort noch fast 7000 Menschen", erinnert sich Gatignon.

Die Arbeitslosigkeit liegt in Sevran heute bei 17 Prozent, bei den Menschen unter 25 Jahren sogar bei 40 Prozent. Und diese Gruppe der Jungen ist gewaltig; ein Viertel der Bevölkerung ist jünger als 15. Damit ist Sevran eine der jüngsten Städte Frankreichs. Gatignon sagt für sein ganzes Land eine düstere Zukunft voraus, selbst einen Bürgerkrieg will er nicht ausschließen, wenn sich die Dinge nicht rasch ändern, doch für Sevran gibt er sich als unerschütterlicher Optimist. Begeistert beschreibt er Pläne für ökologische Wohnviertel mit digitalen Arbeitsplätzen in der Nähe. Sogar einen künstlichen See will er anlegen, der Menschen und Unternehmen anziehen soll, und er preist die Standortvorteile Sevrans wegen der Nähe zum Flughafen Charles de Gaulle-Roissy. „Wissen Sie, es leben hier mehr als 70 verschiedene Nationen zusammen, es gibt bittere Armut, Menschen, die nicht immer essen, wenn sie Hunger haben. Doch gleichzeitig herrscht eine große Dynamik. Alle wurschteln sich irgendwie durch". Sevran sieht er wie ein großes Laboratorium, in dem das Zusammenleben im Zeitalter der Globalisierung getestet wird. „Viele haben Computer und Tabletts, sie lesen die Zeitungen aus ihrer Heimat am Bildschirm. Es gibt auch viele Computerfreaks oder Uber-Taxi-Fahrer. Die Leute sind hier sehr anpassungsfähig. Sie reisen erstaunlich viel, übernehmen verschiedene kleine Jobs, versuchen auch zu investieren, etwa in Immobilien oder in junge Unternehmen. Die Globalisierung und die neuen Formen des Wirtschaftslebens gehören zu ihrem Alltag".

Was nach einer fröhlichen Modernität klingt, hat freilich seine Schattenseiten, vor allem im Drogenhandel. Vor nicht langer Zeit waren einige Viertel von Sevran gleichbedeutend mit Bandenkriegen und Gewalt. Dort, wo die Hochhäuser monoton in die Höhe ragen, wurden tonnenweise Cannabis und Kokain umgeschlagen. Wer die Spielregeln dieses hochriskanten Geschäfts missverstand oder bekämpfte, wurde schnell zum Mordopfer. Die Polizei griff durch, als die Zustände unhaltbar wurden, doch dafür ist der Drogenhandel nun teilweise in die benachbarten Städte ausgewichen. „Bei uns werden heute höchstens noch 30 Prozent der Mengen von 2010 verkauft, um uns herum haben die Geschäfte allerdings zugenommen", berichtet Bürgermeister Gatignon.

Der Drogenhandel ist dennoch allgegenwärtig, wie in der Gegend ein Schuldirektor bestätigt, der anonym bleiben will. „Ein Späher im Alter von 14 oder 15 Jahren verdient auf der untersten Stufe pro Abend etwa 50 Euro. Auf der nächsten Stufe werden es 100 Euro und so weiter". Der Mann hat Einblicke, weil etliche Bandenmitglieder weiter auf seine Schule gehen. Dort fallen sie selten auf, denn der Befehl der Drogenbosse lautet: „Nur keinen Wind machen".

Neben dem Drogenhandel lauern in Sevran andere Gefahren: Véronique Roy ist eine zierliche Frau mit hellen wachen Augen und blondem Haarschopf. Die Französin, Mitte Fünfzig, arbeitet als Managerin in einem Zeitschriftenverlag. Ihr Ehemann Thierry ist für einen Kosmetikkonzern tätig. Beide leben in Sevran in einer der Gegenden mit gepflegten Einfamilienhäusern, und dort sahen sie ihren Sohn Quentin scheinbar unbeschwert aufwachsen. Er ging auf eine katholische Privatschule, machte Abitur, begann auf der Universität Ingenieurwesen zu studieren. Alle Türen standen ihm offen. In der Freizeit spielte Quentin in einer Band und trainierte die Kleinen im Fußballklub. Doch irgendwann nahm sein Leben einen ganz anderen Verlauf — er wurde Islamist. Die üblichen Verhaltensmuster begannen: Kein Alkohol, langer Bart und langes Gewand, keine Musik, fünf Gebete am Tag. Die liberalen Eltern sind offen für andere Religionen und akzeptierten zunächst seinen Weg, doch nicht tatenlos. Bei der großen Moschee von Paris suchten sie nach Hilfe, dort nahm man ihre Sorgen aber nicht ernst. In vielen Gesprächen mit ihrem Sohn versuchten sie, die wachsende Entfremdung zu verhindern — vergeblich. Eines Tages im September 2014 war Quentin abgereist, wie er angab, zu einer humanitären Mission in Syrien. Im Januar 2016 erreichte Véronique Roy die WhatsApp-Botschaft, dass ihr Sohn „als Märtyrer im Land des Kalifat" gefallen sei. Viel mehr weiß sie nicht. Sie kennt weder die Ursache noch die Umstände seines Todes. Eine Sterbeurkunde hat sie auch nicht, weshalb ihr Sohn offiziell noch als vermisst gilt.

Wir sitzen in einem Café in Paris. Véronique Roy ist eine engagierte und energische Frau. Sie versucht, die Regierung, Behörden, ja die ganze Gesellschaft wachzurütteln, um sich gegen diese tödliche Abwerbung der französischen Jugend zu wehren. Selbst Präsident François Hollande konfrontierte sie in einer Fernsehsendung mit ihrer Geschichte und mit ihren Vorwürfen. „Mein Sohn hat wirklich die falsche Person zum falschen Zeitpunkt am falschen Ort getroffen", sagt sie und berichtet darüber, wie er ihnen langsam entglitt. Quentin war über den Sport in der Nachbarschaft unter den Einfluss eines früheren Freundeskreises geraten. Ein charismatischer Klassenkamerad, ein Muslim an seiner katholischen Schule, machte besonderen Eindruck und überzeugte ihn, keine Comics mehr zu lesen. Eines Tages nahm Quentin nicht mehr an Familienfeiern teil und blieb sogar dem Begräbnis seiner Großmutter fern. Er hörte mit dem Studium auf und ging später auch nicht mehr zur Arbeit in einem Sportgeschäft. Jedes Mal war die Begründung die gleiche: Er könne seiner Religion, besonders der Pflicht zu den fünf Gebeten, sonst nicht nachkommen.

Nachdem er Sevran verlassen hatte, tauschte er mit seiner Mutter gelegentlich elektronische Nachrichten aus. „Ich weiß, Mama, dass Du leidest, ich leide auch, doch ich muss Allah dieses Opfer bringen", schrieb der Sohn. Innerlich war er schon ein Glaubenskrieger geworden. Nach den Anschlägen auf die Konzerthalle Bataclan im November 2015 riefen die Eltern drei Dutzend seiner Freunde zu einem Abendessen zusammen. Gemeinsam drehten sie ein Video, machten Fotos und schickten Texte, um ihn zur Rückkehr zu ermutigen. „Wir dachten, das geht ihm vielleicht ans Herz und gibt ihm die Kraft zu fliehen. Es war wie, wenn man eine Flaschenpost ins Meer wirft". Doch wahrscheinlich kamen die verzweifelten Apelle gar nicht mehr bei ihm an. Nie erschienen auf WhatsApp die Häkchen, die eine gelesene Nachricht markieren. Seitdem hörte sie nie wieder etwas von ihrem Kind.

Die Eltern glauben genau zu wissen, wer ihren Sohn für den Dschihad rekrutiert hat. „Als sie 15 oder 16 Jahre alt waren, brachte mein Mann manchmal eine Gruppe von ihnen in einen Vergnügungspark. Der Junge war kein enger Freund, doch er gehörte dazu". Nach einer Reise nach Mekka radikalisierte sich der künftige Anwerber, was man ihm aber nicht ansah. „Er trug Jeans und die Haare etwas länger, den Frauen gab er Wangenküsschen", berichtet Véronique. Sogar in einer staatlichen Schule arbeitete er eine Weile, musste dort aber aufhören, weil er Schüler für den Islam rekrutieren wollte. Heute sitzt er in einem französischen Gefängnis; die Roys vermuten, dass er für die Rekrutierung mit einer ansehnlichen Geldsumme belohnt wurde. „Diese Leute sind sehr geschickt. Das Anwerben ist auch ein Geschäft."

Der Fall der Familie Roy und ihres Sohnes Quentin verstört. Denn man gewinnt den Eindruck, dass die Eltern nichts falsch gemacht haben. Dennoch konnten sie ihren Sohn nicht retten. Wie von einer Sekte wurde er ins Unheil gezogen. Véronique Roy will aber nicht von einer Sekte sprechen, denn das hält sie für eine Verharmlosung des radikalen Islams. Die Konfrontation mit ihm sieht sie als eine historische Herausforderung für die ganze Gesellschaft. Dabei wirft sie den moderaten Muslimen vor, nicht entschieden genug gegen ihre extremistischen Glaubensbrüder vorzugehen. Und von den staatlichen Institutionen Frankreichs fühlt sie sich völlig alleine gelassen. „Wir haben immer wieder Alarm geschlagen, denn die Anwerber sind unter uns. Oft verstecken sie sich, dann sind sie am gefährlichsten. Doch man hat nichts getan. Das tut weh."

Besonders aufgebracht ist sie gegen den Bürgermeister von Sevran, Stéphane Gatignon. Trotz ihrer Hilferufe habe er die Hände in den Schoß gelegt. Eine landesweite Telefonnummer für Eltern, die sich um ihre Kinder sorgen, habe er nicht verbreitet. Stattdessen habe er den Muslimen Grundstücke für eine Schule und für eine Moschee zur Verfügung gestellt. Den Gebetsraum der Islamisten, denn sie „die Moschee von Daesh" nannten, habe er zu spät schließen lassen. Kurzum: Er mache gemeinsame Sache mit den Muslimen, denn sie brächten ihm Wählerstimmen.

Gatignon will solche Vorwürfe natürlich nicht auf sich sitzen lassen. Er stehe voll hinter dem „Krieg gegen den Terrorismus", betont er und bestreitet, die kleinsten Zugeständnisse gegenüber radikalen Islamisten gemacht zu haben. Dabei plädiert er dafür, nicht die gesamte Verantwortung für den epochalen Kampf gegen den Terror bei einem Bürgermeister abzuladen. Im konkreten Fall des Gebetsraumes, wo Quentin Roy die Hasspredigten hörte, habe der Bürgermeister die Polizei und die Präfektur informiert. Doch ihm sei geraten worden, den Saal offen zu lassen, weil dann die geheimdienstliche Überwachung leichter sei. Nachher wollte davon niemand mehr etwas wissen. „Ich bin von allen alleine gelassen worden", klagt auch Gatignon. Die Präfektur weist darauf hin, dass so immerhin der Anwerber von Quentin gefasst werden konnte.

Der Bürgermeister fordert dabei einen differenzierten Umgang mit dem Islam. Nicht alle Salafisten riefen zu Gewalt auf, meint Gatignon. Er befürworte in keiner Weise ihre Ideologie, doch er erinnert daran, dass „sich beispielsweise nicht wenige Viertel in Marseille in der Hand der Salafisten befinden, und es gibt von dort viel weniger junge Männer, die nach Syrien aufbrechen". Die Gründung einer Islam-Schule in Sevran verteidigt er. „Die Leute hatten schon angefangen, Privatunterricht in den Wohnungen zu geben. Da habe ich ihnen vorgeschlagen, eine private Schule zu eröffnen. Das holt sie aus der Dunkelheit heraus. Ich möchte, dass wir in aller Offenheit zusammenleben". Sehr offen wirkt die Schule allerdings nicht. Auf ihrer Webseite gibt sie zwar an, mit dem französischen Bildungsministerium zusammenzuarbeiten, doch als ein französisches Fernsehteam anklopft, wird es abgewiesen.

Auf der einen Seite ein linksgrüner Bürgermeister mit seinen Idealen, auf der anderen Seite verbitterte Eltern, deren Sohn zum Terroristen wurde — die Konfrontation könnte kaum schärfer sein. Beide Lager haben berechtigte Argumente, doch sie werden sich wohl nicht mehr einig. Ihr Streit markiert die Geschichte eines langen Wegsehens und einer Überforderung der Lokalpolitik. Der Islam breitet sich in den französischen Vorstädten in einer Weise aus, die nicht nur politisch, sondern auch aggressiv ist. Die öffentliche Hand begegnet dieser Entwicklung nur mit Ohnmacht. Wenn die Regierungen die Bürgermeister weiter alleine lassen, sähen sie die Saat für Spannung und Spaltung. Das gilt für Frankreich wie für andere Länder.

Véronique Roy findet das Sevran, das sie einst kannte, heute nicht mehr wieder. Als sie vor mehr als zwei Jahrzehnten aus Paris in die Vorstadt zogen, hatten sie billigen Wohnraum im Grünen gesucht. Das junge Ehepaar kaufte sich ein kleines Häuschen mit Kirschbaum im Garten und genoss das Leben in „einem hübschen Städtchen". Davon sei wenig geblieben. „Die Unternehmen sind weg, die Stadt ist verarmt und sie ist auch schmutziger geworden", meint sie. Auf dem Marktplatz würden sie für den Besuch der Moschee missionieren, und in einigen Cafés hätten Frauen heute keinen Zutritt mehr. „Die Banlieue bietet ein günstiges Umfeld für die islamistische Radikalisierung. Die soziale Misere, die Arbeitslosigkeit, das Fehlen einer sozialen Durchmischung und die starke Einwanderung — all das trägt dazu bei", sagt Véronique Roy.

In ihrer politischen Orientierung fühlt sie sich verloren. „Ich weiß gar nicht mehr, wen ich wählen soll". Früher sympathisierte sie mit den Linken, doch damit ist es vorbei. „Die Linke traut sich nicht, entschlossen gegen den Aufstieg des Islamismus vorzugehen. Dass aus dem Salafismus Terrorismus entstehen kann, will sie nicht wahrhaben. Die Linke betreibt eine Klientelpolitik, daher warnt sie ständig davor ‚nicht alles in einen Topf zu werfen' und ‚die Muslime nicht zu stigmatisieren'. Sie wittert dort Wählerpotential. Zum Front National muss man sagen: Gegenüber dem wachsenden Islamismus haben sie die klarste Botschaft. Da sagen sie Dinge, die richtig sind. Doch ich habe vor ihnen Angst, denn sie sind Rassisten".

Im Mai und im Dezember 2016 trafen sich städtische Beamte und Sozialarbeiter aus dem belgischen Molenbeek mit ihren Kollegen aus den französischen Gemeinden Sevran, Saint-Denis, La Courneuve und Clichy-sous-Bois. Sie stehen alle vor den gleichen Herausforderungen — hohe Arbeitslosigkeit, Gettoisierung und islamistische Radikalisierung. „Die Gewaltbereitschaft ist nur ein Symptom", berichtet eine Sozialarbeiterin aus Molenbeek, „Früher wurden die Jungen vielleicht Bankräuber oder Drogendealer. Heute ziehen sie nach Syrien. In jüngster Zeit gab es dafür weniger Kandidaten, doch die Frustration ist immer noch da."

Der Erfahrungsaustausch zwischen den Kommunen ist sinnvoll, doch alleine reicht er nicht. Die Durchdringung der Vorstädte mit dem aggressiven Islam hat vielschichte Ursachen und erfordert genauso vielschichtige Lösungsversuche. Keine davon wird perfekt sein, doch nichts darf unversucht bleiben. Ein Weg muss bei der sozialen wie der religiösen Durchmischung ansetzen. In den französischen Vorstädten fehlt zweifellos ein gesundes Gleichgewicht. Die Gettos haben sich ausgebreitet, und die Abschottung hat sich vertieft. Vor vielen Jahrzehnten schon begann das Verdrängen von Einwanderern und ihren Kindern an die Peripherie. Politiker und Stadtplaner begingen damit folgenschwere Fehler. Die hohen Wohnkosten in den Zentren der Großstädte verstärkten die Fliehkräfte. Heute drohen einige Viertel zu Brutstätten für Kriminelle und Terroristen zu verkommen. Sie bieten ihnen ein Hinterland, in dem sie Unterschlupf, Gleichgesinnte, Drogengelder und Waffen finden.

Die öffentliche Hand versucht in Frankreich, die Irrtümer von damals mühsam zu korrigieren. Die Mittel für die Integration reichen jedoch meist nicht aus oder sie sind falsch gesetzt. Drancy bietet zum Beispiel fünf Mediatheken, davon eine mit 65000 Büchern und neuesten Computern auf einer Fläche so groß wie ein Fußballfeld. Ein Konservatorium steht für die Musikliebhaber zur Verfügung, eine Kunstschule für Freunde des Malens und Töpferns. Es herrscht sicher Bedarf an solchen Angeboten, doch an den Problemgruppen gehen sie vorbei. Die Verantwortlichen müssten einerseits gezielt und andererseits breit gestreut vorgehen. Kultur kann ein begleitendes Element der Therapie sein, doch was ist sie wert, wenn gleichzeitig eine konsequente und effektive Strafverfolgung fehlt? Nur ein Beispiel: Ismaël Mostefaï, ein weiterer Attentäter aus der Konzerthalle Bataclan, war für kleine Delikte zwischen 2004 und 2010 nicht weniger als achtmal verurteilt worden. Er verbrachte aber keinen Tag im Gefängnis, weil die Vergehen nicht als schwer genug galten. Was allerdings hätte eine Haftstrafe aus ihm gemacht? Niemand weiß es. Klar ist: Viele Gefängnisse sind Fabriken des islamischen Terrorismus, weil sich die Inhaftierten dort gegenseitig radikalisieren. Die strenge Trennung der Insassen wäre ein Anfang — kombiniert mit einer gezielten Arbeit an der Entradikalisierung. Imame, Priester, Nachbarschafts- und Vereinsvertreter, Kommunalbehörden, Polizisten, Sozialarbeiter und Psychologen müssten zusammengeführt werden und an einem Strang ziehen. Solche Ratschläge sind leicht aufgeschrieben, doch schwer umzusetzen. Dennoch sind sie einen Versuch wert.

Frankreich ist auf diesem Weg so wie andere Länder bisher nicht weit gekommen. Die Franzosen haben sich zusätzliche Hürden gesetzt. „In Anbetracht der Neutralität seines laizistischen Staatswesens ist Frankreich nicht für sein Talent bekannt, solche Strukturen der Zusammenarbeit auf den Weg zu bringen", meint der Radikalisierungsforscher Khosrokhavar.[9] Die Trennung von Staat und Religion genießt Verfassungsrang und gilt den Franzosen als heilig. Dadurch entstehen gerade dort Berührungsängste, wo verschlossene Gruppen aufgebrochen werden müssten. Die strikte Laizität führt sogar soweit, dass fundamentale Freiheiten im öffentlichen Raum eingeschränkt werden. Eine Mehrheit der Franzosen ist dafür, den Ganzkörper-Badeanzug „Burkini" vom Strand zu verbannen. Kein anderes Land geht im Verbot von Bekleidung mit echten oder vermeintlichen Religionssymbolen so weit wie Frankreich. Dass die Polizei im Sommer 2016 sonnenbadende Musliminnen dazu zwang, die Hüllen fallen zu lassen, löste weltweit Kopfschütteln aus. Erst durch ein Urteil des Staatsrates

9 Farhad Khosrokhavar: Radikalisierung, Hamburg 2016, S. 215.

wurde der Unfug gestoppt. Der französische Laizisimus soll eigentlich die Gleichberechtigung aller Religionen garantieren, doch in seiner strengen Auslegung läuft er Gefahr, als ein Aufruf zur Religionslosigkeit missverstanden zu werden. Das ohnehin schon komplizierte Zusammenleben der Bevölkerungsgruppen in Frankreich wird so erschwerten Bedingungen unterworfen. Dabei nehmen die Herausforderungen noch zu. „Die Konzentration von mehreren tausend Dschihadisten in Syrien, unter denen fast 2000 Europäer sind, lässt einen Rückstrom nach Europa erwarten, der große Probleme mit sich bringt, wenn keine geeigneten Maßnahmen ergriffen werden", meint der Soziologe Khosrokhavar.

Gewerkschaften: Grüße aus der Vergangenheit

Die französischen Vorstädte bieten Anschauungsmaterial für eine Reihe von Frankreichs größten Herausforderungen. Direkt neben Sevran liegt die Kommune Aulnay-sous-Bois. Ihr größter Arbeitgeber war jahrzehntelang der Autohersteller PSA Peugeot-Citroën. Auf einem Gelände, das größer ist als 200 Fußballfelder, produzierte das Unternehmen in den guten Jahren 400.000 Autos. Heute ist dort eine riesige Brachfläche entstanden. Nur ein paar Kleinunternehmen haben sich angesiedelt.

Die Werksschließung war ein schmerzhafter Prozess. 2013 hielten Arbeiter die Fabrik vier Monate lang besetzt, weil die Konzernleitung sie aus Kostengründen schließen wollte. Rund 130 Männer und einige Frauen hatten die Kontrolle über das Werk übernommen. Sie waren der harte Widerstandskern einer Belegschaft von zuletzt 2500 Mitarbeitern. Das Unternehmen konnte aufgrund des französischen Arbeitsrechts wenig gegen die Besetzung tun. „Von hier an kann ich Sie leider nicht mehr begleiten. Für Ihre und für meine Sicherheit ist es besser, wenn Sie jetzt alleine gehen", sagte mir die Pressesprecherin bei einem Werksbesuch. In einer Halle standen rund sechzig Streikende feindselig einer anderen Gruppe von Männern gegenüber, welche die Rebellen kontrollieren sollte. Diese „Streikbrecher" waren von anderen PSA-Werken herangefahren worden. So durchzog regelrecht eine Front das ganze Werk, hier die Arbeitswilligen, dort die Streikenden. Doch niemand arbeitete. Stattdessen galt es, die Gewalttätigkeiten der radikalisierten Arbeiter abzuwehren. Sie beschimpften ihre Kollegen nicht nur als „Kollaborateure der Patrons". Ich sah, wie neben den still stehenden Fließbändern Knallkörper geworfen wurden. Ein Verletzter zeigte mir seinen Verband am Unterschenkel. Auch von fliegenden Farb- und Urinbeuteln, von Tränengas, von Schienbeintritten und von durchgeschnittenen Kabeln wurde berichtet. Die Manager gingen nicht mehr alleine durchs Werk, weil sie sich bedroht fühlten. Das konzerneigene Büro, das für die Beschäftigten neue Stellen, Umzugshilfen und Finanzzuschüsse für die Selbstständigkeit vermittelte, musste aus Sicherheitsgründen außerhalb des Werks untergebracht werden. Der Autohersteller war nicht mehr Herr in der eigenen Fabrik.

Die Streikenden verneinten auf meine Nachfrage die Androhungen physischer Gewalt oder verharmlosten die Vorfälle. „Das ist eine durchsichtige Verleumdung der Patrons", winkte ihr Anführer Jean-Pierre Mercier ab. Er ist erklärter Trotzkist und noch heute der führende Vertreter der Gewerkschaft CGT bei Peugeot-Citroën. Um sich das nötige Geld für die Fortführung ihres Streiks zu besorgen, statteten Kommandos der Streikenden mehrfach einer nahegelegenen Autobahn-Bezahlstelle ihre Besuche ab. Dort forderten sie die Autofahrer nachdrücklich zur Abgabe eines Obolus auf; jenen, die nicht zahlen wollten, erschwerten sie die Weiterfahrt. Die Autobahnbetreiber drückten beide Augen zu. Auch die umliegenden Gemeinden, die sich in der Hand von linksstehenden Bürgermeistern befinden, unterstützten die Streikenden. Sie versorgten sie mit Lebensmitteln oder stellten Busse zur Verfügung. Die Regierung und Peugeot-Citroën hielten sich indes auffallend zurück. Sie hofften darauf, dass sich die Besetzung mit der Zeit im Sande verlaufe. Das war auch der Fall, allerdings erst nach vier Monaten. Dabei musste das Unternehmen das endgültige Streikende mit einer Finanzspritze versüßen. Jedem Werksbesetzer wurden 20.000 Euro auf die Hand angeboten, wenn er sofort das Unternehmen verließ und auf eine Klage vor dem Arbeitsgericht verzichtete. Gleichzeitig sah der Konzern von jeder Strafanzeige im Zusammenhang mit den Gewalttätigkeiten ab. Ein teurer Frieden, zumal PSA in der Zeit der Besetzung in seinem Werk eigentlich noch 13.000 bestellte Autos bauen wollte.

Warum die Zurückhaltung? Der Autohersteller hat nicht vergessen, wie im Juni 1968 bei ähnlichen Unruhen vor seiner Peugeot-Fabrik im ostfranzösischen Sochaux zwei Demonstranten von der Polizei erschossen wurden. Das Werk in Aulnay-sous-Bois liegt auch in einer jener Vorstädte, die 2005 tagelang Schauplatz schwerer Aufstände waren. Das sind Zeiten, in denen in Frankreich auch immer Helden geboren werden. Vor allem all jene werden als Kämpfer gegen das Böse verehrt, die ihren Arbeitsplatz verteidigen. Im März 2016 kam ein Film über die Werksbesetzung bei PSA in die französischen Kinos. „Wie die Löwen", so sein Titel, hätten „die Helden von Aulnay-sous-Bois" gekämpft. Die Streikenden hatten von Anfang an eine Filmemacherin mitlaufen lassen, denn auch sie wissen, dass moderne Schlachten nicht nur in den Fabriken, sondern auch in den Medien geschlagen werden. Ein guter Schuss Revolutionsromantik kommt in Frankreich immer an.

Wenige Mitglieder, viel Macht

Die CGT-Führung in Paris hat die Aktion der PSA-Kameraden stillschweigend gebilligt. Damit will sie an die großen Auseinandersetzungen von früher anknüpfen. Wer die französischen Gewerkschaften besucht, reist immer auch ein wenig in die Vergangenheit. Für ihre Jahresversammlung hatte die älteste und immer noch wichtigste Arbeitnehmerorganisation Frankreichs, die Confédération générale du travail (CGT), im April 2016 die Gebäude eines Kongressgeländes in Marseille gemietet. Auf den Verkaufsständen vor der großen Versammlungshalle fanden sich neben T-Shirts und Anhängern auch Schriften von Rosa Luxemburg, eine sehr wohlwollende Biografie des französischen Revolutionärs Robespierre und ein Bildband über „die Flaggen der Sowjetunion und ihrer Verbündeter", darunter auch etliche DDR-Fahnen. „Das ist ein sehr schöner Band zum Verschenken, finden Sie nicht?", meinte der Verkäufer.

Im Versammlungssaal lief bald darauf ein Film über die Glanzzeiten der 1895 gegründeten CGT. Auf schwarz-weißen Flimmerbildern drängten sich die Fabrikarbeiter an den Fließbändern, saßen die Frauen Schulter an Schulter an Nähmaschinen oder marschierten sie alle zusammen fahnenschwenkend durch die Straßen. Sie riefen Parolen in Megaphone und antworteten in Sprechchören. In Karikaturen erschienen dicke Patrons mit Melone auf dem Kopf und Zigarre im Mund.

Die CGT feiert gerne die Meilensteine ihrer Geschichte. Keinen geringen Teil ihrer Kraft bezieht sie aus der Vergangenheit. Auf ihren Jahreskongressen will sie damit nicht nur die Verdienste der Alten honorieren, sondern versucht auch die Jugend zu mobilisieren. Einfach ist das nicht, denn ihre guten Jahre liegen weit zurück. In den späten vierziger Jahren hatte die CGT noch sechs Millionen Mitglieder, heute sind es keine 690.000 mehr — weniger als ein Drittel der IG Metaller in Deutschland. Im internationalen Vergleich ist Frankreich eine Gewerkschaftswüste. Unter den 34 Mitgliedsstaaten der OEDC haben nur die Arbeiter in der Türkei und Estland einen geringeren Organisationsgrad.[1] Lediglich 7,7 Prozent der französischen Beschäftigten gehören einer Gewerkschaft an. In Deutschland sind es mehr als 18 Prozent, in den Vereinigten Staaten fast 11 Prozent. Dabei ist die Präsenz der französischen Gewerkschaften in den privaten Unternehmen noch schwächer; nur die größere Vertretung in staatlichen Konzern wie der Bahngesellschaft SNCF, dem Energieproduzenten EdF, der Post, der Pariser Transportgesellschaft RATP oder im Beamtenapparat sorgt für einen gewissen Ausgleich. Der CGT, die bei den meisten Protestbewegungen den Ton angibt, gehören nur noch 2,6 Prozent der französischen Beschäftigten an. Daraus ergibt sich auch eine notorische Finanzschwäche. Lange Zeit sind die französischen Gewerkschaften von den Arbeitgebern mitfinanziert werden; heute profitieren sie stark von den staatlichen Zuweisungen für ihre Mitarbeit in der paritätischen Sozialverwaltung.

1 https://stats.oecd.org/Index.aspx?DataSetCode=UN_DEN.

Allerdings sagt die Zahl der eingeschriebenen Anhänger wenig über den Einfluss der Gewerkschaften aus. Bei den Betriebsratswahlen stimmen deutlich mehr Franzosen für die verschiedenen Organisationen, als sie Mitglieder haben. Die CGT und die gemäßigte CFDT zählen auch immer noch mehr Anhänger als jede politische Partei Frankreichs. Die größte von ihnen, die bürgerlich-konservative Partei der Republikaner, kann mit weniger als 200.000 Mitgliedern nicht einmal der Vereinigung der französischen Boule-Spieler das Wasser reichen.

Die Stromversorgung zu kappen, eine Lokomotive still stehen zu lassen oder eine Ölraffinerie zu blockieren, erfordert indes nicht viel Personal. Die französischen Gewerkschafter sitzen in den Infrastrukturunternehmen an Schlüsselstellen, um immer mal wieder das öffentliche Leben zu verlangsamen oder ganz lahmzulegen. Die Streiks sind heute zwar nicht mehr das, was sie einmal waren, klagen die älteren Kampfgenossen, denn das Störpotential der Gewerkschaften hat im Jahr 2007 durch eine Reform unter der Präsidentschaft von Nicolas Sarkozy arg gelitten. Seitdem müssen alle Beschäftigten der Transportunternehmen 48 Stunden vor Beginn eines Streiks ankündigen, ob sie mitmachen oder nicht. Die Planbarkeit ist dadurch leichter geworden, sodass bei Streiks gerade in den Stoßzeiten morgens und abends meistens recht viele Züge fahren. Stell' Dir vor, es ist Streik, und keiner merkt es — vor diesem Problem stehen die Gewerkschaften immer dann, wenn ihre Aufrufe auf wenig Widerhall bei den Mitgliedern stoßen.

Dennoch führt weiterhin keine Reform an den französischen Gewerkschaften vorbei. Daher sind sie für die wirtschaftliche Misere Ursache und Lösung zugleich. Ursache, weil sie mithalfen, die wichtigsten Reformprojekte der Regierungen seit dem Zweiten Weltkrieg wenn nicht zu verhindern, dann aber fast bis zur Unkenntlichkeit zu verwässern. Lösung, weil ohne sie keine Regierung Frankreich voranbringen kann. Immer wieder haben Politiker so getan, als könnten sie die Gewerkschaften ignorieren oder überrumpeln. Sie scheiterten meist kläglich. Die Waffen der Gewerkschaften sind nicht stumpf geworden.

Streiken ist in Frankreich ein Existenzbeweis; ich streike, also bin ich. Daher wird meist zuerst gestreikt und dann verhandelt. Der Streik ist nicht das letzte Mittel der Gewerkschaften wie in anderen Ländern, sondern das erste. Er ist ein Muskelspiel, das den Gegner beeindrucken soll. Die Öffentlichkeit erfährt davon über die Medien, die ihrer Pflicht als Berichterstatter in diesem Fall sehr gewissenhaft nachkommen. Die Staatssender France Info und France Inter unterrichten ihr Publikum ausführlich über die

Aufmärsche der Streikenden, auch wenn nur ein paar hundert Menschen daran teilnehmen. Nicht selten ist der Streik auch zu einem Ritual geworden. Bei der SNCF kann es durchaus vorkommen, dass die Gewerkschaften schon mal einen Streik anmelden, den Grund aber später nachreichen, weil sie sich darüber erst einigen müssen. Gegenüber den siebziger Jahren ist die Zahl der französischen Streiktage zwar zurückgegangen. Doch damit sind die Gewerkschaften nicht zahm geworden. Der Löwe muss manchmal nur brüllen, um seine Feinde auf andere Ideen zu bringen. Frankreich ist ein Streikland geblieben. Laut des gewerkschaftsnahen Wirtschafts- und Sozialwissenschaftlichen Instituts der Hans-Böckler-Stiftung fielen in Frankreich zwischen 2006 und 2014 je tausend Beschäftigten durchschnittlich 123 Arbeitstage pro Jahr aus. Unter den elf wichtigsten Ländern Europas war dies der höchste Wert, nur Dänemark rangiert in der Nähe, alle anderen Länder — darunter Deutschland mit 20 Tagen — lagen weit zurück.[2] Dabei sind im französischen Wert die Streiks des öffentlichen Dienstes gar nicht enthalten. Französische Quellen bestätigen die hohe Streikbereitschaft, wobei die große Zahl der Streiks im öffentlichen Dienst im Vergleich mit den wenigen Streiks in der Privatwirtschaft auffällt.[3] Das European Trade Institute führt Frankreich für die Periode 2000 bis 2009 unter 15 europäischen Ländern auf dem zweiten Rang auf, nur übertroffen von Spanien. Für den Zeitraum 2003 bis 2013 liegt der französische Durchschnitt bei 159 verlorenen Streiktagen, 100 Tage mehr als im Durchschnitt der EU.[4]

Die Jahreskongresse sind für die Gewerkschaften Feierstunden vergangener Erfolge und Motivationsübungen für künftige Aktionen. Jeder soll das Wort bekommen. Im 4-Minuten-Takt wechseln sich die Sprecher der Unterorganisationen an den Mikrofonen ab. „Warum streiken wir immer nur an einzelnen Tagen, wir brauchen eine große Aktion", rief ein Sprecher der CGT beim Gewerkschaftstag in Marseille. Wehmütig erinnerten sich die Delegierten an die Zeiten, als in Frankreich noch richtige Generalstreiks möglich waren, etwa im Mai und Juni 1968 oder im Herbst 1995. Doch heute ist das nicht mehr denkbar. „Einen Generalstreik kann man nicht verordnen, man braucht die Massen, die ihm folgen", erklärt der CGT-Generalsekretär Philippe Martinez. Er ist kein gemäßigter Gewerkschafter, sondern steuert die CGT auf einen strammen Linkskurs. Einen

2 http://www.boeckler.de/pdf/wsi_jahresbericht_2016.pdf.
3 Professor Dominique Andolfatto, siehe www.atlantico.fr, 27. Oktober 2012; Ifrap, 31. März 2016: http://www.ifrap.org/emploi-et-politiques-sociales/3-millions-de-jours-de-greve-en-france.
4 Veröffentlicht 2011: http://www.etui.org/Publications2/Working-Papers/Sustaining-or-abandoning-social-peace.

Generalstreik kann aber auch er nicht herbeizaubern. Gegen die Arbeitsrechtsreform von Präsident Hollande riefen die CGT und ihre verbündeten Gewerkschaften verteilt über das Jahr 2016 an nicht weniger als 14 Tagen zu Streiks und Demonstrationen auf. Am Ende machte kaum noch jemand mit, und das Gesetz trat in Kraft. Dennoch sah sich die Regierung zu erheblichen Zugeständnissen gezwungen. Auch Schüler- und Studentenorganisationen hatten sich der Bewegung zeitweise angeschlossen. Das macht die Regierungen in Frankreich immer besonders nervös. Einige der jungen Leute sind schwer zu kontrollieren, und wenn es zu gewalttätigen Ausschreitungen mit Verletzten kommt, erhalten meistens die Polizei und damit die Regierung den schwarzen Peter. Je jünger die Demonstranten, desto mehr Sympathie hat die Bevölkerung mit ihnen, obwohl die Franzosen wissen, dass mancher Lehrer und manch ältere Gewerkschaftsführer die jungen Leute in einer Weise zum Streik „ermutigt", die der Manipulation nahekommt.

Politische Streiks sind in Frankreich keine Seltenheit, sie finden vor allem dann Zuspruch, wenn die Opposition im Parlament ausgeschaltet ist. Das war bei der Arbeitsrechtsreform 2016 der Fall. Die Regierung hat sie mit dem Notparagraphen der Verfassung, dem Artikel 49,3, ohne Abstimmung durchs Parlament gepeitscht, weil ihr die Mehrheit der Abgeordneten fehlte.

Solidaritätsstreik nach einem Wortgeplänkel

Der CGT-Chef Martinez ist mit seinem kräftigen Schnauzbart zum Markenzeichen der außerparlamentarischen Linksopposition geworden. Der ehemalige Metallarbeiter verließ im Jahr 2002 die Kommunistische Partei, weil sie die Parteizellen in den Unternehmen abschaffte. Sein Vater kämpfte im Spanischen Bürgerkrieg, und so gibt auch er sich gerne das Image eines harten Haudegens. Gleichzeitig will er damit die noch weiter links stehende Gewerkschaftskonkurrenz unter Kontrolle halten. Organisationen wie SUD (Union Syndicale Solidaires) werfen der CGT vor, zu kompromissbereit zu sein. So muss auch Martinez einen schwierigen Balanceakt vollziehen.

SUD entstand aus einer Gewerkschaftsabsplitterung und ist heute unter anderem bei der französischen Staatsbahn SNCF schon die drittgrößte Gewerkschaft. Ihre Präsenz im Bahnverkehr, den täglich Millionen von Menschen nutzen, sichert ihr große Aufmerksamkeit. Die Organisation ist denn auch für ihre hohe Mobilisierungsbereitschaft bekannt — oft schon aus den geringsten Anlässen. Zum Beispiel am 23. November 2016. Als ich am Nachmittag am Pariser Bahnhof Saint-Lazare den Zug nehmen wollte, traf ich auf die SNCF-Mitarbeiter in ihren roten Kitteln, die immer dann am Bahnstreik die Passagiere informieren, wenn etwas Unvorhergesehenes passiert ist. „Spontane Arbeitsniederlegung" auf zwei Bahnstrecken, hieß es, ohne dass Details zu erfahren waren. Mehrere Stunden lang fuhr so gut wie kein Zug auf zwei Strecken, die täglich mehr als eine halbe Million Passagiere transportieren. Am nächsten Tag ging ich der Sache nach. Wie sich herausstellte, hatte ein Passagier einen Lokführer beschimpft — mehr nicht. Die Eisenbahner stimmten nach Angaben von SUD daraufhin rasch über die „verbale Aggression" ab, und daraufhin rief die Gewerkschaft aus Solidarität mit dem betroffenen Kollegen zu einem spontanen Streik auf. Immer wieder mal sind in Frankreich Lokführer und Zugschaffner körperlichen Aggressionen ausgesetzt, das ist schlimm und unentschuldbar. Doch in diesem Fall führte ein bloßer Wortaustausch zwischen einem Bahnmitarbeiter und einem Passagier dazu, dass Zehntausende von Zugreisenden für mehrere Stunden blockiert wurden.

Bei SUD läuft die Verhältnismäßigkeit immer mal wieder aus dem Ruder. Transparenz ist dabei auch nicht die Stärke der Gewerkschaft. Im Herbst 2010 wollte ich während der Streiks gegen die Rentenreform mit drei französischen Journalisten an einer ihrer Versammlungen am Bahnhof Saint-Lazare teilnehmen. Doch erst stimmten die Gewerkschaftsmitglieder per Handerheben über die Präsenz der Medien ab. Eine Mehrheit war dagegen. „Die Medien verbreiten nur die Propaganda der Regierung, sie verdienen es, ausgeschlossen zu werden", sagte ein Gewerkschafter. So mussten wir wieder abziehen.

Rousseau und die Unterdrückung der Gewerkschaften

Die Gewerkschaftsbewegung Frankreichs reicht mit der Geburtsstunde der CGT vor gut 120 Jahren gar nicht so weit zurück wie etwa in Großbritannien oder auch in Deutschland. Erst 1864 und vollständig 1884 wurde das Verbot von Arbeitnehmervereinigungen in Frankreich aufgehoben; auf das Recht der freien Vereinsbildung mussten die Franzosen sogar bis 1901 warten. Denn seit der Französischen Revolution galt ein strenges Koalitionsverbot. Daher ist in mancher französischen Gewerkschaftsschrift heute noch vom „Schatten der Revolution" zu lesen, obwohl die Linke sonst eher stolz ist auf das Weltereignis.

Die lange Unterdrückung hat tiefere, ja philosophische Gründe. Das Werk von Jean-Jacques Rousseau, das die Revolutionäre Ende des achtzehnten Jahrhunderts inspirierte, sieht im Gesellschaftsaufbau nur zwei Ebenen vor: den Staat und das Individuum, dazwischen nichts. Weder Verbände noch Lobbygruppen, noch Vereine würden gebraucht, weil entweder der Staat oder der um das Gemeinwohl bemühte Citoyen ausreichten. Nur der Staat solle die Bürger repräsentieren und ihre Interessen wahrnehmen. Instanzen, die vermitteln wollen, seien überflüssig, ja gefährlich. Die „volonté générale", der Wille der Allgemeinheit, geht von den Bürgern direkt auf den Staat über. „Es gibt nur noch ein Interesse des Einzelnen und ein Interesse des Gemeinwesens", sagte der Abgeordnete Isaac Le Chapelier in einer berühmten Rede im Jahr 1791.[5] Ganze Passagen von Rousseaus Werk „Der Gesellschaftsvertrag" fanden Eingang in seinen nach ihm benannten Gesetzestext. Le Chapelier endete auf der Guillotine, sein Verbot von Verbänden und Gewerkschaften wirkte aber lange Zeit. Karl Marx bezeichnete es später als „echten Staatsstreich der Bourgeoisie".

Dieses Erbe gilt bis heute als eine Ursache für die Strukturschwäche der französischen Gewerkschaften. Sie mussten lange im Geheimen agieren und haben heute noch im internationalen Vergleich wenige Mitglieder. Die spärliche Verankerung in den Betrieben förderte eine Radikalisierung und Politisierung, die Kompromisse in den Unternehmen erschweren.[6]

Die CGT war seit ihrer Gründung lange Zeit mit den Kommunisten verbunden, sie stand sogar unter ihrer Kontrolle. Damit ist es heute vorbei. Die Allianzen der Vergangenheit haben aber ihre Spuren hinterlassen. Aufgrund ihrer Bedeutung in der Résistance gegen die deutsche Besatzung erhielten die Gewerkschaften zusammen mit den Kommunisten und den Gaullisten nach dem Krieg eine Führungsrolle zugesprochen, die bis heute nachwirkt. Die CGT hatte sich in den Kriegsjahren zwar gespalten; ein Teil kollaborierte mit dem Vichy-Regime, und die Kommunisten verweigerten bis zum Ende des Hitler-Stalin-Paktes den Kampf gegen die Nazis. Doch ab 1943 war die CGT in der Résistance wieder weitgehend vereint.[7] Den Widerstandsrat CNR (Conseil National de la Résistance), den der von den Deutschen ermordete Jean Moulin gegründet hatte, stand unter wesentlichem Einfluss der CGT. Der Rat arbeitete ein Wirtschaftsprogramm aus, das nach dem Krieg rasch in Kraft trat. Es sah Nationalisierungen, Planification, eine staatliche Sozialversicherung und weitreichende Gewerkschaftsrechte vor.

5   http://library.fes.de/cgi-bin/ihg2pdf.pl?vol=1&f=519&l=556.
6   Jean Marc Vittori, Un vrai drame français: La faiblesse des syndicats, Les Echos, 01.03.2016.
7   Institut d'Histoire Sociale, Histoire de la CGT, Ivry-sur-Seine 2015, S. 101.

Diese Politik fußte auf einem lang anhaltenden Konsens, dem sich auch die Bürgerlich-Konservativen anschlossen. Die Gewerkschaften vertraten die Linkspolitik voller Leidenschaft. Dass sie dafür quasi mit ihrem Blut bezahlt hatten, erhöhte ihre Glaubwürdigkeit.

Der Versicherungsmanager und ehemalige Arbeitgeber-Funktionär, Denis Kessler, versuchte 2007, diesen Konsens in Frage zu stellen. „Adieu 1945, suchen wir den Anschluss an die Welt", überschrieb er einen Aufsatz in einer Zeitschrift. Alles was in der Sozialpolitik zwischen 1944 und 1952 festgelegt wurde, sei heute immer noch da — „ohne Ausnahme"; das sei nicht mehr zeitgemäß, klagte Kessler. Doch ein Aufschrei ging durch das Land. Die Zeit war noch nicht reif für seine Reformvorschläge. Sie verhallten ohne Wirkung.

Die Biographien der CGT-Führer zeigen, wie prägend die Epoche des zweiten Weltkrieges war. Sämtliche CGT-Generalsekretäre zwischen 1909 und 1992 kämpften in der Résistance. Drei von ihnen — Léon Jouhaux, Georges Séguy und Henri Krasucki — waren in deutschen Konzentrationslagern inhaftiert. Ihre Werdegänge sprechen Bände. Georges Séguy beispielsweise, ein in Toulouse geborener Sohn einer Arbeiterfamilie, trat schon mit sieben Jahren in einen Streik — einen Schulstreik für die Freilassung seines Lehrers, der nach einem Kampf mit französischen Faschisten verhaftet worden war. Später wurde Séguy nach Mauthausen deportiert, überlebte aber und kehrte im Mai 1945, 38 Kilogramm schwer, nach Frankreich zurück.

Nach dem Krieg führte die CGT, mitfinanziert und teilweise mitgeführt von Moskau, einen harten Kampf. 1947 brachte eine Gruppe von Gewerkschaftsmitgliedern einen Zug zwischen Paris und Tourcoing zum Entgleisen, wodurch 16 Menschen starben. Der Kalte Krieg verschärfte den Frontverlauf. Der amerikanische Geheimdienst CIA war an der Gründung einer nicht-kommunistischen Gewerkschaft in Frankreich interessiert und finanzierte daher die Organisation Force Ouvrière (FO), die sich als reformorientierter Flügel von der CGT abspaltete. Die CGT blieb indes bei ihrer moskautreuen Linie. Séguy nahm 1956 als Mitglied der CGT und Kommunistischen Partei am 20. Kongress der Kommunistischen Partei der Sowjetunion teil, als Chruschtschow das Ausmaß der stalinistischen Verbrechen beschrieb und die Entstalinisierung einleitete. Séguy war geschockt, gleichzeitig aber hoffnungsvoll, dass nun ein besserer Kommunismus möglich sei. Seine Hoffnungen erfüllten sich nicht, dennoch blieb er Parteimitglied bis 1982.

Die Arbeitgeber wollten Séguy lange Zeit nicht als Partner akzeptieren, denn Klassenkampf war seine wichtigste Motivation. Immerhin aber leitete er in den siebziger Jahren eine Öffnung zur gemäßigteren CFDT und mehr Unabhängigkeit von der Kommunistischen Partei ein. Die Wahl des Sozialisten François Mitterand in den Elysée-Palast begrüßte er 1981 begeistert. Doch damit stieß Séguy auf den Widerstand der moskautreuen Kommunisten in der CGT. Unter Spannungen trat er 1982 zurück. Sein Nachfolger Henri Krasucki rückte die Gewerkschaft wieder näher an die Kommunistische Partei heran. Erst Ende der neunziger Jahre sollte die Trennung von Partei und Gewerkschaft beginnen − zwei Jahrzehnte zu spät, wie Séguy 2004 sagte.

Die vom CIA mitgegründete FO und die ehemals sowjetisch gesteuerte CGT − heute marschieren die beiden Organisationen oft hinter dem gleichen Banner durch die Straßen. Wenn das nicht der Fall ist, dann sind daran meistens taktische Erwägungen oder die Egos der Gewerkschaftsführer schuld. Aber ideologisch trennt die beiden Organisationen, zumindest auf der nationalen Ebene fernab der Betriebe, nicht viel.

Glücklicherweise ist in Frankreich nicht alleine die CGT die dominierende Gewerkschaftsmacht. Mit der Confédération française démocratique du travail (CFDT) hat sie auf ihrer rechten Seite einen Konkurrenten, der ähnliche viele Mitglieder zählt. Bei den jüngsten Betriebsratswahlen in den Unternehmen der Privatwirtschaft lag die CFDT erstmals in der Geschichte sogar vor der CGT. Die CFDT plädiert für Kompromissbereitschaft, wo die CGT den Klassenkampf predigt, sie will verhandeln, wo die CGT zum Streik aufruft. Die gemäßigte Arbeitnehmerorganisation mit christlichen Wurzeln ist der Hoffnungswert aller Regierungen, denn sie sieht ein, dass Frankreich nicht stillstehen kann. Bei der Arbeitsrechtsreform von Hollande hielt sich die CFDT von der Streikreform fern und verhandelte stattdessen diskret mit der Regierung. Auf diesem Weg erreichte sie viel mehr als die CGT, die mit ihren schwenkenden Fahnen nur das Licht der Fernsehkameras suchte. Die CFDT galt unter der sozialistischen Regierung von Hollande als derart einflussreich, dass ihr Gewerkschaftsvorsitzender Laurent Berger als heimlicher Arbeitsminister Frankreichs bezeichnet wurde.[8]

Der neue Präsident Frankreichs, Hollandes Nachfolger, wird sich auf die CFDT stützen müssen. Ohne sie ist kein Reformerfolg möglich. Nicolas Sarkozy gelang es 2010 zwar, gegen eine vereinte Gewerkschaftsfront ein-

8 L'Opinion, 1. März 2016.

schließlich der CFDT das Rentenalter von 60 auf 62 Jahren heraufzusetzen. Doch die vorausgegangene Rentenreform von 2003 war nur aufgrund der Unterstützung durch die CFDT möglich geworden. Die Gewerkschaft zahlte dafür allerdings einen hohen Preis. Tausende von Mitgliedern verließen aus Protest die Organisation, was zeigt, dass ihr Entgegenkommen Grenzen hat. Die CFDT dürfte bei den anstehenden sozialpolitischen Reformen in eine Art Schiedsrichterrolle schlüpfen. Sie hat schon in der Automobilindustrie zusammen mit anderen gemäßigten Gewerkschaften in den vergangenen Jahren eine segensreiche Rolle gespielt. Sowohl bei Renault als auch bei PSA Peugeot Citroën haben die Sozialpartner kostensenkende Vereinbarungen ausgehandelt, um gegenüber der Konkurrenz durch spanische und osteuropäische Standorte zu bestehen. Die französischen Gewerkschaften sind jetzt zu flexiblen Arbeitszeiten bereit, die sich an der Auftragslage orientieren. Zudem steigt die Jahresarbeitszeit. Die Konzerne versprechen im Gegenzug, mehr Modelle in den französischen Werken zu bauen. Damit werden Arbeitsplätze in Frankreich erhalten oder sogar ausgebaut.

Die CGT verweigert meist ihre Unterschrift unter solche Verträge. Weil sie in die Minderheit geraten ist, kann sie die Kompromisse aber nicht verhindern. Die CGT hat sich in eine dauerhafte Protesthaltung eingeigelt. Gegen den neuen Präsidenten und seine Regierung hat sie bereits Streiks und Demonstrationen angekündigt. Auch wenn der frisch gewählte Präsident eine starke demokratische Legitimation mitbringe, dürfe er nicht an den Pfeilern des Sozialstaates rütteln, etwa am Rentenalter, der 35-Stunden-Woche oder der Beamtenschaft, warnte CGT-Chef Martinez, der sich als ein Hüter des französischen Modells versteht. Die Pläne von Emmanuel Macron seien ein Skandal, weil sie nur die Arbeitskosten senken wollten. „Wir lehnen eine Politik ab, welche die Bürger seit Jahrzehnten vor die Wahl zwischen dem Schlimmsten und dem angeblich weniger Schlimmen stellt. In Wahrheit führte das jedes Mal zu einem Abbau sozialer Rechte", klagt Martinez.

Jeder Präsident, der das konservative Frankreich verändern will, muss sich auf harte Auseinandersetzungen gefasst machen. Nach der Wahl von 2017 werden sie sich nicht nur im Parlament, sondern auch auf der Straße abspielen. Doch wenn der neue Hausherr im Elysée-Palast zu früh nachgibt, bleibt von seinen Reformprojekten wenig übrig. Also wird er voraussichtlich austesten, wie viele Bürger die Gewerkschaften hinter sich scharen können und wie lange sie in ihrem Protest ausharren. Ein schlagendes Argument hat der neue Präsident dabei auf seiner Seite: Der gerade erfolgte Urnengang gibt ihm die Lizenz zum Handeln. Es ist zu hoffen, dass auch die französischen Gewerkschaften die demokratische Legitimität respektieren werden. Wenn sie Frankreich dagegen monatelang blockieren würden, setzten sie sich über die Mehrheit im Volk hinweg. Leider wäre das nicht das erste Mal.

Staatsausgaben: Frankreichs „nationales Genie"

Ein Land, das den Staat liebt, muss ihn mit genügend Mitteln ausstatten. Frankreich lässt in dieser Hinsicht nichts anbrennen. In der Europäischen Union gibt kein Staat so viel Geld aus wie der französische: 2015 waren es laut Eurostat leicht aufgerundet 1242,8 Milliarden Euro oder 57 Prozent der Wirtschaftsleistung gemessen als BIP. Deutschland lag in jenem Jahr bei 44 Prozent und der Durchschnitt der EU bei gut 47 Prozent des BIP.[1] Von 10 Euro, die in Frankreich während eines Jahres ausgegeben werden, gehen also fast 6 Euro auf den Staat zurück. Im Jahr 2016 ging der Anteil der Staatsausgaben an der Wirtschaftskraft leicht auf 56,2 Prozent zurück, ohne dass jedoch die Staatsausgaben absolut sanken. Die Prozentzahl schrumpfte nur, weil das Wirtschaftswachstum den Zuwachs der öffentlichen Ausgaben etwas übertraf.

Der Internationale Währungsfonds, der für die Rettung bankrotter Staaten zuständig ist und daher seine Mitglieder genau beobachtet, schreibt voller Sorge: „Bei 57 Prozent des BIP gehören die Staatsausgaben in Frankreich zu den höchsten der Welt. Die Ausgaben wachsen seit mehr als drei Jahrzehnten schneller als die Wirtschaft. Trotz wiederholter Steuererhöhungen hat Frankreich chronisch hohe Haushaltsdefizite und eine wachsende Schuldenlast erlebt, die sich 100 Prozent des BIP nähert". Dies habe der Wirtschaft eine „substantielle Steuerlast aufgezwungen".[2] Hohe Steuern bremsen jedoch das Wachstum und die Schaffung von Arbeitsplätzen, was wiederum die Steuereinnahmen drosselt — ein teuflischer Kreisverkehr, der scheinbar keine Ausfahrten hat.

Wofür gibt Frankreich so viel Geld aus? Es sind besonders die hohen Sozialausgaben sowie die Gehälter für den üppigen öffentlichen Dienst. Rund 5,65 Millionen Personen arbeiten für den Staat, davon 4,5 Millionen Beamte. Nirgendwo sonst gibt es in Europa so viele staatliche Beschäftigte, auch wenn die skandinavischen Länder bei der Beamtenzahl je Kopf der Bevölkerung deutlich vorne liegen. Einer von fünf Franzosen ist bei den Einrichtungen des Zentralstaates, den Regionen, den Departements, den Kommunen oder in den Krankenhäusern beschäftigt. Im Laufe der Jahre ist der Apparat gewaltig gewachsen. Die Bevölkerungszahl erhöhte

---

1 Eurostat: Pressemitteilung 67/2016, 24. April 2017.
2 IMF Working Paper, Jean-Jacques Hallaert, Maximilien Queyranne: From Containment to Rationalization: Increasing Public Expenditure Efficiency in France, January 2016.

sich zwar auch, doch der öffentliche Dienst entwickelte ein beträchtliches Eigenleben. 1980 hatte er noch 1,8 Millionen Mitarbeiter weniger als heute. Dafür sind vor allem die Regionen, Departements und Kommunen sowie die interkommunalen Verwaltungsebenen verantwortlich. Ihre Mitarbeiterzahl stieg in knapp zwei Jahrzehnten um mehr als die Hälfte, in den Krankenhäusern zudem um ein Drittel. Die zentralstaatliche Ebene verschob Aufgaben nach unten, weshalb die nachgelagerten Gebietskörperschaften massenweise Stellen schufen. Dennoch behielt der Zentralstaat die meisten seiner Beschäftigten währenddessen in Amt und Würden. Im Großraum Paris sind heute nicht weniger als fünf Ebenen zuständig: die Kommunen, die interkommunale Verwaltungsebene, die Departements, die Region Ile-de-France und neuerdings auch die „Métropole du Grand Paris". Die Franzosen nennen das gerne „Millefeuille" — wie das mehrschichtige Blätterteiggebäck, das in diesem Zusammenhang allerdings eher bitter aufstößt.

Liebend gerne macht sich Frankreich über seinen öffentlichen Dienst lustig. Herumgereicht werden immer noch die Beamtenwitze des verstorbenen Komikers Coluche: „Man sollte die Verwaltung für die Inflation verantwortlich machen. Das wird sie beträchtlich verlangsamen". Oder: „Das einzige, was im Büro eines Beamten arbeitet, ist das Holz". Schon der Staatsmann Georges Clemenceau (1841–1929) hat sich gerne belustigt über die Beamten, „die gute Ehemänner sind, weil sie ausgeruht nach Hause kommen und schon die Zeitung gelesen haben". Doch gleichzeitig lieben die Franzosen ihren öffentlichen Dienst. Die teure Maschinerie zu bezahlen, stört sie natürlich, doch man erwartet überall seine Präsenz. Im Herbst 2016 haben die Präsidentschaftskandidaten des bürgerlich-konservativen Lagers vollmundige Versprechungen abgegeben, um den Staatsdienst inklusive seiner Beamtenschaft zurückzustutzen. Doch wenn es in der Vergangenheit zur Probe kam, verließ die Politiker schnell wieder der Mut. Nicolas Sarkozy baute in seiner fünfjährigen Amtszeit auf der zentralstaatlichen Ebene zwar 150.000 Mitarbeiter ab, doch anderswo setzte sich der Zuwachs fort. Unter Hollande stieg die Gesamtzahl dann noch kräftiger. Denn der sozialistische Präsident setzte für den Abbau der Arbeitslosigkeit auf staatliche Arbeitsbeschaffungs-Maßnahmen, und er stärkte nach den Terroranschlägen die Polizei, Gendarmerie und Justiz.

Der öffentliche Dienst Frankreichs ist ein schwer durchdringbarer Dschungel. Neben den klassischen Ämtern, die den Ministerien unterstellt sind, entstand ein erstaunlicher Wildwuchs weiterer Einrichtungen, den kaum jemand noch überblickt. 1244 Agenturen, Dienststellen, Institute, Räte und Komitees mit Sekretariat existieren laut einer internen Zählung. Manche Gremien kommen selten zusammen, andere haben obskure Aufträge, die irgendwann ein Politiker wichtig fand, dann aber vergaß. Nicht wenige führen ein schönes, aber nutzloses Dasein im Schatten. Oft hat man sie nur geschaffen, weil schon bestehende Behörden und Akteure nicht gut zusammenarbeiten. Der Nationalrat für die Beschäftigung, Ausbildung und berufliche Orientierung (CNEFOP) beispielsweise hat die Aufgabe, für eine bessere Kooperation zwischen dem Zentralstaat, den Regionen und den Sozialpartnern zu sorgen, damit die Berufsausbildung besser funktioniert. Er soll die Ausbildungspolitik der Regierung „bewerten", Klarheit in ihre Finanzierung bringen, Vorschläge für die Orientierung vorlegen und die „Debatte zu diesem Thema beleben", wie es in den Statuen heißt. Ein Gesetz im Jahr 2014 sorgte dafür, dass der CNEFOP einen ähnlichen Nationalrat namens CNFPTLV ersetzte und gleichzeitig die Räte CREFOP, COPANEF und COPAREF entstanden. Sie alle sollen sich um die „Koordinierung" der beruflichen Ausbildung und der Berufsorientierung kümmern. Dem CNEFOP gehören mehr als hundert Vertreter des Staates, der Regionen und der Sozialpartner an, außerdem verfügt er über ein Sekretariat mit sechs Mitarbeitern. Er zertifiziert auch private Ausbildungsanbieter, die für die Unternehmen die Weiter- und Fortbildung ausführen. Zehntausende solcher Anbieter erhalten in Frankreich Milliarden an staatlichen Subventionen. Der französische Rechnungshof hat die beteiligten Organisationen scharf kritisiert, weil sie weder die Vergabe der staatlichen Mittel noch die Qualität der Angebote ausreichend kontrollieren; immer wieder kommt es zu Betrugsfällen.[3] Die Wirksamkeit all dieser Gremien ist somit äußerst zweifelhaft. Weiterhin liegt die Berufsausbildung Frankreichs im Argen — wie schon seit langem.

Eine traditionsreiche Einrichtung verdient in diesem Zusammenhang besondere Beachtung, denn sie ist exemplarisch für den Zustand etlicher französischer Institutionen.

Der Palast an der Place d'Iéna

Als „Poesie des Stahlbetons" bezeichnete der Architekt Auguste Perret gerne seine Gebäude, die in der ersten Hälfte des 20. Jahrhunderts in Frankreich entstanden. Eines davon findet sich an der Place d'Iéna im 16. Arrondissement von Paris. Der Kuppelbau mit seinem halbrunden Eingang ist eine Komposition aus kühler Eleganz und strenger Nüchternheit. Wenn man im Innern zwischen den schlanken Betonsäulen und den aus-

3 Cour de Comptes, Bericht, 08.02.2017.

landend geschwungenen Treppenaufgängen umherläuft, fühlt man sich wie in einen Film aus den dreißiger Jahren. Nicht umsonst finden in dem schönen Bau regelmäßig Dreharbeiten statt. Auch für Modeschauen ist er ein beliebter Ort.

Der Hausherr des Gebäudes kann das Geld aus solchen Nebentätigkeiten brauchen. Es ist der französische Conseil économique, sociale et environnemental (Cese), auf Deutsch Wirtschafts-, Sozial- und Umweltrat. Die in der Verfassung verankerte Institution bringt die Vertreter der Zivilgesellschaft zusammen, damit sie über relevante Themen diskutieren und darüber Berichte verfassen. Ihre Arbeit soll auf den Gesetzgeber Einfluss nehmen. Die Institution ist schon sehr alt, nur in der Zeit des Vichy-Regimes war sie abgeschafft. Doch heute ist ihre Relevanz höchst umstritten. Seine Gegner sehen den Cese als eine Quasselbude ohne Wirkung. Nur für abgewählte Funktionsträger halte sie bequeme Versorgungsposten bereit. Seine Befürworter verteidigen den Wirtschafts-, Sozial- und Umweltrat dagegen als unverzichtbaren Bestandteil der Demokratie.

Ich will mich beim Präsidenten des Cese erkundigen, was an den Vorwürfen dran ist. Zu seinem Büro führt eine breite Treppe mit rotem Teppich, und dann ist eine lange Halle mit Marmorboden zu durchschreiten. Am Ende des riesigen Raumes sitzt ein Herr in Frack, Fliege und weißem Hemd an einem kleinen Tisch. Er bittet mich zu warten, bevor ich in das Büro des Präsidenten vorgelassen werde. Als ich eintrete, kommen die Filmszenen zurück. Die Möbel sind im Stil der dreißiger Jahre gehalten, klare Linien und Kanten; handgefertigte Teppiche bedecken die Wände. „Alles steht hier unter Deckmalschutz", sagt der Präsident; man kann nicht heraushören, ob er das begrüßt oder beklagt. Unterdessen reicht der Herr im Frack einen Kaffee.

Patrick Bernasconi ist ein freundlicher Mann und eigentlich Bauunternehmer, der mit Anfang sechzig schon viel gesehen hat. Der Cese wird von den Gewerkschaften, den Arbeitgebern und den Umweltverbänden beherrscht. Neben der Regierung, die 40 der 233 Ratsmitglieder bestimmt, schicken die entsprechenden Verbände ihre Vertreter in die Institution. Das Problem ist, dass die Berichte des Cese in der Öffentlichkeit keinerlei Rolle spielen. Die Medien berichten so gut wie nie darüber, die Debatten vor den Abstimmungen über die Berichte, die jeder live auf der Webseite mitverfolgen kann, finden keine Beachtung. Erwartungsgemäß versucht der Ratspräsident dennoch, die Bedeutung seines Hauses zu belegen. Der Franzose war lange in der Verbandswelt der Arbeitgeber tätig, und kann daher wortreich argumentieren. Grundsatzfragen nach der Berechtigung des Cese ist er gewohnt. „Die Vorläufer unserer Institution gehen schon auf König Heinrich IV. (1553–1610) zurück", erzählt Bernasconi und fährt gleich noch schwereres Geschütz auf: „Wir sind hier ein kleines Frankreich. Wenn man die Organisationen der Zivilgesellschaft abschaffen will, dann bewegt man sich auf eine Diktatur oder eine Herrschaft der Extremisten zu". Gerade in Zeiten des wachsenden Populismus sei eine Kammer erforderlich, „in der man ohne den medialen Druck des Augenblicks über langfristige Anliegen nachdenken kann". Für die Regierungen sei der Cese nützlich, weil Gesetzesprojekte im Vorfeld „entmint werden können", so der Ratspräsident. Deutschland und Großbritannien gehören zu den wenigen Nationen in Europa, die keinen Cese kennen. Das bedauert Bernasconi, weil eine Demokratie davon nur profitieren könne. Länder wie Burma, Vietnam sowie mehrere afrikanische Nationen würden nicht umsonst in Paris um Hilfe für den Aufbau eines eigenen Wirtschaft-, Sozial- und Umweltrates bitten.

Den Cese-Präsidenten schmerzt es indes schon, dass die französische Regierung und das Parlament die Einrichtung nur selten nutzen. Von zehn Projekten bestehen nur zwei aus Aufträgen der Exekutive oder der Legislative. Für den Rest sucht sich der Cese die Themen selbst, womit ihre Relevanz noch mehr in Frage steht. Beim europäischen Wirtschafts- und Sozialkomitee in Brüssel ist das Verhältnis genau umgekehrt, die Aufträge der EU-Institutionen überwiegen dort deutlich die Eigenbeschäftigung. Die Wirkung der französischen Institution ist denn auch kaum zu messen, wahrscheinlich ist sie auch gar nicht vorhanden. Bei den wichtigsten Punkten der umstrittenen Arbeitsrechtsreform im Jahr 2016 ignorierte die Regierung den Cese beispielsweise komplett. Drei Jahre zuvor reichten 700.000 Bürger eine Petition ein, damit sich die Einrichtung mit der Homo-Ehe beschäftigte — sie wurde abgelehnt. Wo liegt also der Nutzen? Schon de Gaulle wollte den Cese mit dem Senat, der zweiten Parlamentskammer, verschmelzen. Doch er unterlag im berühmten Referendum von 1969, das zu seinem Rücktritt führte. Der ehemalige sozialistische Parlamentspräsident Claude Bartolone hatte die gleiche Idee. Die Mitglieder von Senat und Nationalversammlung verfassen ihre eigenen Studien, denen meist eine höhere Qualität beigemessen wird. Konkurrenz und Doppelungen drohen dem Cese also allerorten: Der Rechnungshof zählt nicht weniger als acht weitere Staatsinstitutionen auf, die beratend tätig sind.[4] Alle schreiben sie ihre Berichte, die meistens schnell wieder vergessen sind.

---

4 Cour de Comptes: La gestion du Conseil économique, social et environnemental: Une volonté de réforme, des efforts à poursuivre, Februar 2015.

Die Abschaffung des Cese würde beträchtliche Einsparungen bringen, auch wenn sie dessen Präsident herunterspielt: „Unser Budget beträgt 38 Millionen Euro im Jahr. Das ist ungefähr so viel wie die Orchester von Radio France", verharmlost Bernasconi. Doch in den Regionen existieren weitere Wirtschafts-, Sozial- und Umwelträte mit insgesamt mehr als 2200 Ratsmitgliedern. 100 Millionen Euro ließen sich durch ihre ersatzlose Streichung einsparen, schätzt das regierungskritische Institut Ifrap. Der französische Rechnungshof hat oft genug die lukrativen Gehälter der Cese-Räte und ihre Pensionen aufs Korn genommen. Ein Monatsgehalt von rund 3800 Euro erhält jedes gewöhnliche Ratsmitglied, doch dafür müssen die Herrschaften monatlich nur rund 10 Stunden anwesend sein. Und dennoch glänzen nicht wenige immer wieder durch Abwesenheit, was der Cese mit finanziellen Sanktionen bekämpfen muss.[5]

Die meisten Ratsmitglieder führen einen Teil ihrer Gehälter an die Organisationen ab, die sie geschickt haben. Vor allem die französischen Gewerkschaften leben von solchen finanziellen Umleitungen. Die Mitglieder genießen ja auch noch andere Finanzpolster: Die 233 Räte und die 140 Festangestellten, darunter sieben Chauffeure, haben ihre eigene Pensionskasse. Sie gilt als sehr großzügig. Weil die Rentenbeiträge der „Versicherten" lange nicht ausreichen, finanziert der Steuerzahler das System über den Staatshaushalt. „Eine Luxusherberge für Opfer des allgemeinen Wahlrechts" nennt der Journalist Yvan Stefanovitch den Cese; sie sei eine Versorgungseinrichtung für ausrangierte Würdenträger. Deren Arbeitswut hält sich denn auch in Grenzen. Weniger als 20 Berichte legt die Einrichtung im Jahr vor. Dass die Mitarbeiter 54 Werktage Urlaub im Jahr haben, hilft der Produktivität nicht gerade. Sich zu motivieren, ist nicht einfach. „Wer liest schon unsere Berichte", fragte die Unternehmerin und Cese-Mitglied Sophie de Menton im Fernsehen zur besten Sendezeit schon im Jahr 2005, und lieferte die Antwort in aller Offenheit gleich mit: „Niemand".

Soziales Wachstum ohne Ende?

Ausgaben für staatliche Institutionen und ihre Mitarbeiter sind eine Sache, viel stärker ins Gewicht fallen dagegen die Sozialausgaben. Fast 32 Prozent des Bruttoinlandsproduktes kommen ihnen in Frankreich zugute. Die OECD, die mit ihren 35 Mitgliedsländern die Industrienationen der Welt plus einige aufsteigende Länder repräsentiert, kennt keinen anderen Staat

5 Rentiers d'Etat, Yvan Stefanovitch, Paris 2015, S. 45.

mit einem vergleichbaren sozialen Ausgaben-Niveau.[6] Sie notieren um 10 Prozentpunkte über dem Mittel der OECD sowie um 6 Prozentpunkte über Deutschland. Auch in Europa sticht Frankreich heraus: Der staatliche Sozialaufwand liegt um 160 Milliarden Euro oder 8 Prozentpunkte über dem EU-Durchschnitt.

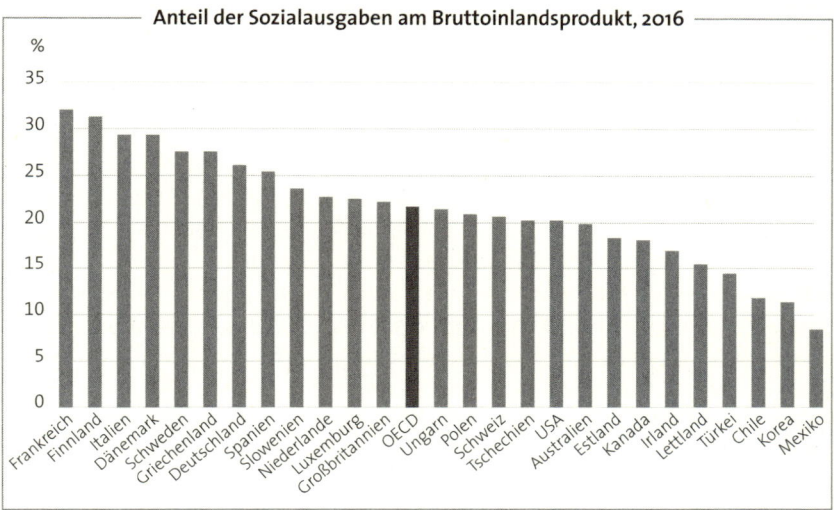

Quelle: OECD

Ein kontinuierlicher Anstieg hat Frankreich auf diesen Stand gebracht: Seit 1980 erhöhte das Land seinen Anteil der Sozialausgaben am BIP um mehr als die Hälfte; bei Deutschland betrug der Zuwachs nur 16 Prozent. Keine andere Komponente von Frankreichs staatlichem Haushalt ist so stark gestiegen. Darüber dürfen sich vor allem die Rentner und die Kranken freuen. Zwischen 1960 und 2010 verdreifachten sich die Kosten für das staatliche Rentensystem auf 14,4 Prozent des BIP. Die Gesundheitsausgaben erlebten in diesem Zeitraum mehr als eine Verdoppelung auf 11 Prozent des BIP.

Die Rentenausgaben haben im Wesentlichen zwei Ursachen, die eine ist problematisch, die andere erfreulich: Das niedrige Renteneintrittsalter bläht den Bedarf ebenso auf wie die lange Lebenserwartung. Schon mit 62 Jahren kann man in Frankreich in Rente gehen, das ist die niedrigste Schwelle in der OECD, auch wenn etliche Pensionäre ihre vollen Bezüge erst mit 65 Jahren erhalten. Somit leben die Franzosen einfach sehr lang als Rentner; man könnte auch sagen als fröhliche Rentner, denn verglichen

6 www.oecd.org/social/expenditure.htm.

mit ihren früheren Arbeitslöhnen genießen sie hohe Altersbezüge. Die üppigen Renten haben sie sich durchaus verdient, denn zuvor zahlten sie saftige Beiträge in die Kassen ein. Doch das System hat sich auf einem derart kostenträchtigen Niveau eingespielt, dass es Verschleißerscheinungen zeigt. Gemäß dem Umlageverfahren finanziert die arbeitende Bevölkerung das lange Rentnerdasein, so wie auch in Deutschland. Dadurch müssen die obligatorischen Kassenbeiträge hoch sein. Die Problematik ist die gleiche wie bei den Abgaben für die staatliche Arbeitslosenversicherung: Sie belasten den Faktor Arbeit und verteuern damit die Schaffung oder die Erhaltung von Arbeitsplätzen, zumal in Frankreich die Rentenbeiträge zu zwei Dritteln die Arbeitgeber und nur zu einem Drittel die Arbeitnehmer bezahlen (nicht wie in Deutschland jeweils zur Hälfte). Einen Mitarbeiter durch eine Maschine zu ersetzen, eine Stelle ins billigere Ausland zu verlegen oder aus Frustration und Kostendruck ganz aufzugeben, ist für die Unternehmen eine ständige Versuchung. Wenn aber viele ohne Arbeit sind, fehlen die Beitragszahler für die Finanzierung des Rentnerheeres. Das System untergräbt so sein eigenes Fundament.

Die staatliche Rentenkasse hat ihr Defizit in den vergangenen Jahren zwar deutlich abgebaut, doch eine langfristige Stabilisierung ist noch nicht in Sicht. Das Basis-Rentensystem muss heute zu gut einem Drittel von den Steuerzahlern subventioniert werden, weil die Beiträge nicht die Ausgaben decken.[7] Frankreich rechnet beitragsfreie Lebensabschnitte verschiedener Bevölkerungsgruppen wie Mutterschaft oder Arbeitslosigkeit großzügig für die Rentenbezüge an. Zudem müssen die strukturell defizitären Kassen für Beamte sowie für die Staatsunternehmen von Bahn und Energiewirtschaft vom Steuerzahler mitfinanziert werden. Diese erlauben vielen Beschäftigten sogar einen Renteneintritt weit vor 60 Jahren.

Nur das recht stabile Bevölkerungswachstum Frankreichs fungiert als Stoßdämpfer. Die große Herausforderung, dass immer weniger arbeitende Menschen für immer mehr Pensionäre bezahlen müssen, erreicht Frankreich aber auch — nur später als etwa Deutschland. Gleichzeitig mangelt es an einer privaten Vorsorge, bei der jeder für sich einen Teil seiner Mittel hoffentlich gut verzinst anspart, um davon im Alter zu profitieren. Private Rentenversicherungen im Stil einer Riester-Rente spielen in Frankreich kaum eine Rolle und fallen damit als Puffer für das Staatssystem aus. Schließlich ist auch nicht zu vergessen, dass der ganze Umverteilungsapparat der staatlichen Altersversorgung viel Geld kostet. Es gibt knapp 40

---

7 Direction de la Sécurité sociale: Les chiffres clés de la Sécurité sociale 2015, Edition 2016.

staatliche Rentensysteme für verschiedene Berufs- und Beamtengruppen sowie Branchen. Alle haben unterschiedliche Zugangsberechtigungen, Einzahlungs- und Auszahlungsbedingungen. Effizienz sieht anders aus. Doch die Reformversuche werden immer blockiert, weil die besser gestellten Berufsgruppen durch eine Zusammenlegung der Systeme schlechtere Rentenbedingungen befürchten. Wer in einen großen Topf einzahlt, bekommt später daraus weniger zurück, als wenn er bei seinem kleinen Topf mit einer überschaubaren Gruppe aus beitragsstarken Mitgliedern bleibt, der darüber hinaus vom Staat subventioniert wird. Daher haben sich schon 1945 die Mitarbeiter der staatlichen Bahn- und Energieunternehmen gegen die Einbeziehung in die allgemeine Sozialversicherung gewehrt. So behielten sie ihre Sonderrentensysteme, die heute dem Staat schwer auf der Tasche liegen. Die linksgerichtete Gewerkschaft CGT, die in diesen Branchen ihre Stammklientel hat, stärkt ihnen dabei den Rücken. Solidarität ist gut, aber bitte nur mit seinesgleichen![8]

Die Folgen dieser Mischung aus großzügiger Staatsfürsorge und politischem Reformstau führen dazu, dass Frankreich heute alleine 13,8 Prozent seines Bruttoinlandsproduktes für die Rentner ausgibt — gegenüber einem OECD-Durchschnitt von 7,9 Prozent. Bildung und Erziehung lassen sich die Franzosen nicht einmal halb so viel kosten.

Rentnerparadies Frankreich

Frankreich liebt seine Rentner, es päppelt sie wie kaum ein anderes Land. Man muss nicht so weit gehen, ihr Dasein mit dem sprichwörtlichen „Leben wie Gott in Frankreich" gleichzusetzen, doch zweifellos sind die französischen Pensionäre materiell den irdischen Härten des Lebens weiter entrückt als die arbeitende Bevölkerung. Man sieht es bei Wochenendausflügen oder im Urlaub: entspannte Gesichter, gesund und überraschend jung. Auch Werktags außerhalb der Ferienzeiten ist in vielen Gegenden ein Phänomen zu beobachten: leere Wohnungen oder Häuser. Ihre Eigentümer sind gerade wieder einmal verreist.

Frankreichs Rentner genießen einen höheren Lebensstandard als ihre aktiven Landsleute. Dieser erstaunliche Umstand ist statistisch belegt und wirft ein Schlaglicht auf den französischen Sonderweg. Das französische Rentenaufsichtsgremiums „Conseil d'orientation des retraites (COR)", das im Auftrag des Parlaments die Altersversorgung analysiert, hat die Ein-

---

8 Eric Verhaeghe: Ne t'aide pas et l'état d'aidera, Paris 2016, S. 102ff.

kommenslage der Bevölkerungsgruppen verglichen. Danach erfreuen sich die französischen Rentner durchschnittlicher Einkommen von 105 Prozent des Niveaus in der Gesamtbevölkerung. Die monatlichen Bezüge der Pensionäre liegen also im Durchschnitt um 5 Prozent höher als die der übrigen Franzosen.[9] Wenn man zusätzlich das Immobilienvermögen der Rentner berücksichtigt und damit Mieteinnahmen unterstellt, liegt der Durchschnitt der Rentnereinnahmen sogar bei 109 Prozent.[10] Das COR stellt die französische Lage regelmäßig elf ähnlichen Ländern gegenüber; kein anderer dieser Staaten gönnt seinen Pensionären ein solch komfortables Auskommen. In Deutschland entsprechen die Einkommen der Rentner nur 87 Prozent der Bezüge in der Gesamtbevölkerung, in Großbritannien sind es 82 Prozent, in Italien 96 Prozent, in Belgien 77 Prozent, in den Niederlanden 87 und in Spanien 96 Prozent.[11]

Es existieren in Frankreich zwei große staatliche Rentensysteme, deren Zugehörigkeit verpflichtend ist. Arbeitgeber und Gewerkschaften verwalten sie gemeinsam. Die französischen Renten sind in Frankreich an die Inflation, nicht an die Gehaltsentwicklung gebunden (wie in Deutschland), daher haben sich jahrelang schöne Zuwächse eingestellt. Im Jahr 2015 betrug die durchschnittliche Rente brutto 1884 Euro für die Männer und 1314 Euro für die Frauen. Dass sich der Lebensstandard der Rentner verbessert, zeigt sich auch an ihren Konsumausgaben. Lange Zeit war es eine ökonomische Weisheit, dass Rentner anders als junge Menschen kaum Geld ausgeben. Sie leisten sich selten neue Autos, teure Kleider oder schöne Urlaubsreisen. Das ändert sich nun. Im Jahr 2000 lagen die durchschnittlichen Konsumausgaben der Rentner 10 Prozent unter dem Niveau aller Franzosen, heute beträgt der Abstand nur noch 3 bis 4 Prozent. Allein schon der Blick auf die Angebote für Seniorenreisen zeigt, wie stark die Nachfrage gewachsen ist. Die „Silver economy" hat ihre Kunden gefunden.

Erfreulich ist, dass sich die Altersarmut in Frankreich seit 20 Jahren auf dem Rückzug befindet. Von den gut 15 Millionen Rentnern erhalten nur noch rund 550.000 Personen (4 Prozent) die staatliche gesicherte Mindestrente von 800 Euro für einen Alleinstehenden und von 1243 Euro für ein Paar. Der Anteil der Minderbemittelten ist mit 7,9 Prozent einer der niedrigsten

9 Évolutions et perspectives des retraites en France, Rapport annuel du COR, Juni 2016, S. 60.
10 Auskunft von Jean-Michel Hourriez, stellvertretender Generalsekretär des COR.
11 In der internationalen Analyse des COR beträgt der Vergleichswert für Frankreich auf Basis von OECD-Berechnungen 100,4 Prozent, siehe: Les retraités: un état des lieux de leur situation en France, COR, Treizième rapport, Dezember 2015, S. 60.

Werte in der OECD.[12] Doch die Armut ist damit nicht verschwunden, sie hat nur die Seiten gewechselt — zu den Jungen hinüber. In der Gesamtbevölkerung liegt der Armutsanteil bei 14 Prozent, fast doppelt so hoch wie bei den Rentnern. Heute sind in der Altersklasse der 20- bis 29-Jährigen fast dreimal so viele Personen arm wie in der Gruppe der Über-60-Jährigen.[13] Die Armut verstärkt somit die Ungleichheit zwischen den Generationen. Reiche Alte und arme Junge — der Unterschied ist fast nirgendwo so ausgeprägt wie im Land der „Egalité".

Um nicht falsch verstanden zu werden: Niemand soll den Pensionären ihre gute Lage neiden. Es ist völlig gerechtfertigt, dass sie die Auszahlungen erhalten, die ihnen jahrzehntelang versprochen wurden. Die meisten haben lange gearbeitet und viel in die Rentenkasse eingezahlt. Den Ruhestand haben sie sich verdient, doch welchen Ruhestand? Das ist eine Frage für die Politik. Wie weit das Rentenalter vergoldet werden soll, muss jedes Land für sich beantworten. Viele mögen es als gerecht empfinden, dass die Alten einen schönen Wohlstand genießen, den die Jungen für sie schaffen. Das ist das Prinzip des Umlageverfahrens. Die Alten leisteten ja auch viel für die Eltern, und die heutigen Eltern werden eines Tages von ihren Kindern finanziert werden. Die Frage ist aber, welches Ausmaß diese Umverteilung erreichen soll. Frankreich testet die Grenzen aus. Ökonomisch hat es keinen Sinn, dem inaktiven Teil der Bevölkerung höhere Einkommen zuzugestehen als dem aktiven Teil. Die Rentner sind nicht mehr produktiv, während der Rest der Bevölkerung nicht nur arbeitet, sondern oft auch Kinder großzieht. In der Regel haben die Jüngeren den größeren Finanzbedarf. Das französische System der Umverteilung zerstört die Leistungsanreize. Wer strengt sich schon gerne an, weil er davon überzeugt ist, in einer fernen Zukunft aus einem großen anonymen Topf viel zurückzubekommen? Die Rentenhöhe unterliegt zahlreichen Einflüssen, darunter das Bevölkerungswachstum sowie politische Entscheidungen über Einwanderung, Anrechnung von Kindererziehungszeiten, Arbeitslosigkeit und das Rentenalter. Niemand weiß, welche Rentenansprüche ihm später zustehen, und niemand weiß, wie alt er wird.

Allerdings ist nicht nur der Staat für die gute Lage der Rentner verantwortlich. Sie speist sich aus zwei Quellen: Zum einen sind die Renten aus dem Umlageverfahren recht hoch. Ein Mann, der mit 20 Jahren zu arbeiten begann, kann mit einer Nettorente von gut 71 Prozent seines letz-

---

12 Definiert als 60 Prozent des Median-Einkommens, siehe: COR, Les retraités: un état des lieux de leur situation en France, Dezember 2015, sowie: Panorama des Pensions, OECD, Paris Dezember 2015.
13 Oberservatoire des inégalités, http://www.inegalites.fr/spip.php?article1372.

ten Einkommens rechnen. Die noch vergleichsweise hohe Geburtenrate Frankreichs schlägt sich hier wohltuend nieder. In Deutschland erhält der gleiche Mann nur gut 57 Prozent seines letzten Einkommens.

Ein weiterer Teil der Rentnereinkommen speist sich aus privaten Anlagen wie Lebensversicherungen, Wertpapieren oder Immobilien – also Vermögen, die jeder Einzelne selbst angespart hat oder als Erbe erhielt. Die Hälfte der börsennotierten Unternehmen Frankreichs befindet sich im Besitz von Personen über 65 Jahren. Unter den Franzosen über 60 Jahren sind auch fast drei Viertel Eigentümer ihrer vier Wände. In Paris gehören sogar 80 Prozent der Wohnungen Besitzern im Alter von mindestens 60 Jahren.[14] Ein alleinstehender Rentner oder ein Rentnerpaar bewohnt im Durchschnitt eine Immobilie mit 4,3 Zimmern in einer Größe von 97 Quadratmetern, wie das Expertengremium COR herausgefunden hat. Die jüngeren Haushalte, darunter viele Familien, müssen sich dagegen im Schnitt mit nur 3,9 Zimmern und 88 Quadratmetern begnügen.[15] Der Immobilienboom zwischen Mitte der neunziger Jahre und 2007 hat die Vermögen der Pensionäre ansehnlich vermehrt. Die ausgeprägten Inflationsraten, die lange Zeit herrschten, ließen ihre Schulden dabei rasch schmelzen.

Neben der Hauptresidenz haben viele Franzosen ein zweites Heim für das Wochenende und die Ferien, am liebsten am Meer, und wenn nicht dort, dann auf dem Lande im warmen Süden oder im Gebirge. Rund 3,2 Millionen Franzosen besitzen eine Zweitresidenz, bezogen auf die Gesamtbevölkerung ist das ein Weltrekord.[16] Ein „Pied-a-terre" fernab vom Lärm der großen Stadt gehört einfach dazu, gerade für die Pariser, die ohnehin im Schnitt mehr verdienen als der Rest der Bevölkerung. In den Ferien kommen dort die Familien zusammen und entspannen sich gemeinsam.

So spielen die „privaten Einkünfte" in der Berechnung des hohen Rentner-Lebensstandards von 109 Prozent der Gesamtbevölkerung eine bedeutende Rolle. Dominierend sind sie aber nicht. Rund ein Fünftel der Rentnerbezüge stammt nach den Auswertungen des COR aus Zinsen und Dividenden sowie aus dem Immobilienvermögen. Das lässt immer noch den stolzen Anteil von 80 Prozentpunkten der Altersbezüge, der seinen Ursprung in der staatlichen, umverteilenden Rentenversicherung hat.

14 Hakim El Karoui: La lutte des âges, Paris, 2013, S. 28.
15 http://www.cor-retraites.fr/IMG/pdf/doc-3273.pdf, S. 21.
16 „Les Français sont les rois de la résidence secondaire", Le Figaro 29.5.2011.

Diese Großzügigkeit gegenüber jenen, die nicht mehr arbeiten, wuchs in Frankreich nach und nach heran. 1970 lagen die Rentnereinkommen nicht bei 105, sondern bei 60 Prozent des landesweiten Durchschnitts; Mitte der neunziger Jahre wurde ungefähr der Gleichstand erreicht. 2025 könnte sich das Verhältnis wieder gegen die Rentner drehen, schätzen die COR-Experten, 2060 sinken die Pensionäre vielleicht sogar wieder auf den Stand der siebziger Jahre zurück. Denn der große Topf der Renten-Umlagekasse steht vor vielfachen Herausforderungen. Nicht sehr anders als in den brancheneigenen Sonderkassen arbeitet die demographische Entwicklung gegen das System. Die Französinnen sind zwar im europaweiten Vergleich eine bemerkenswert fruchtbare Bevölkerungsgruppe, deutlich vor den deutschen Frauen. Doch auch mit einer Geburtenrate von knapp zwei Kindern je Frau, wird der Bevölkerungsstand kaum gehalten. Die geburtenstarken Jahrgänge, die Baby-Boomers, erreichen derzeit das Rentenalter. Sie wurden geboren, als jede Französin noch durchschnittlich fast drei Kinder bekam. Die Statistiker sprechen beim Blick auf die Graphiken der Bevölkerungsentwicklung vom „Elefanten in der Boa Constrictor". Insofern entsteht auch in Frankreich ein Rentnerheer, das von einem schrumpfenden Bataillon arbeitender Franzosen finanziert werden muss. Der Effekt des Ungleichgewichts stellt sich nur später ein als in Deutschland.

„Frankreich ist nicht jung, sondern nur etwas weniger alt", sagt der Rentenexperte Hakim El Karoui, der einst Berater des Premierminister Jean-Pierre Raffarin war.[17] Die geburtenstarken „Babyboomers" werden nun zu den „Papy-Winners" („Papy" steht im Französischen für Opa). Die Politik unterstützt sie dabei kräftig, denn auch sie ist alt geworden. François Fillon (geboren 1954), François Hollande (1954), Nicolas Sarkozy (1955), Ségolène Royal (1953), Jean-Marc Ayrault (1950), Jean-Luc Mélenchon (1951), Jean-Louis Borloo (1951), François Bayrou (1951), Dominique de Villepin (1953), Martine Aubry (1950) — alle gehören selbst zu den „Babyboomers". Die Ausnahme ist Emmanuel Macron, er ist Jahrgang 1977. Frankreich wurde lange Zeit von alten Herren regiert, auch wenn einige junge Frauen aufgestiegen sind. Im Parlament hat sich die Alterspyramide spürbar nach hinten verschoben. 1981 stand noch ein Abgeordneter der Nationalversammlung im Alter von unter 40 Jahren einem Abgeordneten über 60 gegenüber. 2007 waren es neun „Senioren" für einen „Junior". Heute sind fast die Hälfte der Parlamentarier mindestens 60 und zwei Drittel mindestens 50 Jahre alt.[18] Der Soziologe Louis Chauvel erzürnt sich: „Muss

17 Karoui, S. 19.
18 http://observatoire-des-seniors.com/la-place-des-seniors-sur-la-scene-politique-fran-caise/.

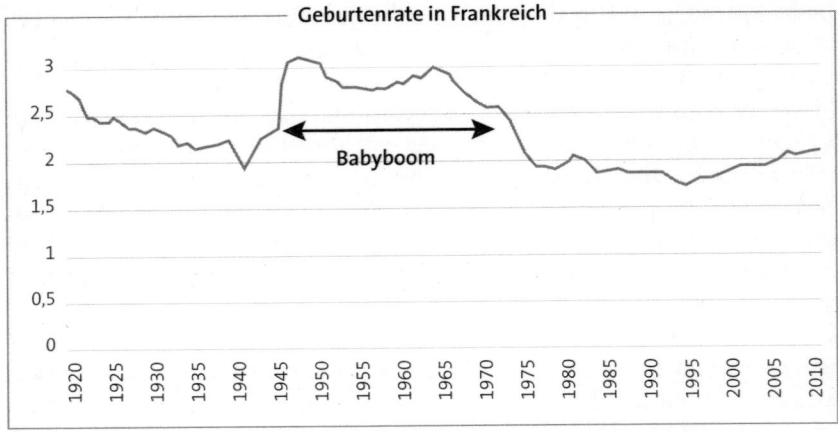

Geburtenrate in Frankreich
Quelle: Association Française de Science Economique

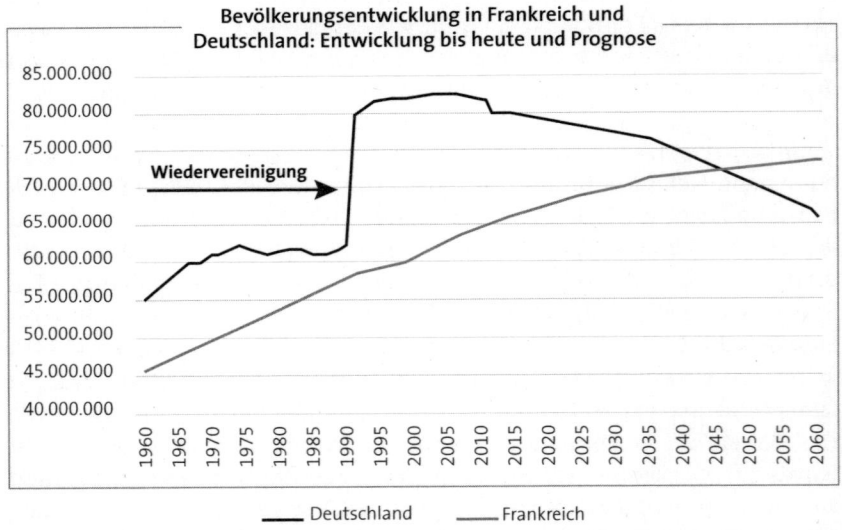

Prognose über die Bevölkerungsentwicklung in Frankreich und Deutschland
Quelle: www.leconomiste.eu

man sich noch wundern? Unsere Nationalversammlung ist die älteste der Welt, gegründet auf dem Fehlen der Unter-50-Jährigen, professionalisiert von sechzigjährigen Männern, die seit 20 Jahren immer wieder gewählt werden und oft ihr Mandat mit großzügigen Rentenbezügen kombinieren. Diese Nationalversammlung reformiert nun das Rentensystem, indem sie ihre eigenen Rechte behält und die Anpassungen auf die Abgeordneten von morgen verschiebt, die an den Debatten gar nicht teilnehmen."[19]

Die Schieflage des Systems wird dadurch verschärft, dass sich die Franzosen sehr lange in Rente befinden. In der Altersklasse von 55 bis 64 Jahren arbeitet nicht einmal jeder zweite. Diese Beschäftigungsquote ist in keinem Land der Europäischen Union so niedrig wie in Frankreich — eine traurige Wahrheit, die übrigens auch für die Altersklasse der Unter-25-Jährigen zutrifft.[20] In jüngerer Zeit hat sich die Lage zwar etwas gebessert, weil die extremen Frührenten seltener werden. Doch in den anderen Ländern schreitet diese Entwicklung noch schneller voran, weshalb Frankreich das Schlusslicht bleibt. Aufgrund der schwachen Wirtschaftskonjunktur trennen sich die französischen Unternehmen gerne von älteren Beschäftigten. Anders als früher schicken sie die Mitarbeiter nur nicht mehr in Vorruhestand, denn dafür wurden die Bedingungen verschärft, sondern in die Arbeitslosigkeit. Eine unter Sarkozy durchgesetzte Arbeitsrechtslockerung erlaubt den Unternehmen, sich reibungslos von ihren Beschäftigten zu trennen, wenn beide Seiten einverstanden sind. Daher schlüpfen Hunderttausende — Tendenz steigend — erst einmal für einige Jahre unter das Dach der staatlichen Arbeitslosenkasse Unedic, bevor sie in das Rentenregime wechseln.[21]

Das frühe Aufhören ist oft erzwungen. Viele Frührentner würden noch gerne arbeiten. Doch der Kult der Jugend hat auch die Personalabteilungen der französischen Unternehmen erfasst. Das Arbeitsamt übt gleichzeitig wenig Druck aus, eine Stelle anzunehmen. So arrangiert sich jeder irgendwie mit der Situation. Die Politiker haben den Senioren eine lange Brücke gebaut, um sie elegant von einem Schalter des Sozialstaates zum anderen wechseln zu lassen. Freilich schwappen damit auch die Probleme von einer Kasse in die nächste über.

Für den frühen Ruhestand ist zu einem großen Teil François Mitterrand verantwortlich. Er hat das Rentenalter 1983 von 65 auf 60 Jahre gesenkt. Die treibende Kraft dahinter, sein Premierminister Pierre Mauroy, orientierte sich an den Stahlarbeitern Nordfrankreichs. Mauroy erinnerte sich in seinen Memoiren: „Die Arbeiter kämpften jeden Tag am Hochofen mit dem schmelzenden Stahl. Ab dem Alter von 40 sahen sie aus wie 60. Das war keine Beschreibung von Zola, sondern die tägliche Realität in mei-

---

19 „Les jeunes sont mal partis", Le Monde, 3. Januar 2011.
20 COR: Le point sur la situation de l'emploi des seniors en Europe: analyse comparative des vingt-huit États membres de l'Union européenne, Paris, März 2016, S. 13.
21 Les Echos: „Les ruptures conventionnelles battent des records", 26. Juli 2016.

ner Region."[22] Damit blickte der sozialistische Politiker freilich auf einen Teil der Bevölkerung, der in den achtziger Jahren nicht mehr repräsentativ war. Der Arbeitsalltag der meisten Franzosen war damals schon lange nicht mehr so schwer wie es Mauroy beschrieb. Bergbau und Stahlindustrie befanden sich längst auf dem Rückzug, während sich die Dienstleistungswirtschaft rasch ausbreitete.

Dennoch erfüllte Mitterrand sein Wahlversprechen des frühen Rentenalters — und hinterließ damit der nachfolgenden Generation ein schweres Erbe. Seither haben die Politiker immer mal wieder Reformen durchgeboxt, die eine Zeitlang Entspannung brachten. Unter dem Sozialminister François Fillon beschloss die Regierung 2003, die für eine Vollrente nötigen Beitragsjahre schrittweise anzuheben. Im Jahr 2010 erhöhte Nicolas Sarkozy die Altersgrenze von 60 auf 62 Jahre. Das waren politische Kraftakte, doch sie blieben Stückwerk. So treten die Regierungen alle paar Jahre mit der Hiobsbotschaft vor das Volk: Die letzte Reform hat leider schon wieder nicht gereicht.

Der Luxus des frühen Rentenalters wird durch die lange Lebenserwartung der Franzosen verstärkt. Ist es der Rotwein, wie manche spekulieren, die leichte, fettarme Küche, das Gesundheitswesen, die 35-Stunden-Woche oder allgemein das entspannte Savoir-vivre? Auf jeden Fall leben die Franzosen überdurchschnittlich lange. Zwischen 1950 und 2010 stieg die Lebenserwartung der 60-Jährigen von sechs auf 21 Jahre (18 Jahre für die Männer, 25 Jahre für die Frauen). Die durchschnittliche Lebenserwartung von 81,7 Jahren bei heutiger Geburt wird in der OECD nur von Japan und Spanien übertroffen. Und die Entwicklung geht weiter. Im Jahr 2060 wird eine durchschnittliche Französin im Alter von 65 Jahren damit rechnen können, noch fast 29 Jahre zu leben.[23] Der Rentenbeginn, den man früher als Lebensabend bezeichnete, wird zum Vorabend oder sogar zum Nachmittag des Lebens.

Verschlingt die Vergangenheit die Zukunft?

Wir halten fest: Frankreich leistet sich durch ein frühes Pensionsalter viele Rentner. 23 Prozent oder fast ein Viertel der Bevölkerung sind in Pension. Mit den Jahren hat Frankreich einen massiven Einkommenstransfer organisiert. Der Soziologe Louis Chauvel liefert die Belege. Danach haben sich

---

22 Pierre Mauroy: Memoires, Paris, 2013.
23 OECD: Pensions at a Glance, Paris 2015.

die verfügbaren Einkommen der 35 bis 39-Jährigen zwischen 1979 und 2005 gegenüber dem nationalen Durchschnitt um 12 Prozent verringert. Im gleichen Zeitraum stieg der Vergleichswert in der Altersklasse der 55 bis 59-Jährigen um 11 Prozent. Die Jungen haben massiv verloren. Das liegt nicht nur am staatlichen Rentensystem, sondern auch an einer allgemeinen Entwicklung: Die Einkommen aus Kapital wuchsen in den vergangenen Jahrzehnten stärker als die Einkommen aus Arbeit. Der französische Ökonom Thomas Piketty hat den Trend in seiner Bestseller „Das Kapital im 21. Jahrhundert" ausführlich beschrieben.[24] Darin stellt er ein allgemeines Gesetz auf, wonach die Rendite aus Vermögen tendenziell größer ist als das Wirtschaftswachstum. Dies führe im Kapitalismus quasi durch einen eingebauten Automatismus zu wachsender Ungleichheit. Unternehmer würden aufhören zu produzieren, weil sie besser von der Rendite ihres Vermögens leben und so jene dominieren, die am Markt nur ihre Arbeitskraft anbieten können, lautet seine düstere Voraussage. Unsere Wirtschaftsordnung und Demokratie seien potentiell in ihre Existenz bedroht, „die Vergangenheit verschlingt die Zukunft".

Die Fachwelt hat seine These stark angezweifelt. Piketty räumte später selbst ein, dass die wachsende Ungleichheit in den Vereinigten Staaten erheblich von den Supergehältern der Topmanager, also von Arbeitseinkommen, verstärkt werde. Es zeigte sich auch, dass die Klasse der größten Vermögenden in Amerika zwar viel Reichtum auf sich vereint, sich aber immer wieder neu zusammensetzt. Die von Piketty unterstellte Zementierung durch Kapitalvererbung ist also weniger ausgeprägt als angenommen. Schließlich zogen Ökonomen des Internationalen Währungsfonds auch Pikettys These von der wachsenden Ungleichheit empirisch in Frage. Sie fanden in drei Viertel von 19 untersuchten Volkswirtschaften dafür keine Grundlage.[25]

Dennoch kommt Piketty das Verdienst zu, in akribischer Arbeit aufschlussreiche Datenreihen über lange Zeiträume zusammengestellt zu haben. In Frankreich wie in anderen europäischen Ländern ist danach die Ungleichheit in der Vermögensverteilung mit dem Ersten und dem Zweiten Weltkrieg stark zurückgegangen. Erst mit den neunziger Jahren des 20. Jahrhundert stellt sich in Frankreich wieder eine leicht wachsende Ungleichheit ein.[26] Davor lässt sich die Ungleichheit vor allem im 19. Jahr-

24 Thomas Piketty: Le Capital au XXI. siècle, Paris 2013 (dt.: Das Kapital im 21. Jahrhundert, 8. Aufl. 2016).
25 IMF Working Paper: „Testing Piketty's Hypothesis on the Driver of Income Inequality", Carlos Góes, August 2016.
26 Piketty, S. 543 f.

hundert bis zur Belle Epoque vor dem Ersten Weltkrieg feststellen — was „in gewisser Weise ein Scheitern der Französischen Revolution darstellt", wie Piketty meint. Die vom Gleichheitsgedanken inspirierten Revolutionäre führten zwar die universelle Besteuerung ein, doch mit Sätzen von 1 bis 2 Prozent der vererbten Vermögen war sie zu niedrig. Erfolgreicher habe Frankreich nach dem Zweiten Weltkrieg umverteilt — mit Erbschaftssteuersätzen von 30 bis 40 Prozent; auch die deutschen Sätze von 15 bis 20 Prozent hätten nicht ausgereicht, wie die stärkere Vermögensungleichheit in Deutschland zeige, so der französische Ökonom. Piketty plädiert daher für eine internationale progressive Vermögenssteuer. Das ist freilich ein Wunschtraum. Alleine wenn man sich anschaut, wie stark die Meinungen zu einer Vermögenssteuer schon in Europa auseinanderklaffen, erkennt man den mangelnden Realismus.

Pikettys Hinweise auf die ungleiche Vermögensverteilung haben ihre Relevanz indes auch in der Betrachtung zwischen den Generationen. Er lässt diesen Aspekt in seinem Werk zwar unbeleuchtet, doch sein Datenmaterial führt zu einer überraschenden Erkenntnis: In seinem Heimatland verstärkt das Rentensystem die Ungleichheit zwischen den Generationen. Dieses nimmt von den Jungen ohne Vermögen und es gibt den Alten mit ihren hohen Vermögen. Die in Frankreich erhobene Vermögenssteuer beschneidet zwar die Reichen ein wenig, doch sie hebt diesen Transfer nicht auf.

Dass die Politiker die Rentner mit Samthandschuhen anfassen, hat einen einleuchtenden Grund: Sie sind eine wichtige Wählergruppe. Im entscheidenden zweiten Wahlgang der Präsidentschaftswahl 2012 gingen mehr als 87 Prozent der Über-60-Jährigen zur Urne — 7 Prozentpunkte mehr als im landesweiten Durchschnitt. Bei den Kommunalwahlen waren es 76 Prozent (gegenüber dem landesweiten Schnitt von 61 Prozent), bei den Europawahlen 60 Prozent (gegenüber 43 Prozent).[27] Insofern verwundert es nicht, dass sämtliche Rentenreformen darauf abzielen, das Los der arbeitenden Bevölkerung zu erschweren: Entweder erhöht man für die Jüngeren die Beiträge oder man lässt sie länger arbeiten. Alles andere gilt als politischer Selbstmordversuch — mit hohen Erfolgschancen.

Der französische Sozialstaat, eine späte Geburt

Wie wir gesehen haben, sind die französischen Rentenausgaben in den vergangenen Jahren kräftig gewachsen. Zusammen mit der Krankenver-

27 „La politique française est verrouillée par le vote des seniors", Slate, 21. März 2016.

sicherung stellen sie die größten Blöcke des Sozialstaats und damit der gesamten Staatsausgaben dar. Beides ist bis zu einem gewissen Grad unvermeidlich und sogar wünschenswert. Die Menschen werden immer älter, und ihre Krankheiten können besser behandelt werden. Das ist Anlass zu großer Freude. Der Schutz von Alten und Kranken ist ein Solidaritätsbeweis, der jede Gesellschaft auszeichnet. Doch leider verbinden sich damit auch unangenehme Fragen der Finanzierung und damit der Nachhaltigkeit des ganzen Systems. Wenn das Rad überdreht wird, kann eines Tages der ganze Wagen verunglücken. Überhöhte Staatsausgaben zwingen die Regierungen dazu, die Einkünfte ihrer Bürger zu plündern und sich obendrein zu verschulden. Damit schmälern sie die Entfaltungsmöglichkeiten der Menschen und ihre Lust auf Eigeninitiative. Am Ende können dem Staat die Steuerquellen ganz wegbrechen.

Frankreich ist stolz auf seinen Sozialstaat. „Die staatliche Sozialversicherung ist Teil der Identität von Frankreich und des Erbes der Franzosen. Sie hat ihren Platz in unserer Geschichte wie in unserem Alltag. Sie bringt unser nationales Genie zum Ausdruck", sagte Präsident Jacques Chirac 1995 beim fünfzigjährigen Jubiläum der Sozialversicherung. Schon in dem langen Zeitraum zwischen 1881 und 2009 lagen die französischen Sozialausgaben laut Daten der OECD und des IWF durchschnittlich um ein Drittel über den entsprechenden Ausgaben der G7-Länder.[28] Und doch war es ein langer Weg dahin. Früher war Frankreich alles andere als ein Sozialstaat, sondern eher das Gegenteil. An den Ursprüngen der gemeinschaftlichen Fürsorge des Ancien Régime treffen wir den alten Jean-Baptiste Colbert, den allmächtigen Minister des Sonnenkönigs Ludwig XIV.: „Jeder Arme hat ein Recht auf Hilfe der Gesellschaft", schrieb er und gründete 1673 eine Sozialkasse für invalide Seefahrer, die es heute noch gibt. Ansonsten kümmerte sich aber fast nur die Kirche um Arme und Schwache; daneben gab es teilweise privat finanzierte Krankenhäuser und Hospize. Die Bettler wurden in Verwahranstalten gesteckt, den Dépôts de mendicités, denn Betteln war verboten.

Die Revolutionäre von 1789 rissen alle Mauern der althergebrachten Ordnung nieder. Man zeigte viel Mitleid mit den Armen und kritisierte den harten Umgang der Monarchie mit ihnen, doch ein besseres Versorgungssystem, ja überhaupt ein System bauten die Revolutionäre nicht auf. Dagegen griff ein ausgeprägter Individualismus um sich. 1793 kamen Vorschläge für eine Art Sozialversicherung auf den Tisch, aber wegen

---

28 Jean-Marc Daniel: 8 leçons d'histoire économique. Croissance, crise financière, réforme fiscale, dépenses publiques, Paris 2012, S. 82.

Finanzknappheit wurde nichts daraus. 1796 erhielten die Krankenhäuser, Hospize und Wohlfahrtseinrichtungen mehr oder weniger ihre alte, vorrevolutionäre Rolle zurück. „Keines der großen Prinzipien, die zwischen 1789 und 1793 ausgerufen wurden, wie die Gleichhandlung der Armen, gleichberechtigter Zugang zu den Leistungen, gerechte Verteilung der sozialen Einrichtungen über das Land und die Finanzierung über öffentliche Mittel, war realisiert worden", stellte der Historiker Pierre Rosanvallon in seinem Standardwerk über die Entwicklung des französischen Staatswesens fest.[29]

Für die Arbeitslosen waren Ateliers für gemeinnützige Arbeiten eingerichtet worden, doch man fand nicht immer nützliche Tätigkeiten für sie. Die Revolutionäre äußerten Bedenken: „Die Ateliers, auch wenn sie nützlich sind, haben die unheilvolle Wirkung, die Arbeiter in dem gefährlichen Glauben zu halten, dass die Regierung ihnen die Sorge um die Suche einer Arbeit abnehme", schrieb der Graf von Liancourt, François de La Rochefoucauld, der einstige Garderobenmeister von König Ludwig XVI., der sich stark in Armutsfragen engagiert hatte. Heute klingen die Argumente über den Sinn von Arbeitsbeschaffungsmaßnahmen nicht anders, nur werden die Verhältnisse mit weniger scharfen Worten beschrieben. Das Komitee für den Bettelstand notierte damals in einem Bericht: „Der Mensch, der das Metier des Bettlers ausübt, scheint der Gesellschaft zu sagen: ‚Ich möchte als Müßiggänger leben, gebt mir einen Teil Eures Eigentums, arbeitet für mich!'". Rochefoucauld-Liancourt schrieb über die „Nichtstuer und Vagabunden": „Wenn dieser das Recht hat, der Gesellschaft zu sagen: ‚Sorgt dafür, dass ich leben kann', dann hat die Gesellschaft das Recht zu antworten: ‚Gib' mir Deine Arbeit'".1791 beschlossen die Revolutionäre, die Arbeitsateliers abzuschaffen.

So blieb das französische Sozialwesen ein weitmaschiges Netz. Selbst das Konzept der langsam aufkommenden Versicherungen war anfangs verschmäht, weil man befürchtete, dass sie zur Verantwortungslosigkeit erziehen. Eine obligatorische Sozialversicherung, wie sie Bismarck in Deutschland von 1883 an einführte, lehnte Frankreich ab. Man setzte lieber auf Genossenschaften mit freiwilligem Beitritt, bei der die Zahl der Mitglieder überschaubar blieb. Auch England entschied sich für Sozialgesetze. Die Franzosen dagegen brauchten viel länger. „In diesem Bereich wie in anderen pendelte Frankreich zwischen großen Ideen und der Realität kleiner Arrangements", urteilt der Historiker Rosanvallon.

29 Rosanvallon, S. 149.

Erst 1898 wurde nach zwanzig Jahren Debatte die erste obligatorische Versicherung für Arbeitsunfälle eingeführt. 1905 kam die Pflicht zur Versorgung alter, kranker und unheilbarer Menschen hinzu. Eine obligatorische Rentenversicherung für Arbeiter und Bauern wiesen die Abgeordneten jedoch 1901 und 1905 als „deutschen" Weg zurück. Erst 1910 stimmte das Parlament einer staatlichen Rentenversicherung auf kleinstem Niveau zu. Arbeitnehmer und Arbeitgeber zahlten jeweils 9 Francs im Jahr ein, damit ab dem 65. Lebensjahr eine Rente bereitstand. Die Gewerkschaft CGT protestierte, denn nur 5 Prozent der Arbeiter wurden überhaupt 65 Jahre alt. Außerdem lehnte die Gewerkschaft den Zwang sowie die Beitragszahlungen durch die Arbeiter ab. Der angesehene Ökonom Paul Leroy-Beaulieu schrieb gegen die Zwangsmitgliedschaft in der Sozialversicherung an: Sie bewirke, „dass sich das Individuum weder um sich noch um seine Familien kümmern muss (...) Wir halten dieses Projekt für verabscheuenswürdig, weil es die Mitglieder zivilisierter Nationen in ewige Kinder oder in benommene und schläfrige Wesen verwandelt".[30] Emile Cheysson, ein früherer Direktor der Hüttenwerke von Schneider in Creusot, sagte: „Der germanischen Rasse die autoritäre Lösung, die auf dem Staatssozialismus beruht – der lateinischen Rasse die liberale Lösung, die auf das Teilen und die Freiheit setzt."[31] Manche französischen Kritiker meinten sogar, Deutschland habe den Ersten Weltkrieg verloren, weil sich der Nachbar durch die obligatorische Sozialversicherung selbst schwächte. Nationale Ressentiments grassierten auf beiden Seiten des Rheins. Was vom anderen Ufer kam, konnte nur Teufelswerk sein. Deutschland schwieg nicht. Die angebliche Freiheit in Frankreich „ist die Freiheit des armen Mannes, an Hunger zu sterben", meinte damals ein deutscher Sozialexperte.[32]

Die Einsicht, dass ein umfassenderes Sozialsystem unverzichtbar sei, machte sich in Frankreich dennoch breit, wenn auch langsam. Der Einschnitt des Ersten Weltkrieges mit Millionen von Kriegsversehrten und Witwen war dafür ein Auslöser. Nach langwierigen Debatten beschloss man 1928 und 1930 die Einführung einer obligatorischen Sozialversicherung für die Beschäftigten der Industrie und des Handels.[33] Bald darauf kam das erste Kindergeld. Das Trauma einer schwachen Geburtenrate sollte überwunden werden. Schon damals aber weigerte der Staat sich, das Kindergeld zu bezahlen, sondern zwang dazu die Arbeitgeber. Die

30 L'Economiste français, Mai 1901.
31 Rainer Gregarek: Le face-à-face de la République française et de l'Empire allemand dans les politiques sociales, in: Revue germanique internationale, No. 4, 1995, S. 109.
32 Ebd., S. 112.
33 Rosanvallon, S. 181.

Unternehmen protestierten erfolglos. Bis heute finanzieren die Beiträge der Arbeitgeber das französische Kindergeld.

Das von Präsident Chirac beschworene „französische Genie" bezieht sich also auf die Nachkriegszeit. In allen Industriestaaten breiteten sich damals die Wohlfahrtssysteme aus, doch in Frankreich wuchsen sie auf besonders fruchtbarem Boden. Der Nachholbedarf wurde ausgiebig gestillt. Nicht nur die Kommunisten und die Gewerkschaften, auch de Gaulle trug die Idee des sozialen Ausgleichs in seinem Herzen. So wurde die Sozialversicherung nach dem Zweiten Weltkrieg zum Symbol eines solidarischen Neuanfangs durch eine große Koalition von links bis rechts. Alle späteren Präsidenten setzten diese Tradition fort. Wahlsiege wären anders unmöglich gewesen, denn bis heute ist die französische Sozialversicherung äußerst populär. Fast zwei Drittel der Franzosen sind nach einer Umfrage zum siebzigsten Jubiläum im Jahr 2015 der Ansicht, dass sie „gut funktioniere", vor allem in Bezug auf ihre Leistungen. Nur 23 Prozent glauben allerdings, dass sie „hinsichtlich eines finanziellen Gleichgewichts gut funktioniere".[34]

Jedem seine eigene Kasse

Die nach dem Zweiten Weltkrieg entstandene staatliche Sozialversicherung Frankreichs ist ein Zwitter aus zwei Modellen: der Bismarckschen Sozialversicherung und dem System des britischen Reformers William Beveridge, der auf Steuerfinanzierung und staatliche Gesundheitsanbieter setzte. In der Frage der Finanzierung bevorzugten die Franzosen eindeutig Bismarck. Die Wahl fiel auf ein Umlagesystem, bei dem die arbeitende Bevölkerung die Rentner mit ihren Beiträgen alimentiert. Das Kapitaldeckungsverfahren im angelsächsischen Stil, bei dem jeder für sich eine Altersversorgung anspart, wurde schnell verworfen. Politisch wären die einflussreichen Kommunisten damit nie einverstanden gewesen, und wirtschaftlich fehlte die Basis. Denn die wiederholten Währungsabwertungen hatten die Ersparnisse der Franzosen empfindlich geschrumpft. Darauf ließ sich keine Kapitaldeckung aufbauen.

Die 1945 gegründete Sozialversicherung war allerdings weniger eine Neuerfindung, als ihre Urheber verkündeten. Etliche Elemente der dreißiger und frühen vierziger Jahre überlebten. Viele brancheneigene Rentenkassen bestanden weiter, etwa der Arbeiter bei der Bahn, bei den Gas- und Elektrizitätsunternehmen sowie im Bergbau, der Schifffahrt, der Land-

34 Ifop: Les Français et les 70 ans de la Sécurité sociale, September 2015.

wirtschaft und beim Militär. Mehr als 100 Spezialkassen existierten neben der großen Sozialversicherung und boten früheren Renteneintritt sowie höhere Bezüge. Auch die Beamten bekamen ihr eigenes Regime, bald darauf zudem die Angestellten ihre eigene Zusatzversicherung.[35]

Diese Zersplitterung hat sich seither verringert, doch sie ist bei weitem nicht verschwunden. Die Parlamentarier der Nationalversammlung und des Senats, die Mitarbeiter der Banque de France, der Notarkanzleien sowie die Geistlichen haben beispielsweise ihre eigenen staatlichen Krankenkassen. Auch die Beschäftigten der Industrie- und Handelskammern sowie der Häfen von Bordeaux und Straßburg genießen ihre eigenen Sozialversicherungen. Das gleiche gilt für die Mitarbeiter der Comédie Française und der Oper von Paris. „Dieser Ameisenhaufen ist nur sehr schwer zu reformieren", stellt Agnès Verdier-Molinié fest, die als Direktorin der Beratungsgesellschaft Ifrap eine Spezialistin des öffentlichen Dienstes und seiner Verschwendungssucht ist.[36] Eigene Kasse, heißt eigene Vergünstigung: Bei den Beamten berechnen sich die Renten beispielsweise nach dem Verdienst der letzten sechs Monate vor dem Renteneintritt. Im allgemeinen staatlichen Rentensystem wird dagegen der niedrigere Durchschnittsverdienst der vergangenen 25 Jahre zugrunde gelegt.

Gegen die Spezialkassen wäre nichts einzuwenden, wenn sie autark wären. Doch sie müssen vom Steuerzahler alimentiert werden, weil sie mehr ausgeben als sie einnehmen. Das liegt nicht nur an ihren großzügigen Leistungen, sondern vor allem daran, dass die Zahl der Rentner jene der Einzahler seit langem übersteigt. Mit jedem Tag wird die Schere größer. Der Staat muss beispielsweise die Rentenkasse der SNCF-Bahnbeschäftigten jährlich mit mindestens 3,3 Milliarden Euro bezuschussen, denn die Beiträge der Mitglieder decken nur ein gutes Drittel ihrer Kosten.[37] Und für die Renten in der Energiewirtschaft zahlt der Kunde mit. Auf jeder Strom- und Gasrechnung findet sich die „Contribution tarifaire d'acheminement". Völlig irreführend heißt das „Tarifbeitrag für die Beförderung oder Verkehrsleitung". Weder Gas noch Strom wird damit befördert, stattdessen fördern die Kunden damit die großzügigen Pensionen der Elektrizitätsunternehmen.

Die Politiker haben sich immer wieder die Zähne an den Spezialkassen ausgebissen. Alain Juppé erlitt als Premierminister 1995 eine schwere Nie-

35 Eric Verhaeghe: Ne t'aide pas et l'Etat d'aidera, Paris, S. 2016.
36 Agnès Verdier-Moliniè: 60 Milliards d'économies — oui, mais tous les ans, Paris, 2013, S. 101.
37 COR, rapport annuel: Evolution et perspectives des retraites en France, Juni 2016, S. 99.

derlage, als er versuchte, sie abzuschaffen. Präsident Jacques Chirac zwang ihn, nicht Rückgrat zu beweisen, so wie es Juppé wollte („je reste droit dans mes bottes"), sondern Nachgiebigkeit. Präsident Sarkozy erreichte gewisse Fortschritte, doch sie führten nicht sehr weit. Noch heute gehen die Bahnmitarbeiter durchschnittlich mit rund 57 Jahren in Rente, während es im allgemeinen System 62,5 Jahre sind. Bei den Beschäftigten der Strom- und Gasunternehmen ist die Lage ähnlich.[38] Die Ungleichgewichte sorgen für erhebliche Spannungen unter den Franzosen. „Ein Bauarbeiter, der bis 62 arbeitet, zahlt für einen leitenden SNCF-Angestellten, der mit 55 Jahren in die Rente darf", schimpft die Bürgerinitiative „Sauvegarde Retraites", die mit 131.000 Mitgliedern für mehr Gerechtigkeit kämpft.[39]

Besonders krass ist die Schieflage bei den Beschäftigten der Kulturbetriebe, den sogenannten „Intermittents du spectacle". Dazu gehören Bühnenarbeiter, Kameraleute, Beleuchtungstechniker, Klangingenieure, Schauspieler sowie auch manche TV-Moderatoren, die bekanntlich nicht schlecht verdienen. Für sie besteht seit 1936 ein Arbeitslosensystem, das tiefrote Zahlen schreibt. Weil Künstler und ihre Mitarbeiter selten lang anhaltende Beschäftigungsverhältnisse genießen, brauchen sie ein Sozialsystem zur Überbrückung ihrer Zeiten ohne Engagement. Dieses vernünftige Grundprinzip hat sich freilich zu einer riesigen Umverteilungsmaschine entwickelt, die zu überhitzen droht. So müssen heute die 256.000 Mitglieder dieser Künstlersozialkasse innerhalb von zehn Monaten nur 3,4 Monate arbeiten, um für den Rest der Zeit Arbeitslosenunterstützung zu erhalten. Für jeden eingezahlten Euro bekommen sie im Durchschnitt 4,1 Euro zurück — ein gutes Geschäft. Kein Wunder, dass die Künstlersozialkasse jedes Jahr rund 1 Milliarde Euro Verlust verursacht. Das ist ein Viertel des gesamten Fehlbetrags in der französischen Arbeitslosenversicherung. Das Ungleichgewicht ist immens: In dem System mit seinen 16 Millionen Beschäftigten geht ein Großteil der Verluste auf eine Gruppe zurück, die nur 1,6 Prozent der Mitglieder stellt. Die Solidarität mit den Kulturschaffenden scheint kaum Grenzen zu kennen. Oder ist es die Ohnmacht vor dem Status quo?

Die Mitarbeiter der Kulturbetriebe verteidigen ihre Wohltaten jedenfalls mit Zähnen und Klauen, bis hin zu offener Gewalt. Da fesseln militante Gewerkschafter schon mal vermeintliche Sündenböcke auf der Bühne, Theateraufführungen oder Musikfestivals fallen aus, weil die Kulturschaf-

38 Les Echos, 18.05.2016, http://www.lesechos.fr/18/05/2016/lesechos.fr/021943127747_retraites---ce-que-la-reforme-des-regimes-speciaux-a-change.htm.
39 http://www.sauvegarde-retraites.org/qui-est-sauvegarde-retraite.php.

fenden die Säle besetzen. Die Regierung hält sich in diesen Konflikten meistens zurück. Die Künstlersozialkasse ist ein Instrument ihrer Kulturpolitik, und diese ist in Frankreich bekanntlich heilig. Dass auch die Fernsehsender, deren Programme nicht immer sehr kulturhaltig sind, kräftig von der Subventionierung der Beschäftigten profitieren, nimmt man in Kauf. Warum die Kultur aber nicht gleichmäßig von allen finanziert wird, sondern nur von den abhängig Beschäftigten und den Unternehmen, bleibt ein Geheimnis der französischen Politik. Es hat weniger mit der Liebe zur Kultur zu tun als mit der Verteidigung von Besitzständen. Darauf haben sich nicht wenige Franzosen erfolgreich spezialisiert. Die übrigen Bürger lassen resigniert die Schultern hängen und schauen zu.

Steuerschröpfung trotz Schulden

Der französische Staat ist eine kostspielige Angelegenheit, wie wir gesehen haben. Die Sozialausgaben und der umfangreiche öffentliche Dienst gehen ins Geld. Wie aber finanziert sich die öffentliche Hand, woher bekommt sie die Mittel, die sie auf der anderen Seite wieder ausgibt? Wie in den meisten Ländern sind Steuern und Sozialabgaben die wichtigste Einnahmequelle des französischen Staates, und dabei — man ahnt es schon — fasst der Fiskus seine Bürger nicht mit Samthandschuhen an. Im Gegenteil, die Quote aus Steuern und Abgaben hat über die Jahre stetig zugenommen und einen internationalen Spitzenwert erreicht. In der ersten Hälfte der siebziger Jahre lag der Anteil der Steuern und Sozialabgaben in Frankreich noch bei durchschnittlich 33,5 Prozent des BIP. Bis zum Jahr 2012, als Präsident Hollande antrat, war diese Last auf 43,8 Prozent gestiegen und kletterte in den darauffolgenden drei Jahren sogar auf 44,7 Prozent. 2016 ging sie nur leicht zurück. Mit dieser Steuerquote wird Frankreich in der OECD nur noch von Dänemark übertroffen und liegt um mehr als 10 Prozentpunkte über dem OECD-Durchschnitt sowie um 9 Prozentpunkte über Deutschland.[40]

Weltweite Aufmerksamkeit hat in diesem Zusammenhang 2012 die französische Reichensteuer in Höhe von 75 Prozent der Einkommen ab einer Million Euro erfahren. Sie markierte einen besonderen französischen Irrweg. Hollandes damaliger Berater Emmanuel Macron fühlte sich nach ihrer Ankündigung „in Kuba, nur ohne Sonne", wie seine Mitarbeiter berichteten. Kein anderes industrialisiertes Land hat eine derart hohe Ein-

---

40 Die OECD nennt für Frankreich eine Steuer-und Abgabenquote von 45,5 Prozent im Jahr 2015. http://www.oecd.org/berlin/publikationen/revenue-statistics-2016.htm.

kommenssteuer eingeführt. Die Episode zeigt eine von Frankreich gelegentlich an den Tag gelegte Lust auf den ideologischen Alleingang, die geradezu in Trotz ausarten kann. „Niemand macht es so wie wir – umso besser! Und wenn uns die ganze Welt kritisiert, legen wir noch eins drauf", so könnte man diese Haltung beschreiben, für die man die Franzosen fast schon bewundern muss.

Doch in Wirklichkeit bezahlen die Bürger für solche Auswüchse einen hohen Preis. Hollande hatte sich mit seiner Idee einer 75-Prozent-Steuer sichtbar verrannt. Im Wahlkampf waren die Wogen hochgeschlagen, er stand unter dem Druck des nimmermüden Amtsinhabers Nicolas Sarkozy. Es war der 27. Februar 2012. Hollande spürte, dass sein im Wahlkampf eingeschlagener Linkskurs bei den Sympathisanten ankam. Jetzt wollte er den „Reichen" an den Kragen. 2007 hatte Hollande schon mal erklärt, dass er alle Menschen mit einem Verdienst von mehr als 4000 Euro für „reich" halte. Jetzt handelte er und kündigte in einer Fernsehsendung den neuen Spitzensteuersatz ab einer Million Euro an. „Es ist nicht möglich, solch ein hohes Einkommen zu haben" – das wäre „unanständig", fügte er hinzu. Punkt. Mehr nicht. Als Erklärung sollte dies reichen. Jeder verstand, es war eine Geste an das linke Wählervolk – doch welch eine Geste!

Wofür Frankreich steht: 75 und 35

Die Reaktion im Ausland ließ nicht auf sich warten. Der Standort Frankreich sei jetzt nur für zwei Zahlen bekannt – 35 für die 35-Stunden-Woche sowie 75 für die Reichensteuer – spotteten ausländische Investoren.[41] Die französischen Fußballklubs gingen auf die Barrikaden, weil sie die Flucht ihrer Spielerstars befürchteten. Der britische Premierminister David Cameron „rollte den roten Teppich aus" für alle umzugswilligen Unternehmen aus Frankreich. Ende 2012 erklärte der französische Verfassungsrat die Steuer zudem für verfassungswidrig – doch nicht etwa weil ihr hoher Satz einer Enteignung gleichkomme, sondern weil Singles und Haushalte nach dem Plan der Regierung ungleich behandelt wurden. So legte das Finanzministerium ein neues Projekt vor, das die Unternehmen die Steuer für ihre glänzend verdienenden Angestellten abführen ließ, doch nur in Höhe von 50 Prozent. Mit den schon bestehenden Sozialabgaben von rund 25 Prozent, entstand dann gesichtswahrend der Eindruck einer 75-Prozent-Steuer. Nach Angaben der Regierung haben durch die Steuer 470 Unter-

---

41 Valls Points to End of 75% Tax to Rebuff View France Is Finished, Bloomberg, 6. Oktober 2014.

nehmen in zwei Jahren insgesamt 420 Millionen Euro zusätzlich in die Staatskasse eingezahlt. Alleine die entstandenen Kosten für das Eintreiben der Steuer, ganz zu schweigen vom Rufschaden für Frankreich, haben die Netto-Einnahmen spürbar geschmälert, wenn nicht überstiegen. Zum Vergleich: Die gesamte Einkommenssteuer brachte 2014 75 Milliarden Euro ein.[42] Auf Auslandsreise in London kündigte Premierminister Manuel Valls im Oktober 2014 an, die Steuer zwei Jahre nach ihrer Einführung wieder abzuschaffen. Es war eine Lehrstunde in einer französischen Spezialität: Wie man sich mit purer Ideologie selbst ein Bein stellt.

Doch eigentlich ist Frankreich weniger ein Hochsteuerland, sondern mehr ein Land der überhöhten Sozialabgaben. Wer mit Kindern in Frankreich gelebt hat und dann nach Deutschland zieht, kann ein Lied davon singen. Die Einkommenssteuer schlägt in Deutschland viel härter zu, denn die Franzosen gewähren den Familien viele Vergünstigungen. Bei den Sozialabgaben dagegen kennt Frankreich kaum Grenzen, auch im buchstäblichen Sinne. Denn so genannte Bemessungsgrenzen, mit denen die Sozialabgaben auf einer vernünftigen Höhe gehalten werden, gibt es in Frankreich meist nicht. Dabei müssen vor allem die Arbeitgeber tief in die Tasche greifen, weil ihnen ein höherer Anteil als ihren Beschäftigten abgenommen wird. Bei der staatlichen französischen Krankenversicherung zahlt der Arbeitgeber beispielsweise auf das volle Gehalt jedes Mitarbeiters 12,8 Prozent an Abgaben. Der Arbeitnehmer leistet nur 0,75 Prozent. Zum Vergleich: In Deutschland galt 2016 eine Bemessungsgrenze von 4.237 Euro. Nur bis zu diesem Limit zahlen die Unternehmen sowie die Beschäftigen hälftig jeweils 7,3 Prozent in die gesetzliche Krankenkasse ein. Bei der Arbeitslosenversicherung hat der französische Gesetzgeber eine Bemessungsgrenze eingezogen, doch sie liegt bei fast 12.900 Euro. Bis zu dieser Summe leisten die Arbeitgeber fast doppelt so hohe Beiträge wie die Arbeitnehmer.

Wechselnde Regierungen haben die Wirtschaft in den vergangenen Jahren als Selbstbedienungsladen missbraucht. Sie gingen damit den Weg des geringsten Widerstandes. Wenn eine neue Ausgabe zu finanzieren war, hat man sie einfach den Unternehmen aufgebrummt. Nirgendwo in Europa zahlt etwa ein mittelständischer Betrieb mehr Steuern und Abgaben als in Frankreich. Für 2016 haben die Wirtschaftsprüfer von Price Waterhouse Coopers im Auftrag der Weltbank eine Belastungsquote von durchschnittlich 62,8 Prozent der Bruttogewinne ermittelt. Die Abgaben auf die Löhne

---

42 http://www.lesechos.fr/03/01/2015/lesechos.fr/0204052314589_chronologie-de-la-taxe-a-75---sur-les-tres-hauts-revenus--avant-disparition.htm.

und Gehälter entsprechen mehr als der Hälfte der Bruttogewinne, auch das ist ein Rekord unter 34 geprüften Steuersystemen.[43]

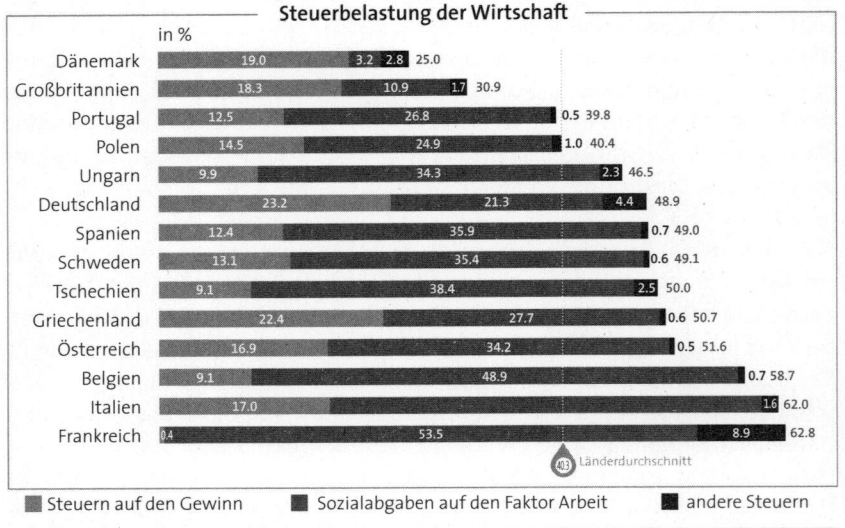

Steuerbelastung der Wirtschaft

in %

Land	Steuern auf den Gewinn	Sozialabgaben auf den Faktor Arbeit	andere Steuern	Gesamt
Dänemark	19.0	3.2	2.8	25.0
Großbritannien	18.3	10.9	1.7	30.9
Portugal	12.5	26.8	0.5	39.8
Polen	14.5	24.9	1.0	40.4
Ungarn	9.9	34.3	2.3	46.5
Deutschland	23.2	21.3	4.4	48.9
Spanien	12.4	35.9	0.7	49.0
Schweden	13.1	35.4	0.6	49.1
Tschechien	9.1	38.4	2.5	50.0
Griechenland	22.4	27.7	0.6	50.7
Österreich	16.9	34.2	0.5	51.6
Belgien	9.1	48.9	0.7	58.7
Italien	17.0		1.6	62.0
Frankreich	0.4	53.5	8.9	62.8

40.3 Länderdurchschnitt

◼ Steuern auf den Gewinn   ◼ Sozialabgaben auf den Faktor Arbeit   ◼ andere Steuern

Steuerbelastung der Wirtschaft[44]

Blick auf die Gehaltsabrechnung

Eine französische Gehaltsabrechnung ist ein stummes Zeugnis dieses ständigen Schröpfens. Nicht weniger als 40 Zeilen verschiedener Beitragsleistungen enthält ein gewöhnlicher Gehaltszettel. Selbst viele der 18 Millionen französischen Beschäftigten blicken nicht mehr durch. Wieviel wird mir hier abgezogen und warum eigentlich? Für diese Fragen liefert die französische Presse immer wieder Ratgeber-Artikel, die meistens am Ende dem Leser empfehlen, die Personalabteilung seines Arbeitgebers aufzusuchen. Neben den klassischen Linien für die Abgaben an die großen gesetzlichen Sozialversicherungskassen wie Krankheit, Rente, Unfall und Arbeitslosigkeit findet sich vieles mehr, was reichlich exotisch wirkt: Da müssen die Unternehmen beispielsweise für jeden Beschäftigten einen Beitrag zur Finanzierung des öffentlichen Nahverkehrs bezahlen. Eine andere Abgabe wird für den sozialen Wohnungsbau abgezogen. Für Lehre und Fortbildung gibt es drei verschiedene Beiträge an den Staat. Dabei tönt

43 EU-plus EFTA-Länder. PWC: Paying Taxes 2017, S. 115. www.pwc.com/payingtaxes.
44 Steuerbelastung der Bruttogewinne einer „typischen" mittelständischen GmbH aus der Industrie oder dem Handel mit fünf individuellen Eigentümern. Quelle: PriceWaterhouseCoopers.

die Regierung unentwegt, dass sie die Ausbildung in den Betrieben fördern will. Immerhin sinken die Abgaben, wenn ein Unternehmen im eigenen Haus ausbildet.

Auf dem französischen Gehaltszettel befindet sich zudem die so genannte CRDS (für „contribution pour le remboursement de la dette sociale"). Dieses harmlos wirkende Buchstabenkürzel geht auf den ehemaligen bürgerlich-konservativen Premierminister Alain Juppé zurück. Er wollte mit dieser Abgabe die Tilgung der Schulden aus dem Sozialversicherungssystem garantieren. Daher schuf er 1996 diese Steuer von 0,5 Prozent des Bruttogehalts, mit der eine Kasse zur Sozialschuldenrückzahlung geschaffen wurde, die Cades. Die Cades hat einen großen Teil der Schulden aus dem französischen Sozialversicherungssystem übernommen und begibt an den Finanzmärkten ähnlich wie die Agence France Tresor (AFT) neue Staatsanleihen, wenn die alten Titel auslaufen. Sie tilgt auch einen zunehmenden Teil der Fremdmittel.

Doch weiterhin kommen jedes Jahr neue Schulden hinzu, wenn zuletzt auch in geringerem Maße. Ursprünglich sollte die Cades zusammen mit der Finanzierungsabgabe CRDS schon 2009 eingestellt werden, weil dann die Schulden getilgt seien, so Alain Juppé im Jahr 1996. Doch wer solchen Politikerworten Glauben schenkte, muss heute als naiv gelten. Die Cades und die Abgabe CRDS sind lebendiger denn je. Die Politiker haben ihre Existenz inzwischen bis auf das Jahr 2025 verlängert, um ihr neue Schulden aufzubürden. Viele Franzosen wetten, dass ihre Todesglocke auch dann noch nicht läuten wird. Sie kennen das Talent ihrer Politiker und Beamten, den Bürgern auf immer kreativeren Wegen in den Geldbeutel zu greifen. Denn immer wieder stehen neue oder alte staatliche Aufgaben an, deren Finanzierung angeblich unverzichtbar ist. Der fiskalische Erfindungsreichtum Frankreichs erscheint unerschöpflich. Tausende von Beamten im Finanzministerium, die in den Eliteschulen zur Intelligentsia des Landes ausgebildet wurden, kommen im Auftrag der Regierungen immer wieder auf neue Finten. Wie hatte schon der Staatsmann Georges Clemenceau gesagt: „Frankreich ist ein extrem fruchtbares Land. Man pflanzt Beamte und es wachsen die Steuern".

Das Bild wird nicht besser, wenn man Frankreichs Steuern und Abgaben als Anteil der Löhne und Gehälter misst. Dies zeigt, wie viel den Franzosen von ihrem Verdienst in der Tasche bleibt. Das Institut Economique Molinari bezieht diese Größe jedes Jahr auf den Jahreskalender und verdeutlicht so, wie lange jeder Bürger für den Staat arbeitet und ab welchem Tag im Jahr sein Einkommen ihm persönlich zukommt. Frankreich ist seit

2016 Spitzenreiter vor Belgien und Österreich. Bis zum 29. Juli arbeitet ein Franzose für den Staat, erst danach für sich selbst.[45] Deutschland ist mit dem 11. Juli als Schnittstelle nicht weit entfernt.

Hohe Abgaben – hohe Gegenleistung?

Bei der Frage von Steuern und Abgaben ist ein grundsätzlicher Einwand berechtigt: Wenn der Bürger dem Staat viel gibt, bekommt er vielleicht auch viel zurück. Steuern und Sozialabgaben können zu einer wertvollen Gegenleistung führen, etwa in Form zufriedener, kompetenter und hilfsbereiter Beamter, einer guten öffentlichen Infrastruktur mit modernen Schulen, Universitäten, Krankenhäusern, Bahnstrecken und Internetverbindungen. Gut ausgerüstete Soldaten und Polizisten sorgen in einer solchen Welt für genau jene Sicherheit, die sich die Bürger wünschen. Auch eine harmonische Gesellschaft, in der es gerecht zugeht und niemand auf den anderen neidisch ist, kann das Ergebnis einer derartigen Politik sein, denn der Staat ebnet durch Steuern und Sozialleistungen die Ungleichheit ein. Soweit die Theorie. Wie aber sieht die Realität aus? Was bekommt der französische Steuerzahler zurück für die Steuern und Abgaben, die wie beschrieben ziemlich hoch sind? Diese Frage erfordert ein hohes Maß an Differenzierung. Greifen wir uns ohne jeden Anspruch auf Wissenschaftlichkeit einige Bereiche heraus.

Erreicht Frankreich durch seine Umverteilung mehr Einkommensgleichheit als andere Länder? Die Frage kann nur eingeschränkt bejaht werden. Der Anteil der Armen (gemessen als Einkommensbezieher von höchstens 60 Prozent des Median-Einkommens der Bevölkerung) stieg mehr oder weniger jedes Jahr seit der Finanzkrise von 2008, als er noch bei 13 Prozent lag. In den Anfangsjahren von François Hollande ging er leicht zurück, nahm dann aber wieder bis 2015 auf 14,3 Prozent zu.[46] Wenn man das Verhältnis der höchsten Einkommen mit den niedrigsten Einkommen vergleicht und dafür den von Ökonomen oft verwendeten Gini-Koeffizienten heranzieht, liegt Frankreich innerhalb der OECD ungefähr im Mittelfeld zwischen Island als dem Land mit der höchsten Gleichheit und Chile mit

---

45 http://www.institutmolinari.org/IMG/pdf/fardeau-fiscal-eu-2016.pdf. Das Institut Molinari kommt für Frankreich auf eine Belastungsquote von 57,5 Prozent. Dabei rechnet das Institut auch die Mehrwertsteuer ein. Für Deutschland beträgt der Wert 52,4 Prozent. Zur Erläuterung: http://www.institutmolinari.org/jour-de-liberation-fiscale-reponse,2737.html.
46 Insee, Estimation avancée du taux de pauvreté et des indicateurs d'inégalités, 5.12.2016.

der geringsten. Deutschland weist laut Gini-Koeffizient eine leicht höhere Ungleichheit als Frankreich auf, doch der Unterschied ist gering. Beim Armutsanteil (diesmal gemessen an maximal 50 Prozent des Medianeinkommens) kommt Frankreich auf 8 Prozent und Deutschland auf 9,1 Prozent.[47] So ist die französische Gleichheitsbilanz sicher nicht schlecht, doch auch nicht berauschend. Der Grund liegt unter anderem darin, dass etliche Sozialleistungen in Frankreich nicht dort angekommen, wo sie gebraucht werden. Der französische Sozialstaat zielt schlecht, nicht selten verfehlt er die angepeilten Empfänger, oder er setzt wie bei einer Gießkanne auf breite Streuung.

Sozialwohnungen für die Falschen

Der soziale Wohnungsbau ist ein Lehrbeispiel für die in Frankreich nicht seltene Mischung aus Wegsehen und Akzeptanz herrschender Verhältnisse. Die Reformwiderstände sind so groß, dass man lieber beim Status quo bleibt. Der soziale Wohnungsbau ist in Frankreich sehr verbreitet und kostet den Staat daher mehr als 40 Milliarden Euro im Jahr. Dennoch verfehlt er seinen Anspruch, den Mittellosen aus der Misere zu helfen. Das System krankt von Kopf bis Fuß. Zum einen leben viele Menschen in Sozialwohnungen, die darauf eigentlich keinen Anspruch haben. Mehr als zwei Drittel aller Franzosen sind theoretisch berechtigt, eine Sozialwohnung zu erhalten. Doch nur 17 Prozent des französischen Wohnungsparks bestehen aus Sozialwohnungen. Dennoch verfügt Frankreich im internationalen Vergleich über sehr viele Sozialwohnungen — doppelt so viele wie im EU-Durchschnitt. Ein Wust von rund 700 Organisationen mit zahlreichen gut dotierten Direktorenposten errichtet und betreibt Sozialwohnungen, die meisten davon befinden sich in öffentlicher Hand. Wenn das Einkommen eines Sozialwohnungsmieters steigt und eine bestimmte Schwelle überschreitet, muss er einen Aufschlag auf die Miete zahlen. Ab einer weiteren Schwelle muss er die Wohnung aufgeben, doch um eine andere zu finden, hat er drei Jahre Zeit, und auch dann finden die meisten Mieter noch Wege, um zu bleiben. Nach Angaben des Rechnungshofes haben 10 Prozent der Sozialwohnungsmieter oder fast ein halbe Million Haushalte ihr Recht verwirkt, dort zu wohnen.[48] Gleichzeitig stehen im ganzen Land fast zwei Millionen Franzosen auf den Wartelisten für eine der begehrten, weil günstigen Wohnungen — viermal so viel, wie jedes Jahr frei werden.

47 http://www.oecd.org/social/inequality.htm income.
48 Genau gesagt, 480.000 Mieter, Cour de Comptes, 22. Februar 2017.

Seit langem bekannt sind die Skandale von Politikern oder anderen Prominenten, die trotz ihrer guten Einkommen in Sozialwohnungen leben. Davon war in den vergangenen Jahren zwar weniger zu hören, doch die Zuteilung durch die Behörden gilt immer noch als undurchsichtig, auch wenn in Städten wie Paris Punktesysteme mit objektiveren Kriterien eingeführt wurden und die Öffentlichkeit an Verwaltungssitzungen über die Zuteilungsentscheidungen teilnehmen darf. Zu Missständen kommt es weiterhin: So wurde der frühere Bürgermeister der Pariser Vorstadt Clamart zu einem Jahr Gefängnis ohne Bewährung verurteilt, weil er Bargeld für die Zuteilung von Sozialwohnungen kassierte. Einige Bürgermeister sollen laut französischer Medienberichte auch politische Loyalität verlangen, etwa durch Parteieintritte. In der nicht armen Pariser Vorstadt Puteaux beklagt die örtliche Opposition, dass nicht weniger als siebzehn Stadträte in Sozialwohnungen leben, darunter Universitätsprofessoren und höhere Angestellte. Bei ihrem Einzug haben diese Mieter die Bezugskriterien wahrscheinlich noch erfüllt. In Paris und seinem Umland gehört beispielsweise eine vierköpfige Familie mit einem zu versteuernden Einkommen von 4500 Euro noch zu den Anspruchsberechtigten.

Der Run auf die Sozialwohnungen ist verständlich, weil die Mieten zusammen mit den Immobilienpreisen vor allem im Ballungsraum Paris schon lange die Decke des Erträglichen durchbrochen haben. Ein einzelner Quadratmeter kann in der Hauptstadt so viel kosten, wie ein Arbeiter auf dem Niveau des staatlichen Mindestlohnes in einem Jahr verdient — rund 13.800 Euro.

Die französischen Sozialwohnungen finden sich zudem nicht nur in abschreckenden Hochhausblöcken am Stadtrand, sondern auch in attraktiven Lagen. Denn die Politiker versuchen, mit sozialer Durchmischung die Getto-Bildung zu bekämpfen. Doch die Sozialwohnungsbetreiber bevorzugen gerne Mieter, die zuverlässig zahlen. So haben sich viele Mittelschichtsfamilien breit gemacht, wo eigentlich die Ärmsten der Armen unterkommen sollen. Nach Angaben der Stiftung Abbé Pierre leben vier Millionen Menschen in Frankreich in nicht-akzeptablen Umständen („mal-logés"). Dazu zählt die Organisation baufällige Häuser, unbefestigte Strukturen wie Zelte und Hütten oder den Unterschlupf bei Freunden. Zwölf Millionen Menschen sollen sich am Rande dieser Notlage befinden.

Dass die Mieten auf dem Privatmarkt so hoch sind, hat verschiedene Gründe. Vor allem wird zu wenig gebaut. Die Kommunen weisen nur geringe Flächen als Bauland aus, und die Bürger genießen viele Einspruchsrechte. Auch wirkt das großzügige staatliche Wohngeld als Mietentreiber.

Der sozialistische Abgeordnete François Pupponi hat enthüllt, dass drei von zehn Empfängern ein Wohngeld erhalten, das ihre Miete übersteigt. Rund 6,5 Millionen Personen — einer von zwei Mietern — erhalten in Frankreich staatliches Wohngeld. Mit Kosten von 20 Milliarden Euro stellt es einen größeren Haushaltsposten dar als das Kindergeld oder die Sozialhilfe. Nicht selten überweist der Staat das Wohngeld auch direkt an die Vermieter. Das gilt besonders für die Mieter von Sozialwohnungen. Die Sozialwohnungsorganisationen erhöhen die Mieten dann entsprechend. Der Staat verschiebt das Geld somit von einer in die andere Tasche. Die französische Wohnungspolitik lastet letztlich auch auf dem Arbeitsmarkt. „Der Immobilienmarkt ist eine Bremse für die Mobilität der Menschen", sagt der Ökonom Alexandre Mirlicourtois von der Beratungsgesellschaft Xerfi. Wer eine teure Immobilie gekauft hat, will und kann sich oft nicht rasch von ihr trennen. Und wer eine der begehrten Sozialwohnungen ergattert hat, will dieses Privileg ebenfalls nicht aufgeben.

Die staatlichen Leistungen haben in Frankreich jedoch nicht nur Schelte verdient. Beispiel öffentlicher Schienenverkehr: Hier sticht das landesweite Netz der staatlichen Hochgeschwindigkeitszüge heraus. Es bringt Reisende wie in keinem anderen europäischen Land rasch von A nach B. Wo kann man beispielsweise eine Strecke von fast 700 Kilometern in 2 Stunden und 38 Minuten zurücklegen? Das ist der Fall zwischen Paris und Avignon. Der Zug hält nicht einmal in Lyon, immerhin die zweitgrößte französische Stadt. Für etwas mehr als 150 Euro kann etwa ein Geschäftsreisender gemütlich seine Tagesarbeit in der anderen Stadt erledigen und am frühen Abend schon wieder zuhause sein. Mit dem Auto würde er mehr als doppelt so lange brauchen und für Benzin plus Autobahngebühren auch doppelt so viel bezahlen. Die Fluggesellschaften können mit dem Angebot der Staatsbahn SNCF meist nicht mehr mithalten.

Die TGVs sind ein prestigeträchtiger, aber nur ein kleiner Teil des französischen Gleisnetzes. Die französischen Hochgeschwindigkeitszüge verschlingen viel Geld, etliche Strecken sind nicht rentabel. Vernachlässigt hat die SNCF dafür den öffentlichen Nahverkehr, obwohl dieser für den Alltag der Franzosen viel wichtiger ist als die TGV. Allein im Großraum Paris transportieren die Vorstadtzüge namens Transilien jeden Tag zwölfmal so viele Passagiere wie alle TGV in Frankreich zusammen. Doch das Gleisnetz ist veraltet, zwischen 2003 und 2014 stieg das Durchschnittsalter um fast ein Drittel. Auf den 3700 Kilometern der Pariser Vorstadtzüge sind 40 Prozent der Schienen und 30 Prozent der Weichen älter als 30 Jahre. 15 Prozent der Oberleitungen haben sogar mehr als 80 Jahre und 5 Prozent mehr als 100 Jahre auf dem Buckel.[49] Verspätungen sind an der Tagesordnung.

Die Qualität des Gesundheitswesens ergibt ein gemischtes Bild, das sich aber insgesamt dennoch sehen lassen kann. Die Weltgesundheitsorganisation (WHO) kürte das französische System im Jahr 2000 zum „Besten der Welt". Seither ist etwas Lack abgefallen, doch verstecken muss sich Frankreich für die Leistungen seiner Ärzte und Krankenhäuser nicht. Es gibt keine Zweiklassengesellschaft zwischen Privat- und Kassenpatienten wie in Deutschland, alle gehören dem gleichen System an. Gesundheitstouristen reisen zunehmend aus anderen Ländern an, was als Qualitätsbeweis gelten kann.

Im Bildungsbereich sieht das anders aus. In den internationalen Vergleichen fallen die Leistungen der französischen Schüler seit Jahren zurück. Dabei gibt Frankreich mehr Geld aus für seinen Bildungsapparat als viele Nationen, deren Schüler bessere Ergebnisse erzielen. (Dazu mehr in Kapitel „Wo Frankreichs Elite herkommt".)

In Kulturfragen dagegen steht Frankreich auf der Sonnenseite. Der Staat setzt finanziell hohe Mittel ein, und er erzielt auch sichtbare Erfolge. Der französische Film ist ein Beispiel für die gelungene Förderung. Alle Kinobesucher zahlen auf die Tickets einen Aufschlag, mit dem die ganze Branche subventioniert wird. Die Reichhaltigkeit und der gute Zustand vieler Museen ist ein weiterer Pluspunkt.

In den zahlreichen Sozialbehörden Frankreichs von der Kindergeldkasse bis zu den Arbeitsämtern schlagen sich die Staatsausgaben schließlich auch nieder. Diese Dienststellen funktionieren alles in allem gut, zumal sie auch mit viel Personal ausgestattet sind. Frankreich ist eine gut geölte Umverteilungsmaschine. Ein erheblicher Teil der Mittel, die von den Wohlhabenden zu den Bedürftigen geleitet werden, bleiben bei denen hängen, die mit der Umverteilung beauftragt sind. Nicht umsonst demonstrieren die Mitarbeiter der Sozialbehörden oft in der ersten Reihe mit, wenn ein Politiker mal wieder eine Sozialleistung kürzen will. Denn auch ihre Besitzstände stehen auf dem Spiel.

Insgesamt kann der öffentliche Dienst in Frankreich durchaus als ein Plus gelten. Er funktioniert besser als in einem Land wie etwa Großbritannien.

---

49 Jahresbericht des Cour de Comptes 2016, S. 493. https://www.ccomptes.fr/Accueil/ Publications/Publications/Rapport-public-annuel-2016

Allerdings kostet er so viel Geld, dass sich die Frage aufdrängt, ob nicht ähnliche Leistungen zu geringeren Kosten möglich wären. Auf der Gegenseite der staatlichen Leistungen steht immer die Finanzierungslast, die dem Privatsektor die Luft abdrückt. Der öffentliche Dienst in Deutschland zählt beispielsweise trotz der viel größeren Bevölkerung eine Million Mitarbeiter weniger und erzielt dennoch akzeptable Ergebnisse.

Der französische Staat ist auch zu sehr mit der Gegenwart beschäftigt und vergisst dabei die Zukunft, sprich die Investitionen. Zwischen 1974 und 2012 haben die Regierungen durchschnittlich nur 3,4 Prozent des BIP für staatliche Investitionen in die Infrastruktur, in Unternehmen und Einrichtungen ausgegeben. Auch 2015 lag der Wert noch auf diesem Niveau. Bei staatlichen Ausgaben für Forschung und Entwicklung — 2,25 Prozent — liegt Frankreich unter dem Durchschnitt der OECD. Für soziale Leistungen und Transfers dagegen brachten die französischen Regierungen zwischen 1974 und 2012 im Durchschnitt 21,6 Prozent auf, für die Beamtengehälter 13 Prozent und für die Zinszahlungen infolge der Staatsverschuldung weitere 2,4 Prozent. Die Ausgaben für das bloße Funktionieren des Staates erreichten insgesamt 18,9 Prozent des BIP — fast das Fünffache der staatlichen Investitionen.[50] Was fehlt, ist somit der staatliche Weitblick. Wenn Frankreich ein Haus wäre, dann geben es die Eltern in einem zweifelhaften Zustand an die Kinder weiter. Und dabei ist dieses Haus noch mit hohen Schulden belegt.

50 Gouiffès, S. 43.

Frankreich und das Geld der anderen

Kaum ein Franzose weiß, wo diese Behörde zu finden ist. Dabei ist sie die Einrichtung, die alles ermöglicht, die erst die Grundlage für das öffentliche Leben Frankreichs schafft. Wer sich fragt, wie in Frankreich trotz des ständigen Krisengeredes alles immer weiter geht, warum weder eine Revolution noch das Massenelend ausbricht, findet hier seine Antworten. Schulen, Krankenhäuser, Straßen, Brücken, Züge, Tunnel, Kraftwerke, Wasserleitungen, Polizisten, Gendarmen, Krankenschwestern, Ärzte, Lehrer, Kampfflugzeuge, Panzer, U-Boote, Soldaten und Verwaltungsbeamte – wie werden sie bezahlt? In erster Linie durch Steuern, Abgaben und Gebühren der braven Bürger. Doch Jahr für Jahr reicht das eben nicht. Seit mehr als vier Jahrzehnten muss Frankreich Schulden machen, weil seine Ausgaben die Einnahmen übersteigen. Jedes Jahr kommen viele Dutzend Milliarden Euro an Fremdkapital hinzu. Daher sind die vierzig Mitarbeiter von Anthony Requin so wichtig.

Zutritt zu seinem Arbeitsplatz haben nur seine Kollegen und ausgewählte Besucher. In einem kühlen Stahl- und Glaskomplex des französischen Wirtschafts- und Finanzministeriums, den sie nach dem großen merkantilistischen Vorbild „Colbert" getauft haben, versteckt sich die Mannschaft von Requin. Mit dem Aufzug geht es in den neunten Stock, dann zweimal links und einen langen Flur entlang. An einer schweren Doppeltür, die nur eine kleine Aufschrift enthält, ist ein Sicherheitscode einzugeben oder eine elektronische Karte zu zücken.

Dahinter tut sich ein Großraumbüro auf, das wie der Handelssaal einer modernen Bank aussieht: Männer und Frauen vor Computern und Telefonen, in der Mitte ein Wasserspender. An manchen Schreibtischen sind fünf Bildschirme über- und nebeneinander zusammengepfercht, auf denen Graphiken und Tabellen flimmern. Anders als in einem Handelssaal einer Bank ist jedoch kaum ein Laut zu hören. An diesem Ort wird Diskretion großgeschrieben, hier trifft die Französische Republik auf die Welt der internationalen Finanzen.

„Agence France Tresor (AFT)" heißt die Abteilung des Finanzministeriums, die Frankreichs Wirtschafts- und Sozialmodell sichert. Woche für Woche findet sie an den Finanzmärkten Anleger, die Frankreich ihr Geld leihen wollen. Das ist nicht so leicht, wie es klingt: Wer eine Staatsanleihe auflegt, hat nicht automatisch Zeichner, die Schlange stehen. Wenn man sich erfolgreich verschulden will — das heißt zu möglichst geringen Kosten —, dann muss man genau wissen, wer die Kreditgeber sein können, in welcher Stimmung sie sich gerade befinden und was sie vorhaben. Die vierzig Mitarbeiter von Anthony Requin sind Könner in diesem Metier: Die Papiere, die sie 2016 auflegten, haben 187 Milliarden Euro in die französische Staatskasse gebracht. Für 2017 erwarten sie ein ähnliches Niveau. Das macht ungefähr 4,7 Milliarden Euro pro Mitarbeiter. Jeder von ihnen hätte eigentlich einen dicken Orden verdient. Staatliche Steuereintreiber können von solchen Einnahmen nur träumen. Schulden sind freilich nie umsonst. Daher sollte man hinzufügen, dass Frankreichs Zinszahlungen rund 42 Milliarden Euro betragen — 1,05 Milliarden Euro pro Mitarbeiter.

Im Saal 9284M sitzen alle vierzehn Tage zwei Dutzend Männer und Frauen um einen ovalen Tisch. Der Raum ist nüchtern, wäre da nicht die Büste von Colbert in einer Ecke sowie das Foto des Kampfjets Rafale und ein altes Gemälde an der Wand. Das Bild des modernen Düsenflugzeugs hat der Behörde einst Serge Dassault geschenkt, der mit seinem gleichnamigen Unternehmen nicht nur Flugzeuge baut. Der einflussreiche Industrielle sitzt auch als Senator in der zweiten Parlamentskammer Frankreichs und war damit eine Zeitlang für die Aufsicht der AFT zuständig. Das Gemälde stammt indes aus dem Jahr 1920, als sich der Staat noch über Volksanleihen bei seinen Bürgern Geld lieh. Der Maler Lucian Jonas zeigt ein altes Ehepaar in schwarz gekleidet, das seinen Sohn im Krieg verloren hat. Die Alten blicken auf eine Tafel, auf denen die Zinsen, die Laufzeit und die Steuervergünstigungen einer Staatsanleihe beschrieben sind. „Die letzte Pflicht", steht darunter.

Heute leihen sich nur noch wenige Staaten direkt bei ihren eigenen Bürgern Geld. Frankreich hatte in der Amtszeit von Nicolas Sarkozy zwischen 2007 und 2012 über eine große freiwillige Volksanleihe nachgedacht, um damit Universitäten zu modernisieren und Industrieinnovationen zu fördern. Etliche Politiker fanden die Idee gut, weil die Volksanleihe die Bürger an eine nationale Aufgabe bindet. Sie identifizieren sich mit einem Projekt und profitieren gleichzeitig finanziell wegen der stabilen Verzinsung über einen langen Zeitraum. Doch die Idee einer Volksanleihe wurde verworfen, weil sie für den Staat teuer ist. Er muss den Bürgern vergleichsweise hohe Zinsen bieten, damit sie zugreifen. Zudem verlangen die Banken hohe Gebühren, weil sie überall im Lande die Anleihe unters Volk bringen sollen.

Daher setzten die meisten Staaten wie Frankreich lieber auf die Finanzierung an den Finanzmärkten. Es ist eine anonyme Welt, die den Poli-

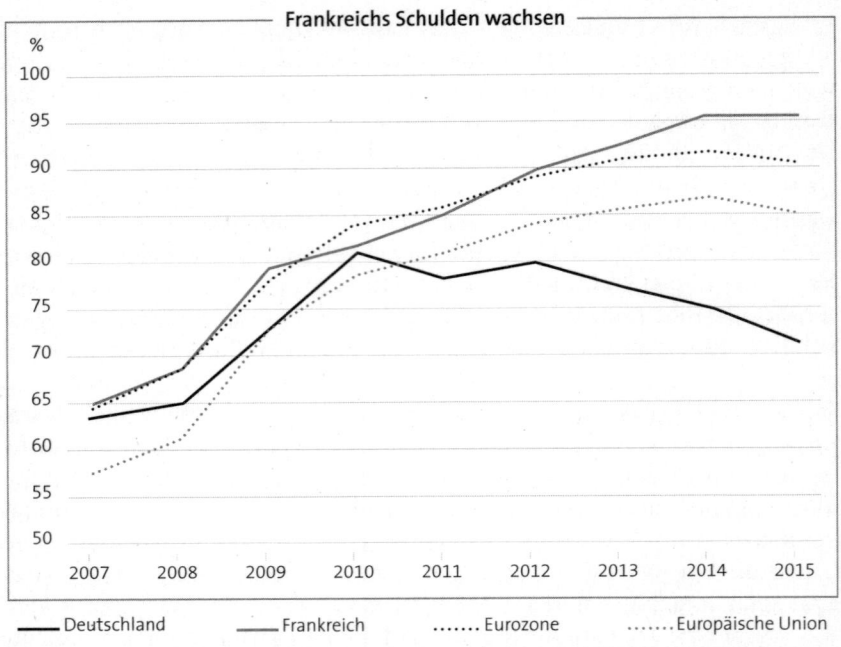

Frankreichs Schulden wachsen

| | 2007 | 2008 | 2009 | 2010 | 2011 | 2012 | 2013 | 2014 | 2015 |

──── Deutschland ──── Frankreich .... Eurozone .... Europäische Union

Staatsverschuldung in Prozent des BIP
Quelle: Eurostat

tikern auf diesem Feld wenig Ärger macht. Beide Seiten profitieren von der Verschwiegenheit. Die einen bekommen das Geld, mit dem sie ihre Wähler beglücken können, die anderen verdienen an den Krediten, die sie vergeben. Wer aber sind die Finanzmärkte? Dahinter stehen letztlich wir alle mit unserem Geld, nur haben wir es den so genannten institutionellen Investoren anvertraut: zum Beispiel Versicherungsgesellschaften, Banken, Fondsverwaltern, Hedgefonds und Staatsfonds. Sie können ihre Reserven nicht nur in Aktien stecken, deren Kurse und Dividenden stark schwanken. Sie brauchen auch festverzinsliche und damit verlässliche Anlagen. Zentralbanken kaufen ebenfalls Staatsanleihen anderer Länder, und das nicht erst seit ein paar Jahren, als die umstrittene geldpolitische Strategie aufkam, mit massiven Wertpapierkäufen die Konjunktur in Schwung zu bringen. Die meisten Zentralbanken auf der Welt handeln seit Jahren als „bon père de famille", wie die Franzosen sagen – als umsichtige Finanzverwalter, die ihre Polster in verschiedenen Währungen diversifizieren und dafür eine stabile Verzinsung erhalten wollen.

Dass der französische Präsidentschaftskandidat François Hollande Anfang 2012 in einer berühmt gewordenen Wahlkampfrede sagte, „die Finanzwelt ist mein Feind", ist in diesem Licht gesehen nichts anderes als absurd. Er hat sich danach als Präsident kräftig in dieser Finanzwelt bedient — so wie seine Vorgänger, wie später noch zu sehen sein wird, und so wie es seine Nachfolger fortsetzen werden. Keine französische Regierung kommt ohne sie aus.

Männer wie Anthony Requin sind dabei die Helfershelfer der Politiker. Der Mitvierziger ist ein typisches Produkt der französischen Elitebildung: Studium am Institute d'Etudes Politiques de Paris („Sciences Po"), zudem an der Business-Schule Essec sowie an der Verwaltungshochschule Ena, danach zur Erkundung der Welt Mitarbeit beim Internationalen Währungsfonds und bei der Weltbank. Biographien wie seine sind im französischen Finanzministerium verbreitet, sie kombinieren den traditionellen Weg der französischen Kaderschmieden mit Erfahrung im internationalen Finanzwesen. Auf der zweiwöchentlichen Sitzung der AFT in Saal 9284M kommt Requin seine Expertise zugute. Dort trifft der hohe Beamte auf seine „Kunden", wie er sagt. Das sind die Vertreter der großen Banken, darunter an erster Stelle französische Häuser, aber auch ausländische Finanzkonzerne, die sich wie Großhändler auf den Ankauf und Weiterverkauf von Staatspapieren spezialisiert haben. Diese rund zwanzig Finanzunternehmen („Spécialistes en valeurs du Trésor", oder im englischen Fachjargon „primary dealers") kaufen der AFT regelmäßig die französischen Staatsanleihen ab. Das geschieht durch Versteigerungen an den Höchstbietenden. Auf der Sitzung in Saal 9284M will die AFT den Banken vorher in die Karten blicken. In welchem Umfang werden sie kaufen, welche Laufzeiten suchen sie, welche Verzinsung erwarten sie? Anthony Requin glaubt, dass die Bankiers meistens wahrheitsgemäß Auskunft geben. Sein Name heißt übersetzt zwar „Haifisch", doch seine Zähne muss er selten zeigen. Es ist ein Geschäft des Gebens und Nehmens, in dem Überraschungen letztlich niemanden nützen. So kann die AFT bald darauf entscheiden, wie viele Staatsanleihen sie in ihrer zweiwöchentlichen Auktion anbietet.

Die 20 privilegierten Banken mit dem SVT-Status haben sich verpflichtet, jährlich mindestens 2 Prozent der französischen Staatsanleihen abzunehmen. Damit ist der Absatz von rund 40 Prozent der französischen Staatsschuld schon mal garantiert. Den Banken fällt das Versprechen nicht schwer, denn die Staatsanleihen sind ein begehrtes Gut, sie können diese leicht weiterverkaufen. Jeden Tag wechseln französische Anleihen im Umfang von 10 bis 15 Milliarden Euro irgendwo auf der Welt den Besitzer. Für Nachschub ist immer gesorgt, denn jedes Jahr wirft der französische Staat massenweise neue Papiere auf den Markt. So wächst der Bestand. Im Herbst 2016 war der französische Staat mit mehr als 2160 Milliarden Euro oder 97,6 Prozent seines BIP verschuldet. Dem großen Angebot steht eine große Nachfrage gegenüber, die Liquidität ist gesichert. Die Finanzakteure sind aus zwei Gründen interessiert: Die Verzinsung der französischen Staatsanleihen liegt etwas höher als die der Schuldenpapiere aus Deutschland. Die zehnjährige deutsche Bundesanleihe ist der Mercedes unter den festverzinslichen Staatsanleihen, weil Deutschland als Hort der Stabilität gilt. Dass die deutschen Zinsen nicht bezahlt oder die Schulden nicht getilgt werden, gilt als so gut wie ausgeschlossen. Das heißt aber auch, dass für die Papiere Deutschlands kaum Rendite zu bekommen ist. Bei Frankreich ist das etwas anders. Die Franzosen müssen ein wenig höhere Zinsen bieten, um Käufer für ihre Schuldpapiere zu finden. Das ist gleichzeitig ein wirksames Lockmittel für die Investoren.

Vor diesem Hintergrund sind die Franzosen renommierte Schuldenexperten geworden, die auch als innovativ gelten. So hat die Behörde AFT beispielsweise neue Schuldenpapiere entwickelt, deren Rendite mit der Inflation steigt. Dies nimmt den Käufern die Angst vor den Preissteigerungen, die jede Staatsanleihe entwerten. Frankreich hat es zudem geschafft, Schuldenpapiere mit der besonders langen Laufzeit von 50 Jahren auf dem Markt zu verkaufen, im Oktober 2016 sogar zum historischen Niedrigzins von 1,43 Prozent. Investoren wie Versicherungsgesellschaften schätzen solche Anlagen trotz der geringen Rendite, weil sie damit auf verlässlicher Basis über Jahrzehnte kalkulieren können.

Dabei bleibt der französische Staat ein höchst zuverlässiger Emittent. Die meisten Franzosen akzeptieren brav ihr hohes Steuerniveau, und der französische Fiskus gilt als effektiver Steuereintreiber, trotz aller Steuerflüchtlinge. Es ist lange her, dass der französische Staat eine Anleihe nicht zurückzahlte. Das letzte Mal war das 1797 nach dem Chaos der Französischen Revolution. In der jüngeren Staatsschuldenkrise ist der Renditeabstand zwischen der deutschen und der französischen Zehnjahresanleihe zwar immer mal wieder gewachsen; zwischen Oktober und November 2011 kam es zu Spannungen auf den Märkten, weil viele Anleger die Solidität der französischen Banken wegen ihres Engagements in europäischen Südstaaten in Zweifel zogen und damit das ganze Euro-Gefüge als bedroht ansahen. Im Frühjahr 2017 trieb die Angst vor einem Wahlsieg von Marine Le Pen die französischen Zinsen ebenfalls nach oben. Doch die Renditeabstände zu Deutschland („spreads") hielten sich in Grenzen und gingen später wieder zurück. Seit Ausbruch der Finanzkrise im Jahr 2007 wichen die Zinsen der französischen Staatsanleihen kaum vom Pfad der deutschen Papiere ab. Anders als bei Italien und erst recht den anderen Krisenstaaten wie Griechenland, Spanien, Portugal und Irland schoss die französische

Rendite zu keinem Zeitpunkt nach oben — ein Ausdruck des Vertrauens der Märkte. Selbst die Herabstufung durch die Ratingagenturen änderte daran wenig. Frankreich verlor im Januar 2012 mitten im Kampf um die Präsidentschaftswahlen sein Triple-A — die seit 1975 gehaltene Bestnote der amerikanischen Ratingagentur Standard & Poor's. Wegen eines Haushaltsdefizits von rund 7 Prozent in den Jahren 2009 und 2010 sowie wegen ausbleibender Strukturreformen seien die Schulden Frankreichs weniger solide geworden, urteilte S&P und trug damit zur politischen Beerdigung von Sarkozy bei. Später folgten weitere Abstufungen, auch durch S & P-Konkurrenten wie Moody's oder Fitch.

Und dennoch: Die Zinsen bewegten sich kaum, denn die Investoren kauften die französischen Schulden wie eh und je. Diese Stabilität sicherte zusammen mit dem Aufbau der europäischen Rettungsschirme das Überleben der europäischen Gemeinschaftswährung. Gerüchte, nach denen auch politisch motivierte Käufer auf dem Markt auftraten, ließen sich nicht bestätigen — aber auch nicht dementieren. „Große Zentralbanken in Asien, allen voran die chinesische, sowie die Zentralbanken in den Golfstaaten haben entschieden, dass sie die Europäische Währungsunion stützen wollen. Das hängt aus politischen Gründen vor allem damit zusammen, dass sie nicht alleine mit der Weltmacht Amerika konfrontiert sein wollen. Aus wirtschaftlichen Gründen wollen sie ihre Anlagen zudem diversifizieren und nicht alles in Dollar halten", berichtete der angesehene Bankenökonom und Sorbonne-Professor Patrick Artus.[1] Bei einem Problem mit Frankreich wäre das Ende des Euro so gut wie sicher gewesen, denn kein anderer Staat kann ein Land mit einem solchen Schuldenberg retten. Das wussten die Investoren. Von der Hilfestellung aus dem Osten profitierte Frankreich daher erheblich: 2010 stammten noch 20 Prozent der Käufer französischer Staatsanleihen aus Asien und dem Mittleren Osten. 2012 waren es 50 Prozent.[2] Danach, als der Euro nicht mehr in seiner Existenz bedroht war, kehrten die östlichen Stützungskäufe wieder auf den alten Stand zurück.[3]

Der französische Patriotismus sorgte dabei für zusätzliche Rückendeckung. Die großen französischen Versicherer wie der Axa-Konzern und die Banken wie die BNP Paribas und die Société Générale sprangen während

1 Interview mit dem Autor: „Die niedrigen Zinsen sind für Frankreich schädlich", F.A.Z., 21. November 2012.
2 http://www.next-finance.net/Philippe-Mills-Cette-annee-la.
3 Zwischen 2013 und 2015 betrug der Anteil wieder durchschnittlich 20 Prozent, Interview des Autors mit Anthony Requin, 26. August 2016.

%
5
4
3
2
1
0

Eurokrise ...

Lehman

2.354%

07-2007 01-2008 01-2009 01-2010 01-2011 01-2012 01-2013 01-2014 01-2015 01-2016 01-2017

—— Deutschland   —— Frankreich

Spreads zwischen französischen und deutschen Staatsanleihen. Renditen der zehnjährigen Staatsanleihen
Quelle: Reuters

der Krise verstärkt als Staatsschulden-Käufer ein. In schweren Zeiten hält man eben zusammen; das war nicht nur in Frankreich so.

Und dann gab es natürlich auch Mario Draghi: Der Präsident der Europäischen Zentralbank warf im Sommer 2012 ein großes Rettungsnetz aus. Er werde alles Mögliche und Notwendige tun („Whatever it takes"), um das Überleben der Währungsunion sicherzustellen, sagte er in London. Frankreich war nicht die erste Adresse seiner Worte, das waren die europäischen Südstaaten, allen voran Italien. Doch auch Frankreich profitierte vom Rettungsversprechen Draghis. Nun waren die letzten Zweifel an den französischen Staatsschulden beseitigt.

Seit den massiven Anleihekäufen der EZB herrscht eine verkehrte Welt: Jetzt bekommen die Käufer der kurzlaufenden Papiere keine Rendite mehr, sondern sie müssen dafür bezahlen — negative Zinsen sind am Werk. Relativ zu den Papieren der anderen Länder hat sich indes wenig verändert. Die Anleger machen sich vom Verhältnis zwischen französischen und deutschen Anleihen in etwa das gleiche Bild wie zuvor. Nur ist die Renditekurve unter die Nulllinie gerutscht. „Ich bin stolz darauf, dass unser Modell die Krise ohne Unfall überstanden hat. Die Qualität der französischen Schulden bleibt hoch", freut sich Requin.

Der französische Finanzmann schmückt sich jedoch auch mit fremden Federn. Diese Stabilität ist nicht nur das Verdienst Frankreichs. Sicherlich honorieren die Schuldenfinanziers in der ganzen Welt, dass Frankreich ein funktionierendes Staatswesen sowie mächtige Finanzkonzerne hat, die seine Staatsanleihen gerne abnehmen. Doch einen erheblichen Teil der Schuldenqualität verdankt das Land dem Euro — und damit der Bereitschaft seiner wichtigsten Mitgliedsländer, an der Gemeinschaftswährung festzuhalten. Die Kursschwankungen im Wahlkampf 2017 haben gezeigt, dass sich die französische Stabilität so schnell auflösen kann wie ein Regenbogen. Spekulationen auf ein Ende der französischen Euro-Zugehörigkeit können die Farbenpracht in Sekundenschnelle in Luft auflösen.

Frankreichs Schulden – ein treuer Wegbegleiter

Staatliche Schulden gehören zu Frankreich wie Notre-Dame zu Paris. Die Praxis der Regierungen, sich Mittel zu beschaffen, die sie nicht haben, nahm schon im Mittelalter ihren Aufschwung. Ludwig IX. (1214–1270) finanzierte seine Kreuzzüge bei Bankiers in Genua. Er gilt als erster „König der Schulden" und griff zu denkbar rabiaten Methoden, um sich ihrer zu entledigen: Seine Gläubiger, darunter vor allem Juden, ließ er enteignen, vertreiben oder hinrichten.[4] Der Sonnenkönig Ludwig XIV. war ebenfalls ein begnadeter Schuldenkönig. Wenn die Last zu viel wurde, kündigte er Zinszahlung und Tilgung einfach auf. Zum Staatsbankrott „sollten die Regierungen mindestens einmal in einem Jahrhundert greifen, um die großen Gleichgewichte der Staatsfinanzen wiederherzustellen", riet Abbé Terray, der letzte Finanzminister von Ludwig XV. Frankreich übertraf den Ratschlag des Abbé Terray noch. Die Ökonomen Carmen Reinhart und Kenneth Rogoff nennen in ihrem Standardwerk über Staatsschulden nicht weniger als acht staatliche Bankrotte Frankreichs zwischen dem 16. Jahrhundert und der Französischen Revolution: Den ersten im Jahr 1558, danach 1624, 1648 und 1661 und im 18. Jahrhundert 1701, 1715, 1770 sowie 1788.[5]

4 Pierre-François Gouiffès: ,Lâge d'or des déficits, La Documentation Française, Paris 2013, S. 23.
5 Carmen Reinhart, Kenneth Rogoff, This Time is Different. Eight Centuries of Financial Folly, Princeton 2009, S. 87.

Die desolate Lage der Staatsfinanzen war einer der Auslöser der Französischen Revolution. Ludwig XVI. rief die Generalstände ein, um einen Ausweg zu finden, doch bekanntlich bezahlte er am Ende mit seinem Kopf. „Die Staatsverschuldung war der Keim der Freiheit. Sie hat den König und den Absolutismus zerstört. Hüten wir uns davor, dass, wenn sie weiterlebt, sie nicht die Nation zerstört und uns die Freiheit nimmt", warnte der Revolutionär Mirabeau.[6] Danach erlebte Frankreich noch einen weiteren Staatsbankrott, 1797, nachdem das Papiergeldsystem der Revolution wegen permanenten Gelddruckens in Hyperinflation endete. Der damalige Finanzminister Dominique Ramel ließ eine Assignaten-Druckerpresse symbolisch auf dem Place Vendôme verbrennen, um den Anbruch der neuen Zeit zu verkünden.

Die Tradition französischer Staatsbankrotte ging somit zu Ende, nicht aber das Schuldenmachen. Zeiten zügelloser und disziplinierter Finanzpolitik wechselten sich im 19. Jahrhundert ab. Nach den Erschütterungen der beiden Weltkriege im 20. Jahrhundert kam die Erlösung auf zwei Wegen: Inflation und Abwertung. Um 52 Prozent stiegen die Preise zwischen 1945 und 1948 — wohlgemerkt pro Jahr; bis 1958 wurde der Franc sechs Mal abgewertet. Das anspringende Wirtschaftswachstum, das auch die Marshallhilfe der Vereinigten Staaten ermöglicht hatte, füllte die Steuerkasse.

Inflation und Abwertung der Währung — das waren vergleichsweise bequeme, aber alles andere als nachhaltige Lösungen. Mit der Zeit schnitt sich Frankreich damit ins eigene Fleisch. Große Preissteigerungen zerstören die Wettbewerbsfähigkeit eines Landes, zumal sie durch wiederholte Abwertungen selten ausgeglichen werden können. Wer sein eigenes Geld immer billiger macht, muss Waren und Dienstleistungen im Ausland immer teurer einkaufen. International gesehen verarmt das Land, die teuren Einfuhren befeuern die Inflation und erzwingen weitere Abwertungen, damit die Exporte erhalten bleiben. Die Notenbank hat keine andere Wahl, als mit hohen Zinsen die Inflation zu bekämpfen, würgt so aber die heimische Konjunktur ab. Auf einer steilen Spirale beginnt so eine schwindelerregende Abfahrt.

General de Gaulle beendete diese Politik mit einer wirtschaftspolitischen Kehrtwende und leitete 1958 eine Strategie der Haushaltskonsolidierung ein, an der sein Nachfolger Georges Pompidou weitgehend festhielt. Die sechziger und frühen siebziger Jahre waren meist goldene Zeiten der Über-

6 Lettre (Dix-neuvième) du comte de Mirabeau à ses commettans, Courier de Provence, Paris 1789, S. 27.

schüsse. Mit dem Wirtschaftswunder der „Trente Glorieuses" ging diese Phase aber zu Ende. 1974 war das letzte Jahr, in dem Frankreich einen Haushaltsüberschuss auswies. Seitdem haben die französischen Politiker Jahr für Jahr nur Defizite angehäuft. Zu Beginn hielt sich die Verschuldung in Grenzen, 1974 lag sie bei 15 Prozent des BIP und damit unter dem Niveau vieler vergleichbarer Länder. Selbst Mitte der neunziger Jahre war die französische Staatsverschuldung noch unterdurchschnittlich. Doch es gibt eine Besonderheit: Kein anderes Industrieland hat seit Mitte der siebziger Jahre ohne Unterbrechung nur Haushaltsdefizite aneinander gereiht − Jahr für Jahr.[7] Schulden wurden zur Regel und Routine.

Aber wo liegt eigentlich das Problem staatlicher Verschuldung, warum soll ein ausgeglichener Haushalt erstrebenswert sein? Unternehmen und Privatleute nehmen ja auch Kredite auf. Sich verschulden heißt doch nur, die Mittel anderer zu nutzen, die auf ihren Konsum momentan verzichten und lieber sparen. Diese Allokation führe zu ökonomischer Effizienz. All diese Einwände sind nicht falsch. Doch wie so oft, geht es um das richtige Maß und die Frage, wer die Kreditgeber sind. Japan schiebt einen Schuldenberg von gut 240 Prozent seines BIP vor sich her, gut 90 Prozent der Anleihen halten allerdings Japaner und ihre Finanzinstitutionen. In Frankreich beträgt der Vergleichswert nur 40 Prozent. Die Franzosen müssen sich also die Mehrheit ihrer Fremdmittel regelmäßig bei ausländischen Gläubigern beschaffen. Das führt zu Abhängigkeiten und Unsicherheit. Der Verdacht liegt nahe, dass die Wirtschaft von einem bestimmten Verschuldungsniveau an Schaden nehmen kann.

Die Ökonomen Carmen Reinhart und Kenneth Rogoff haben viele empirische Hinweise für diesen Zusammenhang geliefert. Sie untersuchten in einer 2009 vorgelegten Arbeit 66 Volkswirtschaften über acht Jahrhunderte und später noch einmal intensiver 44 Volkswirtschaften über 200 Jahre.[8] Ihr Urteil ist klar: Von einer Grenze bei ungefähr 90 Prozent des BIP ist eine erhebliche Beeinträchtigung des Wachstums zu befürchten. Wie zu erwarten war, griffen die Gegner der beiden Havard-Ökonomen die Ergebnisse scharf an. Die Zahlen seien falsch berechnet worden; es gäbe vielleicht einen zeitlichen Zusammenhang zwischen Schulden und Wachstumsdämpfung, aber keinen kausalen. Paul Krugman, der mediale Leit-

7 https://data.oecd.org/gga/general-government-deficit.htm.
8 Carmen M. Reinhart, Kenneth S. Rogoff: This Time is Different: Eight Centuries of Financial Folly, Princeton 2009; Growth in a Time of Debt, NBER Working Paper No. 15639, January 2010; Financial and Sovereign Debt Crises: Some Lessons Learned and Those Forgotten, IMF Working Paper, December 2013; Debt, Growth and the Austerity Debate, New York Times, 25. April 2013.

hammel der Keynesianischen Ökonomen, hält die Grenze von 90 Prozent für willkürlich festgelegt. Er verneint nicht, dass hochverschuldete Länder tendenziell geringeres Wachstum genießen als solche mit wenig Schulden. Doch einen Handlungsdruck genau ab der 90-Prozent-Linie aufzubauen, sei unverantwortlich, dafür wiesen die Länder zu viele Unterschiede auf. Ohnehin ist Krugman der Meinung, dass Staatsausgaben Wachstum erzeugen, Ausgabeneinschnitte die Konjunktur also nur drosseln und damit die Schuldenquoten erhöhen. Im Fall von Italien und Japan sieht er die hohe Staatsverschuldung als Folge geringen Wachstums, nicht umgekehrt.[9] Das Gegenargument, nach dem Staatsausgaben auch unproduktiv sein und private Initiative abwürgen können, will Krugman als Keynesianer nur in wenigen Fällen gelten lassen.

90 Prozent, 80 Prozent, 100 Prozent? Ohnehin hält sich kein Politiker sklavisch an solche Schwellenwerte, insofern ist der Streit um sie so ergiebig wie der Versuch, in einem (Elfenbein-)Turm Golf zu spielen. Jenseits von messerscharfen Grenzziehungen ist die Erkenntnis wichtig, dass hohe Verschuldung in einen Finanztaumel führen kann, aus dem schwer wieder rauszukommen ist. Reinhart und Rogoff fanden 26 Länder, die eine Periode von mindestens fünf Jahren über der 90-Prozent-Grenze aufwiesen. Durchschnittlich hielten sich diese Länder 23 Jahre in dieser Gefahrenzone auf. Die Gründe liegen auf der Hand. Die Zinskosten sind sehr hoch und können zu weiterer Verschuldung führen, die nur dazu dient, die Zinsen zu bedienen. Investitionen werden wegen der Schuldenlast vernachlässigt. Die Außenwelt, darunter Kreditgeber, Investoren und Konsumenten, ist verunsichert. Ist dieses Land vertrauenswürdig, kann man dort guten Gewissens eine Fabrik errichten? Und die Inländer fragen sich: Soll ich jetzt konsumieren, wenn doch weiter die alte Regel gilt, dass die Schulden von heute die Steuern von morgen sind? Sind die Zinsen hoch, weil der Staatssektor die verfügbaren Fremdmittel abgeräumt hat und damit private Kreditnehmer verdrängt? Wenn auch nur eine dieser Fragen bejaht wird, suchen sich die Investoren ein anderes Land und halten die Verbraucher ihre Ausgaben zurück. Hat das Misstrauen einmal Wurzeln geschlagen, will es bleiben wie Unkraut in einem Kräutergarten. Italien (Verschuldungsgrad 133 Prozent), Portugal (129 Prozent), Belgien (105 Prozent) und Griechenland (177 Prozent) sind warnende Beispiele für solche Schuldenspiralen.

Was hat all das mit Frankreich zu tun? Das Land muss aufpassen, dass es nicht wie ein zweites Italien in die Schuldenfalle gerät. Frankreich wies

9 http://krugman.blogs.nytimes.com/2013/04/16/reinhart-rogoff-continued/.

im Herbst 2016 eine Staatsverschuldung von 97,5 Prozent des BIP oder in absoluten Zahlen von 2137,6 Milliarden Euro auf[10]; im Jahr vor der Finanzkrise von 2008 waren es noch 64 Prozent — eine Steigerung um mehr als die Hälfte in weniger als zehn Jahren. Zum Vergleich: Der Durchschnitt im Euroraum lag Ende 2015 bei weniger als 91 Prozent und damit deutlich unter Frankreich. Deutschland wies gut 71 Prozent und Großbritannien 89 Prozent aus. Die französischen Politiker sind sich über die Lage völlig im Klaren. Bei einem Besuch Korsikas im September 2007 ließ sich der französische Premierminister François Fillon nach einem ausgiebigen Mittagessen im Hofe eines idyllischen Weingutes unter strahlender Sonne zu einer Beschreibung hinreißen, wie sie selten ein Regierungschef wählt: „Ich stehe an der Spitze eines Staates, der finanziell gesehen bankrott ist. Ein Staat, der seit 15 Jahren chronisch im Defizit steckt. Ich stehe an der Spitze eines Staates, der seit 25 Jahren kein einziges Mal einen ausgeglichenen Haushalt ratifiziert hat". Fillons nüchterne Analyse stand freilich in strengem Kontrast zu seinen Taten. In seiner Amtszeit stieg die Staatsverschuldung so schnell wie selten zuvor.

So kennen die französischen Haushaltszahlen seit Jahrzehnten nur eine Farbe: rot. Ob sich gerade eine linke oder rechte Regierung an der Macht befindet, spielt kaum eine Rolle. Wenn die EU-Kommission in Brüssel mit einem Stoppschild winkt, wird sie diplomatisch, aber bestimmt darauf hingewiesen, dass ihre Verkehrszeichen in Frankreich nicht gelten. Die Franzosen verbitten sich, dass ihnen Beamte aus Brüssel oder die Regierungen anderer Länder in ihre Finanzpolitik hineinreden.

In manchen Jahren galt sogar die Devise: Ausgeben, was das Zeug hält! Denn Frankreich glaubt an die Wunder einer konjunktursteuernden Haushaltspolitik. Sie besteht darin, in schlechten Zeiten mit Staatsausgaben die Konjunktur anzukurbeln und in guten Zeiten Ausgaben und Schulden zurückzuführen; nur vergaßen die französischen Politiker stets den zweiten Teil. Im Jahr 2009 etwa ließ die Regierung die Neuverschuldung bewusst nach oben schnellen. So viel staatliches Geld wie möglich unter die Leute und die Unternehmen zu bringen, wurde offizielles Regierungsziel. „Plan de Relance" war das Zauberwort für ein Konjunkturprogramm, mit dem Frankreich die Rezession in Folge der Finanzkrise durchschreiten wollte. Sarkozy ernannte sogar einen eigenen Minister für das Geldausgeben; Patrick Devedjian, sollte als „Minister für die Realisierung des Konjunkturprogrammes" dafür sorgen, dass das staatliche Geld rasch abfloss und an den gewünschten Stellen ankam. Das Programm enthielt

---

10 Insee: http://www.insee.fr/fr/themes/info-rapide.asp?id=40

unter anderem eine Abwrackprämie, staatliche Investitionen in die Infrastruktur, Steuererleichterungen für die Unternehmen und Einstellungsbeihilfen. Die Geldspritzen wirkten: Frankreich erlebte 2009 nur einen Rückgang des Wirtschaftswachstums von 2,5 Prozent — „die schwächste Rezession in der EU und in der OECD", wie sich Devedjian freute. Doch die erhöhten Staatsausgaben und die ausgefallenen Steuereinnahmen rissen ein enormes Loch in die Staatskasse. Die staatliche Neuverschuldung lag 2009 über 7 Prozent des BIP und ein Jahr danach nur knapp darunter. Bis heute fand in Frankreich keine Debatte über Kosten und Nutzen des Konjunkturprogrammes statt. Dabei hat die Ausgabenorgie von damals die Finanzpolitik der Folgejahre mehr als alles andere geprägt. Nur der französische Rechnungshof veröffentlichte einen halbkritischen Bericht über das Konjunkturprogramm. Dieses habe das Wachstum um rund 0,5 Prozent des BIB gestärkt, die öffentlichen Finanzen aber 1,4 Prozent des BIP gekostet, lautete seine Analyse. Etliche Unternehmen hätten dank der Liquiditätshilfen überlebt, doch Investitionen und der Arbeitsmarkt erhielten tendenziell nur schwache Anstöße — eine sehr gemischte Bilanz mit vielen negativen Folgewirkungen.[11]

Seit 2010 mühen sich die Regierungen, die explodierte Neuverschuldung wieder zurückzuführen. Dabei setzten zuerst die Konservativen und dann die Sozialisten bis 2013/2014 vor allem auf massive Steuererhöhungen. Erst in seiner zweiten Amtshälfte lockerte Hollande das Korsett — doch fast nur für die Unternehmen. Nach Angaben des regierungsnahen Forschungsinstituts OFCE sind die Steuern und Sozialabgaben der privaten Haushalte unter Hollande um 20,6 Milliarden Euro gestiegen, während sie für die Unternehmen um 35 Milliarden Euro sanken.[12] Diese sehr unsozialistische Verteilung von Vergünstigungen bescherte der Regierung viel politischen Ärger.

Schulden, na und? Die Zinsen sind doch niedrig, ergreifen wir die Gelegenheit, uns billig mit viel Geld einzudecken! Dieses Argument ist gelegentlich unter linken Ökonomen und Politikern zu hören. Der dazu gehörige Gedankengang geht so: Wie bei unserem bereits zitierten Beispiel des Familienhauses brauche auch der Staat einen festen Rahmen, in dem er leben könne. Die Eltern haben sich also verschuldet, um das Haus zu kaufen. Sollten später die Schulden auf die Kinder übergehen, sei das nicht schlimm, denn die Kinder erhalten ja auch das Haus, das sie

---

11 Cour de Comptes: La mise en œuvre du plan de relance de l'économie française, Juli 2010.
12 http://www.ofce.sciences-po.fr/pdf/pbrief/2016/pbrief02.pdf.

weiterbewohnen können. Anstelle der Miete zahlen sie den Kredit weiter ab. Der Ökonom des Pariser Forschungsinstituts OFCE, Eric Heyer, formuliert so: „Wenn man ein Krankenhaus als Beispiel nimmt, so ist es nicht absurd, dass sich der Staat für seinen Bau verschuldet und die kommende Generation an der Finanzierung beteiligt." Es gibt freilich einen wichtigen Unterschied: Mit seinen Staatsausgaben investiert der Staat nicht vorwiegend, er gibt sein Geld nicht in erster Linie für Krankenhäuser oder andere bleibende Infrastruktur aus, wie wir zuvor gesehen haben, sondern er verwendet es für seine laufenden Ausgaben, er bezahlt damit etwa Beamte und Arbeitslose. Von diesen konsumtiven Staatsausgaben hat die nächste Generation gar nichts. Auf diesem Weg verjubeln die Eltern das Erbe.

So droht dem Haus der Verfall. Wenn man provokativ überspitzen wollte, könnte man das „Haus Frankreich" mit einer Patchwork-Familie vergleichen, in der sich mehrere Generationen ein Dach teilen. Im Hauptgeschoss sind die Eltern mit aufsässigen Kindern konfrontiert. Wenn der Nachwuchs unzufrieden ist, protestiert und streikt er; dann erhöhen die Eltern das Taschengeld oder kaufen mehr Süßigkeiten. Die schon größeren Stiefkinder haben gerade keine Arbeit, sie sind im Keller untergebracht und werden gerade so versorgt, dass sie nicht aufmucken. Gleichzeitig transferieren die Eltern einen erheblichen Teil ihres Vermögens an die Großeltern. Diese feiern im Obergeschoss mit anderen jungen Rentnern eine Party. Für die Instandhaltung des Hauses ist meistens kein Geld mehr übrig. Es verkommt nach und nach. Dabei wissen die Kinder noch gar nicht, welcher Schuldenberg auf sie zukommen wird.

Dieser Vergleich soll kein Plädoyer für die Abschaffung von Sozialausgaben sein. Sie sorgen dafür, dass die Ungleichheit nicht aus dem Ruder läuft und so der innere Frieden erhalten bleibt. Doch alles ist eine Frage des Maßes. Zuviel bewirkt am Ende zu wenig. Entscheidend ist, dass möglichst viele Menschen eine Arbeit haben — nicht zu einem Hungerlohn, doch vergütet auf einer Basis, auf der die Arbeitgeber im Wettbewerb bestehen können. Alle finanziellen Anreize müssen in diese Richtung wirken. Dagegen die Passivität der Bürger zu alimentieren und das Aufbegehren mit Staatsausgaben zuzuschütten, ist kein nachhaltiges Modell. Ein solches Haus bietet den Kindern keine Zukunft.

Wie aber könnte Frankreich ein anderes Haus bauen? Oder wie könnte es darin anders wohnen? Gibt es vielleicht eine Architektur oder eine Inneneinrichtung, die schon lange nicht mehr ausprobiert wurde?

Auf der Suche nach dem französischen Liberalismus

Der Liberalismus hat es heute schwer. Überall in der Welt sind Politiker unterwegs, die das sagen, was viele Leute hören wollen. Sie reden ihnen nach dem Mund. Sie suchen nicht nach Lösungen, sondern nach Sündenböcken. Oft finden sie diese im Ausland oder in Gestalt heimischer Politiker, die Mäßigung und Ausgleich anstreben. Mit einfachen Rezepten kommen sie in Wahlkämpfen an, doch sie verbergen oder sie wissen nicht, dass Handeln in der Regierungsverantwortung immer kompliziert ist. Sie sind politische Falschspieler, die vor allem eins wollen: Macht. In den Vereinigten Staaten kommt diese bedauerliche Entwicklung in Donald Trump und in Europa im Aufstieg von Parteien wie Front National und AfD sichtbar zum Ausdruck. Als Populismus wird sie häufig beschrieben. Der Begriff ist jedoch problematisch, weil aus ihm die Arroganz der Eliten spricht, die jede Volksnähe verabscheuen. Der Vorwurf des Populismus tut dem Volk Unrecht, und er spielt den politischen Verführern in die Hände.

Ausflüsse dieser neuen Politik sind Nationalismus und Protektionismus. Der Liberalismus ist das Gegenteil davon. Liberalismus heißt Offenheit für Neues und auch für Fremdes, Abschottung kennt er nicht. Der Liberale lässt anderen Lebenskonzepten, anderen Talenten, anderen Waren und Dienstleistungen Freiräume. Er ist bereit, sich mit ihnen zu messen. Den Austausch mit dem Unbekannten hält er für eine Bereicherung, auch wenn seine Folgen nicht immer absehbar sind. Der Liberalismus maßt sich nicht an, die Zukunft zu kennen. Er will sie entdecken und anderen keine Pläne vorschreiben. Staatliche Instanzen sollen die Menschen daher auch nicht in Zwangsjacken aus Regeln, Verordnungen und Gesetzen pressen. Sie kennen die Zukunft nicht besser als ihre Bürger. Die Gegenwart können sie oft auch nicht besser bewerten als der Einzelne.

Für Nationalismus und Protektionismus zu werben ist leichter, als sich für den Liberalismus einzusetzen. Die Umsetzung eines liberalen Konzeptes ist leicht angreifbar, denn kurzfristige Nachteile können langfristigen Vorteilen vorangehen. Opportunistische Politiker schlachten diesen schwierigen zeitlichen Ablauf für ihre Zwecke gerne aus.

Dabei sind Elemente oder weite Teile einer liberalen Ordnung die Grundlage aller nachhaltig erfolgreichen Staaten. Der Liberalismus stellt individuelle Freiheit und Selbstverantwortung in seinen Mittelpunkt. Ohne die von ihm vorgesehenen Freiräume kann keine Gesellschaft ihre Ideen und ihre Schaffenskraft so nutzen, dass sie überlebt, geschweige denn weiterkommt. Wenn sich der Einzelne nicht entfaltet, erlahmt seine Eigeninitiative, er wird zur Last für die Gemeinschaft. Freiheit und Selbstbestimmung ermöglichen den Menschen, sich einer wandelnden Umwelt anzupassen, sie garantieren die Motivation für Fortschritt und in wirtschaftlicher Hinsicht für Wohlstand. Solidarität gehört auch zu diesem Konzept. Wer Schwache, Alte und Kranke zurücklässt, kann keine Gemeinschaft bilden. Sie aber ist Voraussetzung für den Erfolg aller. Die Gemeinschaft ist auch ein Garant von Freiheit. Der Einsiedler mag sich immer wieder frei fühlen, doch weil der Schutz der Gemeinschaft fehlt, fehlen ihm auch viele Freiheiten. Die meisten Menschen wollen in einer Gemeinschaft leben. Daher sind sie zu Solidarität bereit. Freiwilligkeit reicht in unseren Gesellschaften jedoch nicht mehr aus. Sie müssen daher immer wieder aufs Neue entscheiden, wieviel Solidarität sie erzwingen können und wieviel Individualität sie erlauben wollen. Dieser Scheidepunkt liegt in jedem Land anderswo.

Die Frage, was liberal ist, löst auf der ganzen Welt heftige Debatten aus. Gerne wird unterschieden zwischen Wirtschaftsliberalen sowie Sozialliberalen und politischen Liberalen. Die Definitionen sind von Ort zu Ort verschieden. In den Vereinigten Staaten hat der Liberalismus meist eine andere Bedeutung als in Europa. Die meisten amerikanischen „liberals" fordern Freiheit in politischer und gesellschaftlicher Hinsicht, gleichzeitig rufen sie aber nach dem Staat, damit er wirtschaftlich umverteilt und die Schwachen schützt. Das geht auch darauf zurück, dass sich die sozialpolitischen Staatseingriffe in den Vereinigten Staaten auf einem viel niedrigeren Niveau abspielen als in Kontinentaleuropa. Wenn ein amerikanischer Liberaler also mehr sozialen Schutz durch den Staat fordert, so hat er eine ganz andere Ausgangsposition.

Im politischen Spektrum wird der amerikanische Liberalismus links der Mitte verortet, in Europa ist die Lage dagegen weniger klar. Viele europäische Liberale finden, der Staat solle sich in jeder Hinsicht zurückhalten. Ein Beispiel: Ein klassischer deutscher Liberaler hat tendenziell nichts gegen die Homo-Ehe, weil der Staat den Einzelnen ihre Partnerwahl überlassen soll. Gleichzeitig befürwortet er niedrige Steuern sowie begrenzte Staatsausgaben. Ein amerikanischer „Liberal" hat auch nichts gegen die Homo-Ehe, doch er möchte die Reichen kräftiger besteuern, als es heute der Fall ist.

Auch in Europa ist der Liberalismus kein einheitliches Konzept. Sozialliberale und Wirtschaftsliberale streiten oft miteinander. Für die Freiräume, die der Bürger erhalte, müsse er auch Risiken akzeptieren, sagt der Wirtschaftsliberale. Wenn es mal schief geht, soll vor allem er die Folgen tragen. Ein soziales Netz für die Gescheiterten ist vorhanden, doch die Wirtschaftsliberalen hängen es nicht sehr hoch. Denn sonst könnten sich alle darin verheddern, und die wirtschaftliche Dynamik würde erlahmen. Ein hochgehängtes soziales Netz lädt auch zum Ausruhen ein, es muss von allen durch Steuern und Abgaben bezahlt werden, die wiederum die Freiheit einschränken, so die Klage der Wirtschaftsliberalen. Die Sozialliberalen dagegen schätzen den Aspekt der Solidarität und sind stärker bereit, die Freiheit dafür ein Stück weit einzuschränken. Sozialer Ausgleich, der eine Gesellschaft befriedet, sei die Voraussetzung für ein Mindestmaß an Freiheit, ohne sie herrsche das Recht des Stärkeren und damit nur die Freiheit von wenigen, so die Argumentation der Sozialliberalen. Ähnliche Konflikte kennzeichnen die Fragen der inneren Sicherheit: Wieviel staatliche Überwachung soll der Bürger akzeptieren, wieviel Kontrolle darf der Staat ausüben?

Der Verweis auf die unterschiedlichen Liberalismus-Begriffe ist wichtig, um Verwirrung zu vermeiden. Was heißt Liberalismus in der konkreten Politik? In Deutschland nennt sich die FDP eine liberale Partei — liberal im Sinne der Forderung nach Freiheit, die sich aus einer Begrenzung staatlicher Eingriffe ergibt. Die FDP hat heute nicht mehr den gleichen Rückhalt in der Bevölkerung wie früher, doch trotz aller Vorwürfe der Klientelpolitik oder der Prinzipienuntreue schätzen sie nicht wenige Deutsche als liberales Korrektiv. „Liberale" mehr oder weniger intensiver Ausprägung gibt es in Deutschland zudem in der CDU, bei den Grünen und in der SPD. Das Erbe von Ludwig Erhard findet in Deutschland einen breiten Rückhalt.

In einem anderen großen europäischen Land sind ebenfalls Liberale zu finden, wahrscheinlich sogar mehr als in Deutschland: in Großbritannien. Dort ist eine wichtige wirtschaftsliberale Fraktion bei den Tories, den Konservativen, angesiedelt, doch auch bei den Briten ist das liberale Gedankengut in allen Fraktionen breit gestreut. In der Partei der Liberaldemokraten haben sich Sozialliberale und Wirtschaftsliberale zusammengefunden.

Und Frankreich? Fehlanzeige. Es gibt keine liberale Partei in Frankreich, und lange Zeit gab es auch kaum liberale Strömungen in der Politik. Alle großen Parteien in Deutschland und ihre Stiftungen haben in Frankreich mehr oder weniger gleichgesinnte Partnerorganisationen — nicht jedoch die FDP. Der wirtschaftliche Liberalismus war lange Zeit all das, was Frankreich nicht sein wollte: ein Land ohne staatliche Detailplanung, eine Nation des freien Unternehmertums und der Eigenverantwortung seiner Bürger. Der Liberalismus galt als kaltherzig, als ein Feind der Solidarität und der Gleichheit, zudem als angelsächsische Erfindung und damit als fremdes Gedankengut, das nicht zu Frankreich passt. „Liberal" ist für viele Franzosen ein Schimpfwort, vor allem in der beliebten linken Schmäh-Version des Adjektivs „ultraliberal". Der Liberalismus ist nur ein anderes Wort für Raubtierkapitalismus, mit dem meistens noch amerikanische oder angelsächsische Hegemoniebestrebungen verbunden sein sollen. Diese Kritik ist auch in Deutschland zu hören, doch sie ist nicht Mehrheitsmeinung.

Die deutsch-französischen Unterschiede in dieser Wertedebatte kamen besonders deutlich zwischen Mai 2012 und Dezember 2013 zum Vorschein. Da waren in Berlin der Liberale Philipp Rösler Wirtschaftsminister und gleichzeitig ein Sozialist in Paris sein Amtskollege. Zuerst handelte es sich um Pierre Moscovici, der eher ein französischer Sozialdemokrat ist. Doch er hatte gleich von Anfang den ehrgeizigen Arnaud Montebourg vom Linksflügel der sozialistischen Partei als Industrieminister an seiner Seite. Später wurde Montebourg Wirtschaftsminister. Wenn Rösler auf ihn traf, hatten sie sich entweder wenig zu sagen oder sie redeten aneinander vorbei. Montebourg ist ein Gegner der Globalisierung und Verfechter der „Demondialisation", der „Entglobalisierung", wie er eines seiner Bücher nannte.[1] „Der Freihandel zerstört das wirtschaftliche Leben der Bürger und tötet die Demokratie", durfte da schon im Vorwort der französische Historiker und Essayist Emmanuel Todd schreiben. Montebourg plädiert für einen „modernen, grünen und europäischen Protektionismus". Dieses Weltbild teilte im Wahlkampf von 2017 eine breite Phalanx von Politikern, sie schloss etwa Benoît Hamon, den Sieger der sozialistischen Vorwahlen, sowie den Linkspolitiker Jean-Luc Mélenchon ein. Am anderen Ende — beim Front National — findet sich das gleiche Gedankengut. In der Ablehnung des Freihandels und im Vorrang des Staates als Wirtschaftslenker schließen sich der linke und der rechte Rand zusammen. Als Vorbild sehen sie etwa südamerikanische Regierungen, die Einfuhrzölle in der Hoffnung anheben, die heimische Produktion zu steigern. Die argentinische Präsidentin Cristina Kirchner verhängte zum Beispiel Importverbote auf Smartphones, Apple-Computer, BMWs und Barbie-Puppen, um die Unternehmer zur Fertigung in Argentinien zu zwingen. Angesichts der unbefriedigenden Wirtschaftslage des südamerikanischen Landes kann man nicht sagen, dass dieser Weg sonderlich erfolgreich war. Doch das ficht die Freihandelsgegner nicht an. Sie wollen mehr Schutz vor Einfuh-

---

1 Votez pour la Démondialisation, Flammarion, Paris 2011.

ren, auch wenn sie manches Importprodukt persönlich schätzen. In einem Interview mit mir beschimpfte Montebourg einmal die iPhones als ein „Produkt der Ausbeutung".[2] Er dachte dabei an die hart schuftenden Arbeiter in chinesischen Zuliefererbetrieben. Im nächsten Augenblick holte er sein Telefon aus der Tasche, um einen Anruf entgegenzunehmen. Es war ein iPhone.

Das Verhältnis zum Liberalismus ist ein Schlüssel zum besseren Verständnis eines Landes. Die französische Ablehnung überrascht auf den ersten Blick. Haben Frankreichs Revolutionen nicht gezeigt, wie sehr das Land die Freiheit liebt? Im nationalen Dreiklang von „Freiheit, Gleichheit, Brüderlichkeit" steht sie an erster Stelle. Doch in Wirtschaftsfragen ist das anders: Da räumt Frankreich dem Staat eine klare Präferenz vor freien, marktwirtschaftlichen Entscheidungsprozessen ein. Eine geradezu leidenschaftliche Verehrung bringen die intellektuellen und politischen Eliten dem Staat entgegen. „Frankreich ist eines der wenigen Länder in der Welt (zusammen mit Nord-Korea), in dem man einen Aufsatz mit dem Titel veröffentlichen kann: ‚Man muss den Staat lieben'", stellt der Politologe Sudhir Hazareesingh von der Universität Oxford fest.[3] In dem angesprochenen Essai forderte der französische Beamte Jean Picq eine klare Definition der öffentlichen Aufgaben. Mehr denn je werde der Staat gebraucht, um die öffentlichen Güter zu schützen, schrieb Picq.[4]

Solche Schriften sind nur ein Beispiel für einige gemeinsame Nenner, auf die sich die intellektuellen Debatten Frankreichs herunterbrechen lassen: Der Glaube an die Ideale des Staates, der für Gerechtigkeit, Gleichheit und auch für die Freiheit des Einzelnen sorgt und damit zu einer zivilisatorischen Kraft wird. Frankreich glaubt somit an die Freiheit durch den Staat, nicht an die Freiheit vom Staat. Dazu gehört, dass die französischen Intellektuellen gegenüber dem Materialismus ausgesprochen misstrauisch sind. Viele Ökonomen weigern sich, den materiell motivierten Homo oeconomicus als Leitfigur der Wirtschaftstheorie zu akzeptieren. Diese Figur ist eine Erfindung von Volkswirten, die aufzeigen soll, auf welche Anreize die Menschen bevorzugt reagieren. Es sind in ihren Augen meist wirtschaftliche, also materielle Anreize, die uns beeinflussen. „Das frühere Handwerk in den Klöstern zeigt zum Beispiel, dass nicht allein Geld den Men-

2 F.A.Z. Wirtschaft, 27. März 2012, S. 11.
3 Sudir Hazareesingh: Ce pays qui aime les idées, Paris, Flammarion, 2015, S. 24.
4 Jean Picq: Il faut aimer l'Etat, Essai sur l'Etat en France à l'aube du XXIe siècle, Paris 1995.

schen zur Arbeit bewegt; Ansehen und Respekt spielen auch eine große Rolle", sagt etwa der Schriftsteller Michel Houellebecq".[5]

Nicht nur das linke Lager hat in Frankreich lange Zeit den Liberalismus verschmäht. Auch die Gaullisten und ihre Nachfolger waren in diesem Fahrwasser unterwegs. Ein bürgerlich-konservativer Politiker wie Jacques Chirac wechselte in seiner langen Karriere zwar häufig die Position; als Premierminister von 1986 bis 1988 verantwortete er etwa eines der größten Privatisierungsprogramme der Geschichte und schaffte die Vermögenssteuer ab, doch am Ende seiner Amtszeit als Präsident ging er auf Distanz. „Ich bin überzeugt, dass der Liberalismus zum gleichen Scheitern verurteilt ist wie der Kommunismus (…). Der eine wie der andere sind Perversionen des menschlichen Denkens", sagte er im Jahr 2007.[6]

Auch Chiracs innerparteilicher Gegner, Nicolas Sarkozy, hatte vor seiner Wahl ins Präsidentschaftsamt abgestritten, ein Wirtschaftsliberaler zu sein, obwohl sein Programm solche Inhalte enthielt. Bald darauf wehrte sich Sarkozy gegen den Vorwurf, „der Präsident der Reichen" zu sein. Beides wird in Frankreich gerne gleichgesetzt. Sein Nachfolger François Hollande kündigte im Januar 2014 auf einer Pressekonferenz einen Kurswechsel hin zu einer angebotsorientierten, unternehmensfreundlichen Politik an, doch gleichzeitig betonte Hollande: „Ich bin jetzt nicht vom Liberalismus überwältigt worden."

Frankreich, die Heimat des Etatismus — dieses Bild hat sich allerorten verfestigt. Haben nicht Marktwirtschaft und Planwirtschaft seit dem Zweiten Weltkrieg eine fröhliche Mischehe geführt? Und hatte nicht schon König Ludwig XIV. in seinem unerschütterlichen Machtverständnis („L'Etat, c'est moi") den Vorrang des Staates vor privater Initiative unterstrichen? Historiker bestreiten allerdings, dass er diese Worte jemals sprach. Mancher Schein kann trügen, und Kurskorrekturen sind immer möglich.

Im Sommer 2014 betrat ein junger Mann die politische Bühne Frankreichs, den wenige auf dem Zettel hatten. Erst 36 Jahre alt, hatte er zwar als Wirtschaftsberater von François Hollande für Aufsehen unter den Experten des Politikbetriebes gesorgt, doch in der ersten Reihe stand Emmanuel Macron nie. Seinen Posten im Elysée-Palast hatte er im Juli 2014 sogar aufgegeben, um ein eigenes Unternehmen zu gründen. Doch dann rief Hollande an,

---

5 Debatte mit Emmanuel Macron, in: Les Inrockuptibles, 22. Juni 2016.
6 Pierre Péan: L'inconnu de l'Elysée, Paris 2007.

um ihm den Posten des Wirtschaftsministers anzubieten. Macron willigte ein, und sein kometenhafter Aufstieg begann.

Zwei Jahre lang gehörte er der sozialistischen Regierung an, in dieser Zeit stieß Macron einige Reformen an, doch außer längeren Öffnungszeiten der Geschäfte, der Genehmigung von privaten Fernbusanbietern und einigen Lockerungen für Berufsstände wie die Notare konnte er kaum Spuren hinterlassen. Einem ehrgeizigen Politiker wie Macron reicht das nicht. Im Spätsommer 2016 verließ er die Regierung der Sozialisten, die er zu Recht als sinkendes Schiff ansah und bereitete sich auf den Präsidentschaftswahlkampf bevor.

Mit dem Liberalismus hat Macron im Gegensatz zu vielen seiner ehemaligen Regierungskollegen keine Berührungsängste. 2016 brachte er ein Buch heraus, das er „Révolution" nannte. Nicht links nicht rechts, sondern eine Revolution durch die Mitte wünscht er sich. „Wenn man mit dem Liberalismus das Vertrauen in die Menschen meint, dann kann man mich gerne liberal nennen", schrieb er ohne Angst vor diesem Tabubruch in seinem politischen Lager. „Jedes Mitglied der Gesellschaft soll ein Leben führen können, das seinen tiefsten Hoffnungen entspricht", meint Macron.

Auch im bürgerlich-konservativen Lager schien eine Wandlung einzusetzen. François Fillon, der ehemalige Premierminister unter Nicolas Sarkozy, bekannte sich offen zum Wirtschaftsliberalismus. „Ich bin überzeugt davon, dass Frankreich seinen Bürgern durch Vorschriften und Zwänge zu viele Freiheiten geraubt hat. Daher muss sich die Balance wieder in die andere Richtung verschieben. Ich bin nicht aus ideologischen Gründen liberal geworden. Ich bin in Wirtschaftsfragen liberal geworden, weil all diese Einschränkungen durch die zurückliegenden Regierungen unerträglich geworden sind", sagte er der Tageszeitung „Le Monde."[7] Im November 2016 gewann er mit großem Abstand die Präsidentschaftsvorwahlen seiner Partei.

Wird der Liberalismus in Frankreich also salonfähig? Oder handelt es sich nur um hohle Politikerworte? Einer der wenigen Präsidentschaftskandidaten, die sich in jüngerer Vergangenheit mit einem konsequent liberalen Programm zur Wahl stellten, war der Politiker Alain Madelin. Er wollte Steuern senken, den Staatsapparat verkleinern, die 35-Stunden-Woche abschaffen und die Rente reformieren. Doch Madelin erhielt 2002 nur

---

7 Le Monde, 21. Januar 2016.

klägliche 3,85 Prozent der Stimmen, wenige Jahre später zog er sich aus dem politischen Leben zurück.

Was ist seitdem geschehen? Ich will bei Alain Madelin, der heute bei einer französischen Investmentbank arbeitet, eine Antwort erhalten. In seinem großzügigen Büro mit Blick auf die Champs-Elysées erklärt mir der 70-Jährige Frankreich und die Welt.[8] „Frankreich war ein liberales Land", sagt er und legt die Betonung auf die Vergangenheitsform, „das Land war liberal von der Zeit der Aufklärung im achtzehnten Jahrhundert bis zu Beginn des zwanzigsten Jahrhunderts. Doch nach dem Zweiten Weltkrieg haben sich die verschiedenen Formen des Etatismus festgesetzt, der marxistische, der jakobinische und der technokratische Etatismus". Also ist kein Wandel in Sicht? „Die Liberalen existieren heute in Frankreich ein Stück weit auf dem intellektuellen Gebiet, doch politisch existieren sie nicht", stellt Madelin kategorisch fest. An François Fillon lässt er kein gutes Haar. Dieser habe „kein liberales, sondern ein patronales Wahlprogramm", das nur die Interessen der Arbeitgeber bediene. „Sein Programm ist wie das von Robin Hood, nur umgekehrt. Nehmt von den Armen und gebt den Reichen". Fillons Forderungen seien „eine Karikatur des Liberalismus", weil er fast überall staatliche Ausgaben wie mit dem Fallbeil kürzen wolle, anstatt eine intelligente, neue Aufgabenverteilung zwischen Staat und Privatsektor vorzuschlagen. Dem Liberalismus tue Fillon damit keinen Gefallen, er errichte stattdessen lauter Angriffsflächen. Besser gefällt Madelin dagegen der ehemalige Wirtschaftsminister Emmanuel Macron. Der junge Politiker suche zwar noch seinen Weg, doch er habe das Zeug, um im linken Lager einen klar liberalen Flügel zu verankern. „Der Liberalismus ist weder rechts noch links, er muss die Parteigrenzen einreißen", fordert Madelin.

Der politische Ruheständler fürchtet indes, dass Frankreich ein sehr abrupter Wandel bevorstehen könnte. Umbrüche meistern jene Gesellschaften am besten, die das Vertrauen in die Freiheit der Individuen in den Vordergrund stellen. „Doch wir sind in Frankreich viel stärker als andere eine Befehlsgesellschaft, geprägt von Colbert, Napoleon, dem Marxismus und den Technokraten. Gleichzeitig gibt es bei uns schon lange Populisten am linken und am rechten Rand, welche die alte Machtausübung von oben nach unten verlängern und verstärken wollen (...) Die Krankheit des Populismus und der Nostalgie hat jetzt allerdings alle großen Demokratien in Europa und in den Vereinigten Staaten befallen. Frankreich war nur ihr erstes Opfer." Mit Sorgenfalten auf der Stirn meint Madelin: „Die

---

8 Gespräch am 3. November 2016, siehe auch F.A.Z., 15. November 2016.

Auswechslung ihrer Eliten ist den Franzosen selten friedlich gelungen, sie ging immer stürmisch vonstatten."

Die französischen Liberalen sind im Laufe der Jahre fast zu einer Sekte zusammengeschrumpft — noch dazu eine, die sich in verschiedene Gruppen zersplitterte. Der Liberalismus geriet nicht in Vergessenheit, doch man setzte sich mit ihm als Gegenentwurf auseinander. Seine Ablehnung beschrieben und analysierten die Franzosen bis ins Detail.[9] Trotz seiner Zwergenrolle ist der Wirtschaftsliberalismus jedoch auch in Frankreich nicht tot zu kriegen. Ein Netzwerk privater Organisationen, über das die Zeitungen selten schreiben, hält ihn am Leben. Ihre Namen sind oft Erinnerungen an längst verstorbene Liberale wie das Institut Turgot, das Institut économique Molinari oder das Institut Coppet, das an einen europäischen Gesprächskreis von Madame de Staël und Benjamin Constant zu Beginn des 19. Jahrhunderts anknüpfen will. Einige Organisationen wie die Contribuables Associés nehmen den Standpunkt des Steuerzahlers ein. Auf Webseiten wie Contrepoints.org oder libres.org verbreiten sie ihre Ideen. Manche Initiative wie die Association pour la liberté économique et le progrès social (ALEPS) besteht schon mehr als ein halbes Jahrhundert. Grauhaarige Männer dominierten in diesen Gruppierungen, doch Nachwuchs ist in Sicht.

Christophe Seltzer zum Beispiel. Wenn er E-Mails verschickt, dann beendet er sie gerne mit dem leidenschaftlichen Aufruf „Vive la liberté!". Der Freiheitsfan, der sich auch gerne als „Untergrund-Philosoph" bezeichnet, verbreitet auf seinen verschiedenen Webseiten sein Motto: „Make Business not War". Der 25 Jahre alte ehemalige Politikstudent leitet die französische Sektion des liberalen Netzwerkes „Students for Liberty" mit seinen vierzehn verschiedenen Studentenvereinen in Frankreich. Fast neunzig „Start-up weekends", „Werkstätten für die Freiheit" und Konferenzen haben sie seit 2015 organisiert. „Wir bekommen immer mehr Anhänger, auch im linken Lager", freut sich der Franzose, „Liberalismus ist cool".

Von einer französischen Massenbewegung kann man nicht sprechen, doch von einem wachsenden Phänomen: Die Rolle des Staates wird überdacht. Stärker als zuvor denkt Frankreich jetzt den Liberalismus konsequent zu Ende — von dem immer schon akzeptierten politischen Liberalismus nun auch zum wirtschaftlichen Liberalismus. Die Studenten der Gruppierung „Think-Liberal" an der Elite-Universität Sciences Po diskutieren sogar über

9 Siehe etwa: Nicolas Lecaussin: L'obsession antilibérale française, Paris 2014; oder Christian Stoffaës: Psychoanalyse de l'antilibéralisme, Paris 2006.

die Abschaffung von Zentralbanken (Stichwort Internetwährung Bitcoin), sie protestieren gegen die Freiheitsbeschränkungen durch den Ausnahmezustand nach den Terroranschlägen und fordern die Freigabe von Drogen.

Einer der bekanntesten neu-liberalen Köpfe ist Agnès Verdier-Molinié. Die Tochter einer Winzerfamilie aus Bordeaux leitet den französischen Think-Tank Ifrap (Institut français de recherche sur les administrations publiques). Vor einigen Jahren wurde sie in der Szene der Politikberater noch wie ein Paria behandelt, denn ihre Vorschläge zum Abbau des öffentlichen Dienstes galten als zu radikal. Sie sehe jeden Beamten nur als überflüssige Kostenstelle, werfen ihr die Gegner vor. „Ich will den öffentlichen Dienst retten, dafür muss er aber effizienter arbeiten und weniger kosten", entgegnet sie. Gleichzeitig will sie das Steuersystem reformieren, denn „die heute existierenden 360 verschiedenen Steuern und Abgaben in Frankreich bringen das Fass zum Überlaufen". Bei ihren öffentlichen Auftritten füllt sie Hallen mit 2000 Besuchern. Früher kam sie in den Polit- und Wirtschaftsmagazinen gar nicht vor, heute ziert sie oft die Titelseiten.

Ein anderer Vertreter der neuen liberalen Wilden ist Gaspard Koenig. Wir sitzen unter dem Dachstuhl eines Bürgerhauses im neunten Arrondissement von Paris.[10] Lauter Start-up-Unternehmen haben hier ihre Büros, und Gaspard Koenig ist als Gründer eines intellektuellen Start-up einer von ihnen. „Génération libre" heißt die Stiftung des 35 Jahre jungen Franzosen. Sie erstellt tiefgründige Analysen und bedruckt T-Shirts mit Aufschriften wie: „In der Zeit, in der Sie diese Worte lesen, steigt unsere Staatsschuld um 20.000 Euro." Oder: „300 Käse, 36.000 Dörfer, 400.000 Vorschriften", Oder: „Hören Sie auf, den Franzosen auf den Wecker zu fallen." (Georges Pompidou 1966)

Gaspard Koenig ist Philosoph, kennt aber auch die Welt der Wirtschaft, weil er Redenschreiber der französischen Finanzministerin Christine Lagarde und Angestellter der Osteuropabank in London war. Unser Gespräch beginnt er mit einem Schuss Selbstironie. „Wenn Sie in Frankreich sagen, Sie sind Ökonom, haben Sie keine Chance. Wenn Sie sagen, Sie sind Philosoph, gehen überall die Türen auf. In den meisten Ländern ist es genau umgekehrt. Das kommt mir entgegen". Koenig ist heute einer der gefragtesten Redner und Debattenteilnehmer Frankreichs. Er will das Denken in neue Bahnen lenken und dabei an alte Wurzeln anknüpfen. „Es gibt eine lange liberale Tradition in Frankreich — in intellektueller, politischer und wirtschaftlicher Hinsicht", doziert er. „Auf die Geburt des Colbertis-

10 Gespräch am 18. Oktober 2016.

mus folgte als Reaktion die Geburt des französischen Liberalismus. Seither gab es immer diese beiden Strömungen." Koenig positioniert sich mit seinem Think-Tank als konsequenter Liberaler. Das führt ihn zu überraschenden Koalitionen. Seite an Seite demonstrierte er mit den Linksextremen gegen den Ausnahmezustand und die staatlichen Freiheitsbeschränkungen infolge der Terroranschläge. Er bewundert auch Deutschland für seine Sensibilität beim Datenschutz, die er in Frankreich vermisst. Um Wettbewerbsverzerrungen unter den Unternehmen zu verhindern, will er ein scharfes Kartellrecht. Und er mag nicht die konservativen Liberalen. „Diese Bourgeois gehen am Sonntag zur Messe und wollen gleichzeitig die Gewerkschaften zerschlagen." Koenig sieht sich als Freiheitskämpfer in aller Konsequenz. „Wir leben wirtschaftlich, politisch und sozial in einer Gesellschaft der Rentiers, die ohne Gegenleistung nur ihre garantierten Einkommen verwalten. Das wollen wir ändern", sagt Koenig.

Wenn der junge Mann über den französischen Liberalismus spricht, holt er weit aus. Er redet von Colbert, Turgot, Boisbuilbert und Guizot. Wer aber waren diese Männer? Hier drängt sich ein Abstecher in die französische Geschichte auf, ohne den nicht zu verstehen ist, wie die französische Gegenwart entstanden ist.

Wie die Franzosen den Liberalismus erst erfanden und dann abschafften

„Geschichte ist die Lüge, auf die man sich geeinigt hat", meinte schon Voltaire. Anatole France hielt dagegen fest: „Historie ohne Lügen ist außerordentlich langweilig". Damit antwortete er auf Montesquieu. „Glücklich das Volk, dessen Geschichte sich langweilig liest", meinte dieser.

Frankreichs Geschichte ist äußerst kurzweilig, und hier beginnt der Versuch, möglichst ohne Lügen einen kleinen Teil von ihr zu beschreiben. Denn Geschichte bleibt relevant. Gerade die Wirtschaftsgeschichte Frankreichs hat eine lange Halbwertszeit, sie strahlt noch heute. Zum besseren Verständnis ist ein Rückgriff auf die Zeit von Ludwig XIV. erforderlich. Damals wirkte ein Mann, der ein gewaltiges Erbe hinterließ: Jean-Baptiste Colbert, geboren 1619 und verstorben 64 Jahre später, er war der mächtigste Minister von Ludwig XIV. Auf ihn geht der Begriff des „Colbertismus" zurück. Zwischen drei Polen reibt und zerreibt sich die französische Wirtschaftspolitik seit Jahrhunderten: dem Colbertismus, dem Sozialismus und dem Liberalismus.

Der Colbertismus ist eine französische Variante des Merkantilismus, mit der Colbert den Staat zum Motor der wirtschaftlichen Geschicke machte. „Der Colbertismus hat Colbert lange überlebt. Wir werden sehen, dass er uns in einem großen Maße noch heute regiert", schrieb Alain Peyrefitte in seinem Standardwerk „Le mal français" in den siebziger Jahren.[1] Die Aussage ist aktuell geblieben: Wenn man in den vergangenen fünf Jahren im elektronischen Zeitungsarchiv von „Le Monde" nach den Stichworten „Colbertismus" und „Colbert" sucht, erhält man 250 Treffer.

Wer war Colbert? Der Mann stammte aus einer Familie reicher Tuchhändler und Bankiers in Reims. Bei den Jesuiten der Winzerstadt und bei Kaufleuten in Lyon wurde er ausgebildet und machte danach am Hofe rasch Karriere. Als Schützling des mächtigen Kardinals und Premierministers Mazarin gelang ihm der Aufstieg. „Sire, ich verdanke alles Eurer Majestät, doch ich begleiche meine Schuld, indem ich Ihnen Colbert hinterlasse", vertraute Mazarin kurz vor dem Tod dem jungen Ludwig XIV. an. Unermüdlich trieb er die Modernisierung des Königreiches als treuer Diener des

---

1 In deutscher Übersetzung: Was wird aus Frankreich?, Berlin 1976, S. 113.

Sonnenkönigs an. Colbert kann man nicht ohne Ludwig XIV. denken. Und umgekehrt auch nicht.

Ludwig XIV., der 1643 den Thron bestieg, machte Frankreich zum ebenso bewunderten wie gefürchteten Zentrum der westlichen Welt. Frankreich war nicht nur der bevölkerungsreichste Staat Europas, sondern auch militärisch und wirtschaftlich die führende Nation. Als Monarch von vorgeblicher Gottesgnade waltete Ludwig mit beispielloser Machtfülle. Die Noblesse und die Kirche degradierte der König zu reinen Befehlsempfängern. Die sogenannten Generalstände, die eine ohnehin sehr selten einberufene Krisenversammlung mit dem Klerus, dem Adel und dem Bürgertum waren, kamen in seiner Zeit kein einziges Mal zusammen. Ein Parlament mit Mitsprecherechten, wie es etwa England kannte, war nicht einmal in Ansätzen vorhanden. Die französischen Provinzen waren befriedet, doch gleichzeitig entmachtet und finanziell geschwächt. Der Adel lebte in völliger Abhängigkeit vom Monarchen. Kein anderer Ort brachte dies besser zum Ausdruck als das Schloss von Versailles. Dort trieb der König die Hörigkeit der Aristokratie auf die Spitze. Mit Ritualen und Spielen dressierte er in seinem weitläufigen Schloss den Hochadel. Tausende von Menschen führten dort ein scheinbar süßes Leben im Luxus. Die Zeremonien wirkten wie präzise arrangierte Theateraufführungen, doch sie waren nichts anderes als die tägliche Unterwerfung unter einen Despoten, der sich das Bild einer gottgleichen Figur schuf. Schon beim Aufstehen mussten sich etwa hundert Personen im Schlafzimmer des Monarchen aufhalten, während dieser angezogen wurde, eine Bouillon zu sich nahm und betete. Es handelte sich nicht etwa um Dienstpersonal, sondern um die wichtigsten Leute des Königreiches, darunter die Minister und die höchsten Adeligen. Eifersüchtig beobachteten sie, wem der König seine Aufmerksamkeit entgegenbrachte. „Ein Adeliger ist verloren, wenn der König einmal sagen sollte: Das ist jemand, den ich nie sehe", schrieb der Berichterstatter des damaligen Hoflebens, der Graf Saint-Simon.[2]

Für die kleinsten Schritte des Alltags waren mehrere Helfer zuständig. Der Garderobenmeister zog dem König den rechten Ärmel des Nachthemds aus, sein Erster Diener den linken. Die Serviette nach dem Trinken übergab entweder der Erste Kammerjunker oder der Große Kammerherr dem Herzog von Orléans, der sie dann dem König reichte.[3] Dabei bestand die Entourage aus höchst gebildeten Leuten, die auch zu Vertrauten des Königs

2 Josiane Boulad-Ayoub und François Blanchard: Le Règne de Louis XIV, S. 172.
3 Jean-Aymar Piganiol de La Force: Introduction à la description de la France, et au Droit public de ce Royaume, 3. édition, Paris 1752, Théodore Legras, S. 302.

werden konnten. Einige Jahrzehnte später stellte der Nachnachfolger des Sonnenkönigs, Ludwig XVI., seinem Garderoben-Großmeister eine wichtige Frage. Es war der 15. Juli 1789. „Ist es eine Revolte?", wollte er wissen, nachdem in Versailles gerade die Nachricht von der Stürmung der Pariser Bastille eingetroffen war. Der Garderoben-Großmeister zeigte Weitblick: „Nein, Sire, es ist eine Revolution".

Gekettet an Versailles lebte der Hochadel wie in einem goldenen Käfig und war völlig unproduktiv. Ludwig XIV. machte etwa Charles de Batz de Castelmore, einen der fähigsten und treusten Offiziere Frankreichs, 1666 als Zeichen der Anerkennung zum „Kapitän der Königswelpen für die Hirschjagd". Das verschaffte ihm ein gutes Gehalt und eine Wohnung in Versailles. Erst später wurde er Chef der ersten Kompagnie der Musketiere, eine berittene Eliteeinheit mit Musketen-Bewaffnung. Castelmore lieferte den Stoff für den Grafen d'Artagnan, den der Schriftsteller Alexandre Dumas später zur Hauptfigur seiner Romanreihe über die „Drei Musketiere" machte.

Anders als der Hochadel war Ludwig XIV. höchst produktiv. Mit großer Disziplin hielt er wie ein Manager seine Termine pünktlich ein, leitete Kabinettssitzungen und traf Entscheidungen, kurzum: Er regierte. Obendrein fand er Zeit für allerlei Zerstreuungen wie die Jagd in den Wäldern von Versailles oder Bootsfahren auf dem Kanal seines schönen Parks. Er liebte Theateraufführungen von Racine und Molière sowie Konzerte von Lully. In manchem Ballett tanzte er selbst mit — in der Rolle der Sonne. Die Wissenschaft erhielt ebenfalls neue Impulse. Das 1667 gegründete Pariser Observatorium wurde etwa eine der renommiertesten Forschungsstätten der Astronomie. Auch die Malerei, die Architektur und die Musik förderte und prägte Ludwig allein nach seinen Vorlieben. Ganz Europa war fasziniert vom Glanz Frankreichs. Von Schönbrunn bis Sanssouci versuchten sich die europäischen Fürstenhöfe als Nachahmer. Mehr denn je gab die französische Krone den Ton an.

Die Allmacht von Versailles

Ludwigs unvergleichliches Streben nach höchster Macht und Verehrung hatte einen tieferen Grund: Als Horrorszenarien waren ihm die bürgerkriegsähnlichen Revolten in Erinnerung geblieben, die Mitte des 17. Jahrhunderts das Land durchzogen. Er war damals noch ein Kind, Frankreich stand im Krieg mit Spanien und war durch die Folgen des Dreißigjährigen Krieges geschwächt. Schon unter Ludwigs Vater und seinem engen Vertrauten, dem Kardinal Richelieu, war es zu einem heftigen Kräftemessen der zentralen Staatsgewalt mit den Provinzen und dem Adel gekommen, weil die Krone auf mehr Macht und Geld pochte. Der Adel und mehr noch das Volk fühlten sich schamlos ausgenommen.[4] Kaum ein Jahr verging ohne einen Aufstand in der Provinz; zudem dezimierten Pestwellen und Hungersnöte die Bevölkerung. Die vielen Kriege unter Ludwig XIII. und seinem Nachfolger verlangten Frankreich immer höhere Mittel ab: Zwischen dem Beginn und der Mitte des 17. Jahrhunderts versechsfachten sich die Kriegskosten auf geschätzte 120 Millionen Francs. Vor diesem Hintergrund war das Königshaus so unbeliebt wie selten zuvor. Solange Ludwig XIV. minderjährig war, herrschte seine Mutter, Anna von Österreich, als Regentin Frankreichs. Zum Nachfolger des mächtigen Kardinal Richelieu ernannte sie Jules Raymond Mazarin. Der gebürtige Italiener, der erst später Franzose wurde, raffte ein privates Vermögen zusammen, das schätzungsweise dem halben Jahresbudget des Königshofes von 1661 entsprach.[5] So dauerte es nicht lang, bis das Gespann an der Staatsspitze als angreifbar galt, zumal es nur eine Übergangslösung bildete. Der Hochadel und einige Prinzen zettelten blutige Aufstände an. Der kleine Ludwig musste mit seiner Mutter mehrfach aus Paris fliehen und unter vergleichsweise bescheidenen Umständen in schlecht beheizten Schlössern der Provinz leben. Das sollte er nie vergessen.

Als Ludwig XIV. alt genug war, fand somit jegliche Teilung der Macht ein abruptes Ende. Weder der Adel noch ein einflussreicher Staatsmann an der Seite des Königs, so wie es Richelieu für seinen Vater und Mazarin für seine Mutter gewesen war, durften von nun an mitreden. Am Tag nach dem Tod von Mazarin im März 1661 versammelte Ludwig XIV. im Zimmer der Königin-Mutter des Schlosses von Vincennes bei Paris Prinzen, Herzoge und Staatsminister, um ihnen zu unterbreiten, dass er sie fortan nicht mehr brauche. Die Regierungsgeschäfte übernehme er persönlich. Ludwig war erst 22 Jahre alt, und er sollte sein Versprechen bis zu seinem Tod 54 Jahre später halten. Es war die Geburtsstunde des Absolutismus, der Bündelung aller Macht auf einen Mann, den „Roi-Soleil".

Eine Machtdemonstration mit großen Konsequenzen ließ nur wenige Monate auf sich warten. Im Auftrag des Königs verhafteten am 5. September 1661 die Musketiere unter Führung von d'Artagnan den Finanzintendanten Nicolas Fouquet. Der steinreiche Franzose mit scheinbar besten

---

4 Jacques Marseille: Nouvelle histoire de la France, De la Préhistoire à la fin de l'Ancien Régime, Editions Perrin, Paris 1999, S. 520.
5 Ebd., S. 524.

Verbindungen war der ideale Sündenbock für alles, was in den vergangenen Jahren in Finanzangelegenheiten schief gelaufen war. Da kam einiges zusammen: Schamlose Bereicherung des Hochadels am Hofe, hohe Steuern für das Volk und dennoch überbordende Staatsschulden. Fouquet war ein begnadeter Mittelbeschaffer für das Königshaus, er wirtschaftete so wie seine Vorgänger aber auch reichlich in die eigene Tasche. Ohne Erlaubnis des Königs hatte er eine Insel-Festung im Atlantik ausgebaut, die ihn in den Augen der Krone gefährlich machte. Fouquet verkannte, dass sich mit der Machtübernahme durch Ludwig XIV. im März 1661 die Zeiten geändert hatten. In seinem prunkvollen Schloss Vaux-le-Vicomte hatte er am 17. August jenes Jahres zu Ehren des Königs ein Fest gegeben. Wegen seines verschwenderischen Luxus, aber auch wegen seiner Folgen ging es in die Annalen ein. Tausende von Gästen aßen von Gold- und Silbergeschirr, sie lauschten der Musik von Lully und sahen ein von Molière eigens geschriebenes Stück mit Balletteinlagen. In dem von Le Nôtre geschaffenen Garten lustwandelten die Besucher zwischen antiken Statuen und Wasserspielen. Hunderte von Fontänen schossen in die Höhe und bildeten erfrischend kühle Feuchtwände. Am Ende des Abends überraschte die Geladenen ein Feuerwerk, das am Himmel ein leuchtendes Gewölbe formte.[6]

All das war zu viel für den eifersüchtigen König. Mit seiner schwangeren Frau und seiner Mutter war er zu den Festlichkeiten angereist. Er war ebenso beindruckt wie neidisch. Die drei wichtigsten Architekten des Vaux-le-Vicomte heuerte er bald darauf für den Bau von Versailles an. Fouquet dagegen kam drei Wochen nach dem Fest ins Gefängnis und sah bis zu seinem Tod gut achtzehn Jahre später nicht mehr das Licht der Freiheit. Die Legende besagt, Ludwig hätte Fouquet abgesetzt, weil das Fest hemmungslos einen Reichtum offenbarte, der den König in den Schatten stellte. Doch das dürfte allenfalls die halbe Wahrheit sein. Die Vernichtung eines der einflussreichsten Männer Frankreichs war schon vorher geplant. Sie nutzte dem König als Beweis, dass er von nun an alleine das Zepter in der Hand hielt und für Ordnung sorgen werde. Gegenüber all den Untertanen, die über die hohen Steuern und den verschwenderischen Hof klagten, war das ein wertvolles Argument.

Colbert – der erste moderne Superminister

Die Verhaftung Fouquets war indes nicht alleine das Werk des Königs. In seinem Schatten hatte der ebenso ehrgeizige wie unermüdliche Col-

6 Jean-Christian Petitfils: Fouquet, Perrin, Paris 2005, S. 354 ff.

bert mitgewirkt. Denn noch hatte ihm Fouquet den Zugang zum engsten Zirkel der Macht versperrt. So zettelte Colbert heimlich eine Rufmord-Kampagne gegen den Finanzverwalter an. Als dieser beseitigt war, hatte er freie Bahn. Am 15. September 1661 richtete der König einen fünfköpfigen Conseil royal de finances ein, einen Finanzrat, der unter seinem Vorsitz dreimal die Woche zusammenkam. Colbert bekam die zentrale Aufgabe zugewiesen, das Register der staatlichen Einnahmen und Ausgaben zu führen. Damit saß er an einer Schlüsselstelle der Macht. Rasch gewann er das Vertrauen des Monarchen und setzte so auch einen großen Teil seiner eigenen Ziele durch. Wie kein anderer prägte Colbert in den kommenden Jahrzehnten die Regentschaft des Königs und damit auch ganz Frankreich über die Zeit von Ludwig XIV. hinaus. Für den Absolutismus, den der Sonnenkönig zur Vervollkommnung brachte, schuf Colbert mit dem Colbertismus den Unterbau.

Mit dem Sammelbegriff des Merkantilismus und seiner französischen Spielart bezeichnet man die Wirtschaftsstrategien der Königshäuser zwischen dem 16. und 18. Jahrhundert. Im Merkantilismus sollte die Wirtschaft in einer dienenden Funktion alleine dem Heil der Nation und der Krone verpflichtet sein. Staatliche Interventionen waren sein Werkzeug. Sie hatten das Ziel, die Exporte zu steigern sowie die Einfuhren durch Zölle zu drosseln. Nur landwirtschaftliche Güter und wichtige Rohstoffe unterlagen Ausfuhrbeschränkungen, denn man befürchtete, dass sie in der Heimat knapp werden könnten. Eine derartige Wirtschaftspolitik sollte die eigene Nation bereichern — auf Kosten der anderen Staaten.

Die Zeiten damals waren äußerst kriegerisch. In den 77 Jahren, in denen Ludwig XIV. lebte, stand Frankreich 57 Jahre lang im Krieg.[7] So meinte auch Colbert, dass Handel nichts anders sei als „ein Krieg des Geldes", und dieser Krieg müsse in aller Härte geführt werden. Den Merkantilismus trieb er in einer typisch französischen Ausformung auf die Spitze.[8] „Der Handel ist die Quelle der Finanzen, und die Finanzen sind der Nerv des Krieges", schrieb Colbert. William Pitt, Minister seiner Majestät der Königin von England, meinte dagegen: „Wenn der Handel bedroht ist, ist ein Rückzug nicht mehr möglich. Man muss sich verteidigen oder man geht unter." Alain Peyrefitte zog daraus diesen Schluss: „Der Franzose treibt Handel, um Krieg zu führen — der Engländer führt Krieg, um Handel zu treiben."[9]

7 Daniel Dessert: Le Royaume de Monsieur Colbert, Perrin, Paris 2007, S. 15.
8 Inès Murat: Colbert, Fayard, Paris 1980.
9 Alain Peyrefitte: La société de confiance, Paris 1995, S. 165.

In England entwickelte sich der Merkantilismus somit auf Druck der Händler und Gewerbetreibenden weiter — und lockerte damit den staatlichen Zugriff. In Frankreich kamen die Anstöße von der Spitzenbeamtenschaft, also vom Staat. Colbert war ihr Antreiber. Mit beispielloser Energie beschleunigte er die wirtschaftliche wie die politische Zentralisierung Frankreichs. Die lenkende Hand des Staates sollte allgegenwärtig sein. Nicht immer hatte er Erfolg, denn das Verständnis dafür, dass überall in Frankreich das weitentfernte Machtzentrum von Paris und Versailles den Bürgern plötzlich Vorschriften macht, war kaum entwickelt. Doch Colbert tat, was er konnte, und das war viel. Preiskontrollen ergriffen die Wirtschaft ebenso wie Steuerreformen mit saftigen Schröpfungen der Untertanen. Schließlich mussten die Staatsfinanzen saniert werden. Münzen, Maße und Gewichte wurden vereinheitlicht, ein statistischer Dienst nahm die Arbeit auf, Binnenzölle fielen, und zum Wohle des Handels und des Militärs baute Colbert die Infrastruktur aus. Ein Musterbeispiel war die Konstruktion des Schifffahrtsweges „Canal du Midi". Er verbindet bis heute auf einer Länge von 240 Kilometern die in den Atlantik fließende Garonne mit dem Mittelmeer. Der Kanal brachte den Handelsschiffen einen großen Zeitgewinn, denn er ersparte ihnen die schwierige Umfahrung der Meeresenge von Gibraltar, die von den Spaniern kontrolliert wurde.

Im Merkantilismus und besonders im Colbertismus unterstützte der Staat auch das einheimische Gewerbe. Das reichte bis zur Gründung staatlicher Manufakturen und ihrer Ausstattung mit Monopolrechten. Zahlreiche Industrien von der Textilbranche bis zur Eisenindustrie und Verhüttung erhielten neue Impulse. Teppiche, Möbel, Porzellan, Gläser, Lederwaren, Seide, Hüte und Kleider — feine Waren französischer Herkunft fanden im Ausland regen Absatz und bestimmten die Modetrends der Zeit. Neue Wirtschaftsbranchen entstanden. Die französische Luxuswarenindustrie sieht Colbert heute noch als ihren Urheber. Der französische Baustoffkonzern Saint-Gobain ist mehr als 350 Jahre nach seiner Geburtsstunde eine weitere Hinterlassenschaft dieser Politik.

Pläne, Vorschriften, Strafen

Ebenso baute der Franzose die Marine und die Häfen aus, er kümmerte sich um die Kolonien, ordnete staatliche Institutionen neu und fand auch noch Zeit, die schönen Künste zu fördern. Seine Verantwortlichkeiten umspannte nach heutigem Maßstab mindestens sieben Ministerien.[10] Der

---

10 André Piettre: Colbertisme et Dirigisme, Revue de deux monde, Octobre 1986.

König gewährte Colbert diese Allmacht, denn er wollte der bedeutendste Monarch der Welt sein und brauchte dafür einen ebenso rastlosen wie geschickten Staatsverwalter. In Colbert verbanden sich Arbeitswut mit Effizienz in seltener Harmonie.

Der Rastlose gründete auch französische Handelsfirmen für Amerika, Westindien und die Levante, und er rief Königliche Akademien für Naturwissenschaft, Astronomie, Literatur und Architektur ins Leben. Bis hin zur Forstwirtschaft reichten seine Reformen. Der Superminister gebot dem wilden Abholzen der Wälder Einhalt — nicht aber im Interesse des Umweltschutzes, sondern weil er vom Ausland unabhängig werden wollte. Holz war nicht nur der Energieträger Nummer eins, sondern auch strategisch wichtiges Baumaterial. Der Schiffbau litt unter ständigem Mangel, Eichenholz musste teuer aus Skandinavien importiert werden — ein Hindernis für das Colbertsche Ziel, die Kriegsmarine auszubauen. Daher ordnete er an, dass jeder Waldbesitzer einen Teil seiner Wälder wachsen lassen müsse; die Schiffe brauchten schließlich Langhölzer für ihre Masten. Die Reform gelang: Von 1670 an verbaute die französische Marine nur noch französisches Holz.

Auch im Alltag der Franzosen sorgte Colbert für Wandel. In Paris, das damals den Ruf als schmutzigste Stadt Europas hatte, richtete er eine Müllabfuhr ein. Er ließ jeden Hausbesitzer registrieren und verlangte eine Müllsteuer. Der Abfall durfte nicht mehr auf die Straße gekippt werden, sondern wurde von vorbeiziehenden Wagen abgeholt. Colbert ließ zudem Tausende von Laternen in der Stadt installieren, um die nächtliche Sicherheit auf den Straßen zu erhöhen.

Colbert war überall. Kaum ein Lebensbereich entging seiner Einflussnahme. Unkontrollierte Warenlieferungen aus dem Ausland waren ihm ein Greuel. Daher führte er 1664 Einfuhrzölle ein, die als Geburtsstunde der modernen Zollpolitik und damit auch des Protektionismus gelten. Das Werk französischer Hersteller sollte ungestört gedeihen, dafür mussten die Importe künstlich teuer werden. Drei Jahre später setzte Ludwig XIV. die Zölle für Einfuhren aus England und Holland auf noch schmerzhaftere Höhen. Ein Wirtschaftskrieg brach aus, der bald zu einem richtigen Krieg wurde.

Der Tausendsassa Colbert knöpfte sich auch die Zünfte vor, indem er ihren Zugriff auf alle Arten von Berufen ausweitete. Gleichzeitig stellte er sie unter königliche Aufsicht und belegte sie mit Steuern. Denn die Kriege Frankreichs und das Luxusleben von Versailles verschlangen viel Geld.

Colbert war darüber alles andere als glücklich, doch als treuer Diener des Königs schuf er dafür die finanziellen Grundlagen. Er wollte für Frankreich nichts mehr als wirtschaftlichen Ruhm. Als Sohn einer Kaufmannsfamilie hasste er die dem Müßiggang verschriebene Noblesse. Die Triebfeder des Wandels musste aus seiner Sicht der Staat sein. Er sollte die Wirtschafts- akteure stimulieren, lenken, organisieren, überwachen, belohnen und bestrafen. Colbert legte damit die Fundamente für viele bis heute beste- hende Strukturen Frankreichs. Um Ordnung in die Wirtschaft zu bringen, erließ er unzählige Vorschriften. Die Inspektion der Manufakturen, ein früher Vorläufer der heute noch von vielen Unternehmen gefürchteten Arbeitsinspektion, sollte die Regulierung durchsetzen. Ein Erlass vom 17. Februar 1671 besagte beispielsweise, dass „alle in Frankreich hergestellten Stoffe die fehlerhaft sind und gegen die Reglementierung verstoßen, auf einem neun Fuß hohen Pfosten ausgestellt werden. Sie werden mit den Namen und Vornamen des Händlers oder des verantwortlichen Arbeiters beschriftet und 48 Stunden später je nach Anordnung zerschnitten, zerris- sen, verbrannt oder konfisziert". Wer dreimal das Recht brach, wurde mit einem Eisen um den Hals an einem Pfosten zwei Stunden lang öffentlich zur Schau gestellt.[11]

Solche Methoden erinnerten an die Zeiten der Inquisition. Die Engländer gingen damals den umgekehrten Weg, sie bauten Vorschriften ab, dräng- ten die Zünfte zurück und überließen ihren Handelsfirmen erhebliche Autonomie. Maschinen kamen daher viel früher zum Einsatz, und die englischen Manufakturen konnten zu Fabriken heranwachsen, die ihre Größenvorteile gegen kleinere Wettbewerber ausspielten.

Colbert dagegen meinte, dass die minderwertige Qualität französischer Waren nur durch Vorschriften zu verbessern sei. Alleine für das Färben von Wolle erließ Colbert 1671 ein Regelwerk mit 317 Artikeln. Die Tuch- macher erhielten 248 Spezialvorschriften. Seinerzeit lobten ihn etliche Fachleute wegen seiner Detailkenntnisse. Doch bald schon ließ der techni- sche Fortschritt die Regeln veralten; seine Nachfolger erneuerten sie nicht. So blieb die Fertigung von gefärbten Leinwänden in Frankreich Jahrzehnte lang verboten, weil sie „schädlich war für die Herstellung von Seide und Wolle", so ein Dekret, das erst 1759 aufgehoben wurde.[12]

---

11 Colbert, la politique du bon sens, Michel Vergé-Franceschi, Petite Bibliothèque Payot (2003), S. 347.
12 AlainPeyretiffe: La Société de Confiance, Odile Jacob, Paris 1995.

Colberts Anhänger weisen bis heute daraufhin, dass er seine Interventionen nur als temporäre Maßnahme zur Qualitätssteigerung sah; danach sollte die freie Konkurrenz wieder zum Zuge kommen.[13] Doch wie bei allen staatlichen Vorschriften galt schon damals der Grundsatz: Wenn sie mal da sind, verschwinden sie so schnell nicht mehr.

Auch den staatlichen Finanzen galt das besondere Augenmerk Colberts. Er verringerte das Gewicht der direkten Steuern, vor allem der dem Landvolk auferlegten Taille, und er erhöhte die indirekten Verbrauchssteuern auf Waren wie Salz, Getränke, Fleisch und Fisch, die jeder bezahlen musste. Zwischen 1661 und 1667 sprangen die jährlichen Steuereinnahmen von 31 auf 67 Millionen Livres in die Höhe.[14] „Die Kunst der Besteuerung liegt darin, die Gans so zu rupfen, daß sie unter möglichst wenig Geschrei so viele Federn wie möglich läßt", ist eines seiner berühmtesten Zitate. Doch Colberts hehre Ziele in der Finanzpolitik gab er schon bald auf. Immer wieder brauchte die Krone mehr Geld, also griff er zu den gleichen Mitteln, die er bei seinem Vorgänger Fouquet noch so heftig kritisiert hatte: neue kurzfristige Schulden, Ämterverkauf, Steuererhöhungen. Am Ende seiner Amtszeit führte Colbert die Schulden wieder zurück, so dass die Haushaltslage bei seinem Tod 1683 recht stabil war, dennoch blieb die staatliche Finanzverwaltung ineffizient und unübersichtlich. Die Kriege von Ludwig XIV. und die hohen Kosten des Königshofes waren kaum zu finanzieren. Im Todesjahr des Sonnenkönigs, 1715, war der Staat mit 2,9 Milliarden Livres verschuldet, das entsprach ungefähr der Summe staatlicher Einnahmen von 18 Jahren.[15] Bis zur Revolution blickte Frankreich immer wieder in den Abgrund des Staatsbankrotts.

Colbert gilt zu Recht als Schöpfer des modernen Staates. Er schaffte für sich selbst allerdings auch viel Geld beiseite und versorgte gemäß der damaligen Klan-Politik seine Familienangehörigen mit wichtigen Posten. An Colberts Bilanz scheiden sich somit die Geister. Ein Freihandelsgegner wie der deutsche Ökonom Friedrich List fand im 19. Jahrhundert nur Lob für den Franzosen, denn er habe der französischen Industrie in kürzester Zeit zu Quantensprüngen verholfen und sei nicht in naiver Weise auf die

---

13 Henry Méchoulan, Joël Cornette: L'Etat classique — regards sur la pensée politique de la France dans le second XVIIe siècle, Paris 1996, S. 193. Ebd. S. 194.
14 Rainer Gömmel, Rainer Klump: Merkantilisten und Physiokraten in Frankreich, Darmstadt 1994, S. 102.
15 Ebd., S. 36. Andere Quellen sprechen von 2 Milliarden Livres Schulden, was 167 Prozent des BIP gleichkam, siehe: Christian Chavagneux: Une brève histoire des crises financières, La Découverte, Paris 2013.

Liberalisierungsargumente der Briten hereingefallen, die in Wahrheit nur ihre Eroberungsstrategie rechtfertigen sollten.[16]

Colberts Kritiker warfen ihm dagegen vor, dass er einen wichtigen Bereich der Wirtschaft vernachlässigte, obwohl dieser bei weitem der wichtigste Arbeitgeber des Landes blieb und das Überleben der Nation garantierte: die Landwirtschaft. Sie gehörte einfach nicht zu seinen Prioritäten. So blieb es auf den Feldern bei veralteten Praktiken und geringer Produktivität. Den Bauern mangelte es an allem: Innovationen, den finanziellen Mitteln für Investitionen, einem vernünftigen rechtlichen Rahmen besonders im Erbrecht und an der Möglichkeit zum Getreideexport, die ihre Lage stabilisiert hätte. Hungersnöte und Bauernaufstände blieben eine Geißel jener Zeit.

Einige der Colbert-Kritiker nannte man Reform-Merkantilisten, andere Physiokraten. Gemeinsam war ihnen die Forderung nach mehr wirtschaftlicher Freiheit für den Bauernstand und andere Wirtschaftsbereiche. Einer der wichtigsten und frühesten Vertreter der Colbert-Gegner war Pierre le Pesant de Boisguilbert, der zwischen 1646 und 1714 lebte. Seine Schriften eröffneten Frankreichs Debatte zwischen Etatisten und Liberalen, die noch heute aktuell ist.

Boisguilbert: Vordenker der Wirtschaftsfreiheit

Der Liberalismus gilt in der Regel als eine britische Erfindung. Als geistige Ursprünge werden meist englische oder schottische Denker genannt wie John Locke, David Hume und Adam Smith. Ihr berechtigter Rang soll hier in keiner Weise geschmälert werden. Wie hätte die amerikanische Unabhängigkeitserklärung ausgesehen, wie wäre die Französische Revolution verlaufen, hätte Locke nicht schon 1690 Gleichheit, Freiheit und Recht auf Unverletzlichkeit von Person und Eigentum zu obersten Rechtsgütern erklärt.[17] Wäre es überhaupt dazu gekommen? Und wie sähe unsere Welt ohne das Grundlagenwerk der klassischen Nationalökonomie, dem „Wohlstand der Nationen" von Adam Smith, aus?[18]

Dennoch gibt es Vorläufer, ja Konkurrenten für diese angelsächsischen Idole des freien ökonomischen Denkens. Viele davon stammen aus Frankreich. In der Mitte des 18. Jahrhunderts war Paris mit seinen zahlreichen

---

16 Friedrich List: Das Nationale der Politischen Ökonomie, Stuttgart, Tübingen 1841.
17 John Locke: Two treatises of government, London 1690.
18 Adam Smith: An Inquiry into the Nature and Causes of the Wealth of Nations, London 1776.

Debattiersalons eine Ideenwerkstatt der Aufklärung, die neue Bücher, Zeitschriften und Artikel nur so ausspuckte. Die ebenso extravaganten wie unkonventionellen Intellektuellen wollten die Grenzen des Denkens einreißen, die von der Kirche und dem monarchischen Ständestaat errichtet worden waren. Aus der ganzen Welt lockte das Neugierige an, die den Debatten weitere Anstöße gaben.

Das Ancien régime verfiel unter diesem Druck neuer Ideen zu einem geistigen Ruinenfeld. Auf seinen Trümmern entstand das Konzept des Liberalismus. Wie einen hellen Schrei nach Freiheit ließen ihn die Franzosen erklingen, und ganz Europa horchte auf. Bald darauf handelten sie: Am 14. Juli 1789 stürmten sie die Bastille und schrieben sechs Wochen danach in den Artikel 1 der Erklärung der Menschen- und Bürgerrechte: „Die Menschen sind und bleiben von Geburt frei und gleich an Rechten". Noch heute ist die Erklärung französisches Verfassungsrecht. In Artikel 2 ist das Grundrecht auf Eigentum bereits an zweiter Stelle nach den Freiheitsrechten erwähnt – noch vor dem Recht auf Sicherheit und auf Widerstand gegen Unterdrückung. Politische und wirtschaftliche Freiheit lässt sich nicht trennen. Die französischen Revolutionäre waren somit auch Wirtschaftsliberale. Die bestehende Ordnung hatten sie satt, weil diese sie gängelte, mit Steuern knebelte und willkürlich enteignete. Die Zünfte hielten die Städte in einem eisernen Griff, sodass niemand seinen Beruf frei wählen durfte. Auf dem Land schufteten die Untertanen nur für die Grundherren und für die Krone. Eingepresst in diese Zwangsjacke, machten sich kluge Franzosen daran, ganz neue gesellschaftliche und wirtschaftspolitische Entwürfe zu zeichnen.

„Der französische Beitrag hat im 18. Jahrhundert eine einmalige Bedeutung in der Geschichte der Volkswirtschaftslehre; in weiten Teilen dieses Jahrhunderts dominierte er das Denken", stellt Peter Groenewegen fest, ein renommierter Wirtschaftshistoriker australisch-niederländischer Abstammung, der die französischen Gelehrten seit den sechziger Jahren studiert.[19]

Ohne den Einsatz mutiger Vorfahren wäre dieser Freiheitsdrang nicht möglich gewesen. Schon im 17. Jahrhundert legten französische Autoren die Fundamente für neues ökonomisches Denken. Einer der ganz frühen Wegbereiter war Boisguilbert. Für Karl Marx, der die Wirtschaftsgeschichte bestens kannte, bestand kein Zweifel: Die klassische politische Ökonomie

---

19 Peter Groenewegen: Eighteenth Century Economics, Routledge Studies in the History of Economics, London, New York, 2002, S. 125.

begann mit dem Engländer Sir William Petty und mit Boisguilbert.[20] Der Franzose war ein Schriftsteller, Ökonom und äußerst vielseitiger Praktiker des Wirtschaftslebens. Als einer der ersten forderte er die Befreiung der Wirtschaftsakteure von der Gängelung durch die Obrigkeiten. Mit seinen Schriften inspirierte er unzählige Nachfahren und legte damit die Fundamente für die ökonomischen Theorien der Aufklärungszeit und darüber hinaus, auch jenseits der französischen Grenzen.

Leider ist sein Beitrag zur wirtschaftlichen Ideengeschichte heute weitgehend in Vergessenheit geraten. „Boisguilbert ist heute ein sehr vernachlässigter Ökonom, besonders in der englischsprachigen Welt. Keine seiner wirtschaftlichen Arbeiten wurde ins Englische übersetzt, und nur wenige Arbeiten über die Volkswirtschaftslehre erwähnen ihn überhaupt", bedauert der Wirtschaftshistoriker Groenewegen.[21] Holen wir ihn also ein wenig aus dem Dunkel hervor.

Boisguilbert war ein Kind der Epoche von Sonnenkönig Ludwig XIV. Einen anderen König kannte er zu Lebzeiten nicht. In der Provinzstadt Rouen, die im 17. Jahrhundert ein florierendes Handelszentrum war, lebte und arbeitete er in vielfältiger Funktion: Er war Richter und Verwalter im Auftrag der Krone, Gutsherr sowie Schriftsteller mit mannigfaltigen Interessen. Der Dichter Corneille war ein Verwandter. Von jungen Jahren an beobachtete Boisguilbert wirtschaftliche Vorgänge mit scharfem Blick. Sein Werk enthielt nie eine umfassende ökonomische Theorie, doch mit viel Intelligenz und Auffassungsgabe analysierte er die Zusammenhänge. In Büchern und unzähligen Briefen an die Regierung fasste er seine Erkenntnisse und Vorschläge zusammen.[22] Eines seiner wichtigsten Ziele war es, dem König bei der Sanierung der staatlichen Finanzen zu helfen. Vor allem verschiedenen Finanzministern drängte er seinen Rat geradezu auf. Dazu gab es guten Grund: Die Finanzverwaltung war chaotisch und ungerecht. Von den Steuern waren die Wohlhabendsten befreit, darunter der Adel, privilegierte Zünfte, der Klerus, Generalpächter und Steuereintreiber. Das Bauerntum, das als schwächster Stand am wenigsten Widerstand leisten konnte, hatte die schwerste Last zu tragen.

Besonders hart ins Gericht ging Boisguilbert mit dem staatlichen Dauerinterventionismus, den der inzwischen verstorbene Colbert hinterlassen

20 Marx-Engels-Gesamtausgabe, 1. Teil, Band 3, S. 563 ff., Berlin 1932.
21 Groenewegen, S. 111.
22 Whatmore, Richard (2000): Book Reviews: Review of Faccarello, Gilbert: „The Foundations of Laissez-Faire". The European Journal of the History of Economic Thought, Vol. 7, Nr. 2, S. 289–316.

hatte.[23] Das war damals kein ungefährliches Unterfangen. Der berühmte Festungsbaumeister und Ingenieur Vauban zog mit einer Buchveröffentlichung den Zorn von König Ludwig XIV. auf sich. Sein Werk mit dem Titel „La Dîme royale" wurde verboten, und Vauban sollte zur Strafe regelrecht vom Hofe verbannt werden. Dem kränklichen Marquis, ein Kriegsheld und dem König treu ergeben, setzte diese Maßregelung stark zu. Laut mancher Beschreibungen trug der Aufruhr wenige Tage später zum Tode Vaubans bei. Dabei hatte der Baumeister nur die Vielzahl der Steuern kritisiert und ihre Zusammenfassung zu einer gerechteren Abgabe, eines „Zehnten", gefordert. Steuerprivilegien sollten fallen, Steuern wie die Salzsteuer („gabelle") geringere Sätze erhalten. Eine breitere Bemessungsgrundlage und eine gerechtere Besteuerung — selbst solche harmlos erscheinende Forderungen galten damals als Majestätsbeleidigung.

Boisguilberts erste ökonomische Schrift („Le Détail de la France") wurde 1695 veröffentlicht. Die schwere Hungersnot in den beiden Jahren davor dürfte sie geprägt haben. Auch Boisguilbert zeigt darin, welchen Schaden hohe und ungerechte Steuern sowie Zölle auf Agrar- und Industriewaren verursachen können. Und auch Boisguilbert kam in Schwierigkeiten. Nach einer Zusatzveröffentlichung zum „Détail de la France" musste er 1707 für zwei Monate ins Exil in die Auvergne. Der Störenfried wurde obendrein immer wieder mit hohen Steuern belegt, wenn er die Regierung mal wieder besonders scharf angegriffen hatte.

Seine Schriften enthielten nicht wenige Provokationen: „Wer würde so töricht sein, ein Pferd fortwährend arbeiten zu lassen und ihm lediglich ein Viertel der notwendigen Nahrung geben? Würde derjenige, der so handelt, nicht unweigerlich den Tod des Tieres herauf beschwören? Wie steht es im Vergleich dazu mit den Menschen, die unentwegt Anstrengungen vollbringen müssen, die Blut und Wasser schwitzen, um überhaupt existieren zu können, und dies, ohne eine andere Nahrung als Wasser und Brot zu sich zu nehmen, inmitten eines Landes, in welchem Überfluss herrscht."[24]

Boisguilbert war durch Heirat zu umfangreichem Agrarbesitz gekommen. Dass die landwirtschaftliche Arbeit in seiner Zeit für einen Adeligen verpönt war, hielt er für einen Fehler. Diese Praxisferne führte zur Vernachlässigung der Agrarwirtschaft. Als Mann der Tat träumte er davon, seine

23 Albert Talbot: Les Théories de Boisguilbert, Institut Coppet, Paris 2014, S. 17.
24 „Denkschriften zur wirtschaftlichen Lage im Königreich Frankreich", 1986, in der Übersetzung und mit einem Nachwort von Achim Toepfel, S. 208.

Ideen eines freien Handels und einer gerechteren Besteuerung zumindest in seiner Provinz auszuprobieren. Er drängte die Regierung immer wieder, ihm Sondergenehmigungen zu erteilen – doch ohne Erfolg. Finanzminister Chamilliart erschienen seine Ideen unverständlich. Er konnte sich nicht vorstellen, dass alle profitieren, wenn man die Wirtschaft und den Geldkreislauf ein Stück weit sich selbst überließe. Außerdem blockierten konservative Verwalter anderer Provinzen die Reformen schon im Ansatz. Ihnen sicherte das bestehende System Reichtum, Ansehen und Macht.

Der Bauernstand stöhnte damals unter der Kopfsteuer namens „Taille", die in ihrer Höhe völlig unvorhersehbar war. Sie führte dazu, dass das Volk auf dem Lande jeden Eindruck persönlichen Reichtums vermeiden wollte. Viele Felder blieben brach liegen oder wurden nicht gedüngt. Die Steuereintreiber gingen dabei völlig willkürlich vor. Sie hatten die Ämter käuflich erworben, und ihre Einnahmen hingen von den eingetriebenen Steuern ab. Furcht und Korruption waren allgegenwärtig. Nur weniger als ein Drittel aller Franzosen bezahlten die Steuer, darunter meistens die Armen. Boisguilbert forderte nicht nur, dass die „Taille" von allen abgeführt werden sollte, er wollte auch Steuern auf Nahrungsmittel und Getränke („Aides") abschaffen. Denn wenn die Menschen vom Fiskus nur geschröpft würden, fielen sie als Konsumenten aus. Ohne Käufer müssen aber auch die Unternehmen darben. Am Ende verlieren alle – auch die Krone, der die Steuereinnahmen entgehen. „Ein König ist nur so reich wie seine Untertanen besitzend sind", schrieb er.[25] Anders als die Merkantilisten es wollten, müsse die Befreiung und Wertschätzung der menschlichen Arbeit das Ziel der Wirtschaftspolitik sein, nicht die Anhäufung von Edelmetallen.

Seit Colbert hatte sich die Regierung vor allem für Manufakturen und Industriebetriebe interessiert. In der Landwirtschaft strebten die Merkantilisten vor allem niedrige Nahrungsmittelpreise an, um damit auch die Lohnkosten im Gewerbe gering halten zu können. Damit sollten französische Waren konkurrenzfähig sein und die Weltmärkte erobern. Boisguilberts Kritik an dieser Strategie machte ihn zu einem Vordenker der Physiokraten – einer französischen Denkschule, die Jahrzehnte später die Landwirtschaft zur Keimzelle des Fortschrittes erklärte. Die Menge der landwirtschaftlichen Güter schrumpfte in Boisguilberts Zeit. Die Preise waren dafür Auslöser und Signal zugleich – abgesehen von Zeiten der Missernten sanken sie meistens. Diese Schwankungen waren höchst

25 P. de Boisguilbert: Dissertation sur la nature des richesses, in: Pierre de Boisguilbert ou la Naissance de l'économie politique, Paris 1966, Ined, Band 2, S. 1002.

schädlich. Hätten sich die Preise damals frei bilden dürfen, hätten sie sich wohl stabilisiert, doch auf einem etwas höherem als dem üblichen Niveau. Dies hätte den Bauern ein erträgliches Auskommen und den Brotkäufern ein ausreichendes Angebot gesichert, wie Boisguilbert zeigte.

Der Franzose schrieb gegen diese Missstände an, so gut er konnte: Nichts sei unbegründeter als die Furcht, dass Getreideexporte zu Lebensmittelknappheit und damit zu Hungersnöten in der Heimat führen müssen. Stattdessen ermutigen die Chancen auf Ausfuhren die Landwirte zur Produktion und erhöhen damit die Menge für alle. Daher müssten die Ausfuhrzölle weg.

Boisguilbert behandelte dabei die immens wichtige Frage, wann und ob die Wirtschaft jemals einen Gleichgewichtspunkt erreichen könne – ein nur fiktiver Zustand, in dem alle quasi wunschlos glücklich sind, der aber für die Wirtschaftstheorie von Bedeutung ist, weil er über die Schwankungsanfälligkeit eines Systems Auskunft gibt. Seiner Auffassung nach führt die Natur zu diesem Gleichgewichtspunkt, wenn man sie nur lässt. „Die Natur richtet es zunächst so ein, daß in allen Geschäften gleichermaßen die Notwendigkeit besteht, zu kaufen und zu verkaufen. Dabei wird allein das Streben nach Profit der einzige Handlungsantrieb bei allen Geschäften sein (...) Kommt es jedoch zu der geringsten Abweichung von diesem Zustand, gleichgültig, von welchem der Tauschpartner herbeigeführt, ist sofort alles in Unordnung." Der Franzose erkannte, dass bei jeder wirtschaftlichen Transaktion Käufer und Verkäufer aus dem anderen möglichst viel herausholen wollen. Doch weil sie wissen, dass die Transaktion platzen kann, werden sie sich mäßigen. Kommt es dann zu einer Einigung, hätten die Wirtschaftsakteure ein natürliches Gleichgewicht erreicht, denn beide seien zufrieden. Achtzig Jahre, bevor Adam Smith in seinem Werk vom „Wohlstand der Nationen" die unsichtbare Hand des Marktes beschrieb, hatte Boisguilbert dafür die Vorarbeit geleistet.

So müsse alles getan werden, um eine „Unterbrechung eines derartigen Handels" zu vermeiden, forderte Boisguilbert. Ein Störfaktor könne der Staat sein. Wenn er hoch besteuere, verzerre er die Rahmenbedingungen für die Transaktionen. Die Folge seien falsche Preissignale. Wie ein Ölfleck könne sich diese Verzerrung durch die ganze Wirtschaft ziehen. Boisguilbert warnte daher davor, nur einzelne Warengruppen mit Steuern zu belasten. Besser wäre eine gleichmäßige, aber maßvolle Lastenverteilung. Der König und seine Regierung müssten die Untertanen in die Lage versetzen, nicht nur zu produzieren, sondern auch zu konsumieren, forderte der

Franzose, und gab damit erste Anregungen für die viel später entstehende Nachfragetheorie der Volkswirtschaftslehre.

Viel gedankliche Mühe machte sich Boisguilbert auch mit der Frage der Zahlungsmittel. Die Edelmetalle, die damals als Geld dienten, hielt er für ungeeignet, weil ihre Preisschwankungen von der reinen Tauschfunktion des Geldes ablenkten. Bei hohen Edelmetallpreisen horteten die Menschen das Geld und entzogen es somit dem Wirtschaftskreislauf. Boisguilbert forderte demgegenüber die Einführung von Papiergeld und von Wechseln. Diese seien neutral und garantierten damit allein die Tauschfunktion des Geldes. „Man ließ die eigentliche Funktion der Edelmetalle, die sie im Handel übernehmen sollte, außer Acht. Man machte sie zur Gottheit", kritisierte er.

John Law

Boisguilbert dürfte nicht geahnt haben, dass sein Plädoyer für Papiergeld schon kurze Zeit schon nach seinem Tod im Jahr 1714 erhört werden sollte. Ein Schotte namens John Law of Lauriston verwirklichte die Idee in Frankreich — freilich mit höchst unerwünschten Folgen. Beim Tod von Ludwig XIV. im Jahr 1715 waren die Staatsfinanzen zerrüttet. Die Wirtschaft kam fast zum Stillstand und war von Deflation bedroht. Frankreich steckte im Reformstau. Dem Regenten Philippe d'Orléans, dem Statthalter des noch minderjährigen Ludwig XV., präsentierte sich jedoch eine scheinbar schmerzfreie Lösung — das geldpolitische Konzept des Abenteurers und Bankiers Law. Der Schotte war eine schillernde Figur: Er hegte eine große Leidenschaft für das Glücksspiel und für Frauen. Das führte zu einem Duell, bei dem er seinen Gegner mit dem Schwert tötete und dafür zum Tode verurteilt wurde. Doch er konnte auf den europäischen Kontinent fliehen, wo er seine ökonomischen Ideen entwickelte und bald umsetzte. Die französischen Staatsschulden, so machte er dem Herzog von Orléans weiß, sollten nicht durch Ausgabenkürzungen sinken, sondern durch Wirtschaftswachstum mit entsprechenden Steuereinnahmen; dazu brauche es lediglich einer Erhöhung der Geldmenge. So durfte der Schotte erst eine Bank zur Papiergeldemission und dann eine Handelsfirma mit Monopolrechten für die Kolonien gründen. Die beiden Firmen fusionierten später und wurden verstaatlicht.

Damit nicht genug: Law erhielt den Posten des französischen Finanzministers. Sein Plan lautete, die Staatsschuld Frankreichs in ein Zahlungsmittel zu verwandeln, das durch erhöhte Zirkulation die Realwirtschaft antreibe.

Gleichzeitig sollten die Zeichner der französischen Staatsschulden zu Aktionären eines riesigen Bank- und Handelskonzerns werden. Zunächst ging die Rechnung auf. Angelockt durch das Versprechen saftiger Dividenden tauschten die Franzosen ihre Staatsanleihen wie wild gegen Bankaktien sowie ihre Gold- und Silbermünzen gegen Papierscheine. Von der Regierung erhielt Law dafür die Garantie, einen Teil der französischen Steuereinnahmen nutzen zu dürfen. Durch das Spekulationsfieber geriet immer mehr Geld in Umlauf, und der Aktienkurs von Laws Banken- und Handelskonzern stieg auf ein Vielfaches. Doch wie jede Blase kam auch diese zum Platzen. Im Mai 1720 machte sich schlagartig eine Welle des Misstrauens breit. Panisch verkauften die Investoren ihre Papiere, darunter auch viele einfache Leute, die auf leichte Gewinne gehofft hatten. Plötzlich fasste niemand mehr das Papiergeld an, alle wollten es in ihre Edelmetallmünzen zurücktauschen, doch die Einlagen der Bank waren schnell aufgebraucht. Law versuchte noch durch Aktienkäufe den Kurs seines Unternehmens zu stützen, doch das erhöhte nur die Papiergeldemissionen und drückte den Wert der Währung mit der Folge galoppierender Inflation. Den Zusammenhang zwischen der Geldmenge und Preissteigerungen hatte er ebenso unterschätzt wie die Bedeutung des Vertrauens in den Geldemittenten. Seine Bank- und Handelsfirma ging Bankrott, am Sitz der Bank in der Rue Vivienne von Paris kam es zu einem Aufstand mit zehn Toten, und der einst gefeierte Schotte musste als Hochstapler aus dem Land fliehen. Das große Rad, das er drehte, hatte Frankreich zunächst zu einem Aufschwung verholfen, hinterließ dann aber eine schwere Rezession und erforderte eine Währungsreform.

Von diesem Schock sollte sich das Ancien Régime nicht mehr erholen. Die tiefe Abneigung der Franzosen gegen Papiergeld und gegen jede Art von Börsenaktivität war die Folge. Bis zur Revolution 1789 gab es keine neuen Versuche, das Geld- und Kreditwesen zu modernisieren. Eine übergreifende Zentralbank mit der Lizenz zum Papiergelddrucken, wie sie unter Law bestand, blieb für Jahrzehnte Tabu. Der französische Finanzminister Anne Robert Jacques Turgot rief erst 1776 eine staatliche Bank ins Leben, die sich das Diskontgeschäft vornahm, Banknoten ausgab und langsam die Funktionen einer Zentralbank übernahm. Zum Vergleich: Die Bank von England sorgte schon seit ihrer Gründung im Jahr 1694 für das monetäre Schmieröl, das die englische Volkswirtschaft auf dem Weg zur Industrialisierung brauchte.

In Frankreich wird der Lawsche Finanzskandal auch heute noch im Zusammenhang mit Börsenkrisen der jüngeren Zeit erwähnt. „Dieser erste Krach hat den Franzosen die Börse dauerhaft vergrämt", schrieb „Le Monde"

2008.[26] Michel Pébereau, der langjährige Chef von Frankreichs führender Bank BNP Paribas, zog im Vorwort einer Law-Biografie Parallelen zur aktuellen Lage: „Die Erhöhung der Geldmenge steht heute im weltweiten Maßstab kaum unter größerer Kontrolle als in Zeiten von John Law". Dabei erinnerte er an die Finanzkrise von 2007 und ihre Folgen. Die großen Zentralbanken der Welt erhöhten aus Angst vor einer Depression die Liquidität zwischen 2007 und 2014 auf das beispiellose Niveau von 14.000 Milliarden Dollar. Inflationsgefahren seien kurzfristig nicht zu befürchten, doch das Platzen von Spekulationsblasen an den Börsen, auf den Immobilienmärkten oder in den Wechselkursen sei eine permanente Gefahr. Insofern habe die Erfahrung mit John Law nichts an Aktualität eingebüßt, meint der erfahrene Bankier.[27]

Boisguilberts Nachfahren

Wie hätte Boisguilbert wohl den Finanzskandal von John Law erlebt und analysiert? Wir wissen es nicht. Am Ende seines Lebens geriet die Ausdauer des ideenreichen und tatenhungrigen Normannen an ihre Grenzen. Die Racheakte der Regierung durch hohe Steuern und ihre Zurückweisung seiner Vorschläge zermürbten ihn; zudem enttäuschten ihn die geringen Auflagen seiner Bücher, sie waren Misserfolge bei den Lesern, wozu auch sein schwer leserlicher Schreibstil beigetragen haben mag. 1714 starb Boisguilbert im Alter von 69 Jahren, ohne dass die Öffentlichkeit davon Kenntnis nahm. Die Zeit war noch nicht reif für diesen Pionier der Marktwirtschaft.

Seine Bedeutung schmälert das nicht, wie erst die Nachwelt bemerkte. J. Edouard Horn, Ökonom und stellvertretender Staatssekretär für Handelsfragen in Ungarn, ein überzeugter Liberaler des 19. Jahrhunderts, schrieb: „Boisguilbert vertrat die Ideen der wirtschaftlichen Freiheit mit einer solchen Überzeugungskraft, einer derart reichhaltigen Argumentation und einer großen Beharrlichkeit wie kein anderer seiner Vorgänger in Frankreich oder seiner Zeitgenossen im Ausland".[28] Er war einer der ersten, der die Deregulierung des Getreidehandels forderte, auch wenn er die Importe nicht in gleichem Maße liberalisieren wollte wie die Exporte. Nicht wenige sehen in ihm einen Vordenker des Theorems von Jean-Baptiste Say, des wichtigsten klassischen Ökonomens Frankreichs. Says These

26 Le Monde, 10. Oktober 2008, basierenden auf einem AFP-Bericht.
27 Bertrand Martinot, John Law: Le magicien de la dette, Nouveau Monde, Paris 2015.
28 Horn, J. Edouard: L'économie politique avant les Physiocrates: Pierre le Pesant de Boisguilbert, Paris 1867 Écon. S. 136.

lautete, dass sich jedes Angebot seine Nachfrage schaffe, nicht umgekehrt. Daraus leiten bis heute die sogenannten angebotsorientierten Ökonomen die Forderung ab, zuerst die Lage der Unternehmen zu verbessern und nicht die der Verbraucher. Wenn ein Unternehmen seine Produkte nicht absetze, so sei nicht die Nachfrage schuld, sondern das Produkt, sagte Say. Er war der große Fürsprecher der „entrepreneurs", man müsse sie nur machen lassen und solle zuallererst den Unternehmergeist fördern. 1819 gründete Say mit anderen Ökonomen eine Schule für Handel und Industrie, die als ECSP Europe in Paris heute noch besteht. Zur aktuellen Start-up-Kultur könnte Say nicht besser passen. Selbst der sozialistische Präsident François Hollande, der sich zuvor immer für die Stützung der Nachfrage eingesetzt hatte, schloss sich seinen Erkenntnissen an. Auf der Pressekonferenz im Januar 2014, die eine Wende seiner Wirtschaftspolitik einläuten sollte, sagte Hollande: „Das Angebot schafft die Nachfrage".[29] Die Hinterlassenschaft von Boisguilbert und in der Folge von Say wirkt bis heute nach.

Das Lager auf der anderen Seite — die nachfragorientierte Ökonomie — zog ebenso Honig aus seinen Erkenntnissen. Dass Boisguilbert sehr früh auch die Bedeutung der Konsumausgaben unterstrich, befruchtete letztlich die Theorie der Unterbeschäftigung von John Maynard Keynes, meinen einige Volkswirte.[30] Auch in Deutschland erzielte Boisguilbert seine Wirkung, dort hat sich der deutsche Ökonom Ernst Ludwig Carl (1682–1742) von ihm inspirieren lassen.[31] Carl war ein Vertreter des Kameralismus, der einer deutschen Ausprägung des Merkantilismus entspricht. Der deutsche Weg unterschied sich von den Ansätzen im Ausland dadurch, dass die Entwicklung der Landwirtschaft und das Bevölkerungswachstum zunächst stärker im Vordergrund standen als der Industrieaufbau und die Exporte. Das lag vor allem am Dreißigjährigen Krieg, nach dem Deutschland von Grund auf neu errichtet werden musste.

Das Erbe von Boisguilbert ist somit reichhaltig. Die Bibliothek von Adam Smith, der neun Jahre nach dem Tod des Franzosen geboren wurde, enthielt etliche seiner Werke. Man kann von einer tiefen Wertschätzung ausgehen, die der Schotte für Boisguilbert hegte. Die allgemeine Gleichgewichtstheorie des neoklassischen Ökonomen Léon Walras — ein weiterer

29 Daraufhin taufte der Wirtschaftsprofessor Francesco Saraceno den Präsidenten in seinem Blog „Jean-Baptiste Hollande". https://fsaraceno.wordpress.com/2014/01/15/jean-baptiste-hollande/.
30 Stephen L. McDonald: Boisguilbert, théoreticien précurseur de la demande globale, in: Revue économique, Année 1955, Volume 6, Numéro 5, S. 789–795.
31 Groenewegen, S. 112.

großer französischer Volkswirt – gilt ebenso als ein Verwandter seiner Ideen. Er knüpfte an die Generation von Volkswirten an, die unmittelbar auf Boisguilbert gefolgt waren und sein Werk fortgeschrieben hatten.

Die Physiokraten: Landwirtschaft über alles

Eine Bronzebüste ziert den Dorfplatz von Méré. Die kleine Gemeinde, eine Autostunde westlich von Paris gelegen, würdigt ihren berühmtesten Bürger schon seit 1896, als die Statue an der „Place François Quesnay" gleich neben einer romanischen Kirche errichtet wurde. Noch heute arbeitet in der 1700-Seelen-Kommune der Dorfverein „Les amis de François Quesnay" für das Gedenken. 1994 reiste sogar der amerikanisch-russische Wirtschaftsnobelpreisträger Wassili Léontief an, um an der Dreihundertjahrfeier für den wichtigsten Zögling des Ortes teilzunehmen. François Quesnay wurde 1694 in Méré als achtes von dreizehn Kindern geboren. Sein Vater, ein Landarbeiter, starb früh, lange Zeit konnte der Sohn weder lesen noch schreiben. Doch seine Begierde zu lernen gewann mit den Jahren die Oberhand. Quesnay ging zuerst zur Lehre als Kupferstecher nach Paris und arbeitete sich danach bis zum Leibarzt am Hofe von Versailles empor.

Schon als Wundarzt und Chirurg hatte Quesnay den Drang verspürt, gegen den Strich zu bürsten. Vom Aderlass wegen angeblichen Blutüberflusses hielt er nichts. Wieso sollte das Blut, das der menschliche Körper nur so mühsam hervorbringe, der Kern aller Übel sein? Man gehe besser behutsam damit um, riet er und fasste seine neuen Erkenntnisse in viel beachteten Schriften zusammen. 1731 wurde Quesnay Sekretär der Akademie der Chirurgen in Paris, später auch Mitglied der Royal Society in London. Die Kollegen schätzten sein Fachwissen, die Kranken seine Diskretion. Bald gehörte zu seinen Patienten die Madame de Pompadour, die einflussreiche Mätresse von Ludwig XV. Er wurde ihr Leibarzt und Vorkoster. In einer kleinen Wohnung im Schloss von Versailles lebte er in der Nähe ihrer Gemächer. Auch den König und dessen Sohn befreite er von manchem Leiden, daher wurde er in die Liste der offiziellen Hofärzte aufgenommen und geadelt.

Der Nachwelt blieb Quesnay jedoch vor allem als einer der wichtigsten Ökonomen des 18. Jahrhunderts in Erinnerung. Nicht zuletzt baute er auf den Studien von Boisguilbert auf.[32] Quesnay begründete die Schule

---

32 Marguerite Kuczynski: Queleques points de comparaison entre Boisguilbert et Quesnay, in: Jacqueline Hecht: Boisguilbert parmi nous, Paris 1989, S. 275.

der so genannten Physiokraten, die sich auch „Les Economistes" nannten – „die Ökonomen". Sie waren die ersten modernen Wirtschaftswissenschaftler überhaupt. Ihre Lehre, die vom Naturrecht ausging, verstanden sie als Gegenkonzept zum Merkantilismus und damit auch als einen Freiheitsentwurf. Sie forderten eine Liberalisierung des Außenhandels und freie Preisbildung. Im Mittelpunkt ihrer Lehre stand die Landwirtschaft, die von allen ihren Fesseln befreit werden sollte.[33] Quesnay entwarf dazu ein „Tableau économique", das erstmals den Wirtschaftskreislauf und die wirtschaftliche Entwicklung in einen einheitlichen Rahmen stellte. Buchstäblich handelte es sich bei der Darstellung seines Modells um einen Rahmen aus Holz. Bei seiner Anfertigung soll der Legende nach sogar Ludwig XV. Hand angelegt haben. Auf jeden Fall hat der König das Modell, das die Einkommensströme in einem Zick-Zack-Schema beschrieb, als Erklärungshilfe für wirtschaftliche Vorgänge sehr geschätzt. Quesnay baute das Tableau nach den damals am Hof von Versailles beliebten Kugelspielautomaten. Es ist der Grundstein für die noch heute geltende Volkswirtschaftliche Gesamtrechnung. Diese ermittelt die Entstehung, die Verteilung und die Verwendung des Sozialproduktes oder des Volkseinkommens eines Landes. Mit der Kreislauftheorie werden alle Tauschvorgänge zwischen den Unternehmen, den Haushalten, dem Staat und privaten Organisationen ohne Erwerbszweck erfasst. Die Finanzierungsströme sind ebenfalls berücksichtigt. Jede Ausgabe wird an einer Stelle zu einer Einnahme und an der nächsten wieder zur Ausgabe. Wie eine Kugel wird das Ergebnis der Wertschöpfung weitergereicht, das durch die Herstellung von Waren und das Angebot von Dienstleistungen entsteht.

Die Lehre der Physiokraten enthielt indes eine Besonderheit: Sie erkannte alleine die Landwirtschaft als Quelle der Wertschöpfung an – eine klare Gegenreaktion auf den Merkantilismus, der vor allem die Industrie förderte. Die Physiokraten glaubten, dass alleine die Landschaft durch das Werk der Natur sowie durch die Arbeit der Bauern über den Einsatz von Dünger und Geräten für eine Volkswirtschaft Werte schaffen könne.

Die Landwirtschaft war Mitte des 18. Jahrhundert das Sorgenkind Frankreichs.[34] Voltaire schrieb: „Gegen 1750 wird die Nation der Verse, der Tragödien, der Lustspiele, der Romane, der Opern, der romantischen Geschichten, der noch romantischeren moralischen Betrachtungen und der Disputationen über Anmut und Knickse überdrüssig und beginnt,

---

33 Gömmel, Klump, S. 109 ff.
34 Jean-Charles Asselain: Histoire économique de la France du XVIII. siècle à nos jours, Editions du Seuil, Paris 1984.

über das Getreide zu räsonieren".[35] Eine Agrarrevolution wie sie England gekannt hatte, war ausgeblieben. Die Leibeigenschaft war seit langem abgeschafft, doch es herrschte ein komplexes System von Eigentumsverhältnissen, das jede Initiative im Keim erstickte. Die Kleinbauern schufteten für adelige Großgrundbesitzer, die meistens in den Städten wohnten und sich nicht um ihr Land kümmerten. Steuern und Abgaben waren ein Mühlstein um den Hals der Bauern. Schlechte Transportwege und die Zollschranken zwischen den Provinzen erschwerten den Handel. Die vielen Kleinbetriebe waren technisch rückständig. Mühsam ernteten die Bauern oftmals noch mit der Sichel. Sensen und Pflüge mussten importiert werden, nur in den wenigen großen Höfen waren sie vorhanden. Der Getreideanbau war weiter verbreitet als die Viehzucht. Dünger kam daher kaum zum Einsatz. Leistungsfähige Pferdegespanne waren selten, die langsameren Ochsen dagegen häufig anzutreffen. Auf dem Getreidemarkt herrschten strenge Vorschriften. Staatliche Händler waren für den An- und Verkauf verantwortlich, nur in festgelegten Liefergebieten durfte das Getreide Absatz finden. Nach guten Ernten mussten Vorräte angelegt werden, die permanent auf die Preise drückten und so den Bauernstand arm hielten.

Der Anwalt Jean Charles Guillaume, Vogt von Beaumont, klagte die Praxis 1768 mit Hilfe von Beweisstücken an: In guten Zeiten wurde Weizen zurückgehalten, um ihn in kargen Jahren zu Wucherpreisen zu verkaufen; einige hohe Beamte verdienten prächtig an der Vergabe von Sonderrechten. Für seine Enthüllungen zahlte er einen hohen Preis: Die Polizei steckte ihn in die Bastille und danach in vier weitere Gefängnisse. 21 Jahre später, im Revolutionsjahr 1789, kam er wieder frei.

Auch Voltaire beschwerte sich, dass Weizen und Hafer nur auf weit entfernten Märkten verkauft werden durften. Wer ein bisschen davon an seinen Nachbarn oder einen seiner Vasallen abtrat, wurde „wie ein Krimineller zu einer Strafe von 500 Pfund verurteilt, und der Weizen, der Karren und die Pferde gingen an jene, die diesen Diebstahl mit Hilfe eines Soldatentrupps ausführten."[36]

Vor diesem Hintergrund war es das wichtigste Anliegen von Quesnay, die Landwirtschaft von ihren Ketten zu befreien. Nur Äcker und Viehzucht sorgten letztlich für den Reichtum eines Landes, besagte seine Theorie. Nicht zuletzt seine Kindheitserfahrung auf dem Bauernhof hatte Spuren

---

35 Oeuvres complètes de Voltaire: Dictionnaire philosophique, I, Chez Furne, 1835, S. 269.
36 Ebd., S. 71.

hinterlassen. Das Gewerbe und den Handel dagegen nannte er eine „sterile Klasse" im Gegensatz zur „produktiven Klasse" der Landwirte. Ein Gewerbebetrieb füge den Vorprodukten nur eigene Arbeit hinzu, ohne damit einen zusätzlichen Wert zu schaffen. Diese These stellte sich als Irrtum heraus, sie wurde von den späteren klassischen Ökonomen weggefegt, denn sie verstanden die Bedeutung des Kapitals, das überall dort, wo es eingesetzt wird, zu Wertschöpfung führt.[37]

Adam Smith, der erste Vertreter dieser Schule, war dennoch voll des Lobes für Quesnay. Der schottische Philosoph hatte die Physiokraten auf seiner zweieinhalbjährigen Reise durch Frankreich gut kennengelernt. Diese Zeit wurde zum Nährboden für Smiths berühmtestes Werk, den „Wohlstand der Nationen. Eine Untersuchung seiner Natur und seiner Ursachen". Mit dieser Arbeit erblickten die politische Ökonomie und der Wirtschaftsliberalismus das Licht der Welt. Smith beschrieb erstmals den Homo oeconomicus als Leittypus des Menschen, der vor allem sein Eigeninteresse verfolge. Das Zusammenwirken der vielen Einzelinteressen führe unbeabsichtigt und geleitet von einer „unsichtbaren Hand" zu einem gemeinsamen Nutzen. Die Idee, den Einzelnen möglichst viel Freiheit einzuräumen, damit davon alle profitieren, bahnte sich von nun an ihren Weg.

Viele behaupten, Smith fing schon in Frankreich mit der bahnbrechenden Arbeit an. Auf jeden Fall traf er als Begleiter und Lehrer des jungen Herzog Buccleugh zwischen 1764 und 1766 viele anregende Philosophen, Ökonomen und Schriftsteller. Neun Monate lang genoss er die freimütigen Debatten in den Pariser Salons. Der Austausch mit Quesnay hinterließ besonders viel Eindruck. Smith nannte ihn „einen der intelligentesten Männer Frankreichs" und wollte ihm sein Standardwerk widmen, wäre der Franzose nicht vorher verstorben. Smith kritisierte die Physiokraten zwar wegen ihres engstirnigen Blicks auf die Landwirtschaft, doch er griff wichtige Elemente ihrer Arbeit auf und entwickelte sie weiter. Ihre Erkenntnisse seien „bei allen ihren Unzulänglichkeiten vielleicht die beste Annäherung an die Wahrheit, die bisher zum Thema der politischen Ökonomie veröffentlicht wurde", schrieb er.[38]

An seiner ersten Reisestation in Toulouse hatte sich der schottische Philosoph noch gelangweilt. Dass er nicht gut Französisch sprach, erschwerte den Aufenthalt zunächst. Doch später zog er nach Genf weiter, wo er Vol-

---

37 Karl Graf Ballestrem: Adam Smith, C.H. Beck, München 2001, S. 138.
38 Bruce Mazlish (Hg.): Adam Smith, The Wealth of Nations: Representative Selections, New York 2003, S. 236.

taire traf, und dann ging es nach Paris. Dort blühte Smith auf.[39] Regelmäßig besuchte er Opern, Theater und Konzerte. Den jungen Mozart hörte er mehr als einmal spielen. Marie-Jeanne Riccoboni, eine 13 Jahre ältere Romanschriftstellerin und frühere Schauspielerin, wurde seine Begleiterin. Nachdem der Philosoph in die Heimat zurückgereist war, schrieb sie in einem Brief an einen Freund: „Zanken Sie mich aus, prügeln Sie mich, töten Sie mich — ich liebe nun einmal diesen Smith! Ich wollte, der Teufel holte alle unsere Literaten und brächte mir Herrn Smith wieder."[40] Der Philosoph zog es jedoch vor, bei seiner Mutter in Schottland zu leben. Er heiratete nie. Dafür erwähnte Smith die Dame in der sechsten Ausgabe seiner „Theorie der ethischen Gefühle" in einer Reihe mit Racine, Voltaire, Richardson und Maurivaux. Diese „Poeten und Romanschriftsteller, die am besten die feinen und zarten Empfindungen der Liebe und Freundschaft und all die anderen Gefühle persönlicher und verwandtschaftlicher Zuneigung zu schildern verstehen, (…) sind in solchen Fällen weit bessere Lehrer als Zeno, Chrysipp oder Epiktet".[41]

Was seine Arbeit anging, so nahm der Schotte in seiner Pariser Zeit an möglichst vielen Gesprächskreisen teil. Sein Freund David Hume öffnete ihm die Türen. So traf Smith unter anderen die Enzyklopädisten Diderot und d'Alembert, Benjamin Franklin, den Baron d'Holbach, Helvetius, Mirabeau (den Vater des späteren Revolutionär) sowie die philosophisch bewanderten Äbte Galiani und Morellet.

Turgot

Besonders eindrucksvoll waren indes Smiths' Begegnungen mit Anne Robert Jacques Turgot, dem Baron de l'Aulne. Beide bereiteten in jener Zeit ihre wichtigsten Werke vor. Daher standen sie in regem Austausch. Beim einen wie beim anderen trug er Früchte, wie Léon Say, viermaliger Finanzminister Frankreichs und Enkel des großen französischen Ökonomen Jean-Baptiste Say, in seiner Biographie über Turgot schreibt.[42] Smith und Turgot waren etwa gleich alt und hatten beide die Theologie zugunsten philosophischer Studien aufgegeben. Beide glaubten an die Aufklärung, den Fortschritt und die Durchsetzungskraft des Intellekts.

39 Reinhart Blomert: Adam Smiths Reise nach Frankreich, Berlin 2012, S. 202 ff.
40 Blomert, S. 204, Siehe auch: Emily Crosby, Une Romanciere Oublié, Madame Riccoboni Sa Vie, Ses Œuvres…, Genf 1970, S. 136 ff.
41 Adam Smith, The Theory of Moral Sentiments, 1759, Deutsche Ausgabe: Theorie der ethischen Gefühle, Hamburg 2010, S. 223.
42 Leon Say, S. 30 f.

Turgot wird in seiner Heimat heute noch gelegentlich als „französischer Adam Smith" bezeichnet. An seinem Rang als Wissenschaftler kann niemand rütteln. Schumpeter schrieb Mitte des zwanzigsten Jahrhunderts über Turgots wichtigstes Werk, die „Réflexions sur la formation et la distribution des richesses",[43] das er 1766 und damit zehn Jahre vor dem „Wohlstand der Nationen" schrieb: „Man übertreibt nicht, wenn man sagt, dass die analytische Ökonomie ein Jahrhundert brauchte, um dort anzukommen, wo sie zwanzig Jahre nach der Veröffentlichung von Turgots Abhandlung hätte ankommen können, wenn ihr Inhalt von aufmerksamen Kollegen richtig verstanden und aufgenommen worden wäre."[44] Thomas Jefferson, Amerikas Botschafter in Frankreich, bedauerte, dass dieses Werk nicht ins Englische übersetzt wurde. In Deutschland studierte der preußische Staatsmann und Reformer Freiherr vom Stein intensiv die Arbeiten von Turgot.[45]

Der Franzose verstärkte in einer weit verbreiteten Lobrede auf den verstorbenen Freund Vincent de Gournay auch dessen berühmten Aufschrei gegen die Regulierungswut der Merkantilisten. „Laissez-faire, laissez-passer", hatte de Gournay gefordert. „Das Interesse des Einzelnen, das sich selbst überlassen wird, ist für das allgemeine Gut immer förderlicher als die Operationen der Regierung", schrieb Turgot. Das sei „Hayek pur, zwei Jahrhunderte vor Hayek", meinte der französische Philosophie-Professor Alain Laurent in Bezug auf den österreichischen Ökonom aus dem 20. Jahrhundert.[46]

Die Ideen der Physiokraten entwickelte Turgot weiter. So definierte er als erster die drei Faktoren der Produktion: Arbeit, Natur und Ersparnisse (Kapital). Früher als andere erkannte er das Gesetz der abnehmenden Grenzerträge des Bodens. Wenn man immer mehr von den Produktionsfaktoren Arbeit und Kapital (Saat, Dünger, Maschinen) in ein gegebenes Stück Land stecke, dann nehme von einem bestimmten Punkt an der Ertrag ab. Zudem sprach sich Turgot für die Freiheit der Zinsbildung aus. Geld müsse wie eine Ware betrachtet werden, daher sei ihr Verleih zu bezahlen. Ohne Zinsen kein Kredit — anders als es in der Bibel stand — und ohne Kredit kein Handel.

---

43 Turgot: Réflexions sur la Formation et Distribution des Richesses, erstmals erschienen 1769, Flammarion, Paris 1997.
44 Joseph A. Schumpeter: History of Economic Analysis, Routledge, 2006, erstmals veröffentlicht: 1954, Great Britain, S. 249.
45 Ralph Raico: Die Partei der Freiheit. Studien zur Geschichte des deutschen Liberalismus, Stuttgart 1999, S. 22.
46 Madelin, S. 73.

Seinen Schriften widmete sich Turgot nachts und am Wochenende, denn der Mann war auch ein leidenschaftlicher Praktiker. Als Frankreichs Finanzminister von 1774 bis 1776 liberalisierte Turgot den Getreidehandel und hob die Zünfte sowie die Meisterrechte auf. In einem ersten Schritt hielt somit die Gewerbefreiheit Einzug. Den Frondienst, der die Bauern zum Bau an Wegen, Brücken und Kanälen zwang, schaffte er ebenso ab und führte stattdessen eine Geldabgabe ein, sodass die Landwirte weiter die Felder bestellen konnten. Auch das Steuersystem wollte er umbauen, indem er gemäß physiokratischer Vorstellungen die bestehenden Steuern durch eine einzige Ertragssteuer auf den Boden zu ersetzen versuchte.

Doch so wie Turgot mit seinen Schriften glänzte, so scheiterte er als Finanzminister. Die Grundbesitzer wehrten sich gegen seine radikalen Steuerpläne, die Gewerbetreibenden hetzten gegen die Abschaffung ihrer Monopolrechte. Am Hofe von Versailles machte er sich Feinde, weil er die Staatsausgaben senken wollte. Die Königin Marie-Antoinette hasste ihn, wandte er sich doch gegen ihre Zuwendungen für Günstlinge und Favoritinnen. Ihr Ehemann, Ludwig XVI. hielt lange zu ihm: „Ich sehe es genau, nur Monsieur Turgot und ich liebten das Volk", soll der König noch Jahre später gesagt haben.[47] Doch die Königin und die um ihre Privilegien fürchtenden Lobbygruppen setzten sich schließlich durch. Im Mai 1776 entließ der König seinen Minister. Die sechs Edikte, die den Großteil seines Wirtschaftsprogramms beinhalteten, wurden aufgehoben. Als sein Freund Voltaire von der Entlassung hörte, war er außer sich: „Was wird aus uns werden? Ich bin bestürzt. Ich sehe nur noch den Tod vor mir (…). Dieser Blitzschlag trifft mich im Hirn wie im Herzen", schrieb der Dichter.[48]

Im Volke war Turgot freilich auch nicht gerade beliebt gewesen. Die Liberalisierung des Getreidehandels traf mit schlechten Ernten zusammen, Mehl und Brot wurden teuer, und es kam zu Aufständen, die Turgot hart niederschlagen ließ. Schon bei seinem Antritt hatte der Minister gewusst, dass er unpopulär sein würde, und schrieb dies dem König. Denn er war kein Neuling in der Politik. Zwischen 1761 und 1774 stand Turgot als staatlicher Verwalter (Intendant) an der Spitze der Provinz von Limousin. Die ländliche Gegend im Herzen Frankreichs machte er zu einer Experimentierstube für die Liberalisierung. Er sorgte für eine gerechtere Besteuerung, was die Noblesse gegen ihn aufbrachte, die Bauern aber überzeugte.[49] Für die Notleidenden errichtete er Armenhäuser, und er versuchte den Ver-

47 Léon Say: Turgot, Paris 1887, S. 9.
48 Henri Baudrillart: Turgot, Revue des Deux Mondes, Tome 15, Paris 1846, S. 1046.
49 Say, S. 56 ff.

zehr von Reis und Kartoffeln als billigem und gesundem Nahrungsmittel in seiner Provinz populär zu machen. Seine Amtszeit galt als erfolgreich, weshalb der König auf ihn aufmerksam wurde. Doch auf der nationalen Bühne überforderte sein Reformeifer das vorrevolutionäre Frankreich. In den Augen von Adam Smith war Turgot „zu einfach gestrickt für einen Politiker, zu stolz, wie es die adeligen Naturen häufig sind, wobei sie den Egoismus, die Dummheit und die Vorurteile völlig unterschätzen, die (…) dem Weg von gerechter und rationaler Reform widerstehen".[50] Er sei so unvertraut mit der Welt und der menschlichen Natur, dass er tatsächlich an die Devise glaube, alles was richtig sei, könne auch in die Tat umgesetzt werden, bemängelte Smith.[51] Eine Zeitgenossin beschrieb den Franzosen als einen „Minister der Eiseskälte", während ihn andere als Idealisten ohne Taktgefühl mit den Allüren eines Schulmeisters charakterisierten. Warum er so viel auf einmal wolle, wurde er gefragt. „Weil mir wegen der Gicht nicht mehr viel Zeit bleibt", antwortete Turgot.

So blieb sein Wirken als Finanzminister eine Fußnote der Geschichte. Im ewigen Kampf zwischen Liberalen und Etatisten-Colbertisten hatten Letztere eine Schlacht gewonnen. Die Besitzstandwahrer und jene, die aus Konservatismus und aus Angst vor dem Neuen gegen jede Reform kämpften, behielten die Oberhand — vorerst noch. Denn schon bald fegte ein Feuersturm über Frankreich hinweg. Die vorrevolutionären Liberalen hatten ihn mit angefacht. Die wenigsten von ihnen wollten damals einen radikalen Umbruch, doch ihr Ruf nach wirtschaftlicher Freiheit half mit, den Absolutismus in Schutt und Asche zu legen. Die Liberalen waren ein Wegbereiter der Französischen Revolution, jenes „herrlichen Sonnenaufganges", wie Hegel das Weltereignis nannte.

---

50 Blomert, S. 187.
51 The early life of Samuel Rogers, Peter William Clayden, Smith, Elder & Co, London 1887, S. 95.

Die wirtschaftsliberale Revolution

Die Französische Revolution ist für die Franzosen immer noch der große Referenzpunkt ihrer Geschichte. Sag' mir, wie Du zur Revolution stehst, und ich sag' Dir, wer Du bist. Die Einstellung zur Revolution bestimmt häufig die politische Orientierung.

Lange Zeit beschrieben Historiker und Politiker die Französische Revolution als eine Art Geburtsstunde des Sozialismus oder des Kommunismus. Dieses Urteil liegt ja auch nahe. Die privilegierte Herrscherklasse eines großen Landes verlor zum ersten Mal mit einem Schlag ihre Macht, und die Grundlage für den Wert der Gleichheit entstand. „Der Jakobiner von 1793 ist zum Kommunisten unserer Tage geworden", rief Karl Marx in einer Rede in Brüssel im Jahr 1848 seinem Publikum zu.[1] Die Französische Revolution ist ein Dreh- und Angelpunkt der marxistischen Geschichtsschreibung, wofür das Manifest der Kommunistischen Partei von 1848 ein beredtes Zeugnis ist.

Marx war ein intimer Kenner Frankreichs und seiner Geschichte. Er analysierte die Französische Revolution als eine welthistorische Umwälzung, die der Monarchie, dem Adel und der Kirche die Macht raubte, aber vorerst „nur" der Bourgeoisie eine neue Zukunft ebnete. Denn ein Proletariat gab es damals noch nicht, schon gar nicht im landwirtschaftlich geprägten Frankreich. Die Stunde der Arbeiterschaft sollte erst später schlagen: Infolge der Revolution, so Marx, führe das Wirtschaftsbürgertum den ausbeuterischen Kapitalismus ein, wodurch sich immer mehr Reichtum in den Händen weniger ansammele, während die Massen verarmten. Eines Tages komme es zur Revolution des Proletariats und zur Übertragung der Produktionsmittel auf die Arbeiter. Der Klassenkampf gehe zu Ende, eine Gesellschaft der Gleichheit entstehe. Die Französische Revolution war so gesehen eine Zwischenetappe. Lenin knüpfte später daran an, indem er die Revolution als Vorbild und gleichzeitig als Lehrbeispiel zur Vermeidung von Fehlern heranzog. Der französische Politiker Jean Jaurès führte diese Interpretation in seiner mehrbändigen „Sozialistischen Geschichte der Französischen Revolution" fort.[2]

---

1 Reden auf der Gedenkfeier in Brüssel am 22. Februar 1848 zum 2. Jahrestag des Krakauer Aufstandes von 1846; Karl Marx — Friedrich Engels — Werke, Band 6, S. 102–124, Dietz Verlag, Berlin/DDR 1959.
2 Jean Jaurès: Histoire socialiste de la Révolution française, Paris, Éditions sociales, 1968.

So entstand eine Geschichtsschreibung, die ihre Kritiker später als „marxistisch-jakobinisch" missbilligten. Denn sie übersah den Verlauf der Französischen Revolution in höchst unterschiedlichen Phasen. „Die Revolution ist ein Block", behauptete der gemäßigte Sozialist und spätere Ministerpräsident Georges Clemenceau noch 1891 in der Nationalversammlung.[3] Man könnte sie entweder nur in ihrer Gänze ablehnen oder sie komplett befürworten. Clemenceau antwortete damit auf das verbotene Theaterstück „Thermidor" von Victorien Sardou in der Comédie Française. Es unterschied zwischen dem eher gemäßigten Revolutionär Danton und dem radikalen Robespierre. Beide endeten bekanntlich unter der Guillotine, der radikale Robespierre freilich nicht ohne vorher Tausende von Menschen dem gleichen Schicksal zugeführt zu haben. Nichtsdestotrotz war rund hundert Jahre später der Abgeordnete Clemenceau immer noch gegen das Filetieren der Revolution. Für Danton und gegen Robespierre zu sein, das sei Verrat an der Republik und betreibe nur die Sache der Royalisten, befand Clemenceau.

Die einseitige Interpretation musste in einen Historikerstreit à la française münden. Zu lange hatte die Linke die Revolution für sich vereinnahmt. Ihre Kritiker arbeiteten dagegen die Vielschichtigkeit des Umsturzes heraus. François Furet, der bis zum Aufstand von Ungarn noch selbst mit dem Kommunismus geliebäugelt hatte, war ihr wortmächtigster Sprecher. Die Französische Revolution spielte sich als Weltereignis in ganz kontrastreichen Akten ab, und dabei waren die ersten Akte eindeutig von liberaler und wirtschaftsliberaler Prägung, betonte der Historiker. Später stellte Furet die Veränderungskraft der Revolution in Frage und unterstrich die Kontinuität zwischen dem Ende des Ancien Régime und der postrevolutionären Zeit des Bürgerkönigs Louis-Philippe. Die Linke bekämpfte ihn daraufhin als Revisionisten, denn sie fühlte sich ihres historischen Bodens entzogen.

Doch was galt nun? War die Französische Revolution eine Quelle des Liberalismus oder des Sozialismus, oder gar beides? In einem Magazininterview des Jahres 2008 verurteilte der spätere sozialistische Erziehungsminister und Präsidentschaftskandidat Vincent Peillon „diese Trennung zwischen 1789 und 1793". Unter der Überschrift „Soll man François Furet verbrennen?" verwies er auf den sozialistischen Säulenheiligen Jaurès, der „gleichzeitig den Sozialismus und den Individualismus forderte".[4] Die

3 29 janvier 1891, Debatte in der Assemblée Nationale. http://www2.assemblee-nationale.fr/decouvrir-l-assemblee/histoire/grands-moments-d-eloquence/georges-clemenceau-1891-la-revolution-est-un-bloc-29-janvier-1891.
4 Nouvel Observateur, 29. August 2008.

richtige Antwort sei die Französische Republik, denn sie wolle den „Dualismus zwischen der Freiheit und der Gleichheit überwinden durch einen dritten Ausdruck, nämlich die Brüderlichkeit oder die Solidarität oder die Vereinigung", so Peillon. Das französische Modell sei nicht in der Polarisierung zwischen dem Kommunisten Marx und dem Liberalen Alexis de Tocqueville zu verstehen. Denn Frankreich habe dem Wohlfahrtsstaat, dem öffentlichen Dienst und der Genossenschaftsbewegung den Weg geebnet, gleichzeitig aber auch die politische und religiöse Freiheit durchgesetzt.

Die Republik Frankreich will somit all das gleichzeitig sein, was die Revolution hintereinander war. Die revolutionäre Anfangszeit war eindeutig von der Bourgeoisie und von nicht wenigen Adeligen bestimmt. Viele Abgeordnete der Nationalversammlung hatten die Werke der französischen Ökonomen gelesen, und einige auch den ins Französische übersetzten Adam Smith. Gerade das Recht auf Eigentum erfuhr dadurch eine spektakuläre Stärkung. Auf dem Lande, wo die Bauern nur eingeschränkte und die Grundherren ausgiebige Rechte besaßen, verschwand die Feudalherrschaft. Das war eine der größten Leistungen der Revolution.

Das Match Rousseau – Voltaire

Der Wunsch nach freiem Wirtschaften setzte sich an vielen Stellen durch – doch nicht ohne bald Widerstand hervorzurufen. Der Etatismus kam jetzt nicht mehr in Gestalt des Königs und der Aristokratie daher, sondern als ein entpersonalisierter Staat, der über Freiheit und Gerechtigkeit wachen sollte. Denn so wie die Wirtschaftsliberalen Einfluss nahmen, so gaben gleichzeitig die Lehren von Jean-Jacques Rousseau der Idee eines starken Staates Auftrieb. Der Staat solle der „volonté générale", dem Gemeinwohl, zur Durchsetzung verhelfen. Das allgemeine Wohl sei anders als in der angelsächsischen Anschauung nicht nur die Summe der individuellen Interessen („volonté de tous"), sondern etwas Höherstehendes, etwas Absolutes. In Rousseaus Idealwelt ordnen sich die Bürger freiwillig einem Gesellschaftsvertrag unter. Der Staat vollstreckt den allgemeinen Willen. Der Citoyen ist ein politisches Wesen, das nicht nur sein Einzelinteresse verfolgt, sondern auch das Wohl der Gemeinschaft. Anders als im angelsächsischen Modell führt nicht individuelles Konkurrenzstreben zum Glück, sondern ein neutrales Staatswesen, das die Interessen seiner Bürger zum Ausdruck bringt. Nach Rousseau soll der Staat den Missbrauch persönlichen Eigentums einschränken. Durch seine Gesetze etwa über

Erbschaft und eine erstmals progressive Steuer entsteht ein soziales und politisches Gleichgewicht.[5]

Als die Revolution ausbrach, hatte Frankreich schon den vielsagenden Streit zwischen Rousseau und Voltaire erlebt und weitergedreht – eine Debatte, die das Land bis heute umtreibt. 2012, als sich der Geburtstag von Rousseau zum 300. Mal jährte, brachte das Nachrichtenmagazin „Le Point" eine 100 Seiten starke Sonderausgabe zu der Auseinandersetzung der Philosophen heraus. „Feinde für immer, sind Rousseau und Voltaire immer gegenwärtig", schrieb der Politologe Michel Delon darin.[6] Der Denkerstreit repräsentiere Pole, die nicht nur die Franzosen, sondern die ganze Philosophiegeschichte befruchtete.

Voltaire, der Star der französischen Aufklärung, ging an den Königshöfen Europas ein und aus, er verehrte das Eigentum, das er für sich durch geschickte Geschäftemacherei beträchtlich mehrte, er liebte den Luxus, und er ließ die Freiheiten Englands, die er im Exil genossen hatte, hochleben. Als scharfer Kämpfer gegen den Absolutismus, das Feudalwesen und die Kirche wurde Voltaire ein Wegbereiter der Französischen Revolution, auch wenn er der konstitutionellen Monarchie nur einen aufgeklärten „guten" König vorsetzen wollte.

Auch Rousseau wurde ein Vorreiter der Revolution. „Der Mensch ist frei geboren, und überall liegt er in Ketten". So beginnt sein Standardwerk des „Contrat social". Doch der in ärmlichen Verhältnissen aufgewachsene Philosoph aus Genf ging über den Angriff gegen die bestehende Ordnung hinaus. Rousseau wurde ein scharfzüngiger Kritiker der Zivilisation und des Glaubens an technischen wie wissenschaftlichen Fortschritt. Er hielt den Menschen im Naturzustand für gut und warf der Gesellschaft einen verderbenden Einfluss vor. Bei Voltaire war es umgekehrt: Erst durch die Kultur, die Arbeit und den Austausch mit anderen werde der Rohling zum Menschen. Laut Rousseau ließ sich dagegen der durch Klassengesellschaft und Eigentum verrottete Mensch nur durch einen Gesellschaftsvertrag wieder auf die richtige Bahn leiten. In kleinen Staaten wie der Schweiz (Frankreich war zu groß) erlaube die direkte Demokratie den Citoyens die Mitsprache. Dabei verherrlichte Rousseau besonders das Ideal der Gleichheit. Eigentum sah er als Quelle des Übels und bedauerte, dass „die

---

5 Jean-Jacques Rousseau: Du Contrat social ou Principes du droit politique. Vom Gesellschaftsvertrag oder Grundsätze des Staatsrechts. Stuttgart 2010, siehe auch: Jürg Altwegg: Die Republik des Geistes, München 1986, S. 10.
6 Le Point, Mai-Juni 2012, S. 9.

scheußlichen Worte ‚mein' und ‚dein' erfunden waren".[7] Er wollte das Eigentum nicht mehr abschaffen, dafür sei es zu spät, doch es solle in enge Schranken gewiesen werden. In seiner perfekten Welt hätten alle gleich viel davon. Voltaire dagegen verhöhnte diesen Aufschrei: Das sei „die Philosophie eines Bettlers, der die Reichen durch die Armen bestohlen sehen möchte". Voltaire war der Meinung, dass es immer Arme und Reiche geben werde.

Ganz anders als Voltaire lehnte Rousseau Geld prinzipiell ab, ein System der Tauschwirtschaft dagegen korrumpiere die Menschen seiner Ansicht nach weniger. Er wusste aber, dass sich das Rad der Geschichte nicht zurückdrehen ließe. Zu einem Zustand, wo wir wieder „auf allen Vieren gehen" und „Kräuter essen", wie Voltaire ihm vorwarf, wollte Rousseau nicht zurück. Doch Rousseau spürte in der Gedankenwelt Voltaires schon den übernächsten Schritt. Er sah voraus, von welchen Seiten ein System freien Wirtschaftens und repräsentativer Demokratie einmal angegriffen werde: An seiner wunden Stelle der Entfremdung des Menschen, zu der die Industrialisierung durch die Abkehr von der Natur führe, sowie an der Ungleichheit, die das System hervorbringe.

Die Revolutionäre hatten Rousseaus kraftvolle Sätze 1789 nicht vergessen. So galt schon in der ersten Menschen- und Bürgerrechtserklärung das Recht auf Eigentum nicht uneingeschränkt. Dieses kann „niemandem genommen werden, wenn es nicht die gesetzlich festgelegte, öffentliche Notwendigkeit augenscheinlich erfordert, und unter der Bedingung einer gerechten und vorherigen Entschädigung", heißt es da. Die Möglichkeit der Enteignung durch den Staat war somit garantiert. In der Bürgerrechtserklärung von 1793 wurde erstmals auch eine sozialstaatliche Rolle geltendes Recht. „Die öffentliche Unterstützung ist eine heilige Schuld. Die Gesellschaft schuldet ihren unglücklichen Mitbürgern den Unterhalt, indem sie ihnen entweder Arbeit verschafft oder denen, die außerstande sind, zu arbeiten, die Mittel für ihr Dasein sichert", steht in Artikel 21.

Die Frage, wo freies wirtschaftliches Handeln und die angestrebte Gleichheit auf der Waagschale platziert sein sollen, blieb indes umstritten. Die Revolutionäre fanden zu keiner gemeinsamen Antwort. Vorerst dominierte der wirtschaftsliberale Geist.[8] Selbst Robespierre wollte das private Eigentum nicht abschaffen. „Diese Ungleichheit der Vermögen ist ein not-

---

7 Brief an den König von Polen, zit. nach: Robert Spaemann Rousseau − Mensch oder Bürger, Das Dilemma der Moderne Stuttgart 2008, S. 79.
8 François Crouzet: La logique libérale de la Révolution française, in: Aux sources du modèle libéral français, Paris 1997, S. 81 ff.

wendiges Übel und unheilbar", schrieb er, die Gleichheit der Vermögen sei ein „Hirngespinst".[9] Der spätere Anführer der Terrorherrschaft knüpfte mit der Ablehnung des Gleichheitsgedankens sogar an den ehemaligen Finanzminister Turgot an. Dessen Programm brachten die Revolutionäre zur Vollendung. So mussten im Zuge der „Loi Allarde" nun die Zünfte sowie viele Reglementierungen aus der Zeit Colberts für immer weichen. Die Folge war eine Welle von Betriebsgründungen durch Gesellen, die ihren früheren Meistern Konkurrenz machten. Viele gingen bald wieder Pleite, doch das war auch der allgemeinen Wirtschaftskrise geschuldet, die durch die politische Zerrüttung entstanden war. Etliche Liberalisierungsschritte, um die zuvor jahrzehntelang gerungen wurde, ließen sich in den Revolutionsjahren plötzlich in Windeseile umsetzen. Das galt auch für den Getreidehandel, der immer noch durch Abgaben an Brücken, Flüssen, Stadt- und Provinzgrenzen sowie auf Märkten und Messen gebremst wurde. Trotz hoher Preise und der Unruhen auf dem Land gewährte die verfassungsgebende Versammlung im August 1789 die Freiheit des Getreidehandels. Nur der Export blieb untersagt.

Die Gegenbewegung ließ indes nicht lange auf sich warten, zumal das Land wie nie zuvor aufgewühlt und von kriegerischen Monarchien umstellt war. Die Preise und die Spekulation schossen ins Kraut. So geriet die Regierung unter wachsenden Druck, die Nahrungsmittelversorgung zu verbessern. Die Stunde der dirigistischen Politiker kam zurück. Die Preisanstiege führten sie als Beleg für das Versagen der Marktmechanismen an und setzten weitreichende Staatseingriffe durch. Zwischen Mai und September 1793 verordnete ein „Gesetz des allgemeinen Maximums" Preisobergrenzen für Getreide, Fleisch, Butter, Essig, Fisch und Wein. Auch für die Löhne galten Obergrenzen in der Hoffnung, damit die Warenpreise zu drücken. Die Bergpartei („Les Montagnards") hatte als linker Flügel der Jakobiner die Macht an sich gerissen. Dagegen mussten die der Wirtschaftsfreiheit zugeneigten Girondins fliehen. Überall hielten nun Zwang und Terror Einzug. Eine „Armee der Revolutionäre" durchstöberte die Scheunen der Bauern; Beschlagnahmungen waren an der Tagesordnung, denn nicht zuletzt mussten die Soldaten ernährt werden. Wer in der Hoffnung auf steigende Preise Getreide oder Nahrungsmittel gehortet hatte, musste mit der Todesstrafe rechnen. Standgerichte fanden vor Ort auf den Höfen statt, nicht selten führten sie auch gleich eine Guillotine mit sich.

Das „Gesetz des Maximums" symbolisierte somit in wirtschaftlicher Hinsicht die Terrorherrschaft der Jahre 1793 und 1794. Der mit brutaler Gewalt

9 Michel Biard, Philippe Bourdin: Robespierre — Portraits croisés, Paris 2014, S. 190 ff.

regierende „Wohlfahrtausschuss" trieb in dieser Zeit auch die Zentralisierung kräftig voran, indem er viele lokal gewählte Entscheidungsgremien durch Vertreter der Regierung in Paris ersetzte. All das war das Gegenteil von Liberalismus.

Doch dieses dunkelste Kapital der Französischen Revolution sollte glücklicherweise nicht allzu lange dauern. Nach der Hinrichtung von Robespierre und der Abschaffung des Wohlfahrtsausschusses beseitigte das Direktorium das Gesetz der Preisobergrenzen und baute Handelsbarrieren im Landesinneren ab. Die Revolutionäre waren zwar keine lupenreinen Freihändler. Der Krieg gegen die royalistischen Nachbarn verhinderte einen freien Warenverkehr. Im Landesinneren aber taten sich immer wieder Freiräume auf.

Unsere Zeitreise erlaubt am Anbruch den 19. Jahrhunderts somit ein Zwischenresümee: Aus den Colbertisten waren Etatisten geworden, denn die Politik des großen merkantilistischen Wirtschaftslenkers passte nicht mehr in die Zeit. Die Revolution war nicht „ein Block", sondern ein Umschwung in sehr unterschiedlichen Etappen. Die Revolutionäre schwankten zwischen der Weltanschauung von Smith, Voltaire und Turgot auf der einen Seite und der Philosophie von Rousseau und Robespierre auf der anderen. Letztere wollten mit Hilfe des Staates einen neuen Menschen schaffen und machte sich damit anfällig für den Totalitarismus.[10] Der Krieg gegen die europäischen Restaurationsmächte, der Einflussverlust der gemäßigten Girondins, die Inflation und die Phase der Terrorherrschaft − all das waren heftige Rückschläge für die Liberalen. Doch in der Anfangszeit der Revolution hatten sie eine Wirkung entfaltet, die erhalten blieb. Insgesamt gesehen verloren die Etatisten durch die Revolution an Boden. Denn anders als die Monarchien des europäischen Kontinents hatte Frankreich in einem großflächigen Experiment das Fenster weit aufgestoßen: Durch sein muffiges Wirtschaftssystem mit all den Verboten, Schranken und Steuern wehte plötzlich frische Luft.

Das liberale Jahrhundert

Nun konnte ein Jahrhundert anbrechen, das viele als das Jahrhundert des Liberalismus bezeichneten. Es begann in der intellektuellen Debatte Frankreichs gleich mit einem Paukenschlag. 1803 veröffentlichte der französische Ökonom Jean-Baptiste Say seinen „Traité d'économie politique",

10 Pierre Rosanvallon: L'Etat en France de 1789 à nos jours, Paris 1990, S. 120.

in dem er versuchte, die politischen und philosophischen Ideen der Französischen Revolution mit den Lehren von Turgot und Adam Smith zu verbinden. Jedes Angebot schaffe sich seinen Markt, sprich seine Nachfrage, war die essentielle Erkenntnis daraus. Weltweit wurde das Werk gelesen und weiterentwickelt. Die französische Strömung des Liberalismus gewann vielerorts Anerkennung. Das „Journal des Economistes" wurde nach seiner Gründung 1841 eine Art Bibel des Berufsstandes. Bis zu ihrer Einstellung fast 100 Jahre später war sie eine „Sperrspitze der Idee des Laissez-faire", so der amerikanische Historiker Ralph Raico.[11] Autoren wie Frédéric Bastiat, Alexis de Tocqueville, Gustave de Molinari und Benjamin Constant machten den französischen Liberalismus zum Exportartikel.

Bastiat war ein besonders wortgewandter Polemiker, der aber auch theoretischen Tiefgang hatte. Er schlug vor, den Staat auf einige grundlegende Aufgaben zurückzustutzen: „Das Handeln der Regierung sollte sich im Wesentlichen darauf beschränken, für Ordnung, Sicherheit und Gerechtigkeit zu sorgen".[12] An andere Stelle gab Bastiat prägnant von sich: „Der Staat ist die große Fiktion, durch die alle danach streben auf Kosten aller zu leben". Er ließ sich unter anderem von den englischen Freihandelsökonomen im Getreidestreit, den Manchester-Liberalen, inspirieren und forderte eine Zollunion mit Belgien. „Wir müssen klar anerkennen, dass Bastiat damals eine der ambitioniertesten Interpretationen des Liberalismus seiner Zeit vorlegte", meint der kanadische Soziologe und Wirtschaftshistoriker Robert Leroux.[13]

Napoléons Kommandowirtschaft

Schöne Ideen waren freilich das eine, Realpolitik das andere. Der Stern von Napoléon Bonaparte stieg steil auf. Erster Konsul und dann Kaiser Frankreichs, Schutzherr des deutschen Rheinbundes, Präsident und später König von Italien sowie Mediator der Schweizer Eidgenossenschaft — alleine schon seine Titelsammlung zeigt, dass sich ein Machthaber wie er mit dem Konzept eines Liberalismus unter der Maßgabe staatlicher Mäßigung schwer tun würde. Ein Mann, der sich in der Kathedrale von Notre Dame selbst die Kaiserkrone aufgesetzt hatte, war nicht aus dem Holz

11 Ralph Raico: Le rôle central des libéraux français au XIXe sièle, in: Madelin, 1997, S. 111 f.
12 Oeuvres complètes de Frédéric Bastiat, mises en ordre, revues et annotées d'après les manuscrits de l'auteur, Harmonies Économiques, Paris 1870.
13 Robert Leroux: Political Economy and Liberalism in France: The Contributions of Frédéric Bastiat, London, New York 2011, S. 8.

geschnitzt, um den Wirtschaftsakteuren freien Lauf zu lassen. Dagegen erlaubte der Protektionismus Staatsmännern seines Kalibers das Ausleben ihres „Macher"-Dranges. „Frankreich, das reich ist an Produktion, muss sich immer vor Importen eines Rivalen hüten, der ihm überlegen ist", diktierte er in seinen letzten Tagen auf Sankt Helena seinem Biografen, dem Grafen Emmanuel de Las Cases, in den Block.[14] Den Freihandelsvertrag mit England von 1786 hielt er für einen schweren Irrtum. Stattdessen hoffte er, mit seiner 1806 in Berlin verkündeten Handelsblockade England in die Knie zu zwingen und der französischen Industrie zum Aufschwung zu verhelfen. So sollte Frankreich seinen Rückstand aufholen. In französischen Betrieben waren Ende des 18. Jahrhunderts nur 900 Spinnmaschinen am Werk, in Großbritannien dagegen 18.000.[15] Doch bald schon rief Napoleóns Schutzzollpolitik schwere Nebenwirkungen hervor. Durch die hohen Einfuhrzölle wurden die Baumwolleinfuhren nach Frankreich so teuer, dass französische Textilunternehmen reihenweise bankrott machten. Einige Baumwollproduzenten in Nordfrankreich nutzten zwar den Zollschutz, um technisch nachzurüsten — ein Argument, dass die Freihandelsgegner heute noch in Frankreich im Zusammenhang mit dem Transatlantischen Freihandelsabkommen TTIP anführen.[16] Dafür litten die Abnehmer der Baumwolle gewaltig. In Paris stieg die Arbeitslosigkeit der Textilarbeiter auf 40 Prozent.[17] Napoleóns Handelspolitik scheiterte grandios.

Der Unermüdliche konnte freilich auch Erfolge seiner Interventionen vorweisen — und die Franzosen haben sie nicht vergessen. Der Aufstieg der Zuckerindustrie begann als französisch-deutsche Koproduktion. Ende des 16. Jahrhunderts hatte der französische Agronom Olivier de Serres herausgefunden, dass Rüben einen Saft enthalten, der gekocht dem Sirup aus Rohrzucker ähnelt. Dem deutschen Chemiker Andreas Sigismund Marggraf gelang es Mitte des 18. Jahrhunderts, Zucker aus Rüben zu kristallisieren. Auf dieser Grundlage konnte Franz Karl Achard, der aus einer Frankreich entflohenen Hugenottenfamilie stammte, in Schlesien die erste Zuckerrübenfabrik der Welt errichten. Wenige Jahre später musste der Rohrzucker aus den Kolonien wegen Napoleóns Kontinentalsperre ersetzt werden. Das gab der europäischen und vor allem der französischen

14 Memorial de Sainte-Hélène par le C.te de Las Cases, Volume 1, Paris Ernest Bourdin, 1842, S. 741.
15 Reka Juhasz: Evidence from the Napoleonic Blockade, CEP Discussion Paper No.1322 (http://cep.lse.ac.uk/pubs/download/dp1322.pdf).
16 Christian Chavagneux: Un protectionnisme napoléonien efficace, Alternatives Economiques n° 344, März 2015.
17 Jean-Marc Daniel: Napoléon I.: Des réformes au protectionnisme, Le Monde 2. Mai 2014.

Produktion von Zuckerrüben viel Auftrieb. Napoléon verordnete auf riesigen Flächen den Anbau. Der 2. Januar 1812 brachte nach der Überlieferung den industriellen Durchbruch: Die Produktion großer Zuckermengen war erstmals in einer Fabrik bei Paris geglückt. Als Napoléon davon hörte, war er Feuer und Flamme: „Das muss ich sehen, brechen wir sofort auf." In der Fabrik angekommen war der Kaiser so begeistert, dass er das Kreuz der Ehrenlegion von seinem Uniformrock nahm und es dem jungen Fabrikbesitzer und Botaniker Benjamin Delessert an die Brust heftete. Die Arbeiter bekamen eine Woche Extralohn, und später wurde Delessert auch noch Baron.[18] Das war der Beginn des französischen Aufstiegs zum größten Rübenzucker-Hersteller der Welt — ein Rang, den Frankreich bis heute innehat. Delessert zog sich später aus dem Geschäft zurück; dafür baute es sein Cousin zusammen mit einem anderen Franzosen aus: Louis Say, dem jüngeren Bruder des berühmten Ökonomen. Teile des Unternehmens bestehen heute noch.

Napoléon war indes auch schlau genug, um nicht in allen Wirtschaftsfragen an den staatlichen Dirigismus zu glauben. Seine Politik wurde als „neuer Colbertismus" beschrieben.[19] Er ging nicht so weit, Manufakturen staatlich errichten zu lassen. Stattdessen gründete er 1812 ein Ministerium für Manufakturen und Handel, das der privaten Initiative auf die Sprünge helfen sollte. Handelskammern entstanden, Industrieausstellungen fanden statt. Als unermüdlicher Modernisierer staatlicher Strukturen wollte Napoléon bessere Rahmenbedingungen schaffen. Für eine verlässlichere Geldpolitik rief er die Banque de France ins Leben und führte die Münzwährung des Franc Germinal ein. Ein neuer Rechnungshof kontrollierte die Staatsfinanzen (die wegen der hohen Kriegskosten allerdings meistens zerrüttet waren), und ein neues Katastersystem trug zu einer gerechteren Besteuerung bei. Die staatliche Verwaltung wurde durch die Einsetzung von Präfekten gestrafft und zentralisiert. Die Unternehmer konnten Aktien- und Kommanditgesellschaften leichter gründen und genossen allgemein einen sichereren Rechtsrahmen. Napoléon betrieb auch eine selektive Einwanderungspolitik — gesteuert nach dem Arbeitskräftebedarf der Wirtschaft. Auf der anderen Seite verbot er das Vagabundieren.

In Deutschland bewirkte Napoléon einen besonders heilsamen Schock: In den Rheinprovinzen fielen die Binnenzölle sowie die Schranken für den Zugang zum französischen Markt, so dass es dort rasch bergauf ging. Die

18 Denis Brançon, Claude Viel: Le sucre de betterave et l'essor de son industrie, in: Revue d'histoire de la pharmacie, 1999, Volume 87, S. 235–246.
19 Thierry Lentz: La politique économique de Napolèon, in: Napoléon 1er, Nummer 64, S. 43 ff.

Zünfte und die Adelsprivilegien verschwanden, der Klerus wurde enteignet, und es entstanden größere, effizientere Verwaltungseinheiten — lauter Reformen, zu denen die Deutschen selbst nicht in der Lage gewesen waren. Der Code civil stärkte die Eigentumsrechte, so dass auch die Gewerbefreiheit Einzug halten konnte. So war der Weg frei für den Aufstieg des Bürgertums. Köln, bis dahin ein Symbol wirtschaftlicher Rückständigkeit, wurde unter Napoléon zur größten rheinischen Handels- und Gewerbestadt.[20] Auch den Bau eines europaweiten Straßennetzes gab er in Auftrag, darunter eine Verbindung von Paris bis nach Hamburg. Es sollte nicht nur dem Warentransport dienen, sondern auch der Beweglichkeit der Soldaten. Der sogenannte Napoléonsweg „rückt Hamburg um vier Tagesreisen näher an Paris heran; das sichert und befestigt die Vereinigung dieser Länder mit dem Kaiserreich, und es ist eine Angelegenheit von höchster Bedeutung", schrieb Napoléon an seinen Finanzminister Gaudin 1811.[21] Nur Teile des Netzwerkes sind fertig geworden. Das Hauptaugenmerk galt den französischen Straßen. „Es ist eine Freude, in Frankreich zu reisen, man kommt fast so schnell voran wie der Wind", schrieb der Fürst von Clary und Aldringen anlässlich der Hochzeit mit Marie-Louis von Österreich im Jahr davor. Was heute die TGV-Reisenden empfinden, erlebte der Adel schon damals.

Und dennoch: Napoléon, gefangen in seiner autoritären Haltung, räumte der Wirtschaft nicht den Stellenwert ein, die sie verdient hätte. In Krisenzeiten wie 1811/1812 glitt er in die Kommandowirtschaft ab, führte aus Angst vor Bauern- und Arbeiteraufständen Obergrenzen für die Weizenpreise ein und rettete Manufakturen mit dem geliehenen Geld des Staates. „Napoléon hat seinen Platz in der langen Reihe französischer Herrscher, die an die Idee glaubten, der Staat müsse sich auf allen Ebenen nicht nur als Schiedsrichter, sondern wenn nötig auch als Akteur in das Wirtschaftsleben einmischen", meint Thierry Lentz, Direktor der Fondation Napoléon. Die großen Tendenzen der Zeit wie den Strukturwandel durch die Industrialisierung und die Einführung des Papier- anstelle des Edelmetallhaltigen Geldes verkannte er. Fälschlicherweise glaubte er, dass sein Riesenreich in einer Art Autarkie leben könnte. Seine Zollpolitik ruinierte die französischen Atlantikhäfen und brachte den Handel mit den Kolonien zum Erliegen. Die moralisch verwerfliche Wiedereinführung der Sklaverei, die in der Revolution abgeschafft worden war, änderte daran nichts. Jean-Baptiste Say plädierte vergeblich: „Eine Regierung kann unmöglich

20 Siehe Landschaftsverband Rheinland, http://www.rheinischegeschichte.lvr.de/epochen/epochen/Seiten/1794bis1815.aspx.
21 http://journals.ub.uni-heidelberg.de/index.php/aiw/article/view/26062/19778.

vermeiden, dass sie bei der Einmischung in die Industrie Schaden anrichtet". Der Kaiser lehnte Say's Ansichten ab, verlangte von ihm sogar, Teile seines Standardwerkes neu zu schreiben, um dem Protektionismus und der Kriegswirtschaft Tribut zu zollen. Das lehnte Say ab. Am Ende scheiterte Napoléon militärisch, doch auch das hatte einen wirtschaftlichen Hintergrund: Der französische Historiker Pierre Branda ist überzeugt, dass Napoléon den Engländern letztlich unterlag, weil ihm die finanzielle Rückendeckung fehlte. „Während das napoleonische Frankreich der Wirtschaft durch das Gesetz zur Durchsetzung verhelfen wollte, vertraute England auf die Logik der Verträge".[22] Der Finanzplatz London, wo das Kapital in aller Diskretion gemehrt wurde, war ein Trumpf der Engländer, mit dem sie ihre große Flotte finanzierten. Trotz einer Bevölkerung, die dreimal kleiner war als die von Frankreich bauten die Engländer eine hervorragende Kreditwürdigkeit auf. Sie nahmen die Finanzgeschäfte äußerst ernst und zogen das Geld reicher Familien aus ganz Europa an. Der Krieg war damals schon ein Krieg der Sponsoren — Napoléon fehlten sie am Ende.[23] Er mag ein großer Feldherr gewesen sein, in dessen letztlich erfolglosen Kriegen allerdings eine Million Franzosen starben. Ein Wegbereiter der modernen Verwaltung war er auch. Ein großer Wirtschaftsreformer war er nicht.

Die Industrie dreht auf

Nach dem Abtritt Napoléons machte die Industrialisierung Frankreichs rasche Fortschritte. Politisch blieb das Land ein brodelnder Kessel und erlebte weitere Revolutionen, die Rückkehr der Monarchie, einen Staatstreich, Kriege, die Kommune von Paris sowie die Einführung der Republik. Doch die wirtschaftlichen und technologischen Umbrüche konnte all das nicht aufhalten, im Gegenteil, teilweise wurden sie dadurch befördert. Überall entstanden neue Unternehmen, und sie wurden von einem immer größeren Kreis von Bürgern finanziert. 1816 waren an der Pariser Börse sieben Werte notiert, 1847 waren es über 200. Walter Benjamin nannte das Paris jener Zeit „die Hauptstadt des 19. Jahrhunderts".[24]

Aus Manufakturen wurden somit große Betriebe, von denen einige auch im Ausland expandierten. Die Erneuerung der Infrastruktur gab frische Impulse. 1827 ging die erste Bahnstrecke Kontinentaleuropas zwischen

22 L'Express, 1. Juni 2007, Napoléon et l'argent: les dessous d'une légende.
23 Pierre Branda: Le prix de la gloire, Napoléon et l'argent, Paris 2007, Fayard.
24 Walter Benjamin: Das Passagen-Werk, Erster Band, Frankfurt 1982, S. 45 ff.

Saint-Etienne und Andrézieux in Betrieb, die zunächst mit Pferdekraft Steinkohle aus den Bergwerken von Saint-Etienne zu den Lastkähnen an der Loire brachte.[25] Das wachsende Eisenbahnnetz wurde anfangs mit importierten Lokomotiven befahren, doch 1856 deckten die 500 in Frankreich gebauten Lokomotiven die gesamte Nachfrage im Lande ab. Der spätere Präsident Adolphe Thiers hatte die neue Technik zwar als „Spielzeug" verhöhnt — „niemals wird man damit einen Reisenden oder ein Gepäckstück transportieren", sagte er Anfang der dreißiger Jahre. Doch von Mitte des Jahrhunderts an wuchs das französische Eisenbahnnetz um bis zu 1000 Kilometer im Jahr.[26]

Neue Industriezentren wie Le Creusot und Mulhouse machten den bestehenden Metropolen Paris und Lyon Konkurrenz, Saint-Etienne wurde das Sheffllield und Roubaix-Tourcoing das Manchester von Frankreich. „Die Früchte, Geflügel und Gemüse aus den entlegensten Départements werden angeliefert, während Sie schlafen", rief Louis Napoléon seinen Zuhörern bei einem Besuch der Handelskammer von Bordeaux zu, „wenn Sie aufwachen, werden Sie erstaunt sein, dass Milch aus der Falaise oder Erbsen aus Perpignan auf dem Tisch stehen".

Überall schuf sich dabei die private Initiative Raum. Der Staat ging diesem Keimen und Sprießen aus dem Weg, denn die herrschende Lehr- und politische Meinung war liberal geprägt — zur Freude der Unternehmer, von denen etliche auch politisch aktiv waren. Im Laufe des Jahrhunderts saßen schätzungsweise 500 Arbeitgeber im Parlament.[27] „Enrichissez-vous!", Bereichert Euch!, rief François Guizot, mächtiger Minister unter dem Bürgerkönig Louis-Philippe, 1840 dem Volk zu, wobei umstritten ist, ob er damit nur zum wirtschaftlichen Aufstieg ermutigen wollte oder auch zur politischen Mitsprache, denn das Wahlrecht war damals nur auf die Wohlhabenden beschränkt. Tatkräftige Finanziers investierten in neue Ideen und arbeiteten selbst an ihrer Realisierung mit. „Die staatliche Autorität darf sich nicht in private Transaktionen einmischen", hieß es im Gesetz über die Aktiengesellschaften von 1867. Kühnen Unternehmern war kaum ein Projekt zu riskant, die Brüder Isaac und Emile Pereire etwa, Enkel eines portugiesischen Juden, der einst am Hofe von Ludwig XV. als Übersetzer diente: Sie gründeten Eisenbahngesellschaften in Frankreich und Österreich-Ungarn, stiegen in Kohlebergwerke und Eisenhütten ein, kauften

25 François Caron: Les grandes compagnies de chemin de fer en France: 1823−1937, Paris 2005.
26 Christian Stoffaës, in: Madelin, S. 231.
27 Jean-Pierre Daviet: Mémoires de l'entreprise française du XIXe siècle, in: Revue d'histoire du XIX siècle, Paris 2001, No. 23, S. 105−119.

das Thermalbad von Vichy und bauten in Arcachon für die Reichen ein Stadtviertel zum Überwintern. Die Pereires trieben den Omnibusverkehr und die Gasversorgung in Paris ebenso voran wie den Seetransport, der sie auch zum Schiffbau führte. Die Werft Chantiers navals, die heute noch in Saint-Nazaire das Rückgrat der lokalen Industrie bildet, ist ein Überbleibsel davon. Das Gesicht von Paris haben die Brüder Pereire auch geprägt, denn im Zuge der Haussmannschen Umbauten investierten sie in ganze Stadtviertel und in Bahnhöfe. Paris verdankt ihnen etwa die Gare Saint Lazare und den Parc Monçeau. Doch nicht nur Reichtum war ihr Antrieb: Als Anhänger des Frühsozialisten Henri de Saint-Simon glaubten sie an die Verbrüderung von Bourgeoisie und Arbeiterklasse. Sie gründeten Krankenhäuser, riefen eine Art von Sozialversicherung ins Leben und setzten sich wie ihr Großvater für die Taubstummen ein.

Den Kapitalismus machten die Pereires in Frankreich solange populär, wie die Aktien stiegen oder mindestens stabil waren. Sie erkannten, dass über Bankgeschäfte die Ersparnisse der Bürger für Investitionen in börsennotierten Unternehmen mobilisiert werden konnten. Mit dem Crédit Mobilier gründeten sie die erste bedeutende Investmentbank Frankreichs, die weitverzweigte Beteiligungen und Kredite hielt. Mitte des 19. Jahrhunderts waren sie eine der mächtigsten Familien Frankreichs. 44 verschiedene Direktorenposten besetzten die Pereires gegen 1862 in verschiedensten Wirtschaftszweigen. Die Rothschilds verfügten nur über 32 solcher Mandate.[28] Doch am Ende übernahmen sich die Brüder, weil sie ihr Imperium zu weit ausdehnten. Immobiliengeschäfte sowie ihr Engagement in der österreichischen und schweizerischen Regierungsfinanzierung brachen ihnen das Genick. Die Konkurrenz der Rothschilds, die einst ihre Partner waren, wurde übermächtig.[29] „Der grundlegende Unterschied zwischen einem Rothschild und einem Pereire ist, dass der erste für immer ein Bankier bleibt, der mit dem eigenen Geld arbeitet, während der zweite mit dem Geld der Privatleute arbeitet", sagte damals James de Rothschild. Heute erinnert nur noch ein gleichnamiger Boulevard im 17. Arrondissement von Paris an das außergewöhnliche Bruderpaar.

Das 19. Jahrhundert war indes auch eine Epoche brutaler Arbeiterausbeutung und Kinderarbeit. Emile Zola hatte in seinem „Germinal" die verheerenden Zustände in den nordfranzösischen Bergwerken eindrucksvoll beschrieben. Die Schilderungen der Armut in den Arbeiterfamilien lebten

---

28 Helen M. Davies: Emile and Isaac Pereire: Bankers, Socialists and Sephardic Jews in nineteenth-century France, Oxford, 2016, S. 151.
29 Niall Ferguson: The Worlds Banker's: The History of the House of Rothschild, S. 420 ff., London 1998.

von seinen gründlichen Recherchen vor Ort. In den Arbeitervierteln von Lille starb 1839 die Hälfte der Kinder, bevor sie fünf Jahre wurden. 1841 verbot Frankreich die Fabrikarbeit für Kinder, doch nur für jene unter acht Jahren. Nach und nach bauten indes Unternehmen wie etwa Saint-Gobain oder Schneider für ihre Beschäftigten eine Rundumversorgung auf. Das wurde ihnen unter dem Stichwort des Paternalismus und der Schaffung neuer Abhängigkeiten zwar auch wieder vorgeworfen, doch die sozialen Verbesserungen für die Arbeiter in diesen großen Unternehmen waren greifbar. Die unternehmernahe liberale Bewegung unterstützte zusammen mit der Regierung von Napoléon III. auch den Aufbau von Sozialkassen, die nach dem Genossenschaftsprinzip arbeiteten.

Ebenso befürworteten die liberalen Politiker und die meisten Arbeitergeber in der zweiten Hälfte des Jahrhunderts die Bildung von Gewerkschaften. Angesichts der wachsenden sozialistischen Bewegung hofften sie auf einen konstruktiven Dialog mit den Arbeitnehmern. Die Liberalen siedelten sich im politischen Spektrum von damals somit auch „links" an, im fortschrittlichen Lager. „Rechts" waren dagegen die Konservativen, die weiterhin den Adel bevorzugten, den Klerus verteidigten und der Monarchie nachtrauerten. Emmanuel Macron knüpfte an diese Ursprünge an, als er 2015 sagte, dass „der Liberalismus ein Wert der Linken ist".[30]

Die Hoffnung auf Frieden machte auch wieder die Freihandelsideen populär. Ungehinderter Handel über die Landesgrenzen hinweg galt in jener Zeit als friedensstiftend. 1860 beschlossen Frankreich und Großbritannien ein weitreichendes Abkommen, den sogenannten Cobden-Chevalier-Vertrag, der eine Initialzündung für den Freihandel in Europa auslöste. Frankreich exportierte nicht nur Seide und Wolle, Wein, Cognac und Zucker, sondern auch Metalle, mechanische Geräte und chemische Produkte. Große Verbindungsstraßen entstanden, die Handelswege verkürzten. Ferdinand de Lesseps baute den Suez-Kanal und stand hinter den Plänen für den Panama-Kanal, die zunächst scheiterten. Auch für die Entwürfe eines Tunnels unter dem Ärmelkanal nach England sprach sich Lesseps aus.

Das scheinbar grenzenlose Wachstum war jedoch ein Trugbild. Die Wirtschaftszyklen, von Kondratieff und Schumpeter beschrieben, holten Frankreich ein, es kam wiederholt zu Abschwüngen, die in eine lange Stagnation mündeten. Die Niederlage gegen Deutschland im Krieg von 1870/71 stellte Frankreich zusätzlich vor eine schwere Probe. Das Land war früh in die Industrialisierung gestartet, verlor nun aber seinen Platz an

30 Le Monde, 27.09.2015.

Deutschland und die Vereinigten Staaten. Die lange Depression der Weltwirtschaft zwischen 1873 und 1896 nach der atemberaubenden Expansion zuvor traf Frankreich hart. Sein Maschinenpark veraltete, die Bevölkerung wuchs nicht oder nur kaum. Protektionistische Tendenzen setzten sich nun wieder durch. Die Landwirtschaft und die Agrarindustrie machten sich für neue Zölle stark und ließen sich dabei gerne von dem deutschen Theoretiker des Protektionismus, Friedrich List, inspirieren.

Am Ende des 19. Jahrhunderts war Frankreich nicht mehr die zweitwichtigste Industrienation Europas hinter Großbritannien. Dennoch war das keine Katastrophe, im 20. Jahrhundert gelangen den Franzosen wieder etliche Erfolge. Im Jahr 1900 wurde die erste Metrolinie von Paris eröffnet – betrieben von einem privaten Unternehmen und finanziert von belgischen Investoren. Gleichzeitig kam die Autoindustrie in Riesenschritten voran. Die Peugeots, die 1810 mit einer kleinen Stahlhütte angefangen hatten, bauten schon 1891 Autos in Serie. Vor Beginn des ersten Weltkrieges stellten sie 10.000 Fahrzeuge im Jahr her. Zu ihren Erzrivalen wurden die Brüder Renault, die 1904, fünfzehn Jahre nach der Firmengründung, schon 4000 Mitarbeiter beschäftigten. „Frankreich hatte 1914 viel mehr Autos als Deutschland. Denn Frankreich fehlten umfangreiche Kohlevorkommen, was den Ausbau des Bahnnetzes behinderte. Als Alternative setzte Frankreich daher auf den Autotransport", berichtet der französische Wirtschaftsprofessor Jean-Marc Daniel von der Hochschule ECSP Europe.[31] Die Internationalisierung der Wirtschaft schritt voran: Ein Unternehmen wie der Flüssiggashersteller Air Liquide war bereits 1916 in den Vereinigten Staaten, Kanada und Japan mit Tochtergesellschaften präsent.

Die französische Wirtschaft unterschied sich in ihren Strukturen damals vergleichsweise wenig von ihren großen Konkurrenten England und Deutschland. Im Wesentlichen waren diese drei Nationen den gleichen liberalen Weg gegangen — mit dem Unterschied, dass Deutschland weniger Kolonien hatte. Der Wohlstand, der trotz aller Rückschläge zusammen mit den sozialen Leistungen wuchs, fußte in ganz Europa sowie in den Vereinigten Staaten auf dem freien Unternehmertum. Auch der Aufstieg des Sozialismus und der Gewerkschaftsbewegung änderte daran wenig. In Frankreich hat sich der Marxismus zunächst kaum festgesetzt; er blieb ein Gedankenspiel der Intellektuellen, während die gemäßigte Linie in der Tradition von Saint-Simon sowie der katholischen Sozialbewegung großen Einfluss ausübten.

31 Gespräch am 24.Oktober 2016.

Die Unterschätzung des französischen Liberalismus

Frankreich war somit einer der ganz frühen Ideengeber des Liberalismus. Die Französische Revolution brachte erstmals politische und wirtschaftliche Freiheit. Das 19. Jahrhundert war auch in Frankreich ein liberales Jahrhundert. Dennoch wird der französische Beitrag zum Liberalismus bis heute unterschätzt. Denn er ist nicht deckungsgleich mit den herkömmlichen Konzepten. Der österreichische Ökonom Friedrich August von Hayek, einer der großen Lehrmeister der Liberalen, sprach den Franzosen gänzlich ab, überhaupt eine liberale Tradition zu haben. In seinem Werk über die „Verfassung der Freiheit" schrieb er 1960 vom „Fehlen einer wirklich liberalen Überlieferung in Frankreich".[32] Dabei unterschied Hayek zwischen einem Liberalismus britischer und einem Liberalismus französischer Prägung. Der erste sei ein empirischer und der zweite ein rationalistischer Ansatz. Der rationalistische Ansatz, der letztlich auf Descartes zurückgehe, ließe sich nicht mit einem echten Liberalismus vereinbaren, so Hayek. Descartes hatte gezeigt, wie sich die Natur von der Wissenschaft beherrschen lasse. Dieses Konzept solle nun auf die Gesellschaft ausgeweitet werden. Dem Liberalismus in Frankreich wohne daher ein typisch französischer Hang zum großen Masterplan inne, zu einem übergreifenden Design der Gesellschaft, das ihre Planbarkeit voraussetze.

Doch Hayek war jeder Plan zuwider, er wollte (fast) allen Dingen freien Lauf lassen. Den deutschen Politologen Francis Lieber zitierte er mit dessen Worten von 1848: „Die gallische Freiheit wird in der Regierung gesucht, das ist nach anglikanischer Anschauung an einer falschen Stelle, an der sie nicht zu finden ist." Die Franzosen wollten „den höchsten Grad politischer Zivilisation in der Organisation, das heißt in dem Höchstmaß der Eingriffe von Seiten der öffentlichen Gewalt" ausfindig machen. Das könne letztlich nur im Despotismus enden, meinte Hayek. Die Annahme, einige kluge Menschen seien in der Lage, für die Gesellschaft quasi mit einem Schlag ein System mit neuen sozialen Institutionen und Regeln zu errichten, komme einer Anmaßung gleich, die schon an fehlendem Wissen scheitern müsse. Hier baut Hayek auf dem kritischen Rationalismus von Karl Popper auf und beginnt seine Theorie über die „Anmaßung des Wissens" zu spinnen. Vierzehn Jahre später, 1974, wurde daraus sein Werk mit genau diesem Titel. Die „Anmaßung von Wissen", die er den Franzosen unterstellt, führe nicht zur Freiheit, sondern weg von ihr.

---

32 Friedrich August von Hayek: The Constitution of Liberty, Chicago 1960, deutsche Ausgabe: Die Verfassung der Freiheit, Tübingen 2005, S. 69.

Einen Ordnungsrahmen wollte Hayek auch, doch er sollte sehr weitgefasst sein und den Staat zu erheblicher Zurückhaltung zwingen. Der Weg zu einer solchen Ordnung erfolge im britischen Modell spontan nach dem Prinzip von „trial and error". Viele Menschen arbeiten unabhängig voneinander und ohne voneinander zu wissen an der Gesellschaftsordnung, sie stoßen dabei die bestehende Ordnung nicht brutal um, sondern entwickeln sie tastend weiter. Mit einem vorgefertigten „rationalen" Entwurf der französischen Denkschulen habe das nichts zu tun. Den britischen Liberalismus, der das Individuum mit offenem Ausgang in den Mittelpunkt stelle, zieht Hayek daher dem zielgerichteten, kollektivistischen Modell aus Frankreich eindeutig vor.

Hayeks Analyse ist indes auf scharfe Kritik gestoßen, nicht nur in Frankreich. Der Österreicher tue den französischen Liberalen Unrecht, wenn er ihnen Kollektivismus unterstelle, hieß es aus berufenem wissenschaftlichem Munde. Der amerikanische Historiker Ralph Raico wirft Hayek eine „rüde Polarisierung" vor.[33] So ziehe Hayek als Zeugen den Philosophen Rousseau und den Frühsozialisten Henri de Saint-Simon heran; beide könnten aber nicht zur liberalen Bewegung gerechnet werden. Am schrittweisen Niedergang des britischen Liberalismus im 19. Jahrhundert sei zudem nicht der wachsende Einfluss der französischen Denker schuld, wie Hayek behaupte, sondern das Erstarken der britischen Anti-Liberalen. Der Blick in die reale Welt zeige die Unterschiede, so Raico: Der Code Napoléon hätte religiöse und sexuelle Freiheiten viele Jahrzehnte vor dem britischen Recht ermöglicht. Großbritannien habe keinen Freiheitsvorsprung, meint der Amerikaner. Stattdessen seien die französischen Liberalen geradezu Vorbilder: „Die liberale intellektuelle Tradition in Frankreich behielt im 19. und bis ins 20. Jahrhundert eine Reinheit, die kein anderes Land für sich in Anspruch nehmen konnte". Von Sozialingenieuren, die laut des Hayekschen Vorwurfs am Reißbrett eine neue Gesellschaft entwerfen wollen, könne keine Rede sein. In ihrer renommierten Hauszeitschrift, dem „Journal des Economistes", hätten die französischen Liberalen ihre Konzepte von Marktwirtschaft und Freihandel zwischen 1841 bis 1940 auch über die Landesgrenzen hinaus verbreitet. Sein kanadischer Kollege Leroux bemüht sich im gleichen Ton um die Ehrenrettung der französischen Liberalen und zieht als Kronzeugen den erwähnten Frédéric Bastiat heran: Die Behauptung, Frankreich fehle jede liberale Tradition sei schlichtweg falsch. Bastiats Werk „bietet eine solide Widerlegung von Friedrich Hayek".[34]

33 Raico, S. 111.
34 Leroux, S. 9.

Die Unterschiede in den Ansätzen sind allerdings nicht wegzudiskutieren. Pierre Rosavallon spricht von einem französischen „Illiberalismus" — einer in der politischen Kultur verwurzelten Ablehnung des Liberalismus.[35] Der „Liberalisme à la française" artikuliere auf eine sehr besondere Weise „den Kult des Gesetzes und das Lob des rationalisierenden Staates". Der Begriff des Rechtsstaates stünde in Verbindung mit administrativer Macht im Mittelpunkt. Ein „rationaler Staat" ist in diesem Modell die Bedingung für Freiheit, während der britische Ansatz den Staat als Gefahr für die Freiheit sehe. Die Unterschiede schälen sich, so Rosanvallon, schon in der Entstehungsgeschichte heraus: In Großbritannien bekämpften die Vertreter der Aufklärung den Absolutismus, indem sie politische Mitsprache und ein Gleichgewicht der institutionellen Kräfte verlangten. Nicht so in Frankreich: Dort wollten die vorrevolutionären Aufklärer wie etwa die Physiokraten einfach einen Staat, der besser funktioniere, ohne an der Monarchie zu rütteln.

Auch der französische Historiker und Publizist Alain Gérard Slama will seinen Landsleuten den Liberalismus aberkennen, zumindest beschreibt er den französischen Weg allenfalls als entfernten Verwandten des angelsächsischen Liberalismus. „Ist Frankreich liberal? Wenn ich seine Gegenwart und seine Geschichte betrachte, kommen mir eher Zweifel. Es ist ein Land, das durch und durch an der Freiheit hängt. Doch das ist nicht dasselbe." Frankreich sei ein Land voller Individualisten, „doch wie man weiß, wurde die Einheit vom Willen eines Staates geschaffen".[36]

35 L'Académie des Sciences morales et politiques: http://www.asmp.fr/travaux/communications/2001/rosanvallon.htm.
36 Alain-Gérard Slama: Les trois dérives du libéralisme français, in: Psychoanalyse de l'antiliberalisme, Paris, 2006, S. 177 ff.

Die Wende zum Etatismus

Der Verlauf der französischen Wirtschaftsgeschichte gibt zu erkennen, wie der Liberalismus in seiner französischen Ausprägung des Laissez-faire lange Zeit eine treibende Kraft war. Heute dagegen ist der Staat in der französischen Wirtschaft mit Abstand der bedeutendste Akteur, wie man an der Zusammensetzung des Bruttoinlandsproduktes erkennt. Wie erwähnt, gehen fast 6 von 10 ausgegebenen Euros auf eine staatliche Entscheidung zurück.

Wie ist die Wende zu erklären? Eine der Ursachen ist die Doktrin, die im Laufe des 19. Jahrhunderts zu einer mächtigen Konkurrenz des Liberalismus wurde: der Sozialismus und in seiner verschärften Version der Kommunismus. In Frankreich dauerte es zwar rechte lange, bis sich die Arbeiter für die Ideen der linken Intellektuellen erwärmten. Doch je länger die Industrialisierung Verlierer produzierte, desto größer wurde der Druck. Fortschritt hieß damals Wohlstand für wenige und Armut für viele. Der Unmut über die sozialen Missstände entlud sich über weite Teile des 19. Jahrhunderts immer wieder in blutigen Rebellionen. Anfang der dreißiger Jahre erschütterten zwei Aufstände der Seidenweber die Industriestadt Lyon, die vom Militär blutig niedergeschlagen wurden. 1848 und 1869 folgten dort weitere Revolten. Während der Kommune von Paris im Jahr 1871 brachten die Aufständischen zweieinhalb Monate lang die Hauptstadt unter ihre Kontrolle. Tiefe Risse durchzogen die Gesellschaft und befeuerten die Bereitschaft zum Umsturz. Im frühen zwanzigsten Jahrhundert wurde die Arbeiterbewegung eine breite Kraft, nachdem sie ihre theoretischen Streitereien zwischen Kommunismus und Sozialismus, Gewaltfreiheit und Pazifismus, Anarchismus und Parlamentarismus sowie Gewerkschafts- versus Parteibewegung beendet oder zumindest auf Eis gelegt hatte. Jean Jaurès vereinte die Strömungen 1905 als Section française de l'Internationale ouvrière (SFIO). Sie sollte sich bis 1969 halten, als sie zur Parti socialiste mutierte.

Die dominierende Kraft im linken Lager wurde indes erst 1920 geboren: Die Kommunistische Partei Frankreichs (PCF). Im Gefolge der russischen Revolution spaltete sie sich von der SFIO ab. Sie war sofort mehr als eine Splitterpartei, beim Scheidungskongress von Tours zogen drei Viertel der Delegierten mit den Kommunisten von dannen. Bis 1978 blieb der PCF gegenüber den Sozialisten die stärkere Partei. Dass die französischen Kommunisten Stalin lange Zeit unterstützten, moskauhörig und -finanzabhängig waren, änderte daran nichts. In den siebziger Jahren erzielte die kommunistische Partei (ähnlich wie die Sozialisten) häufig Stimmanteile von mehr als 20 Prozent. Erst 1975 distanzierte sich der französische Kommunistenführer George Marchais mit klaren Worten vom Stalinismus und orientierte die Partei ähnlich wie die italienischen Kameraden an einem Modell des europäischen Kommunismus, der mit der westlichen Demokratie vereinbar war — 20 Jahre zu spät, bedauerte 1997 Marchais' Nachfolger Robert Hue.[1]

Woher rührte dieses lange Festhalten an einem totalitären System, dessen Realitäten die Linke nicht anerkennen wollte? Die Antwort hat viele Facetten: So schaffte es die Linke, eine Brücke zwischen ihren Werten und der jakobinischen Phase der Französischen Revolution zu schlagen. 1939, bei der 150-Jahr-Feier der Revolution, zelebrierte der PCF das Gedenken an Robespierre, Saint-Just und Marat. Unter den Bannern von Marx, Lenin und Stalin behaupteten die Kommunisten, die Nachfolger der Jakobiner zu sein. Damit haben die Franzosen den Kommunismus quasi nationalisiert. Als eine Art urfranzösische Errungenschaft konnte er für lange Zeit Fuß im Volk fassen. Sudhir Hazareesingh, unser Historiker-Kronzeuge aus Oxford, zitiert zudem die französische Vorliebe für Utopien: „Der Kommunismus des 20. Jahrhunderts steht für die Blütezeit dieser utopistischen Tradition, die in der kulturpolitischen Geschichte der Nation tief verwurzelt blieb." Ihre Wurzeln waren so stark, dass sie „die Verblendung, die in der Idealisierung des Sowjetsystems zum Ausdruck kam, nicht verhinderte".[2]

Rousseaus Kritik an Gesellschaft und Industrialisierung hatten den fruchtbaren Boden für die Ideen der Linken geliefert. Der Aufstieg des Faschismus mobilisierte die Menschen im linken Lager zusätzlich. Der Liberalismus geriet unterdessen in die Defensive, weil er in den Augen seiner Kritiker die Voraussetzungen für den Siegeszug des Faschismus geschaffen hatte. Mit der Sowjetunion bestand gleichzeitig ein Gegenmodell zum kapitalistischen System und zum Liberalismus. In westlichen Ländern wie Frankreich setzte dieser Konkurrenzentwurf auch die gemäßigt linken Politiker gewaltig unter Druck.

Zudem drängten die Weltkriege den Staat in eine neue Hauptrolle. Wie immer in Kriegen, übernahm die öffentliche Hand das Kommando, nicht nur in Frankreich. Die Optimierung der Kriegsproduktion und die Versorgung der Bevölkerung bekamen absoluten Vorrang vor Kosten- und

1 Debatte in der Nationalversammlung, siehe Libération, 13 November 1997.
2 Hazareesingh, S. 135.

Effizienzüberlegungen. Nach dem Friedensschluss mussten die zerstörten Volkswirtschaften wieder aufgebaut werden, was den Staat wieder auf den Plan rief. Kriegsfolgen wie Staatsschulden, Arbeitslosigkeit, Inflation, Währungsabwertung sowie die Umstellung der Rüstungsindustrie waren zu bewältigen. Soziale Spannungen führten dabei zu einem wachsenden Einfluss der Gewerkschaften, auf den die Regierungen mit neuen Arbeitnehmerrechten antworteten.

Schon die linke französische Volksfront-Regierung hatte 1936 und 1937 mit der Verstaatlichung der Eisenbahn neue Akzente gesetzt und damit einen Pflock gegen den Liberalismus eingeschlagen. Auf Druck der Regierung einigten sich die Gewerkschaften und Arbeitgeber vor dem 2. Weltkrieg auch auf den ersten bezahlten Urlaub für die Beschäftigten und auf die Senkung der Wochenarbeitszeit von 48 auf 40 Stunden. Bald darauf sahen viele Franzosen erstmals das Meer. Die Vereinbarungen waren äußerst populär.

Unter dem Vichy-Regime, das während des Krieges mit den deutschen Besatzern kollaborierte, nahm der Staat die Wirtschaft noch enger an die Hand. Schließlich waren die Unternehmen und die Verbraucher in Deutschland ja auch der Diktatur unterworfen worden. Die staatlichen Mehrjahrespläne, die Planification, entstanden in jener Zeit ebenso wie die Ursprünge von Teilen der Sozialversicherung. Nachdem der Krieg zu Ende war, kam dann eine große Koalition von Gaullisten und Kommunisten an die Macht, die schon im Untergrund des Widerstandes ein Wirtschaftsprogramm ausgearbeitet hatte. Es ging wegen der Beteiligung der Kommunisten in seiner Staatsorientierung weiter als die Wiederaufbauprogramme der Nachbarländer. Ein Schlüsselelement war eine breit angelegte Verstaatlichungswelle. Sie reichte von den Kohlebergwerken über Banken und Versicherungen bis zu den Energieunternehmen, dem Autohersteller Renault, dem Triebwerkshersteller Gnome et Rhône (später Snecma) und der Banque de France. Der Staat wurde sein eigener Industrieller und Bankier. Die Geburtsstunde einer umfassenden staatlichen Sozialversicherung liegt auch in dieser Zeit.

In der ökonomischen Debatte verschaffte sich weltweit der Engländer John Maynard Keynes Gehör, der den Lehren der klassischen Ökonomie eine Absage erteilte. Der Ruf nach staatlicher Intervention zur Regulierung der Konjunkturzyklen breitete sich aus. Die Ordnungspolitik, bei der sich der Staat mit der Rahmensetzung für die Akteure der Wirtschaft begnügt, wich zunehmend dem Konzept der staatlichen makroökonomischen Globalsteuerung.

Die Gründung der Verwaltungskaderschmiede Ena im Jahr 1945 sendete ein weiteres wichtiges Signal aus: Die besten Talente sollten in den öffentlichen Dienst gelockt werden und dort auch die wirtschaftlichen Geschicke Frankreichs mitbestimmen. Schon lange zuvor hatte sich eine Kaste brillanter Ingenieure auf wichtigen Beamtenposten breit gemacht. Sie waren oft hochbegabte Abgänger der staatlichen Ingenieurschulen wie der Ecole Polytechnique, Ecole Mines und Ecole des Ponts et Chaussées. Diese ehrgeizige Kaste sehnte sich nicht nur nach Infrastrukturprojekten, sondern auch nach einer Rolle als Sozialingenieure. Mit den neuesten wissenschaftlichen Erkenntnissen ausgestattet, witterte sie ihre Chance auf Machtgewinn und eroberte sich neue Betätigungsfelder. Bis heute haben diese Spitzentechnokraten viel Einfluss in der französischen Wirtschaft. Der hohe Beamte Simon Nora schrieb später: „Wir waren eine kleine Gruppe, die besser wusste als die anderen, was gut war für das Land — und das war nicht völlig falsch. Wir waren die Schönsten, die Intelligentesten, die Ehrlichsten und wir hatten die Legitimität. (...) Während dreißig oder vierzig Jahren hat dieses Gefühl, das ich hier ein bisschen ironisch beschreibe, die technokratische Klasse beflügelt."[3]

Auch die Weltwirtschaftskrise 1929 lieferte als vermeintlicher Beweis für das Versagen der Marktwirtschaft starke Argumente für staatliche Eingriffe. Eine Gruppierung aus Ex-Studenten der Ecole Polytechnique namens „X-Crise" machte dem Liberalismus den Prozess. Der große französische Ökonom Jacques Rueff, auch ein Absolvent der Ecole Polytechnique, versuchte dagegen zu halten. Eine seiner Vorlesungen stellte der Anhänger der österreichischen Schule und gleichzeitiger Keynes-Gegner Rueff unter den Titel: „Warum ich liberal bleibe — trotz allem".[4] Rueff nahm 1938 auch am Kolloquium für den amerikanischen Journalisten Walter Lippmann teil, das bedeutende Liberale in Paris versammelte. Später ging daraus die bis heute existierende Mont Pélerin-Gesellschaft hervor.

Doch der Zweite Weltkrieg fegte den nur langsam entstehenden „Neo-Liberalismus" erst mal zur Seite. In Frankreich sollte er auch nach dem Krieg kaum Gehör finden. Der Etatismus verkörperte die Zeichen der Zeit, auch jenseits der französischen Grenzen. In Deutschland schrieb die CDU in ihrem Ahlener Programm, dass „die Zeit der unumschränkten Herrschaft des privaten Kapitalismus vorbei ist." Und weiter hieß es: „Das kapitalistische Wirtschaftssystem ist den staatlichen und sozialen Lebensinteressen des deutschen Volkes nicht gerecht geworden. Nach dem furchtbaren

3 Simon Nora: Servir L'Etat, Le Débat, Nummer 40, Mai-September 1986, S. 102.
4 Gérard Minard: Jacques Rueff, Paris 2016, S. 121.

politischen, wirtschaftlichen und sozialen Zusammenbruch als Folge einer verbrecherischen Machtpolitik kann nur eine Neuordnung von Grund aus erfolgen. Das Programm war freilich vor allem ein taktisches Meisterstück von Konrad Adenauer, um sich trotz des antikapitalistischen Parteiflügels an die CDU-Spitze zu setzen. Bald schon führte er die Partei zu einer marktorientierten Wirtschaftspolitik. Statt „christlicher Sozialismus" war von 1949 an von „sozialer Marktwirtschaft" die Rede.

Frankreich ging einen anderen Weg. Es gab keinen französischen Ludwig Erhard, der Gegenakzente setzte. Das Schlagwort lautete Modernisierung, und sie konnte in Frankreich nur unter der Obhut des Staates stattfinden. Ein mächtiges Plankommissariat wurde eingerichtet, und auch ein „Kommissariat für die Produktivität". Dass die Unternehmen sich selbst modernisieren würden, galt als unwahrscheinlich. Stattdessen organisierte der Staat Auslandsreisen für Manager, Gewerkschafter und Beamte – vor allem in die Vereinigten Staaten, um vom dortigen Fortschritt zu lernen.

Der Plan Rueff

Und dennoch: Frankreich hatte weiter seine liberalen Momente. Der Siegeszug des Etatismus war weniger geradlinig, als es den Anschein hat. Der Ökonom Jacques Rueff ist mit solch einer Periode eng verbunden. Ende der fünfziger Jahre überzeugte er General de Gaulle davon, dass Frankreich nur mit einem liberalen Reformprogramm wettbewerbsfähig werden könne. Infolge der Gründung der Europäischen Wirtschaftsgemeinschaft 1957 hatte sich der ausländische Konkurrenzdruck auf die französische Wirtschaft vervielfacht. De Gaulle musste handeln, und er war dabei schlau genug, auf Rueff zu hören. „Diesem meisterhaften Theoretiker, diesem bewährten Praktiker entgeht auf dem Gebiet der Finanzen, der Wirtschaft und des Geldes nichts", schrieb de Gaulle in seinen Memoiren.[5]

Rueff war ein Marktliberaler, dem ein ausgeglichener Staatshaushalt und eine stabile Währung ohne Inflation heilig waren. Als späterer Richter am Europäischen Gerichtshof war der Ökonom auch ein überzeugter Europäer. „Europa entsteht durch die Währung oder gar nicht", schrieb er 1970 in einem Brief an den luxemburgischen Ministerpräsidenten Pierre Werner. In den frühen sechziger Jahren warnte Rueff zu Recht auch vor den

---

5 Charles de Gaulle: Mémoires d'espoir, Tome I, Le Renouveau (1958-1962), Paris 1980, S. 154.

Inflationsgefahren infolge einer laxen amerikanischen Geldpolitik und der daraus entstandenen Dollarschwemme. Niemand hörte damals auf ihn.

Ende der fünfziger Jahre war das in Frankreich aber noch anders. Als Vertrauensmann von de Gaulle befand sich Rueff in einer Schlüsselposition. Der Finanz- und Wirtschaftsminister Antoine Pinay war zunächst skeptisch, doch dann arbeitete er mit am „Plan de rigueur" („Plan der Strenge").[6] Die Lage im Jahr 1958 war bedrohlich. Die Wirtschaft wuchs zwar kräftig und saugte die Arbeitskräfte nur so auf, so dass kaum Arbeitslosigkeit herrschte. Doch das Wachstum war auf Sand gebaut. Die Inflation galoppierte davon. 1949 waren die Preise auf das Zwanzigfache des Niveaus von 1945 gestiegen. Nach einer Phase der Beruhigung lag die Inflation 1958 wieder bei zweistelligen Raten. Weil die französische Wirtschaft nicht konkurrenzfähig war, lockte die Nachfrage vor allem Importe an. Diese musste mit Devisen bezahlt werden, die man normalerweise im Export verdient. Was aber tun, wenn die Exporterfolge wegen mangelnder Wettbewerbsfähigkeit ausbleiben? Die Zeit drängte. Am 1. Juni 1958 verfügte Frankreich nur noch über Devisen- und Goldreserven von 630 Millionen Dollar. Das entsprach dem Wert von Importen über fünf Wochen.[7] Rueff war klar, dass ein gordischer Knoten zerschlagen werden musste. Der französische Wirtschaft war verkrustet und dadurch erlahmt: Überall herrschten Konkurrenzschutz, Sondervergünstigungen, Subventionen, Ausnahmeregelungen, Steuerschlupflöcher, Absprachen und Vorrechte. Das System blieb nur um den Preis wachsender Staatsverschuldung am Leben.

Rueff entwarf also einen radikalen Plan. Von ihm ist auch immer wieder im Jahr 2017 die Rede, weil viele Franzosen heute auf einen ähnlichen Befreiungsschlag hoffen. Der Ökonom schlug dem General damals Folgendes vor: Die Staatsausgaben senken, darunter viele Subventionen und so heikle Posten wie die Kriegsrenten für unverwundete Soldaten. Löhne und Preise von staatlicher Regulierung befreien. Steuern für Wohlhabende und für Unternehmen sowie Verbrauchssteuern und staatliche Tarife vor allem im Energiesektor erhöhen, um die Nachfrage und damit die Inflation zu dämpfen. Den Wert des Franc in einer letzten Abwertung um gut 17 Prozent senken. Rueff war eigentlich ein Anhänger stabiler Währungen, doch diesen Schritt sah er als unvermeidlich an, um Wettbewerbsfähigkeit zu gewinnen. Der Devisenverkehr sollte auch erstmals für den Handel völlig freigegeben und die Zölle drastisch verringert werden.

---

6 Gérard Minart: Jacques Rueff, un libéral français, Paris 2016, S. 224 ff.
7 Minard, S. 218.

Der umstrittene Plan war eine Rosskur für die Franzosen. Doch der General blieb im Angesicht der Angriffe standhaft. Am Parlament vorbei beschloss die „Regierung der nationalen Union" mit Verordnungen ihr Reformprogramm. Die ersten Ergebnisse ließen auch nicht lange auf sich warten: Die Preise stabilisierten sich, obwohl sie in vielen Bereichen erstmals dereguliert worden waren. Das staatliche Haushaltsdefizit wandelte sich in einen Überschuss. Die Exporte zogen an und füllten die Devisenbestände der Banque de France. Die Wachstumsrate ging zwar kurzzeitig zurück, eine Rezession aber blieb aus. Die Verlangsamung des Wachstums war auch ein Effekt der erfolgreichen Inflationsbekämpfung. Die Wette ging auf, die Lorbeeren gebühren vor allem dem ökonomischen Berater Rueff und natürlich auch de Gaulle, der das Rückgrat hatte, sein Programm umzusetzen.[8]

Mit de Gaulle im Café

War de Gaulle somit vielleicht doch ein Stück weit ein Liberaler, obwohl mit dem Gaullismus bis heute eine staatliche (Teil-)Steuerung der Wirtschaft verbunden wird? Um das herauszufinden, treffe ich einen Mann, der De Gaulle aus nächster Nähe kannte wie kaum ein anderer Zeitgenosse: Sein Enkel Yves de Gaulle. Er ist heute Mitte sechzig und hat unlängst eine Karriere in der Wirtschaft, genauer gesagt beim Energieversorger Engie (früher GDF-Suez), beendet. Als ich in ein Pariser Café trete, frage ich mich zunächst, wie ich den Mann erkenne, weil wir vorher nur telefoniert hatten. Doch dann sehe ich den großgewachsenen Herrn mit dem markanten Gesicht an einem Tisch — unverkennbar ein de Gaulle. Er beginnt zu erzählen: „Zunächst muss man wissen, dass mein Großvater Wirtschaftsthemen enorm viel Zeit gewidmet hat. Wie er schrieb, war es rund die Hälfte seiner Zeit", berichtet Yves de Gaulle. Er war beim Tod seines Großvater zwar erst 19 Jahre alt war, doch er hatte am Familiensitz in Colombey-les-Deux-Eglises viele intensive Gespräche mit ihm geführt und studierte danach gründlich sein Lebenswerk. Über seine Erinnerungen veröffentlichte der Enkel ein Buch.[9] Wirtschaftsthemen ließ Yves de Gaulle dabei nicht außer Acht, weil er als einer der wenigen in der Familie seinen Berufsweg in diesem Bereich wählte. „Ich weiß gar nicht mehr, wie oft mir mein Großvater damals gesagt hat: Wichtig ist, dass jeder seine Geschäfte machen kann. Jeder soll sich wirtschaftlich entwickeln — die

---

8 Michel-Pierre Chélini: Le plan de stabilisation Pinay-Rueff, 1958, Cairn info, http://www.cairn.info/revue-d-histoire-moderne-et-contemporaine-2001-4-page-102.htm.
9 Yves de Gaulle: Un autre regard sur mon grand-père Charles de Gaulle, Paris 2016.

Haushalte, die kleinen und die großen Unternehmen, alle. Er war weder gegen den Markt noch gegen wirtschaftliche Freiheit". Doch diese Freiheit sollte nicht unbegrenzt sein: „Märkte regulieren sich ja nicht von alleine, das wissen wir heute noch besser als damals. Es kommt zur Bildung von Blasen und von falschen Erwartungen. Die These von meinem Großvater lautete: Ja zum Markt, doch zu einem kontrollierten Markt, der sich innerhalb von Regeln bewegt, auf die sich der Staat zusammen mit der Wirtschaft gemeinsam geeinigt hat". Die Einschätzung sei falsch, dass Charles de Gaulle mit dem Staat die Wirtschaft dirigieren oder sich an die Stelle der Unternehmen setzen wollte, berichtet sein Enkel. „Er war dafür, dass der Staat zum einen die Rahmenbedingungen setzt und zum anderen öffentliche Investitionen tätigt. Vergessen Sie nicht, dass es europäische Vorzeigeprojekte wie den Flugzeughersteller Airbus und die Weltraumrakete Ariane ohne Charles de Gaulle heute nicht geben würde".

Das Gespräch mit dem Enkelsohn vermittelt mir einen Eindruck darüber, wie facettenreich die Gestalt de Gaulles in Wirtschaftsfragen war, was bei einer solch historischen Gestalt natürlich nicht überrascht. Der General war weder eindeutig liberal noch ausschließlich interventionistisch, sondern durch ein hohes Maß von Pragmatismus gekennzeichnet. Der Gaullismus ist daher ein breites Zelt, unter dem sich viele Franzosen zuhause fühlen. Jeder kann ihn fast so definieren, wie er gerne mag. Selbst der Ex-Minister der sozialistischen Regierung, Emmanuel Macron, sagt: „De Gaulle ist die Stimme der Freiheit; die französische Seele lässt sich dort finden."[10] François Fillon sieht es so: „De Gaulle war ein Liberaler, ein Partisan der ökonomischen Freiheit, auch wenn die Linke aus ihm einen Sozialisten machen wollte. Die Freiheit muss nach de Gaulle aber zur Umverteilung von Reichtum führen. Das ist auch mein Ansatz."[11] De Gaulles Bilanz auf der Liberalitätsskala ist auf jeden Fall nicht eindeutig. Die intervenierende Politik der vierziger Jahre mit ihren Verstaatlichungen gehört ebenso dazu wie die Rückkehr zur autoritären Politik der Inflationsbekämpfung im Jahr 1963. Die Regierung führte damals zeitweise wieder Preisblockaden, Währungskontrollen und Kreditbeschränkungen ein. Seine makroökonomischen Ziele — stabile Währung, ausgeglichener Haushalt und Exportüberschüsse — verlor de Gaulle jedoch nicht aus den Augen. Weitgehend hat er sie erreicht, wenn auch mit harter Hand. In den „dreißig glorreichen Jahren" nach dem Zweiten Weltkrieg kam es in sechzehn Haushaltsjahren zu einem Defizit. Doch nur zwei davon, 1967

10 Nicolas Prissette: Emmanuel Macron, en marche vers l'Elysée, Paris 2017, S. 24.
11 Gegenüber einer Reporterin von Europe1, am 3. Januar 2017. http://lelab.europe1. fr/attaque-sur-le-caractere-liberal-de-son-programme-economique-fillon-evoque-de-gaulle-ce-liberal-2941184.

und 1968, fielen in De Gaulles Amtszeit zwischen 1958 und 1969. Gleichzeitig waren die durchschnittlichen Wachstumsraten von 5 bis 6 Prozent in dieser Zeit ein Erfolg, der seinen Ruhm zweifellos mehrte.[12]

Kurze liberale Lichtblitze

In der Folge beriefen sich De Gaulles Nachfolger immer mal wieder auf eine wirtschaftsliberale Politik. Das gilt für Georges Pompidou, für Valéry Giscard d'Estaing und dessen Premierminister, den Wirtschaftsprofessor Raymond, sowie für Nicolas Sarkozy. Zu besonders konkreten Handlungen kam es jedoch vor allem in der Zeit der „cohabitation" von 1986 bis 1988. Im Rahmen dieser französischen Spielart der großen Koalition waren der konservativ-bürgerliche Jacques Chirac Premierminister und François Mitterrand Präsident. Vor allem der liberale Finanz- und Wirtschaftsminister Edouard Balladur machte Druck — und die Verstaatlichungen Mitterrands rückgängig. Dabei baute er auf der Bankenreform seines sozialistischen Vorgängers Pierre Bérégovoy auf. Der sozialistische Präsident Mitterrand hatte noch 1981 Dutzende von Unternehmen in den Besitz des Staates gebracht — zu einer Zeit, als man diese Ideologie in den westlichen Industrienationen schon längst für überholt hielt. „Die Zeiten haben sich geändert. Frankreich befindet sich nicht mehr in der gleichen Lage wie nach dem Krieg", schrieb Chirac dann 1986 an Mitterrand. Der Präsident verweigerte zwar seine Unterschrift unter die geplanten Verordnungen, doch Chirac ging dafür den parlamentarischen Weg mit einem neuen Gesetz. 65 große Unternehmen aus der Industrie und dem Finanzsektor wurden privatisiert. Darunter befand sich etwa auch der führende Fernsehsender TF1, der an das französische Bauunternehmen Bouygues ging. Auf Deutschland übertragen wäre das ungefähr der Entscheidung gleichgekommen, die ARD an den Hochtief-Konzern zu verkaufen. Zudem hob die französische Regierung die staatliche Genehmigungspflicht für Entlassungen in der Privatwirtschaft auf, sie schaffte Preis-, Kredit- und Währungskontrollen ab, strich die Vermögenssteuer und erleichterte den Franzosen den Kauf von Belegschaftsaktien.

Mitterrand hatte schon 1983 mit seiner Hinwendung zu einer „Politik des starken Franc" sein sozialistisches Experiment weitgehend abgebrochen. Nun war fast nichts mehr davon übrig. Der erste sozialistische Traum der Nachkriegszeit war beendet. Frankreich gab damit seinen Sonderweg in Europa auf. Es war auch die Zeit, in der Ronald Reagan und Marga-

---

12 Siehe Fondation Charles de Gaulle; http://www.charles-de-gaulle.org.

ret Thatcher die angelsächsische Welt beherrschten. Davon blieb Frankreich nicht unberührt. Selbst der Front National, der 35 Abgeordnete in der Nationalversammlung sitzen hatte (gegenüber 2 von 2012 bis 2017), war wirtschaftsliberal ausgerichtet. Die Annäherung an seine wichtigsten Nachbarländer ermöglichte Frankreich letztlich die Mitgliedschaft in der Europäischen Währungsunion. Der Gouverneur der Banque de France, François Villeroy de Galhau, hält die Reformen zwischen den Jahren 1985 und 2000 für außerordentlich wichtig, denn sie ermöglichten die Qualifizierung Frankreichs für den Euro. „Dies zeigt, dass Frankreich immer wieder zu Reformen in der Lage war. In solchen Zeiten rückte das Land zusammen", sagt Villeroy de Galhau, dessen Familie aus dem Saarland und Lothringen stammt und Miteigentümer des Keramikherstellers Villeroy & Boch ist.[13]

Wenn der Zentralbankgouverneur auf die jüngere Wirtschaftsgeschichte seines Landes blickt, will er Frankreich jedoch nicht in die eine oder die andere Schublade stecken: „Frankreich ist weder völlig etatistisch noch völlig liberal, es folgt einem merkantilistischen Erbe." Dabei streitet der Währungshüter nicht ab, dass „es in Frankreich eine große liberale Tradition gibt mit vielen liberalen Ökonomen wie Jean-Baptiste Say oder Léon Walras". Doch der Colbertismus als französischen Weg des Merkantilismus sei eben auch sehr prägend. Wichtig ist für Villeroy de Galhau, dass der Unternehmergeist nach Frankreich zurückgekehrt sei. „Der Held ist heute der Mittelständler oder der Gründer eines Start-up. Vor vierzig Jahren war das noch ganz anders." Die Regierung lege den Unternehmen heute weniger Hindernisse in den Weg als früher. Daher ist er optimistisch. „Frankreich ist nicht unreformierbar. Doch wir sind ein romanisches Land, da ist der soziale Dialog schwieriger als in Nordeuropa. Ich glaube sehr an die Bedeutung des öffentlichen Dienstes. Ein starker Staat ist in dieser merkantilistischen Tradition möglich, die einen effizienten öffentlichen Dienst mit dynamischen Unternehmen verbindet", so der Notenbankgouverneur.

Der „starke Staat" — davon hört man oft in Frankreich häufig. Doch wo kann man ihn heute eigentlich finden? Wo schlägt sein Herz? Wo läuft der Blutkreislauf zusammen, den angeblich nur eine staatliche Pumpe am Leben hält? Die Recherche geht weiter.

13 Gespräch am 30. November 2016.

Wo der Staat Konzerne lenkt

Wieder ist es im weitläufigen „Colbert"-Gebäude des französischen Finanzministeriums, wo ich auf einem kafkaesken Flur ein Büro suche. Anders
als bei der Schuldenagentur AFT ist es nicht der neunte, sondern der fünfte
Stock. Hier residiert die Agence des participations de l'État (APE), die Frankreichs unternehmerische Staatsbeteiligungen verwaltet — Frankreichs
Staatsfonds Nummer Eins. Im Wartezimmer liegt noch ein alter Wälzer
aus der Buchhaltung von 1964, wo die Einnahmen und Ausgaben der
„Regie Renault" in Handschrift eingetragen sind. Damals war der Autohersteller noch vollständig in Staatsbesitz, erst Mitte der neunziger Jahre ist
er mehrheitlich privatisiert worden. Bei seinem Erzrivalen PSA Peugeot-
Citroën — der neuen Muttergesellschaft von Opel — lief es umgekehrt.
Der Staat stieg dort nicht aus, sondern ein. Seit der Gründung hatte die
Familie Peugeot das Heft in der Hand, doch dann kam die Krise, und die
französische Regierung und das chinesische Partnerunternehmen Dongfeng erwarben jeweils 14 Prozent am PSA-Kapital, um das Unternehmen
vor dem Bankrott zu bewahren.

An diesem Novembermorgen empfängt mich Martin Vial, er ist ein hoher
Beamter und als Leiter der APE gleichzeitig einer der wichtigsten Fonds-
manager am Finanzplatz Paris. Denn die staatlichen Beteiligungen an 81
Unternehmen, die er zu verantworten hat, sind rund 90 Milliarden Euro
wert.[1] Die APE ist ziemlich einzigartig in Europa. In keinem anderen Land
tritt der Staat so offen als Unternehmenslenker auf wie in Frankreich.
Ohne jeden Komplex erklärt Vial die Philosophie dahinter: „Der französische Staat ist ein Aktionär mit einer langfristigen Strategie — eine
Haltung, die den privaten Anteilseignern leider selten gegeben ist. Ein
Teil unserer Beteiligungen hat historische Gründe, andere sind aktueller
Natur."[2] Frankreich will sich mit dieser Strategie seine Souveränitätsrechte
und nationalen Interessen sichern, besonders in der Verteidigungsindus-
trie sowie in der Energiepolitik, wo mit Electricité de France (EdF) der
größte Anbieter mehrheitlich in staatlicher Hand liegt. Auch beim Thema
der Bodenschätze will der Staat mitreden, weshalb er sich am Mineralien-
Förderer Eramet beteiligte. Zudem sind aus Mehrheitsprivatisierungen
der Vergangenheit noch erhebliche Staatsanteile übrig geblieben, auf die
keine französische Regierung verzichten will. Denn damit verlöre sie Ein-

---

1 Stand April 2016.
2 Gespräch mit dem Autor am 8. November 2016.

fluss. Geht es um Standortentscheidungen, Arbeitsplatzabbau oder strategische Allianzen bei Unternehmen wie Orange (früher France Télécom), Safran oder Thales wachen die staatlichen Verwaltungsräte meist auf und schalten sich ein. Dabei geht es auch darum, Angst zu verbreiten. „Die Präsenz des Staates im Kapital der Unternehmen hat einen abschreckenden Einfluss auf Käufer, die nicht willkommen sind. Das kann besonders vor dem Risiko von Standortverlagerungen ins Ausland schützen. Wir wollen Forschungs- und Entscheidungszentren nicht verlieren", sagt Vial unverblümt und fügt hinzu, dass sich ein Unternehmen wie Air France ohne Staatsbeteiligung heute schon längst in ausländischem Besitz befände. Wenn ein Konzern eine konjunkturelle Durststrecke zu durchschreiten habe, stehe der Staat „als Begleiter" gerne zur Seite. Siehe die Rettung von Peugeot-Citroën.

Der französische Staat war auf seiner zentralen Ebene Ende 2014, dem Datum der letzten Zählung, an 1632 Unternehmen mit insgesamt 750.000 Beschäftigten mehrheitlich direkt oder indirekt beteiligt, das waren 191 Unternehmen mehr als im Jahr davor.[3] Sie sind nicht nur bei der APE, sondern bei einer Reihe anderer Institutionen angedockt, etwa auch bei der 200 Jahre alten Beteiligungsgesellschaft Caisse des Dépôts et Consignation. Seit 2007 hat sich die Zahl der staatlichen Beteiligungen verdoppelt. Doch langfristig geht der Trend zurück, Mitte der neunziger Jahre war der französische Staat noch an rund 2600 Unternehmen beteiligt, 1000 mehr als heute. „Seit rund dreißig Jahren ist die Entwicklung rückläufig", sagt Vial, und niemand will das Rad zurückdrehen. Der Behördenleiter hat über solche Fragen freilich nicht zu entscheiden, das ist Sache des Wirtschaftsminister, des Premierministers und des Präsidenten. Die sozialistische Regierung verkaufte teilweise einzelne Beteiligungen, doch nicht aus grundsätzlichen Überlegungen, sondern weil sie Geld brauchte. Dabei achtete sie peinlich genau darauf, keine Stimmrechte zu verlieren. Denn in ihren Augen ist staatlicher Einfluss etwas Gutes. Die Skandale der Vergangenheit haben diese Einschätzung kaum getrübt. Gerade jene Unternehmen sind im Wettbewerb oft zurückgefallen, die besonders großem politischen Zugriff unterlagen. Die häufige Folge war, dass der Staat danach noch mehr Steuergelder nachschießen musste.

---

3 Insee: Entreprises publiques, 1. März 2016.

Weniger Staatsunternehmen als in Deutschland

Dennoch stehen die Franzosen voller Überzeugung hinter den staatlichen Interventionen und sehen sie als ein wichtiges Steuerinstrument der Wirtschaftspolitik. Wenn die EU-Kommission in Brüssel nicht ab und an Grenzen setzen würde, ginge die Regierung wohl noch weiter. Doch man täusche sich nicht, auch anderswo mischt die öffentliche Hand kräftig mit. In Deutschland etwa sind mehr als 15.000 öffentliche Fonds, Einrichtungen und Unternehmen im Besitz von Bund, Ländern, Gemeinden oder der Sozialversicherung.[4] Frankreich zählt insgesamt dagegen nur rund 5800 Unternehmen in öffentlichem Mehrheitseigentum — fast zwei Drittel weniger.[5] Deutschland unterhält somit einen deutlich größeren staatlichen Unternehmenssektor als Frankreich, und die 430 öffentlichen Sparkassen und Landesbausparkassen Deutschlands sind da noch gar nicht eingerechnet. Für sie gibt es kein Äquivalent in Frankreich, dort ist der Bankensektor weitgehend privatisiert.

In Deutschland ist auch der Bund ein großer Firmeneigentümer. An rund 60 großen Unternehmen ist er direkt beteiligt, von der Bahn über die Post bis zur Deutschen Telekom; die Kreditanstalt für Wiederaufbau, die Bundesdruckerei oder die Bundeswehrbekleidungsgesellschaft gehören ebenso zum Beteiligungskreis. Nach Angaben des Bundesfinanzministeriums betrug der Wert der unmittelbaren Mehrheits- und Minderheitsbeteiligungen des Bundes 2015 gut 30 Milliarden Euro.

Mehr Staatsunternehmen in Deutschland als in Frankreich — dieser Unterschied stammt vor allem aus dem umfangreichen Unternehmensbesitz der deutschen Kommunen und Länder. Sie sind an Grundstücks- und Wohnungsbaugesellschaften ebenso beteiligt wie an vielen Unternehmen für Wasser und Abwasser sowie Energie. Frankreich dagegen hat die kommunale Wasserversorgung über seine beiden großen Anbieter Veolia und Suez weitgehend privatisiert, zudem liegen seine Autobahnen bekanntlich in privater Hand. Bis hin zu den Bestattungsinstituten sind in Frankreich viele Aufgaben vom öffentlichen Dienst in den Privatsektor verlagert worden. Die Deutschen haben den Franzosen auf diesem Gebiet also keine liberalen Lehren zu erteilen. Dennoch lässt in Deutschland der Staat als Unternehmenseigentümer spürbar mehr Vorsicht walten, vor allem auf Bundesebene. Die aktive Einmischung, zu der sich die Franzosen immer

4 Statistisches Bundesamt: Jahresabschlüsse der kaufmännisch buchenden öffentlichen Fonds, Einrichtungen und Unternehmen (FEU) 2014
5 Diese Zahl für 2014 meldet Insee an Eurostat, Auskunft von Insee am 23.03.2017. Die Werte sind nicht hundertprozentig, aber weitgehend miteinander vergleichbar.

wieder befugt fühlen, ist in Deutschland kaum verbreitet (abgesehen von Sonderfällen wie etwa bei Volkswagen oder der Rothaus-Brauerei in Baden). Frankreich indes vertritt seinen Ansatz geradezu offensiv: Wenn der Staat schon als Aktionär beteiligt ist, dann soll er auch mitreden. Warum sollte er sonst überhaupt beteiligt sein? Die meisten Staatsbeteiligungen sind keine Übergangslösungen, sondern als permanenter Zustand Instrumente für strategische Ziele. Der Schutz vor dem Verkauf ins Ausland steht dabei im Vordergrund. Die französischen Konzerne sollen französisch bleiben. Gleichzeitig expandieren Frankreichs Unternehmen, auch die staatlichen, munter in aller Welt. Dort schlucken sie reihenweise ausländische Unternehmen – ein aufschlussreicher Gegensatz.

Emmanuel Macron hat angekündigt, dass er den Faden der Privatisierungen wieder aufnehmen möchte. Alleine schon aus finanziellen Gründen ist dieser Weg sinnvoll, denn der Staat braucht Geld. Eine große Privatisierungswelle ist jedoch nicht zu erwarten. Frankreich wird seinen Instinkt der Staatsinterventionen nicht mit einem Schlag verlieren. Auch die Öffentlichkeit erwartet immer wieder, dass die Politik den Unternehmen den Weg weist, besonders wenn es um symbolträchtige große Konzerne geht.

Französische Gründerzeit – die Start-ups

Frankreich ist das Land des Staates und des Primats der Politik. Die öffentliche Hand wird als Vertreter des Gemeinwohls immer präsent sein – alleine schon aus Respekt vor dem demokratischen Willen der Bürger. Der Staat sieht sich als verlängerter Arm dieses Bürgerwillens mit weit definierten Eingriffsrechten. Daraus resultiert „die Würde des öffentlichen Dienstes", von der die Franzosen schwärmen können wie niemand sonst. Der Leiter der Verwaltungskaderschmiede Ena beschrieb mir diese Würde einmal in einem Interview Mitte des vergangenen Jahrzehnts, als die Ena plötzlich wieder mehr Bewerber verzeichnete. Nach dem Platzen der Internetblase war das Interesse am Staatsdienst gestiegen. „Die Leute merken, dass der Aktienkurs nicht die einzige Quelle für Lebensglück ist", sagte er.[1]

Der Mann hat Recht, und die Ena ist als Garant für eine Karriere als Spitzenbeamter weiterhin äußerst beliebt. Der öffentliche Dienst wird in Frankreich sein Gewicht behalten. Er muss allerdings aufpassen, dass er Bürger und Unternehmen nicht erdrückt.

Es gibt nämlich auch ein ganz anderes Frankreich – das der privaten Initiative. Das Frankreich, das sein Schicksal selbst in die Hand nimmt. Das Frankreich, das auf eigene Rechnung und auf eigenes Risiko arbeitet, ohne dabei unsolidarisch mit seinen Mitbürgern zu sein. Nicolas Sarkozy sprach einmal von dem „Frankreich, das früh aufsteht". Das Problem mit solchen Beschreibungen ist, dass sie das andere Frankreich verunglimpfen. Wenn französische Politiker zu sehr spalten, scheitern sie meistens.

Wie lebendig das Frankreich der privaten Initiative ist, kann man jeden Morgen im Radio hören. „BFM Business" heißt der Sender, der täglich von früh bis spät ein reines Wortprogramm nur mit Wirtschaftsthemen füllt. Das ist ziemlich einzigartig in Europa, in den anderen Ländern findet sich Wirtschaft nur in einzelnen Programmen und nicht tagesfüllend in einem Radiosender wieder. Schon am frühen Morgen ertönt ein Jingle mit den Worten „Frankreich hat alles, um erfolgreich zu sein". Fröhlich plappern und plaudern dann die Moderatoren über Märkte, Kunden, Aktien, Wirtschaftspolitik und Wechselkurse. Sie erzählen Wirtschaft, so dass das Zuhören Spaß macht. Der Sender wiederlegt das Vorurteil, dass die Franzosen nichts für Wirtschaft übrig hätten. Die Sendungen werden auf

---

1 F.A.Z., 15. Januar 2005.

einem eigenen Kanal gleichzeitig im Fernsehen übertragen. 800.000 Menschen hören oder schauen täglich zu. „Frankreich ändert sich", findet der Moderator und Redaktionsdirektor Stéphane Soumier, „die Franzosen interessieren sich immer mehr für Unternehmen, und sie wissen, dass diese Wachstum schaffen, nicht der Staat".[2]

„Drei Minuten, um zu überzeugen", heißt ein regelmäßiger Programmeinschub des Senders. Junge Leute dürfen dort für ihre Projekte werben. Ein Zauberwort macht dann die Runde, von dem die Regierungen glänzende Augen bekommen: „Start-ups", also Unternehmensgründungen durch Leute, die in der Regel jung sind. Jede Regierung will sich damit schmücken, denn die Start-ups stehen für Innovation, Risikobereitschaft, Weltoffenheit und Jugend. Sie sind die neue Messlatte für den Erfolg von Volkswirtschaften und damit auch der Politik. Wie zarte Pflänzchen werden sie herumgereicht. Sie gelten als Beleg für Dynamik und als Vertrauensbeweis in die Wirtschaftspolitik. Sie zu züchten, ist nicht einfach. Viele gehen wieder ein, doch einige pflanzen sich fort, und die stärksten von ihnen wuchern wie Efeu. Wenn sich genügend Start-ups zusammenfinden, entsteht ein Biotop mit großer Ausstrahlung. Das Silicon Valley ist das größte davon, es gilt als ein Garten der Zukunft für die ganze Menschheit. Jede Regierung hätte nichts lieber als ihr ein eigenes Silicon Valley. Alle versuchen es zu imitieren. Längst lassen sich dort auch die großen Konzerne nieder. Sie wollen sich von den Start-up-Keimen infizieren lassen, die neusten Trends aufspüren und Firmen kaufen, um sich ewige Jugend zu verschaffen.

Zuerst wollte Frankreich das Zauberwort noch domestizieren. Die Academie française, die mit den größten literarischen Geistern der Nation über den Erhalt der französischen Sprache wacht, mahnte im Jahr 2000, bitteschön nicht von Start-ups zu sprechen, sondern von „jeunes pousses". Es war wie der Kampf von Don Quichotte gegen die Windmühlen — vergeblich. Dabei haben die Franzosen schon vor langer Zeit das schöne Wort „entrepreneur" („Unternehmer") erfunden und es auch ins Englische eingeschmuggelt. Heute ist das Angelsächsische die Sprache der Globalisierung und damit übermächtig geworden. Wer von und in der Globalisierung lebt wie die jungen Gründerunternehmen, kann sich dem nicht verschließen. „La start-up" ist in Frankreich zu einem etablierten Begriff geworden. Denn das Land hat davon jede Menge, und täglich werden es mehr. In kaum einem anderen Staat gründen die Menschen so viele Unternehmen wie in Frankreich. Mehr als eine halbe Million waren es alleine 2016 — dreimal

2 F.A.Z., 8. Mai 2016.

so viele wie fünfzehn Jahre zuvor. Sie schließen sich mit Gleichgesinnten zusammen oder fangen als Einzelkämpfer an; sie bedrängen die Unternehmensfinanziers, um an Startkapital zu kommen. Sie bevölkern die Messen und Ausstellungen, um ihre Produkte zu präsentieren.

Das große Schaufenster der französischen Start-ups liegt nicht in Frankreich, sondern in der Heimat der Start-ups, in den Vereinigten Staaten. Auf der Consumer Electronics Show (CES) in Las Vegas zeigen Unternehmen aus der ganzen Welt ihre Innovationen. Sie war lange Zeit nur eine Show der Unterhaltungselektronik, doch längst ist sie ein Pflichttermin für alle innovativen Industriellen und Dienstleister. Die Ausstellung ist ein Rendezvous mit der Zukunft, das uns zeigt, wie wir morgen arbeiten, Freizeit treiben, gesund bleiben, lieben und leben. Die Franzosen sind hier in ihrem Element und zeigen eine große Bandbreite von Produkten. Sie reicht von den neuesten Drohnen über Roboter als Begleiter alter Menschen bis zu einer Vielzahl medizinischer Messgeräte. Eine Menge internetverbundener Objekte für den Alltagsgebrauch sind auch dabei, etwa ein Duschkopf mit eingebauten Lichtern, die durch Farbstrahler anzeigen, wann zu viel Wasser verbraucht wird. Oder modische Schals, die verschmutzte Luft messen und gleichzeitig als Mundschutz dienen. Oder ein Bluetooth-Melder, der verlorene Gegenstände anzeigt. Viele der technischen Spielereien werden nicht überleben, doch etliche haben Potential. Ansonsten hätten die französischen Gründerunternehmen 2016 nicht mehr als umgerechnet 1,5 Milliarden Dollar von Investoren eingesammelt. Damit schließen die Franzosen zunehmend die Lücke zu den bislang größeren Finanzierungsbudgets in Großbritannien und Deutschland. Immer mehr große französische Konzerne wie Axa, Peugeot-Citroën, Engie und Air Liquide schließen sich den Finanziers an und stecken eigenes Geld in die Start-ups.

Der Amerikaner Gary Shapiro gilt als einer der Päpste der Technologie-Branche. Er ist Bestsellerautor und Vorsitzender der amerikanischen Consumer Technology Association, welche die Messe in Las Vegas jährlich veranstaltet. Von den französischen Start-ups ist er restlos überzeugt. „Frankreich ist in kurzer Zeit schneller vorangekommen als alle anderen. Die Franzosen haben Bürokratie abgebaut und lassen dem Unternehmergeist jetzt viel mehr Freiheit als früher. Ich halte Frankreich zusammen mit Israel für das vielversprechendste Land nach den Vereinigten Staaten", sagt Shapiro.[3] Die Zahl der französischen Aussteller in Las Vegas hat sich in zwei Jahren mehr als verdreifacht und stellt die deutsche Beteiligung längst in den Schatten. Im speziellen Ausstellungsbereich der Gründerunterneh-

3 Gespräch mit dem Autor am 16. Dezember 2016.

men ist Frankreich die größte Nation hinter den Vereinigten Staaten. Auch die französischen Provinzstädte legen sich ins Zeug, berichtet der Amerikaner, der Frankreich immer wieder bereist. „Jeder will mir seine Innovationen zeigen, die Leute sind voller Energie, das ist sehr beeindruckend". Und Deutschland? „Die Deutschen sind außerhalb von Deutschland nicht bekannt für ihre Start-ups", lautet das nüchterne Urteil des Amerikaners.

Frankreichs Silicon City

Das französische Silicon Valley ist kein Tal, es ist die Seine-Metropole Paris höchst persönlich. Südwestlich der Hauptstadt ist auf dem „Plateau Saclay" zwar auch ein Zentrum mit Universitäten und Forschungseinrichtungen entstanden, doch der Puls der Innovation schlägt im Herzen von Paris. Fast vierzig so genannte Inkubatoren stehen dort bereit, um die Start-ups zu päppeln und zu verwöhnen. Es handelt sich dabei in der Regel um große Gebäude mit Bürogemeinschaften, in denen sich die Unternehmensgründer gegenseitig befruchten sollen. Sie genießen oft nicht nur eine staatlich verbilligte Miete, sondern auch zusätzliche Dienstleistungen, wie Hilfe bei Investoren-Kontakten, der Buchhaltung, der Geschäftsentwicklung oder der Präsentation ihrer Projekte.

2017 eröffnete die „Station F" in einer früheren Eisenbahnhalle auf 34.000 Quadratmetern nach eigenen Angaben das größte derartige Unternehmenszentrum der Welt. Nicht weniger als 1000 Start-up-Unternehmen sind dort beherbergt. Die französische Managementschule HEC ist ebenso präsent wie schon etablierte Internetunternehmen, darunter Facebook sowie die französische Konsumentenplattform Vente-privee.com, die Waren aller Art aus Restbeständen verkauft. Die Großen sollen als Paten den Jungen beiseite stehen. „Wir haben hier ein einzigartiges Ökosystem geschaffen. Die Start-ups zeigen, dass man in Frankreich trotz einiger Hindernisse etwas Beeindruckendes auf die Beine stellen kann", sagt Roxanne Varza. Die junge Amerikanerin mit iranischen Eltern ist aus San Francisco gekommen, um nun den Unternehmen in Paris auf die Sprünge zu helfen. Sie studierte in London wie in Paris und suchte schon im Auftrag für Microsoft aussichtsreiche Unternehmensgründer. Auch im Silicon Valley hat sie schon gearbeitet. Heute hat Roxanne Varza die Aufgabe, die Station F mit Mietern zu füllen und ihnen den Aufenthalt möglichst angenehm zu gestalten. „24 Stunden nachdem wir anfingen, hatten wir schon 500 Anfragen", berichtet sie, „Frankreich holt seinen Rückstand gegenüber Großbritannien und Deutschland rasch auf. Die Summen, welche die Finanziers in Frankreich investieren, haben deutlich zugenommen". Besonders bemüht sich Roxanne Varza dabei, auch Unternehmensgründer aus dem Ausland anzulocken. „Da hinkt Paris noch etwas hinterher. Die allermeisten Unternehmen hier sind noch Französisch".[4] Doch die Hauptstadt an der Seine ist für sie „the place to be". „Im Silicon Valley wird es zu teuer und zu eng. Außerdem bleibt abzuwarten, wie es unter Donald Trump weitergeht. Und in London muss man sehen, wie sich der Brexit auswirkt", sagt Varza. Die Standortverkäuferin aus Amerika weiß genau, wie man für Frankreich die Werbetrommel rührt.

Die Start-up-Jägerin ist aber nicht im staatlichen Auftrag unterwegs, sie arbeitet für den französischen Milliardär Xavier Niel, der die Station F in privater Initiative hoch gezogen hat. In zehn Minuten Fußmarsch entfernt will er bald auch drei Wohngebäude eröffnen, wo die Unternehmer zusammen leben können, wenn sie das wünschen. Der fünfzigjährige Niel war lange Zeit das „enfant terrible" der französischen Telekombranche. Heute gilt er als einer der großen Vorzeigeunternehmer des Landes und als unermüdlicher Förderer junger Talente. Niels Werdegang ist beeindruckend. Als es das Internet noch nicht gab, verdiente er sein Geld mit Sex-Annoncen im französischen Telekom-Netzwerk Minitel sowie als Investor in Peepshows und Sexshops. Später mischte er die großen Telekomkonzerne mit den Billigangeboten seines Unternehmens namens Free auf. Selbst France Telecom, heute Orange, bekam es mit der Angst zu tun, denn seine günstigsten Mobilfunk-Abonnements begannen bei 2 Euro im Monat. Neben seinem Telekomgeschäft ist er als engagierter „Business Angel" unterwegs. In Paris hat er die Schule „42" für Software-Experten gegründet, in der sich die jungen Leute gegenseitig das Programmieren beibringen. Lehrer gibt es nicht, nur Fachleute, die ein bisschen bei der Suche im Internet helfen — ein sehr unfranzösischer Bildungsansatz, der aber Erfolg hat. Fast alle Abgänger finden rasch eine Stelle. Viele sind dankbar, weil sie aus den sozial schwierigen Vorstädten kommen, wo ihnen der Weg in die klassische französische Bildungskarriere versperrt ist. Die Motivation der jungen Leute ist groß. Niel war einmal an einem Sonntag mit Reed Hastings, dem Gründer des amerikanischen Filmunternehmens Netflix, in Paris unterwegs. Um 23 Uhr statteten sie seiner rund um die Uhr geöffneten Programmierschule einen Besuch ab und trafen dort auf nicht weniger als 800 Studenten arbeitend vor ihren Bildschirmen. Der Amerikaner staunte: „Ich würde es nie schaffen, so viele Leute am Sonntagabend arbeiten zu lassen", sagte Hastings. Niel war zufrieden. Der Franzose ist ein engagierter Kämpfer gegen das „french bashing" — das unentwegte Anschwärzen des Wirtschaftsstandortes Frankreich. Er wehrt sich dagegen, weil die angebli-

4 Gespräch mit dem Autor am 15. Dezember 2016.

chen Standortnachteile in der geschäftlichen Realität gar nicht so schwer ins Gewicht fielen, sagt er.[5]

Niel ist heute ein etablierter Unternehmer, selbst die Tageszeitung „Le Monde" gehört ihm zusammen mit zwei Geschäftspartnern. Auch privat gelang ihm der Eintritt ins Establishment. Seine Lebensgefährtin ist Delphine Arnault, die Tochter des reichsten Franzosen, des LVMH-Großaktionärs Bernard Arnault, mit der er ein Kind hat. Der anfangs etwa schmuddelige Unternehmensgründer ist in Frankreich salonfähig geworden — und mit ihm die ganze Welt der Start-ups.

Französische Ich-AGs

Das Gründerfieber hat ganz Frankreich gepackt. Es begann im Jahr 2009, als der liberale Politiker Hervé Novelli das Regime der „Auto-entrepreneurs" erfand, das geringere Steuer- und Sozialabgaben sowie weniger Bürokratie verlangt. Es handelt sich um eine Art französische Ich-AG, die erfindungsreichen und unternehmungslustigen Leuten den Start in die Selbstständigkeit erleichtern soll. Zwischen 2007 und 2011 sind die Unternehmensgründungen in keinem G7-Land so stark gestiegen wie in Frankreich — ein Plus von zwei Dritteln.[6] Auch in den Vorstädten tut sich viel, junge Leute versuchen sich dort beispielsweise als selbstständige Taxi-Unternehmer. Das amerikanische Start-up Uber, das zu einem internationalen Riesen geworden ist, hat auch Frankreich inspiriert. Mehr als eine Million solcher französischer Ich-AGs gibt es heute. Nicht jeder wagt gleich den ganzen Sprung in die Eigenständigkeit; drei von zehn haben ihre Stelle als Angestellter behalten; selbst Beamte können den Status der Selbstständigkeit erwerben. Das bessert das Gehalt auf und weckt die Lebensgeister. Viele werkeln nebenher an verschiedenen Projekten und überlegen, ob sie etwas anzubieten haben, das anderen gefällt. Laut Umfragen stellen sich regelmäßig drei Viertel der Franzosen die Frage, ob die Selbstständigkeit ein Weg für sie wäre.

Die Gründerwelle hat handfeste Erfolgsgeschichten hervorgebracht. Die amerikanische Beratungsgesellschaft Deloitte ermittelt jährlich die 500 am schnellsten wachsenden Gründerunternehmen mit technologischer Orientierung. Seit 2010 stellen die Franzosen jedes Jahr das größte Kontingent der Region Europa, Mittlerer Osten und Afrika. 2016 fanden sich 94

---

5 Interview in Challenge, 13. September 2015.
6 Road to recovery, RSM International, Juli 2013.

französische Unternehmen in der Spitzengruppe, aus Deutschland kamen dagegen nur 23. In den Vorjahren waren die Größenverhältnisse ähnlich. Frankreich spielt seine Trümpfe aus: Eine starke Innovationskultur, gute Forschungslabore, ein Netzwerk aus großen und kleinen Unternehmen, eine gute Ingenieursausbildung sowie angesehene Managementschulen. Zudem rollt die öffentliche Hand den jungen Firmen den roten Teppich aus. Auch die dynamischen Großstädte in den Regionen greifen den jungen Leuten unter die Arme.

Die Gründertypen sind nicht selten Abgänger der „Grandes Ecoles", der französischen Elite-Schulen, die schon lange nicht mehr in ihrem eigenen Saft schmoren. Der Eintritt in den Beamtendienst oder in ein großes Unternehmen gilt nicht mehr als der einzige Königsweg. Die Hochschulen bereiten die Studenten auch auf die Selbstständigkeit als Lebensmodell vor. Frédéric Mazzella etwa hat an der École normale supérieure Physik studiert und machte seinen MBA an der französischen Managementschule Insead. In den Vereinigten Staaten ging er an die Universität Stanford und arbeitete bei der Nasa als Wissenschaftler. Dann gründete er „Blablacar" — ein Unternehmen, das heute die größte Mitfahrzentrale der Welt ist. Das Prinzip ist einfach: Fahrer und Mitfahrer über das Internet zusammenbringen, und dabei vor der Fahrt möglichst viele Informationen austauschen, so dass die Nutzer wissen, was und wer auf sie zukommt. Sowohl Fahrer und Mitfahrer sollen ausführliche Profile über sich anlegen.

Der Blablacar-Gründer Mazzella ist eines dieser Wunderkinder, deren Talente sich nicht nur auf das Geschäftliche beschränken. Bis zu seinem 21. Lebensjahr waren die Violine und das Piano seine große Leidenschaft, er gewann Preise, ging aufs Konservatorium. Mazzella blickt auf die Welt nicht nur durch ein Schlüsselloch. Von Anfang an hatte er eine rapide internationale Expansion im Auge, um Größenvorteile zu nutzen. Daher organisiert Blablacar die Mitfahrten heute in nicht weniger als 22 Ländern.

Die Liste der französischen Start-up-Stars ist beachtlich. Dazu gehört auch der Musikstreamingdienst Deezer, der den Marktführer Spotify herausfordert. Außerdem Sigfox, ein Spezialist für internet-verbundene Objekte aus Toulouse oder der Anbieter von Server- und Cloud-Infrastruktur OVH, der in Lille seine Ursprünge hat. Besondere Erwähnung verdient ebenfalls der Spezialist für Internet-Werbung Criteo. Zwei seiner drei Gründer sind Abgänger der französischen Ingenieurschule Ecole de Mines. 2013 brachten sie das Unternehmen an die New Yorker Börse Nasdaq, wo es mit seinen 2000 Mitarbeitern rund 3 Milliarden Dollar wert ist.

Zweite Heimat Amerika

Wenn die französischen Start-ups ins Ausland umziehen, brechen in Frankreich zwar keine Jubelstürme aus, doch man legt ihnen auch keine Steine in den Weg. Im Jahr 2014 stattete Präsident François Hollande den französischen Gründerunternehmen in San Francisco sogar einen offiziellen Besuch ab, ohne ihnen Vorwürfe der Fahnenflucht zu machen. Die staatliche Förderbank BPI, eine Art französische Kreditanstalt für Wiederaufbau, hat in San Francisco ebenso ein Büro eröffnet wie die staatliche Fördereinrichtung Business France. „Wir wollen ja, dass die Unternehmen international expandieren. Das kommt letztlich auch Frankreich zugute", sagt der zuständige BPI-Direktor Paul-François Fournier. So ist es kein Wunder, dass der Chef des amerikanischen IT-Konzerns Cisco, John Chambers, zu einem klaren Urteil kommt: „France is the next big thing".

Ein paar Wertmutstropfen fließen allerdings schon. Die französischen Gründerunternehmen bleiben häufig klein, und wenn sie wachsen, lassen sie sich schnell von einem Großen aufkaufen. Das gilt etwa für den Internet-Schnäppchen-Anbieter Priceminister, der sich von einem japanischen Konzern schlucken ließ. Withings, ein Spezialist für internetverbundene Objekte, ging an Nokia, der Zugticketanbieter Captain Train ließ sich von einem englischen Konkurrenten kaufen, und der Kontoanbieter Compte Nickel schlüpfte unter das Dach der BNP Paribas. Die Internetszene spricht von „Einhörnern", wenn die Unternehmen mehr als eine Milliarde Dollar wert sind. Nach einer Zusammenstellung der Investmentbank GP Bullhound zählte Europa im Sommer 2016 47 solcher Milliarden-Unternehmen.[7] 18 kamen aus Großbritannien, sieben aus Schweden und sechs aus Deutschland. Aus Frankreich kamen dagegen nur die drei Unternehmen Criteo, Vente-privée und Blablacar. Der Abstand in der addierten Marktbewertung zwischen den französischen Firmen und ihren ausländischen Konkurrenten war noch erheblich: 7,2 Milliarden Dollar für die französischen Unternehmen gegenüber rund 20 Milliarden Dollar in Deutschland und 40 Milliarden Dollar in Großbritannien.

Hier hat Frankreich also noch Luft nach oben. Das Land verfügt über Dutzende von Fondsgesellschaften für Risikokapital, die Start-ups finanzieren können. Doch der wichtige Mittelzufluss aus dem Ausland stockt. Der französische Staat ist einerseits ein Helfer, oft aber auch ein Bremser. Die hohe Besteuerung von Kapitalgewinnen in Frankreich schreckt ab. Die

---

7 http://www.gpbullhound.com/wp-content/uploads/2016/06/GP-Bullhound-Research-European-Unicorns-2016-Survival-of-the-fittest.pdf.

sozialistische Regierung hat sie noch erheblich erhöht, weil sie meinte, dass Arbeit und Kapital gleich hoch belastet werden müssen. Dabei ist Kapital ein extrem flüchtiges Gut, es setzt sich viel leichter ins Ausland ab als das Personal. Im internationalen Wettbewerb macht Frankreich daher eine schlechte Figur in diesem Punkt. Neben den Steuern werden auf Kapitalerträge auch Sozialabgaben erhoben. So kommt für Dividenden einschließlich der Vermögenssteuer nicht selten ein Grenzsteuersatz von fast 75 Prozent heraus.[8] Kein Wunder, dass Frankreich nur wenige sogenannte „Business Angels" hat. Das sind reiche Einzelpersonen, die in Gründerunternehmen investieren. Bei den Gewinnen durch einen Beteiligungsverkauf genießen sie steuerliche Vergünstigungen nur, wenn sie die Anteile vorher lange gehalten haben. Solche Einengungen gefallen den Investoren nicht. Sie wollen die Freiheit haben, wenn nötig auch schnell wieder auszusteigen.

Die hohe Kapitalbesteuerung ist ein wichtiger Grund, warum die französischen Unternehmen allgemein meist höhere Dividenden zahlen müssen als ihre Konkurrenten im Ausland und sich dafür nicht selten verschulden. Anders können sie die Aktionäre nicht bei der Stange halten. Laut Eurostat liegt die durchschnittliche Kapitalbesteuerung in Frankreich bei 46,9 Prozent — mehr als doppelt so doch wie in Deutschland und ein Drittel höher als in Großbritannien.[9]

Für die Gründerunternehmen selbst gibt es dagegen eine Vielzahl steuerlicher Vergünstigungen. So sind sie acht Jahre lang von Sozialabgaben befreit, wenn sie innovative Angebote parat haben. Verfolgen sie richtige Forschungsprojekte, winken weitere Steuervergünstigungen. Etwa ein Drittel der Forschungskosten lassen sich von der Steuer absetzen. Das ist international gesehen ein hoher Wert. Zudem ist die staatliche Investitionsbank BPI ein großer Pate der französischen Start-ups. Sie hat mehr Geld investiert als die wichtigsten französischen und internationalen Privatfonds. Somit schließt der französische Staat die Lücke der Auslandsfinanzierung. Mehr als 3000 Start-ups haben von den Zuwendungen der Bank profitiert, allein 2016 waren es Mittel in Höhe von von 700 Millionen Euro. Doch staatliche Dauerförderung kann kein Modell für die Zukunft sein. Ein Expertengremium, darunter der Nobelpreisträger Jean Tirole, schlug im Sommer 2016 Alarm. „Der Staat hat keine besonderen Kompetenzen, um die künftigen Milliarden-Unternehmen auszuwählen und zu begleiten",

8 OFCE, Sciences Po, Policy Brief, 24 octobre 2016, S. 9.
9 Gastbeitrag der Ökonomie-Professoren Gilbert Cette und Elie Cohen, in: Les Echos, 27.12.2016.

schreiben sie. Die Fachleute empfehlen, dass die BPI mehr externe Berater in ihre Arbeit einbezieht und den Privatsektor stärker an der Risikofinanzierung beteiligt.[10] Mancher Gründer nutzt auch die französische Arbeitslosenversicherung als Trampolin. Weil sie gutverdienenden Aussteigern zwei Jahre lang großzügig viel Arbeitslosengeld zur Verfügung stellt, sei sie „der größte Business Angel Frankreichs", berichtet der Marketingspezialist Anji Ismail von der Marketingplattform DOZ.[11]

Die Politik hat unterdessen geschworen, den Gründerunternehmen weitere Steine aus dem Weg zu räumen. Die Besteuerung soll sinken und die Bürokratie soll weichen. In der Vergangenheit gingen solche Versprechungen oft ins Leere. Doch immerhin gehen die Signale in die richtige Richtung. Nicht wenige Gründer und ihre Finanziers fühlen sich ermutigt.

Das Gründerfieber ist für Frankreich ein Segen. Es zeigt die Chancen auf, die Privatinitiative und unternehmerische Abenteuerlust bieten. Der Gründerwelle speist sich nicht nur aus den Verlierern am Arbeitsmarkt, die keine Alternative finden. Und auch wenn Arbeitslose Unternehmer werden, ist das ein gutes Zeichen. Weiterhin wollen viele junge Leute heute noch Beamte werden, wie die Umfragen zeigen. Wegen der hohen Arbeitslosigkeit sehnen sie sich nach Jobsicherheit. Doch der risikobereite Teil Frankreichs wächst. Sein eigener Chef zu sein und andere vom eigenen Projekt zu überzeugen — das gelingt nicht vielen, doch es motiviert viele. Es ist ein neuer französischer Traum geworden.

Um ihn zu realisieren, brauchen die jungen Leute jedoch das richtige Rüstzeug. Niemandem sind Wissen, Intelligenz, Disziplin und Fleiß angeboren. Den Ausbildungseinrichtungen kommt dabei eine Hauptrolle zu. Im Januar 2017 brachen neun Start-ups zur Elektronikmesse in Las Vegas auf. Sie hatten eines gemeinsam: Ihre Gründer waren alle Abgänger der Ecole Polytechnique.

---

10 Siehe Le Figaro, 6. Juli 2016, „Le rapport alarmant sur le financement des start-up en France".
11 F.A.Z., 8. Januar 2015.

Wo Frankreichs Elite herkommt

Artig stehen sich die jungen Leute gegenüber, die Herren in schwarzer Uniform, die Damen im langen roten Kleid. Sanft reichen sie sich die Hände, bei den Frauen sind sie in schwarze Handschuhe bis zu den Ellbogen verhüllt, bei den Männern in weißem Tuch. Die Damen machen ein paar Schritte vor, ein paar zurück, eine Drehung und dann einen Knicks. Die Männer antworten mit einer langsamen Verbeugung.

Eine Kapelle spielt Marschmusik. Mit ernstem Gesicht haben sich Tänzer und Tänzerinnen fest im Blick. Selten kommen sie sich nahe, die Berührungen sind flüchtig, steif schreiten sie auf einander zu und voneinander weg. Am Schluss wieder ein Knicks und eine Verbeugung.

Die jungen Leute sind Studenten, Anfang zwanzig, und die Szene spielt im 21. Jahrhundert. In der prächtigen Eingangshalle der Oper Garnier von Paris tanzen junge Männer und Frauen am Fuße der ausladenden Treppe eine Quadrille, einen französischen Kontratanz aus dem 19. Jahrhundert. Es handelt sich um einen Studentenball, doch nicht irgendeinen, sondern den begehrtesten von ganz Paris. Die Eliteschule schlechthin, die Ecole Polytechnique, feiert ihre Studenten, sich selbst und damit in ihren Augen den erfolgreichsten Teil des französischen Bildungswesens, das gemeinhin als meritokratisch angesehen wird. Jeder kann es schaffen, egal aus welchem Milieu, wenn er nur fleißig und schlau genug ist. So lautet das Versprechen der französischen Republik, und es wird nach Ansicht der „Polytechniciens" immer wieder eingelöst. Dass es sich auf dem Ball um Studenten handelt, mag man kaum glauben, so brav, kontrolliert und erwachsen treten die jungen Leute auf. Ins 19. Jahrhundert fühlt man sich als Gast zurückversetzt, zumal die Veranstaltung jeden März in der 1875 eröffneten Garnier-Oper stattfindet. Schon vor Beginn des Abends stehen die Studenten in ihren Uniformen vor dem Eingang Spalier. Sie sehen schmuck aus in den schwarzen Jacken mit den goldenen Knöpfen, den roten Streifen an den Hosen und dem „bicorne" auf dem Kopf — ein schwarzer Hut mit schwungvoll nach oben gebogenen Spitzen. Drinnen empfangen uniformierte Trommler die Gäste, die sogar dem 18. Jahrhundert entsprungen sein könnten. Später demonstrieren einige Studenten vor der prunkvollen Treppe der Oper auch ihre körperliche Fitness — in der Königsdisziplin des Fechtens.

„X" ist die Abkürzung für diesen Olymp des französischen Bildungssystems, „dem Traum aller Mütter", wie schon Gustave Flaubert schrieb. Das „X" geht auf das Schulwappen zweier gekreuzter Gewehrläufe aus dem 19. Jahrhundert zurück. Andere glauben, es handele sich um die Größe X, die in der Mathematik als Unbekannte dient. Beide Elemente prägen die Ecole Polytechnique, seit sie 1794 als „Zentrale Schule für öffentliche Arbeiten" ins Leben gerufen wurde. Napoléon unterstellte sie zehn Jahre später dem Militär, wozu sie heute noch gehört, und er gab ihr das Motto: „Für Vaterland, Wissenschaften und Ruhm".

Der Ball der „X" ist einer der Höhepunkte im gesellschaftlichen Leben von Paris. In einem großen Schaufenster präsentiert hier die Republik ihre Führungsschicht von morgen, und die Führungsschicht von heute applaudiert. Gut 2000 Gäste, darunter Top-Manager, Politiker, hohe Beamte, Botschafter und Wissenschaftler zelebrieren die jugendliche Créme de la Créme. Nicht nur die Eltern sind da, sondern auch viele Ehemalige. Der Ball ist längst ein „corporate event", bei dem Unternehmenssponsoren Tische für bis zu 450 Euro je Platz reservieren. Natürlich haben die Studenten den Abend mitorganisiert, um ihre Managementfähigkeiten zu trainieren. Zu Beginn wird meist ein Ballett oder eine Operette präsentiert, dann diniert und flaniert man in den Sälen der weitläufigen Oper. Erst spät am Abend dürfen die Studenten endlich Studenten sein: In einem speziellen Salon tanzen sie zu Rock- und Disco-Musik.

Das Militär lässt grüßen

Die Ecole Polytechnique ist nicht in Paris beheimatet, sondern südlich der Metropole nahe der Kleinstadt Palaiseau. Es ist ein weitläufiges Terrain, das mit seinen grünen Wiesen an eine englische Privatschule erinnern würde, wären da nicht dazwischen die grauen, etwas verblichenen Betongebäude im architektonischen Stil der siebziger Jahre. Reitställe, Schwimmbäder, Turnhallen, Golfplatz und vier Fußballplätze zeigen den Stellenwert, der dem Sport eingeräumt wird. Doch es findet sich auch eine Reihe neuer Gebäude, etwa Forschungseinrichtungen oder das „Drahi-XNovation Center" — ein Zentrum für Unternehmensgründer benannt nach seinem Sponsor, dem französischen Telekom-Tycoon Patrick Drahi. Ein europäisches Facebook oder Google hervorzubringen, das ist der neue Traum der Ecole Polytechnique.

Als ich die Schule im Jahr 2007 das erste Mal besuchte, empfing mich noch ein General im grünen Militärpullover. Er saß hinter einer Fahne, die er aus seinem Dienst als Panzerkommandeur im Kosovo mitgebracht hatte. Heute ist der General weiter da, und die Schule ist immer noch dem Verteidigungsministerium unterstellt, doch an der Spitze der „X" steht jetzt ein Mann, der seine Karriere in der Privatwirtschaft absolviert hat: Jacques Biot will die Ecole Polytechnique weitgehend wie ein Unternehmen führen. Für den Wettbewerb mit den großen internationalen Bildungseinrichtungen wie MIT, Stanford oder Oxford soll sie fit werden. Dafür holt er Lehrkräfte und Forscher aus aller Welt nach Palaiseau. „Nur noch ein kleiner Teil unserer Abgänger geht in den Staatsdienst, vielleicht 60 von 530", berichtet der Mann, der in seiner Karriere selbst einige Unternehmen ins Leben gerufen hat.[1] Die übrigen Abgänger streben in die Privatwirtschaft oder machen einen Doktor, um vielleicht eine akademische Karriere zu beginnen. Auslandssemester oder die Fortsetzung des Studiums an einer ausländischen Uni sind längst gang und gäbe. Die französische Elite internationalisiert sich schon in jungen Jahren. Gleichzeitig zieht die Schule immer mehr Studenten aus dem Ausland an, selbst aus China und Afrika schreiben sie sich ein. Wie eine Luxusmarke weitet die Ecole Polytechnique ihren Namen auf immer neue Produkte aus: Bachelor, Master, Executive degree sowie Moocs (Massive open online courses) auf Englisch und Französisch, so heißen die neuen Schlagwörter. Die Schule bietet etliche Kurse vollständig in Englisch an.

Und dennoch ist die Ecole Polytechnique urfranzösisch geblieben. Am Nationalfeiertag des 14. Juli marschieren die Studenten in Uniform und mit Säbel die Champs-Elyseés hinunter. Sie absolvieren im Rang eines Offiziers einen halbjährigen Militärdienst oder alternativ dazu einen gleichlangen Zivildienst. Wie Offiziersanwärter werden sie mit 900 Euro im Monat bezahlt. Besonders wichtig aber ist die innere Haltung, die von ihnen erwartet wird. Bei der Begrüßung jedes neuen Jahrganges gibt Präsident Biot den Studenten einen anspruchsvollen Auftrag mit auf den Weg: Die Welt zu retten. „Ich erinnere sie an das Jahr 1794", berichtet er, „damals wurde Frankreich von allen Seiten attackiert. Die feindlichen Armeen hatten sich an den Grenzen aufgestellt. Wir befanden uns am Ende des Jahrhunderts der Aufklärung, und der Wohlfahrtsausschuss hatte während der Französischen Revolution verstanden, dass die wissenschaftlichen Erkenntnisse jener Zeit die Nation retten werden". Nur spricht Biot heute nicht mehr von der Bewahrung des Vaterlandes, sondern des ganzen Erdballs. „Ich weiß, das klingt etwas messianisch. Doch die jungen Leute, die hierher kommen, sollen wissen, was von ihnen erwartet wird: Sie sollen zur Lösung internationaler Probleme beitragen. Nationale Ansätze reichen

---

1 Gespräch mit dem Autor am 19. September 2016.

nicht mehr." Zu den Herausforderungen, vor die der Schulpräsident seine Studenten stellt, gehört nicht weniger als die Finanz- und Staatsschuldenkrise, der Klimawandel, das Aufkommen neuer Krankheiten, die Flüchtlingswellen, der Terrorismus, die Gefahr durch Schurkenstaaten sowie die wachsende Unsicherheit des Datenverkehrs. Mangelndes Selbstvertrauen war noch nie die Schwäche der Polytechniciens. „Den Eliteanspruch nehmen wir ohne Einschränkungen an", sagt der Schulpräsident.

Man kann vieles an der Ecole Polytechnique aussetzen, doch sie ist eine für Frankreich äußerst nützliche Einrichtung geblieben. Anders als die Verwaltungskaderschmiede ENA hat sie kaum Präsidenten der Republik hervorgebracht, dafür aber umso mehr Topmanager und Wissenschaftler. Wer dort Erfolg haben will, muss in Mathematik glänzen und in akademischer Strenge räsonieren können. In der Politik zahlt sich das selten aus; gelegentlich wird ihren Abgängern vorgeworfen, sich sähen sich im Besitz einer allumfassenden Wahrheit. Dabei sind die Polytechniciens in der Regel mehr an konkreten Lösungen als an abstrakten Konzepten interessiert. Wenn sie in den Staatsdienst gehen, setzen sie sich meist für pragmatische Vorschläge ein. An ihrer Qualifikation besteht wenig Zweifel. Die Vorauswahl könnte kaum strenger sein. Nur gut 500 Studenten fangen im klassischen Parcours der Ingenieur-Ausbildung jedes Jahr an. Die meisten haben nach dem Abitur an einem der angesehensten Gymnasien Frankreichs eine zwei- oder dreijährige Vorbereitungsschule absolviert. Die Jahre in der „classe préparatoire" sind außergewöhnlich schwer, jeden Tag wird gepaukt bis in die späten Abendstunden. Hier testen die Franzosen bis zur Grenze, wie viel Wissen man ihren jungen Hirnen eintrichtern kann. Kritisches Denken ist nicht gefragt, das kommt, wenn überhaupt, in der Ausbildung erst später.

Die Ecole Polytechnique fischt somit in einem Pool, der zuvor schon extrem ausgedünnt wurde. Der Großteil der Studenten der Ecole Polytechnique stammt aus zwei Gymnasien: Louis-Le-Grand in Paris und Sainte-Geneviève in Versailles. Auch sie betreiben eine strenge Vorauswahl. „Die großen Gymnasien im Großraum Paris locken die besten Studenten aus ganz Frankreich an", berichtet Schulpräsident Biot. Insofern weist er den Vorwurf zurück, dass Bewerber aus Paris bei der Ecole Polytechnique im Vorteil seien. Die Schule hält an ihrer eisernen Regel fest: Für ihren klassischen Studiengang akzeptiert sie nur jene, die den Aufnahmewettbewerb bestehen. Kompromisse kommen nicht in Frage, denn das Bildungsniveau soll nicht den geringsten Flecken bekommen. Insofern interessiert sich die Schule nicht für die Vorgeschichte ihrer Bewerber; sie wählt nach eigenen Angaben alleine nach den Testergebnissen aus.

Standards senken? Nein danke

Eine andere Eliteschule hat vor einigen Jahren einen neuen Weg eingeschlagen: Die auf Politik, Wirtschaft und Jura ausgerichtete Elite-Uni „Sciences Po" in Paris räumt Kandidaten aus sozial schwierigen Wohnvier-
teln erleichterte Aufnahmebedingungen ein. „Für uns kommt das nicht
in Frage", sagt Biot abrupt. Eifersüchtig wacht die Schule über ihre Stan-
dards. Für diese starre Haltung wird sie immer wieder kritisiert. Biot entgegnet, dass seine Studenten in ihrer Freizeit den Schülern aus sozialen
Brennpunkt-Gegenden Nachhilfe gäben. Der „X"-Präsident verweist auch
auf die gewachsene Zahl ausländischer Studenten, wenn er nach der Diversität in seiner Studentenschaft gefragt wird. Das sieht freilich nach einem
Feigenblatt aus. Die internationalen Studierenden stammen aus ähnlich
privilegierten Kreisen wie ihre französischen Kommilitonen. So entkommt
die Ecole Polytechnique nicht dem Vorwurf, durch ihre scharfe Eliteför-
derung die soziale Ungleichheit zu zementieren. Der Ex-Präsident Nicolas
Sarkozy kritisierte das schon vor Jahren. Die Studenten aus Arbeiterfamilien machten an der Polytechnique nur acht Prozent aus; in den fünfziger
Jahren hätten Arbeiterkinder bessere Aufnahmechancen gehabt als heute,
bemängelte Sarkozy. Am aussichtsreichsten sind weiterhin die Kinder aus
wohlsituierten Familien und aus Familien mit hoher Bildungskultur wie
Lehrer und Professoren. Auch der Nachwuchs der Ehemaligen hat gute
Chancen.

Die wachsende Spreizung der Bildungschancen ist freilich eine breite
gesellschaftliche Fehlentwicklung, nicht nur in Frankreich. Die Ecole Polytechnique sieht sich nicht als Reparaturbetrieb dieser Missstände. Denn
dann hätte Frankreich bald keine Elite mehr, die das Land führen könne,
so ihr Verständnis. Kürzlich kam der Vorschlag auf, die Ecole Polytechnique mit anderen Universitäten zusammenzuschließen. Denn sie züchte
eine Elite heran, die zu klein sei, hieß es. In der Tat werden beispielsweise
die heute noch lebenden Absolventen von Oxford auf 160.000 Personen
geschätzt, die von Havard auf 320.000, jene der „X" aber nur auf 35.000.
Doch die Ecole Polytechnique lief erfolgreich gegen die Fusionspläne
Sturm. „Wir lassen uns nicht verwässern in einer Struktur, die obendrein
noch sehr bürokratisch sein könnte", sagt Biot. Man kann den Widerstand
verstehen. Die Ecole Polytechnique ist klein, aber agil. Sie genießt viel
Eigenständigkeit und hat einen guten Ruf, den sie nun in die Welt tragen
will. Auflagen aus der Heimat würden da nur bremsen.

Dennoch wäre eine um das Vielfache potenzierte Ecole Polytechnique ein
großer Gewinn für das Bildungssystem. Was für die Kaderschmiede gilt,

trifft für das ganze Erziehungswesen Frankreichs zu: Die Speerspitze der „Grandes Ecoles" ist zu klein; nicht einmal 10 Prozent der Hochschulstudenten besuchen eine dieser Schulen. Sie für mehr Bewerber zu öffnen, wäre sinnvoll, auch wenn die akademischen Spitzenleistungen dann vielleicht etwas abnehmen würden. Weniger Exklusivität brächte den jungen Leuten neue soziale Erfahrungen. So aber ist der akademische Qualitätsabstand zum Rest der Anbieter einfach sehr groß. Das Gros der französischen Bildungsstätten gibt ein sehr gemischtes Bild mit vielen Schwachstellen ab: Nicht alle, aber zahlreiche staatliche Universitäten halten nur Massenware bereit. Sie sind überfüllt, haben zu wenige Professoren, die obendrein schlecht bezahlt werden und kaum mit Forschungsergebnissen auffallen. Ihr einziger Vorteil ist, dass sie nur geringe Einschreibegebühren erheben, was sich allerdings auch in einer schlechten Ausstattung niederschlägt. Unter Nicolas Sarkozy erhielten die Präsidenten der staatlichen Universitäten mehr Autonomie — eine Reform, die Früchte trug. Doch die Dezentralisierung müsse weitergehen, damit die Hochschulen in eigener Anstrengung ihr Bildungsangebot und ihre Einnahmequellen verbessern, forderte der Rechnungshof.[2]

Die französische Hochschullandschaft ist recht vielfältig, es gibt auch zahlreiche private Einrichtungen, etwa im Bereich der höheren Handelsschulen oder der Ingenieursschulen. Gerade die Managementschulen Frankreichs haben sich in den vergangenen Jahren gut gemacht. Die bekanntesten wie HEC, ESSEC oder INSEAD fehlen in kaum einem internationalen Ranking auf den vordersten Plätzen. Manche Spitzen-Uni verlangt Studiengebühren von mehr als 10.000 Euro pro Jahr, doch wegen der gestiegen Jobchancen lohnt sich diese Investition fast immer. Nicht jeder kann sie sich allerdings leisten.

Massenbildung in der Krise

Die gnadenlosen Vorbereitungsklassen sind nicht mehr der einzige Weg an einer der Elite-Hochschulen, nicht wenige wechseln von einer klassischen Universität, oder sie schaffen die Aufnahmeprüfung schon gleich nach dem Abitur. Selbst die Ecole Polytechnique hat sich Bewerbern geöffnet, die einen Uni-Abschluss einer classe préparatoire vorzogen.

2 Cour de Comptes: L'autonomie financière des universités: une réforme à poursuivre, Paris, 30. September 2015.

Zudem studieren heute immer mehr Franzosen im Ausland, und immer mehr Ausländer studieren in Frankreich. Dieser Austausch verändert die französische Bildungskultur. Die Profile werden vielfältiger. Der Strebersohn, der sich brav durch die classe préparatoire büffelt und dabei wichtige soziale Erfahrungen verpasst, ist weniger als früher der dominierende Typus auf den Grandes Ecoles. Die Unternehmen suchen heute eine breitere Mischung von Persönlichkeiten und Werdegängen, weil das gut für die Kreativität ist. Es kommt zwar noch vor, dass die Absolventen bestimmter Eliteschulen quasi automatisch die Führungsposten ergattern. Besonders nach einer Station im Beraterkreis eines Ministers werden sie gerne wie mit dem Fallschirm abgeworfen und landen sofort im Vorstand oder knapp darunter. Das sorgt in den betroffenen Unternehmen für viel Unruhe und für Frustration bei jenen, die sich von unten hochgearbeitet haben. Doch diese Einstellungspraxis ist auf dem Rückzug, verbreitet ist sie noch vor allem in den staatlich geprägten Unternehmen.

Die meisten anderen Firmen haben erkannt, dass leistungsorientierte Verfahren besser sind: Wer gut ist, soll aufsteigen – von einer guten Uni zu kommen, reicht nicht. „Die Grandes Ecoles sind nicht das Problem in Frankreich, im Gegenteil. Ich stelle gerne ihre Absolventen ein, weil ich weiß, was ich von ihnen habe. Wenn sie zudem zwei oder drei Jahre im Kabinett eines Ministers tätig waren, können sie hart arbeiten und Stress aushalten. Doch sie müssen jung sein. Bei mir im Unternehmen kommen sie erst mal auf einen Posten draußen vor Ort, wo sie das Geschäft kennen lernen." Dies sagt Pierre-André de Chalendar, der Vorstandsvorsitzende des Baustoffkonzerns Saint Gobain. Ein Berufsweg von der Lehre bis in die Chefetage ist in Frankreich dagegen kaum bekannt. Doch auch in Ländern wie Deutschland ist er selten geworden. So kann sich die Bilanz der „Grandes Ecoles" durchaus sehen lassen. Angesichts des insgesamt guten Zustandes der französischen Großunternehmen, wo die meisten Abgänger arbeiten, kann man den Vorwurf einer verfehlten Bildungspolitik an ihnen nicht festmachen. Richtig ist, dass sie quasi unter paradiesischen Bedingungen arbeiten. Sie bekommen die besten Schüler zugeschleust und genießen die höchsten Budgetmittel. Dennoch sind ihre pädagogischen Leistungen nicht geringzuschätzen. Die global aufgestellten Konzerne Frankreichs, die ein klares Plus für das Land sind, wären ohne die Eliteschulen wohl nicht denkbar.

Warum aber steckt das französische Bildungswesen dennoch in der Krise? Die Probleme fangen früher an als bei den „Grandes Ecoles". Internationale Vergleiche zeigen, dass schon die Grundschüler große Schwächen haben, etwa in Mathematik und in Naturwissenschaften sowie in der Rechtschreibung. Eine schlechte Ausbildung der Lehrer und eine seltene Überprüfung ihrer Leistungen sind große Mankos.[3] Die Lehrmethoden beschränken sich oft noch auf Frontalunterricht und stures Auswendiglernen. Bei den 15-Jährigen lag Frankreich in der jüngsten Pisa-Studie der OECD in den Fächer Naturwissenschaften und Mathe auf Durchschnittsniveau. Allerdings herrscht viel Ungleichheit, besonders Schüler aus schwierigen sozialen Verhältnissen haben zu kämpfen. Fast ein Viertel der Schüler hat vor dem 15. Lebensjahr schon mal eine Klasse wiederholt, das ist das Doppelte des OECD-Durchschnitts.[4] Die Mittelverteilung ist nicht gleichgewichtig: Frankreich gibt vergleichsweise wenig Geld für seine Grundschulen aus, für die Oberschule der letzten drei Jahre vor dem Abitur stehen dagegen hohe Mittel zur Verfügung.

Jeder französische Erziehungsminister hat mindestens eine größere Reform in seiner Amtszeit versucht, doch meistens blockieren die Lehrer-Gewerkschaften jeden Wandel. Besonders sichtbar ist das an den langen Schulferien. Die Unterrichtswochen sind dagegen mit Stunden vollgestopft, sodass die Schüler erst abends mit den Hausaufgaben beginnen. Morgens kommen sie mit Ringen unter den Augen in die Klassen. Dieser Rhythmus ist völlig unsinnig. Doch weil die Gewerkschaften es so wollen, hält man an ihm fest.

Das Abitur war früher ein wertvoller Leistungsbeweis, heute ist er der Normalfall, zumal es das Abitur auch in technischen und berufsorientierten Varianten gibt. Kaum noch jemand fällt durch, die Hochschulreife verliert an Wert. Der Anteil der Schüler, welche die Abi-Prüfung in einem gegebenen Jahr schaffen, stieg seit 1991 von 75 auf mehr als 88 Prozent. Beim allgemeinen Abitur sind es sogar über 90 Prozent. Mehr als drei Viertel eines Jahrgangs legen heute in Frankreich erfolgreich die Abiturprüfung ab.[5] Die anderen Bildungswege gelten dagegen als minderwertig — bei den Eltern, den Schülern und den Arbeitgebern. Die Lehre in der Form dualer Ausbildung zwischen Schule und Betrieb war lange Zeit ein Stiefkind und wird erst jetzt langsam ausgebaut. Die Politiker wollen sie weiter fördern, indem sie die Bedingungen für die Anstellung von Lehrlingen erleichtern. Doch Erfolge sind mühsam, auch weil vielen Unternehmen eine Ausbildungskultur fehlt. Für mehr als 100.000 junge Menschen führt die Schule somit jedes Jahr zum Misserfolg. Sie brechen sie ohne jeden Abschluss ab — fast immer ein sicherer Weg in die Arbeitslosigkeit.

3 Trends in International Mathematics and Science Study: http://www.education.gouv.fr/cid110041/mathematiques-et-sciences-resultats-de-l-etude-timss-2015.html.
4 http://www.oecd.org/pisa/PISA-2015-France-FRA.pdf.
5 http://www.education.gouv.fr/cid56455/le-baccalaureat-2016-session-de-juin.html.

Über weiten Teilen des französischen Bildungswesens liegt somit ein tiefer Schatten. Hell erstrahlt nur das obere Ende der Skala. Im Land der „égalité" ist die Gleichheit in Ausbildungsfragen nur ein Hoffnungswert, der an der Realität scheitert.

Frankreichs globale Konzerne

Wenn man Frankreich in zwei Teile gliedern wollte, einen staatsnahen und einen staatsfernen, dann gehören zu Letzterem die großen Konzerne Frankreichs. Nicht alle von ihnen sind staatsfern, doch ihre Kultur ist trotz politischer Einflüsse meist privatwirtschaftlich geprägt. Die Konzerne sind für Frankreich ein Trumpf, auf dem jeder Präsident aufbauen kann. Populär ist das in der Regel nicht, dafür aber wirksam. Die Konzerne haben ein Bein in Frankreich und das andere in der weiten Welt. In der Regel sind sie Pfeiler der Stabilität. Anders als etwa in den Vereinigten Staaten erneuert sich ihre Klasse selten. Viele waren früher mal Start-ups, doch das liegt meist weit zurück.

Saint-Gobain zum Beispiel. Der französische Baustoffkonzern hat ein langes Gedächtnis, das sich sogar in Kilometern messen lässt. Neben einander gelegt würden alle Dokumente, die das Unternehmen seit seiner Gründung aufgehoben hat, eine Strecke von mehr als 80 Kilometer bilden. Die Erinnerung wird bei Saint-Gobain jedoch nicht aneinander gereiht, sie wird gestapelt. In der schönen Kleinstadt Blois an der Loire ragen zwei neunstöckige Gebäudeklötze aus Glas in den Himmel. Daneben erhebt sich ein Grashügel aus der Erde, der als Eingang dient. Es sind die Archive des Unternehmens. Hier sind die Grundstücke noch billig, daher finden Papierdokumente, Fotos, Filme und Produktproben auf 10.000 Quadratmetern Platz. Im Laufe der Zeit ist viel zusammengekommen. Mit mehr als 350 Jahren gehört Saint-Gobain zu den ältesten Unternehmen der Welt.

Im Innern des Gebäudes liegen fünf vergilbte Seiten auf einem langen Konferenztisch. Die zwei Historikerinnen des Unternehmens holen sie für Besucher immer mal wieder ans Tageslicht. Das gelbgraue Papier fühlt sich in den Fingern wie Wachs an. Schön geschwungene Buchstaben verkünden darauf den Beginn einer industriellen Spionageaffäre: „Die große Ruhe, die der Frieden in unserem Königreich verbreitet, bringt die Pflicht mit sich, unsere Sorgfalt auf die Suche all jener Dinge umzustellen, die nicht nur Überfluss produzieren, sondern der Dekoration und Verschönerung dienen. Daher haben wir durch unsere Wohltaten die Ausländer ersucht, ihre Manufakturen, die in einem exzellenten Ruf stehen, bei uns zu errichten (...) Sie mögen dort Spiegelglas in allen Größen herstellen, das so schön ist wie jenes aus Murano bei Venedig". Unterzeichnet ist das Papier von „Louis, von Gottes Gnaden König von Frankreich und Navarra", seines Zeichens Ludwig XIV.

Es handelt sich um die Gründungsurkunde der französischen Spiegelindustrie vom Oktober 1665, den sogenannten Patentbriefen. Das Dokument geht auf Jean-Baptiste Colbert zurück, den emsigen Wirtschafts- und Finanzminister des Sonnenkönigs. Es überträgt dem „teuren und sehr geschätzten Nicolas Dunoyer" das Monopol für den Aufbau einer Spiegelfabrik in Frankreich. Der Königshof wollte damals ebenso glänzen wie die anderen Monarchien Europas, und die Höflinge wollten ihre eigenen Antlitze bewundern. Doch die Franzosen wussten nicht, wie man große Spiegel ohne Makel herstellte. Daher griffen sie auf ausländisches Savoir-Faire zurück. Sie lockten italienische Spiegelmacher aus Murano nach Paris, verwöhnten sie wie Fürsten und bezahlten sie vortrefflich. Das löste eine diplomatische Krise aus, denn Venedig hatte den Glasmachern die Ausreise verboten. Einige starben bald darauf in Frankreich einen mysteriösen Tod durch Vergiftung. Ihre verbliebenen Landsleute weigerten sich, französische Lehrlinge auszubilden, weil sie spürten, dass sie sich damit überflüssig machten und gefährdeten. Nach weniger als zwei Jahren zogen die Italiener wieder ab. Der Know-how-Transfer war gescheitert. Dafür fanden die Franzosen einen pfiffigen Glasmacher in der Normandie namens Richard Lucas de Nehou. Er verzichtete auf die übliche Blasetechnik und begann, Glas auf einem Tisch auszugießen und zu walzen. Wenige Jahre später stattete de Nehou den Spiegelsaal von Versailles aus.

Die Königliche Manufaktur für Spiegelglas fusionierte Ende des 17. Jahrhundert mit einem Glashersteller aus der nordfranzösischen Kleinstadt Saint-Gobain. So bekam das Unternehmen seinen Namen. Bis heute ist es der Glasproduktion treu geblieben, weder die deutschen Bomben des Ersten Weltkrieges noch die zeitweise Verstaatlichung durch François Mitterrand konnten das verhindern. Andere Baustoffe kamen hinzu, es gab Ausflüge ins Chemiegeschäft, doch letzlich fand Saint-Gobain immer wieder zum Glas zurück. Wie ein roter Faden ziehen sich seine Baustellen durch die Geschichte. Der Konzern hat die Kuppel des Grand Palais in Paris (1900) ebenso gebaut wie die Glaspyramide des Louvre (1989). Auch das Woolworth Building in Manhattan (1913) und die Petronas-Hochaustürme in Kuala Lumpur (1998) gehören in seinen Katalog. Die Oper von Peking (2007) besteht zu großen Teilen ebenso aus Saint-Gobain-Glas wie der Weltraum-Roboter Curiosity (2012) oder das Maracanã-Stadion von Rio de Janeiro (2014).

Der alte Konzern besteht heute noch, weil er es immer wieder verstand, sich zu verjüngen. Jedes dritte Haus in Europa ist mit seinem Isolierglas ausgerüstet, und jedes zweite Auto in Europa fährt mit seinen Windschutzscheiben, behauptet das Unternehmen. Nachprüfen lässt sich das nicht, doch in jedem Fall sind die Marktanteile hoch. In den Archivgebäuden von Blois hat Saint-Gobain ein Fenster der Limousine von George Clemenceau aufgehoben. Es ist von Kugeln durchlöchert. Drei davon trafen den französischen Präsidenten bei einem Attentat durch einen Anarchisten im Jahr 1919. Er überlebte dennoch. Auf einem Foto steht die Widmung des Chauffeurs: „Auf das Glas von Triplex, das mir das Leben rettete". Heute stellt Saint-Gobain weiterhin Panzerglas her, andere Herausforderungen sind jedoch hinzugekommen. Mit dem amerikanischen Partnerunternehmen Corning arbeitet der Konzern an Autoscheiben von 0,2 bis 0,3 Millimeter Dicke, die sich eines Tages auch in Bildschirme verwandeln sollen. Selbstfahrende Autos eröffnen neue Annehmlichkeiten für die Verbraucher und neue Aufgaben für die Hersteller.

Mit seinen 170.000 Mitarbeitern und einem Börsenwert von über 20 Milliarden Euro ist Saint-Gobain heute eines der Vorzeigeunternehmen Frankreichs. In Deutschland kennt man den Konzern weniger, denn dort versteckt er sich hinter den Markennamen von Tochtergesellschaften wie Rigips, Raab Karcher, Sekurit und Isover. Doch in Frankreich ist er aus der Industrielandschaft nicht wegzudenken.

Saint Gobain ist nur ein Exemplar aus der Riege von Frankreichs starken Konzernen. Im Börsenindex CAC-40 sind die vierzig wertvollsten Unternehmen des Landes zusammengefasst. Sie spiegeln das weltoffene Frankreich wieder, das die Globalisierung nicht fürchtet, sondern sie als Chance zur Eroberung von Märkten begreift. In den großen Unternehmensgruppen tummelt sich schon immer ein Teil der französischen Eliten, nur ist er heute internationaler geworden, er spricht Englisch und kennt meistens auch die asiatischen Wachstumsländer. Früher waren viele Konzernchefs noch eng mit der französischen Politik verbandelt; heute sind die Bindungen lockerer geworden. Ihren Beruf haben die Manager mit dem Blick über die Grenzen gelernt oder sie haben umgekehrt während eines Auslandsaufenthaltes Frankreich aus der Ferne beurteilen können.

So enthält die Rangliste „Fortune Global 500" mit den fünfhundert umsatzstärksten Unternehmen der Welt heute mehr französische als deutsche Adressen.[1] Schon seit Jahren stehen die französischen Konzerne in diesem Umsatzvergleich auf einem Spitzenplatz. Weil sich die Chinesen nach vorne schoben, fiel Frankreich zwar vom dritten Platz (nach den Vereinigten Staaten und Japan) auf den vierten Rang zurück. Dieses Phänomen des chinesischen Aufstiegs betrifft aber die ganze Weltwirtschaft. Beim

1 http://beta.fortune.com/global500/.

Vergleich der Börsenwerte anstelle des Umsatzes liegen die französischen Konzerne ebenfalls gut im Rennen, auch wenn sich dabei einige deutsche Wettbewerber vorgeschoben haben.

Die Konzerne sind Botschafter Frankreichs in der ganzen Welt. Zum Beispiel Schneider Electric. Der Vorstandsvorsitzende Jean-Pascal Tricoire zog schon 2011 nach Hongkong. Dort verbringt der Globetrotter die meiste Bürozeit, wenn er nicht gerade zu einem anderen Kontinent eilen muss. Andere Vorstandsmitglieder haben Frankreich ebenfalls den Rücken gekehrt: Der Strategievorstand von Schneider Electric sitzt in Boston und der Finanzvorstand in London. Nur ein Viertel des Umsatzes von knapp 30 Milliarden Euro kommt aus Westeuropa, Nordamerika und Asien-Pazifik erreichen jeweils höhere Anteile. „Wir sind der am stärksten globalisierte Konzern des Börsenindex CAC-40", pflegt Tricoire zu sagen. Die Geschichte des Unternehmens begann vor 180 Jahren, als die Brüder Adolphe und Eugène Schneider in der Industriestadt Le Creusot im Burgund Bergbauminen, Eisenwerke und Gießereien erwarben. Mehrfach hat Schneider seither komplett die Gestalt gewechselt. Heute baut der Konzern mit seinen 180.000 Mitarbeitern Anlagen zur Energiesteuerung von Betrieben und Eigenheimen, Systeme zur Prozessautomatisierung in der Industrie sowie Datenzentren. Tricoire sieht noch viel Arbeit vor sich. „Zwei Milliarden Menschen haben heute keinen Zugang zu Strom", stellt er fest.

Den Weltmarkt fest im Blick hat auch ein Konzern wie Air Liquide, zumal er einer seiner führenden Anbieter ist. Das Unternehmen ist seit seiner Gründung im Jahr 1902 von der französischen Ingenieurskultur durchdrungen und hält sich von der Politik fern. Innovationskraft und disziplinierte Umsetzung sind seine Stärken. In jüngerer Zeit ist der schärfste Konkurrent des deutschen Linde-Konzerns ein großer Förderer von Wasserstoff geworden, den er als Energieträger der Zukunft sieht, nicht nur in Autos mit Brennstoffzellen. Der Konzern ist mit seinen 68.000 Mitarbeitern in 80 Ländern aktiv. Sein Erfolg schlägt sich auch an der Börse nieder. Wer die Aktie in den vergangenen zwanzig Jahren hielt, durfte sich pro Jahr über eine Wertsteigerung von mehr als 11 Prozent freuen. Frankreich verfügt über keine sonderlich ausgeprägte Aktienkultur, doch wenn die Franzosen Anteilsscheine halten, dann ist die Volksaktie Air Liquide häufig dabei. Rund 400.000 individuelle Aktionäre besitzen 36 Prozent des Konzernkapitals.

Die Liste leuchtender Beispiele lässt sich leicht fortsetzen. L'Oréal schminkt mehr Frauen und pflegt ihre Haare und Haut als jeder andere Anbieter auf der Welt. Total hält sich wacker in der internationalen Spitzengruppe der Öl- und Gasförderer; das gleiche gilt für den Pharmakonzern Sanofi, dem ein geschickter Coup in Deutschland gelang. Erst formten kurz vor der Jahrtausendwende der traditionsreiche Hoechst-Konzern und Rhône-Poulenc den deutsch-französischen Pharmahersteller Aventis. Trotz aller diplomatischen Lobreden auf die grenzüberschreitende Zusammenarbeit hielt das Versprechen aber nur vier Jahre. Denn dann kam das viel kleinere Pharmahaus Sanofi-Synthélabo aus Frankreich daher und schluckte mit Unterstützung der französischen Regierung das Duo. „Eine Hochzeit am Gängelband des Staates", titelte „Le Monde" damals. Doch das angekündigte Gegenangebot von Novartis aus der Schweiz ließ bis zuletzt auf sich warten, zudem hatte Sanofi-Snythélabo mit Total und L'Oréal zwei entschlossene Großaktionäre im Rücken, während die Bundesregierung keine Schutzzäune hochziehen wollte. Nach dem ersten Schock erkannten die Deutschen, dass es ein Leben nach dem Tod gab. Sanofi hält an seinem Standbein der Diabetes-Bekämpfung in Frankfurt-Höchst fest. Die Franzosen wissen, dass sie ohne diesen Geschäftsbereich auf verlorenem Posten stünden.

Auch Danone hält im weltweiten Kampf der Konzerne die Trikolore hoch. Das Unternehmen steht für die französische Stärke im Nahrungsmittelgeschäft. Sie wiederum fußt auf der Landwirtschaft mit ihrer großen Tradition. Nicht nur die französischen Milchprodukte, darunter die berühmte Käsevielfalt, haben Weltruhm. Auch Weine, Champagner und Cognac bringt Frankreichs Agrarwirtschaft bekanntlich in Spitzenqualität hervor. Findige Unternehmer haben daraus Weltkonzerne geschmiedet. Die jährlichen Exporte von Wein, Champagner und Cognac entsprechen heute dem Wert von 41 Airbus-Riesenflugzeugen vom Typ A380. So viele Maschinen stellt der europäische Luftfahrthersteller nicht einmal in drei Jahren her.

Die Autoindustrie macht den Franzosen ebenfalls wieder wachsende Ehre. Renault ist mit seinen zahlreichen Partnergesellschaften von Nissan über Avtovaz (Lada) bis zu Mitsubishi und Samsung zu einem der größten Autohersteller der Welt aufgestiegen. Die Renault-Tochtergesellschaft Dacia zeigt der Branche, wie man billig, aber erfolgreich Autos baut. Und Peugeot hat mit der Übernahme von Opel die Hoffnung gestärkt, dass europäische Hersteller im mittleren Qualitätssegment eine Zukunft haben. Der einstige Familienkonzern aus dem Departement Doubs nahe der deutschen und schweizerischen Grenze musste zwar 2014 vom französischen Staat und dem chinesischen Hersteller Dongfeng gerettet werden. Doch zwei Jahre später war er schon wieder in der Lage zu expandieren und Krisenunternehmen zu schlucken.

Produktion von Peugeot im Werk Sochaux
Quelle: PSA

Dass die Finanzströme für die Konzerne nicht austrocknen — dafür sorgen die französischen Banken und Versicherungen, die mehrheitlich auf soliden Fundamenten stehen. BNP Paribas, Société Générale und Crédit Agricole sowie die Axa haben die Finanzkrisen der vergangenen Jahre weitgehend unbeschadet überstanden. Die Ausnahmen bildeten die Investmentbank Natixis des Bankenkonzerns BPCE sowie die französisch-belgische Bank Dexia, die staatlich gerettet werden mussten. Doch ansonsten kam der Steuerzahler in Frankreich besser weg als in Großbritannien, Deutschland, Spanien, Italien oder Irland. Keine der großen Banken von Frankreich geriet ins Wanken. Der Marktführer BNP Paribas hat selbst eine saftige Milliardenstrafe in den Vereinigten Staaten gut weggesteckt, und die Société Générale sowie der Crédit Agricole konnten hohe Verluste durch unkontrollierte Händler in ihren eigenen Reihen verkraften. Von den sechs größten Banken Europas stammen vier aus Frankreich. Sie haben auf dem Heimatmarkt tiefe Wurzeln geschlagen, während sie die Ausflüge ins Investmentbanking unter Kontrolle hielten. Anders als in Deutschland nehmen ihnen keine öffentlich gestützten Sparkassen das Geschäft mit Privat- und mittelständischen Kunden weg. Die lukrative Vergabe von Immobilienkrediten ist gleichzeitig gesetzlich eingeschränkt; die Kreditbelastung der Privatkunden darf die Grenze von einem Drittel ihres Nettoeinkommens nicht überschreiten. Kreditausfälle durch Überschuldung, wie sie in den Vereinigten Staaten massenhaft vorkamen, gab es somit nur wenige.

Die Franzosen könnten also stolz sein auf ihre großen Konzerne. Doch sie sind es nicht. Misstrauen und Argwohn überwiegen in der breiten Öffentlichkeit. Den Unternehmen wird gerne Gewinnsucht und Kaltherzigkeit unterstellt. Die meisten Medien fallen über sie her, wenn bekannt wird, welche Millionengehälter sich die Manager gönnen, wie sie sich den Ruhestand vergolden oder wie viel Dividende sie an die Aktionäre ausschütten. Sollen Arbeitsplätze gestrichen oder Werke geschlossen werden, kommt oft blanke Wut hinzu. Das Börsenwesen mit seinen anonymen Aktionären ist den meisten Franzosen suspekt. Wenn die Kurse nach der Ankündigung einer Entlassungswelle steigen, fühlen sich die Franzosen in ihren Vorurteilen bestätigt. Die schweren Aktienkrisen in den 2000er Jahren haben die Abneigung noch erhöht.

Frankreichs Botschafter in der Welt

So redet man in Frankreich seit Jahren davon, dass man die Franzosen mit den Unternehmen „versöhnen muss". Doch was gibt es dazu versöhnen? Die 117 größten Unternehmen im Arbeitgeberverband Afep beschäftigen und bezahlen in Frankreich immerhin zwei Millionen Menschen. Dass sie gleichzeitig 8,5 Millionen Menschen im Ausland angestellt haben, könnte Anlass zum Stolz sein, denn das belegt den internationalen Erfolg. Stattdessen sehen viele Franzosen die Expansion eher als Verrat am Vaterland.

Rund die Hälfte des französischen Konzernkapitals befindet sich in ausländischer Hand. Anders als in der angelsächsischen Welt gibt es keine größeren französischen Pensionsfonds, die langfristig in den Unternehmen investiert sind. Das liegt am französischen Rentensystem, das fast vollständig auf dem staatlichen Umlageverfahren beruht. Die Franzosen sparen für ihre Rente privat wenig an. Die Mittel der Fondsgesellschaften, die das Kapital französischer Unternehmen stützen könnten, sind somit begrenzt.

Die französischen Konzerne sind die Speerspitze der französischen Wirtschaft, doch die Spitze ist dünn und kurz. In der Kategorie von mehr als 1,5 Milliarden Euro Umsatz und mindestens 5000 Mitarbeitern gibt es nur 274 Unternehmen.[2] Dagegen sind gut 3,6 Millionen Unternehmen oder 96 Prozent der Gesamtheit sogenannte Mikro-Unternehmen. Sie haben

2 Les entreprises en France — Insee Références — Édition 2016.

weniger als zehn Mitarbeiter, davon wiederum haben rund eine Million „Unternehmer" nur einen Beschäftigten – sich selbst. Wie wir gesehen haben, gelten die Franzosen zu Recht als kreativ. Doch nur wenige Unternehmensgründungen wachsen zu einer stattlichen Größe heran.

Lediglich eins von zehn Unternehmen beschäftigt mehr als zehn Mitarbeiter, in Deutschland ist es eins von drei. Schmerzlich vermisst werden große Mittelständler, die das industrielle Rückgrat der Regionen sein könnten. Frankreich hat schätzungsweise 5000 davon, doch Großbritannien zählt doppelt so viele und Deutschland 12.000.[3]

Dass die französische Unternehmenswelt ein Zwergenreich ist, hat verschiedene Gründe. Eine Firma in Frankreich zum Wachsen zu bringen, ist ein Hürdenlauf. An jeder Etappe nehmen die Vorschriften und die Anforderungen an die Geschäftsführung zu.

Überschreitet ein Unternehmen beispielsweise die Zahl von elf Mitarbeitern, müssen mindestens ein Belegschaftsvertreter und ein Stellvertreter gewählt werden. Die Belegschaftsvertreter dürfen von ihrer Arbeitszeit zehn Stunden im Monat dieser Aufgabe widmen. Sogenannte Berater der Beschäftigten, die bei Entlassungsgesprächen hinzugerufen werden, haben ein Recht auf monatlich 15 Stunden Freistellung. Mitarbeiter, die als Laienrichter zu den Arbeitsgerichten abgestellt werden, können dieser Tätigkeit während zehn Stunden im Monat nachgehen.

Ab 20 Mitarbeiter werden neue Zahlungen der Arbeitgeber fällig, etwa eine Behindertenabgabe von knapp 3900 Euro im Jahr je nicht-eingestelltem Behinderten, außerdem eine Abgabe für den öffentlichen Nahverkehr, zwei verschiedene Beiträge für den Wohnungsbau, eine Steuer für eine Vorsorgekasse der Arbeitnehmer (wenn das Unternehmen kein internes System für die Gewinnbeteiligung seiner Mitarbeiter eingerichtet hat) sowie eine Abgabe für die Berufsausbildung. Unternehmen mit mindestens 50 Mitarbeitern müssen einen Betriebsrat einrichten, dem – anders als in Deutschland – der Unternehmenschef vorsteht. Die Einrichtung eines Komitees für Hygiene, Sicherheit und Arbeitsbedingungen (CHSCT) wird obligatorisch, dessen Mitglieder das Unternehmen ausbilden muss. Vor den Betriebsratswahlen müssen die Arbeitgeber dafür sorgen, dass die Ratio zwischen Kandidatinnen und Kandidaten jener von Frauen und Männern im Unternehmen entspricht. Wenn die Tagesordnung der

3 http://blogs.economie.gouv.fr/les-cafes-economiques-de-bercy/eti-fort-potentiel-crois-sance/.

monatlichen Betriebsratssitzung nicht drei Werktage vorher verschickt wird, droht dem Arbeitgeber eine Geldstrafe von 3750 Euro. Die Gewerkschaften haben das Recht auf die Gründung einer Gewerkschaftszelle, mit der die Betriebsführung über Gehaltsfragen, Arbeitszeit und Arbeitsbedingungen sowie die Einstellungspraxis und die Vergütung in Bezug auf die Gleichberechtigung zwischen Mann und Frau verhandeln muss. Und so weiter und so fort.

Der Betriebsrat hat in Frankreich eine Sonderstellung und kümmert sich um die „œuvres sociales": Er vergibt Gutscheine für vergünstige Ferien, Reisen, Kinotickets, Theaterkarten, Zirkusvorstellungen und selbst für den Kauf von Weihnachtsbäumen. In großen Unternehmen sind die Betriebsräte regelrechte Reisebüros. Für das Unternehmen aber bringt der Übergang von 49 auf 50 Mitarbeiter vor allem Mehrkosten und Papierkram mit sich. Daher lassen viele die Belegschaft lieber stagnieren. Es gibt in Frankreich doppelt so viele Firmen mit 49 wie mit 50 Mitarbeitern.

Das ist bei weitem keine vollständige Beschreibung des französischen Arbeitsgesetzes. Im Einzelnen sind viele Vorschriften durchaus sinnvoll, doch in ihrer Ballung wirken sie wie Beton in einem Zahnradgetriebe. Das starre und umständliche Arbeitsrecht ist einer der Gründe, warum die großen Gruppen Frankreichs oft das Weite suchen. Sie haben zwar spezialisierte Abteilungen, die nichts anderes tun als das Arbeitsgesetzbuch korrekt auszulegen. Doch zusammen mit den vergleichsweise hohen Löhnen, Steuern und Sozialabgaben sowie Normen und Bürokratie entsteht ein unverdauliches Gemisch.

Frankreich ist häufig nur noch ein kleiner Fleck auf der Weltkarte der Konzerne. Nicht nur die französischen Standortbelastungen bewirken den Wegzug, der andere Grund ist die Suche nach der Nähe zu den Kunden. In Zeiten der Globalisierung reicht der Export aus der Heimat nicht mehr; die Unternehmen müssen im Ausland auch produzieren und ihre Dienstleistungen mit lokalen Mitarbeitern vor Ort anbieten. Weil der amerikanische Präsident Donald Trump die Unternehmen unter Androhung von Strafzöllen dazu zwingt, in den Vereinigten Staaten zu produzieren, dürfte sich dieser Trend noch verstärken.

Auch der Baustoffkonzern Saint-Gobain stimmt in die Klage über die französischen Standortbedingungen gerne ein — ausgerechnet Saint-Gobain das Überbleibsel des Colbertismus, der als urfranzösische Wirtschaftspolitik gelten kann. Doch sein heutiger Vorstandsvorsitzender, Pierre-André de Chalendar, hat eine nuancierte Meinung zum Colbertismus: „Das große Land des Colbertismus ist heute nicht mehr Frankreich, sondern Deutschland. Denn die Deutschen haben ein Umfeld geschaffen, in dem die Industrieunternehmen gedeihen können", sagt er.[4] Anders als viele seiner Landsleute sieht der Manager im Colbertismus nicht den Staat als großen Wirtschaftslenker, sondern nur als Schöpfer günstiger Rahmenbedingungen. „Colbert hat private Kapitalgeber dazu ermutigt, in Frankreich Manufakturen zu errichten. Ich erinnere daran, dass sich Saint-Gobain außer in den Mitterrand-Jahren nie in staatlicher Hand befand."

Wir sitzen im 13. Stock der Saint-Gobain-Zentrale im Pariser Geschäftsviertel La Defense. Die Glastürme drum herum stammen zum Großteil aus der Produktion seines Unternehmens. Gleich nebenan lässt der Konzern auch für sich selbst eine neue Büroheimat bauen. Jedes Großunternehmen, das in Frankreich etwas auf sich hält, will mit einem architektonischen Wahrzeichen imponieren. Wir diskutieren über Frankreich, Deutschland und die Wirtschaftspolitik. De Chalendar spricht mit lauter Stimme, so als wolle er an seinen Überzeugungen nicht den leisesten Zweifel aufkommen lassen. Er ist kein Mann, der ein Blatt vor den Mund nimmt. „Der Unterschied ist folgender", sagt der Manager, „in Deutschland erfährt die Industrie eine richtige Wertschätzung — mit einer industriellen, nicht mit einer politischen Logik. In Frankreich dagegen beschäftigt sich die Politik nur mit der Industrie, wenn die Schließung von Fabriken droht."

Deutschland nennt Chalendar auch deshalb „colbertistisch", weil das Nachbarland gezielt auf die Exportförderung setzte. „Der Colbertismus war eine merkantilistische Politik. Und welches Land ist heute am stärksten merkantilistisch? Deutschland. Sein Leistungsbilanzüberschuss von 7 Prozent des Bruttoinlandsproduktes ist zu groß. Wenn die EU-Kommission ihre Arbeit ernst nähme, müsste sie den Deutschen sagen, dass sie vertragsbrüchig seien." Und er fügt hinzu: „Die Franzosen sind in keiner guten Position, um diese Kritik zu äußern. Es ist aber die Wahrheit. Dieses Ungleichgewicht ist ein Problem."

Seine Heimat schont de Chalendar dabei in keiner Weise, denn sie leidet seiner Meinung nach unter hausgemachten Schwierigkeiten. „Wir müssen in Frankreich das machen, was Gerhard Schröder in Deutschland durchgesetzt hat, gerade auf dem Arbeitsmarkt. Gleichzeitig muss man den Staatssektor schrumpfen." Die französischen Staatsausgaben von 57 Prozent des Bruttoinlandsproduktes (BIP) lägen um mehr als 10 Prozentpunkten über Deutschland, ohne dass Frankreich dafür einen besseren öffentlichen

4 Interview durch den Autor, 12. Oktober 2016.

Dienst bekommen habe. „Der Staatsdienst wächst seit fünfzehn Jahren. Das bremst die wirtschaftliche Aktivität". Frankreich habe „ein Problem mit seiner politischen Führung und der Effektivität seines politischen Handelns. Die Wettbewerbsfähigkeit fehlt einfach". Spanien sei schon dabei, Frankreich Marktanteile abzunehmen. Dabei weiß de Chalendar, dass die Durchsetzung von Reformen in Frankreich eine hohe Kunst ist. „Die Franzosen sind für Reformen, doch oft nur dann, wenn sie ihren Nachbarn treffen." Der Manager hat da einen scheinbar simplen Vorschlag, der in Frankreich aber selten befolgt wird: „Vor den Wahlen das sagen, was man tun will, und es danach auch tun."

Viele französische Spitzenmanager denken wie de Chalendar, doch wenige sprechen darüber offen. Alleine schon wegen ihrer hohen Gehälter fühlen sie sich unpopulär und wollen den Eindruck vermeiden, sie würden den anderen Lehren erteilen wollen. Doch die Konzernchefs entscheiden über Millionen von Arbeitsplätzen, sie kennen die Märkte in der Welt und die Wirtschaftspolitik verschiedenster Regierungen. Jeden Tag vergleichen sie Standorte miteinander. Es führt kein Weg an ihnen vorbei. Die Politik täte gut daran, ihre Stimme ernst zu nehmen.

Ein Land schwelgt im Luxus

Szenenwechsel zu einem anderen Ort französischer Exzellenz: Das Entrée heißt „Acquerello" und ist ein Risotto mit Kerbel-Creme und geraspeltem Broccoli. Als Hauptspeise wird ein gebratener Seeteufel in Speckhülle mit glasierten Bohnen in Geflügelsoße und Estragon gereicht. Zum Dessert kommt ein Schokoladensorbet mit einem Hauch von Limonenzesten, gerösteten Nüssen und einem Cacao-Biscuit auf den Tisch. Nicolas Sale, der noch junge Chef-Koch des Hotel Ritz in Paris, hat sich ins Zeug gelegt. Der Mann muss sich beweisen, steht er doch in der Tradition der großen Cusiniers des Ritz, die vor mehr als hundert Jahren mit Auguste Escoffier begann, dem König der Köche und dem Koch der Könige. Sale gab seine zwei Sterne-Restaurants in Courchevel auf, um nach Paris zu kommen. Ihm bietet sich eine außergewöhnliche Chance; nachdem der ägyptische Besitzer Mohammed Al-Fayed das Ritz vier Jahre lang für 400 Millionen Euro renovieren ließ, steht das Hotel wieder im Rampenlicht. Mit seiner Klientel der Reichen und Mächtigen aus aller Welt ist das legendäre Haus eine große Bühne. Wer sich Zimmer und Suiten zwischen 1000 und 28.000 Euro pro Nacht leistet, will zu Tisch nicht enttäuscht werden.

An diesem Tag muss das Ritz aber besonders zeigen, was es kann. Den Salon Cesar Ritz, benannt nach dem Hotelgründer, hat eine Gesellschaft gemietet, die zu den erlesensten Kreisen der französischen Hauptstadt gehört. Gleich neben der Hemingway-Bar, wo sich der amerikanische Schriftsteller früher seine Dry Martinis gönnte, tagt heute das „Comité Colbert". Es ist die Lobbygruppe der französischen Luxusindustrie. Zu seinen 81 Mitgliedern zählen das Ritz ebenso wie die anderen Prachthotels der Hauptstadt, das Meurice, das Bristol, das Plaza Athénée und das George V. Gegründet hat das Gremium 1954 Jean-Jacques Guerlain, der eine der berühmtesten Parfum-Nasen Frankreichs hatte und angeblich 3000 Duftnoten unterscheiden konnte. Er scharte eine Gruppe Gleichgesinnter um sich und schuf so Europas mächtigste Lobby-Organisation der Luxuswaren-Anbieter. Gremien anderer Länder wie der Meisterkreis in Deutschland, die Fondazione Altagamma in Italien, Circulo Fortuny in Spanien und Walpole in Großbritannien haben sich das Comité Colbert zum Vorbild genommen. Doch keines hat die gleiche Tragweite wie der französische Pionier. Schwergewichte der Branche wie die Leder-Verarbeiter Louis Vuitton und Hermès, die Modemacher Christian Dior, Yves Saint Laurent und Chanel, die Parfum-Hersteller Lancôme und Guerlain, die Schuhproduzenten Berlutti und John Lobb sowie der Schmuckhersteller Cartier zieren seine Mitgliederliste. Das Traditionsbewusstsein ist groß. Das älteste Mitglied, der Glashersteller Saint Louis, wurde schon 1586 ins Leben gerufen.

Einmal im Jahr lädt das Komitee eine Gruppe von Journalisten zu einem edlen Mittagessen ein, begleitet von feinen Champagnern und Weinen. Die Gastgeber müssen dafür nicht weit suchen. Die Châteaux Cheval Blanc, Lafite-Rothschild und Yqem sowie die Champagner von Bollinger, Krug, Veuve Clicquot und nicht zu vergessen der Starkoch Alain Ducasse, das Edelrestaurant Taillevent und der Dessert-König Pierre Hermé — sie alle gehören dem „Comité Colbert" an. Da fällt es nicht schwer, die Medienvertreter kulinarisch zu beglücken. Die Printmedien, das Fernsehen und die Webseiten sind fürs Marketing eine unverzichtbare Zielgruppe der Luxushäuser. Umgekehrt brauchen die Medien die Luxusindustrie, denn ihre Anzeigen sind lebenswichtig für Hochglanzmagazine, Fernsehen und Internetanbieter. Es ist eine wechselseitige Abhängigkeit, ein Geben und Nehmen, das dem Journalismus nicht immer zur Ehre gereicht. Nicht selten genießen die Geldgeber in den Medien eine sehr freundliche Behandlung.

Die Gäste empfängt an diesem Tag Guillaume de Seynes. Der Mann gehört zum exklusiven Pariser Feinschmecker-Kreis „Club des Cent", was den Chefkoch Sale zusätzlich anspornt. De Seynes ist ein freundlicher Herr

Ende Fünfzig, der mit seinem graumelierten Vollbart etwas schüchtern wirkt. Doch in seinem perfekt sitzenden dunkelblauen Anzug bewegt sich de Seynes souverän durch die Reihen der Geladenen, begrüßt und plaudert gekonnten Small-Talk. Später wird er sagen, dass er jeden Tag eine andere Krawatte trägt, denn anders könne er sein Äußeres nicht variieren. Es handelt sich natürlich um ein Stück von Hermès, denn de Seynes ist nicht nur Präsident des Comité Colbert, sondern auch Vorstandsmitglied des französischen Luxuswarenherstellers, eine Art Nummer zwei des Unternehmens. Als ein de Seynes ist er sogar Miteigentümer des einst von dem Krefelder Sattler Thierry Hermès gegründeten Familienunternehmens — und damit steinreich. Schließlich ist das französische Unternehmen an der Börse mehr als 45 Milliarden Euro wert.[5] Das ist kein kurzfristiges Phänomen. Schon seit Ende 2014 bewerten die Anleger Hermès mit mehr als 30 Milliarden Euro.

Diese Einschätzung verdient eine nähere Betrachtung, denn sie verdeutlicht das wirtschaftliche Gewicht der französischen Luxusbranche. Den Börsenwerten liegen Beurteilungen durch Millionen von Anlegern zugrunde, die täglich ihr Geld oder das ihrer Fondskunden aufs Spiel setzen. Es ist eine permanente, weltweite Abstimmung über Unternehmen, Branchen und Volkswirtschaften. Natürlich wird an der Börse manipuliert, regiert dort der Herdentrieb und schlagen sich makroökonomische Einflüsse nieder, die wenig mit den Unternehmen zu tun haben. Doch das sind meistens vorübergehende Erscheinungen. Die Börse ist auch launisch und unberechenbar, doch sie ist der beste Richter über unternehmerisches Handeln, den wir haben. Keine Instanz ist unabhängiger als das Millionenheer von Investoren, das sein Vermögen für eine Wette auf die Zukunft immer wieder neu einsetzt.

Der französischen Luxuswaren-Industrie sagt die Börse noch viele schöne Tage voraus. Denn an der Börse wird die Zukunft, nicht die Vergangenheit gehandelt. Anders ist es nicht zu erklären, dass das relativ kleine Modehaus Hermès im März 2017 mehr als doppelt so viel wert war wie jeweils die deutschen Unternehmen Thyssen-Krupp und EON. Auch Namen wie Linde, Münchener Rück und Fresenius übertraf es locker. Wenn man den Unternehmenswert mit der Zahl der Mitarbeiter vergleicht, wird der Unterschied noch krasser. Diese Rechnung ist keine klassische Börsenanalyse, doch setzt sie die Unternehmensgröße mit der Wahrnehmung der Anleger in einen aufschlussreichen Zusammenhang. Dabei zeigt sich, wie wertvoll die Mitarbeiter von Hermès sind. Das französische Unternehmen

5 Alle Börsenbewertungen, Stand März 2017.

Hermès-Produktion
Quelle: Sandra Steh

beschäftigt die vergleichsweise geringe Zahl von rund 12.200 Personen, und somit „erwirtschaftet" jeder von ihnen einen Börsenwert von mehr als 3,6 Millionen Euro. In Europa ist das eine Spitzenleistung. Sie liegt zwar hinter einigen amerikanischen Unternehmen, vor allem Facebook, dessen kleine Belegschaft eine extrem hohe Marktkapitalisierung erreicht. Im September 2016 brachte ein Facebook-Beschäftigter im Schnitt rund 24 Millionen Dollar an Börsenwert. Einige Jahre zuvor hatte Facebook sogar den Fotodienst Instagram für eine Milliarde Dollar gekauft, was auf einen Unternehmenswert von 83 Millionen Dollar pro Instagram-Mitarbeiter hinauslief.

Im europäischen Maßstab ist Hermès eine Ausnahmeerscheinung. Nehmen wir einen Konzern wie Siemens mit seinen etwa 348.000 Beschäftigten. Er kommt auf einen Börsenwert pro Mitarbeiter von nur 287.000 Euro — weniger als ein Zehntel der Hermès-Ziffer. Selbst ein deutscher Börsenstar wie SAP erreicht lediglich einen Unternehmenswert von 1,3 Millionen Euro je Mitarbeiter, nicht einmal die Hälfte von Hermès.

Wer glaubt, dass der Unterschied alleine in der Gewinnmarge liege, greift zu kurz. Natürlich sind die Herstellungskosten einer Handtasche verglichen mit einem Verkaufspreis von mehreren Tausend Euro fast verschwindend gering. Doch man darf nicht die hohen Werbe- und Marketingkosten der

Hersteller vergessen. Damit unsere Träume vom Luxus erhalten bleiben, müssen uns die Waren täglich von Werbeplakaten, Zeitschriftenanzeigen, Computerbildschirmen und Fernsehgeräten entgegen glitzern. Der französische Luxuswaren-Konzern LVMH (Louis Vuitton Moët Hennessy) gibt im Jahr mehr als 4 Milliarden Euro für Werbung und verkaufsfördernde Maßnahmen aus. Das ist vierzigmal so viel wie für Forschung und Entwicklung und der zweitgrößte Kostenblock nach dem Personalaufwand.[6]

Die hohe Börsenbewertung hat auch noch einen anderen Grund: Es ist der weltweite Siegeszug der Luxusgüter-Branche, der noch lange nicht zu Ende ist. In Europa macht man sich selten bewusst, wie viele Menschen sich in den vergangenen Jahrzehnten aus der Armut befreit haben, in die Mittelschicht aufgestiegen sind und jetzt nach Wohlstand streben. Das Statussymbol Luxusware ist in ihre Reichweite geraten. Unternehmen wie LVMH und Hermès wecken und nutzen diese Begierde. Französische Unternehmen setzen mit Textilien, Schuhen, Uhren, Parfums und Kosmetik daher 150 Milliarden Euro im Jahr um, das ist mehr als die französische Auto- und Luftfahrtindustrie zusammen.[7]

Der Franzose LVMH-Chef Bernard Arnault ist der König der Luxusgüterbranche. Wie ein richtiger Monarch wird er verehrt und gehasst. In Augen des Traditionshauses Hermès ist Arnault ein blutleerer Finanzmann, der sich die Marken einfach nur gewinnmaximierend zusammenkauft und sie in seinen großen Supermarkt namens Louis Vuitton Moët Hennessy stellt. Schon der Name ist Programm, denn er zeigt die Bandbreite des Angebotes von Louis Vuitton-Lederwaren über die Champagner von Moët & Chandon bis zum Cognac von Hennessy. Längst sind Dutzende andere Marken unter dieses Dach geschlüpft, 70 an der Zahl, die aus den Sektoren Mode, Parfum, Uhren, Schmuck, Wein und Spirituosen sowie Einzelhandel stammen. 125.000 Mitarbeiter erzeugen einen Jahresumsatz von mehr als 35 Milliarden Euro und machen LVMH damit zum größten Luxus-Warenkonzern der Welt — und Arnault zum reichsten Franzosen, denn er ist nicht nur Gründer und Vorstandsvorsitzender, sondern auch der dominierende Großaktionär.

Verglichen mit dem Luxusriesen LVMH ist der Erzrivale Hermès ein Zwerg, er hat nur ein Zehntel der LVMH-Belegschaft. Doch er ist ein wieselflinker und kluger Winzling. Seine Mitarbeiter erzielen einen Börsenwert je Beschäftigten, der fünfmal höher liegt als bei LVMH. Das fuchst Arnault

---

6 LVMH, document de référence, exercice 2015, S. 171.
7 Studie des Institut français de la mode (IFM), Oktober 2016.

schon lange, er bewundert Hermès und wollte den Konzern im Jahr 2011 in sein Reich holen. Zuerst heimlich und dann öffentlich kaufte er ein Fünftel der Hermès-Aktien. Doch die rund 70 Familienmitglieder unter den Hermès-Aktionären bilden eine uneinnehmbare Festung. Sie behielten trotz Arnaults Avancen ihre Mehrheit am Kapital und schworen, juristisch hinterlegt, ihre Aktien zwanzig Jahre lang zu behalten. So verkaufte der LVMH-Herrscher seine Anteile wieder — frustriert, aber gewinnbringend wie es sich für einen Finanzjongleur wie ihn versteht.

Arnault ist ein mit allen Wassern gewaschener Manager, der seine Feinde systematisch bekämpft und seine Netzwerke sorgsam pflegt. Donald Trump traf der Franzose in New York im Januar 2017 noch vor dessen Amtseinführung. Auf Kritik reagiert Arnault höchst empfindlich und versucht sie mit vielen Mitteln zu unterdrücken. In dem französischen Dokumentarfilm „Merci, Patron" wird Arnault vorgeführt; ein Abgesandter des Unternehmens wollte ein Ehepaar aus einfachen Verhältnissen in Nordfrankreich mit Geld ruhig stellen. Die beiden hatten ihren Arbeitsplatz verloren, nachdem LVMH ihre Fabrik nach Polen verlegte. Selbst auf kaum hörbare Kritik reagiert Arnault allergisch.

Auf der anderen Seite gibt sich der Konzernlenker auch spendabel: Er baut Kunsthallen für viele Millionen, in deren Glanz sich auch gerne die Politiker stellen. Einen Kreis von Journalisten und Geschäftspartner lädt er auch gerne für ein Wochenende auf das Weingut Cheval Blanc im Saint-Émilion ein, das ihm zusammen mit dem belgischen Investor Albert Frère gehört. Dort dürfen die Gäste von den seltenen Flaschen eines „Château Cheval Blanc, 1er Grand Cru Classé" von 1967 oder des Süßweines „Château Yquem" von 1962 goutieren. Der bekannte Winzer Pierre Lurton führt durch das edle Anwesen, das er im Auftrag von Arnault verwaltet. Am nächsten Tag nehmen die Gäste an der Weinlese teil, pflücken Trauben und sortieren sie am Band. Die Veranstaltung endet normalerweise auf dem malerischen Gelände des Château Cheval Blanc bei einem Mittagessen im Freien mit musikalischer Begleitung. Das Ereignis hat einen doppelten Zweck: Die Geladenen sollen Arnaults Großzügigkeit sowie die Weine von Cheval Blanc in guter Erinnerung behalten. Bei Preisen von mehr als 1000 Euro pro Flasche für einige der Jahrgänge kann ein wenig Werbung nicht schaden.

Wenn Hermès das Herz der französischen Luxusbranche ist, dann ist Arnault sein kühles Gehirn. In seinen öffentlichen Auftritten wirkt er oft seltsam entrückt, einsilbig gibt er Auskunft wie ein Asket, der keine Sekunde mit Überflüssigem verschwenden will. Die jährliche Präsentation der

LVMH-Geschäftszahlen vor Analysten und Journalisten ist ein Höhepunkt an Nüchternheit und kalter Effizienz. Eine Handvoll Männer in dunklen Anzügen präsentieren Tabellen und Graphiken. Ein paar Fragen, ein paar knappe Antworten. Danke schön, au revoir.

Doch auch dieses Konzept funktioniert. Arnault ist eine der aufregendsten Aufbauleistungen der französischen Wirtschaftsgeschichte gelungen. Der Sohn eines Bauunternehmers aus dem nordfranzösischen Roubaix, Absolvent der Eliteschule École Polytechnique, verwandelte das Familienerbe erst in eine Immobiliengesellschaft und dann in eine Finanzholding, die 1984 das angeschlagene Textilunternehmen Christian Dior aufkaufte. Damit begann ein beispielloser Siegeszug mit Dutzenden von Übernahmeschlachten, die Arnault fast immer mit ebenso viel Geschick wie Rücksichtslosigkeit gewann. LVMH ist eine gut geölte Geld- und Markenmaschine. Manager, die im Hause LVMH geschult wurden, sind höchst begehrte Führungskräfte, wenn sie an einen Wechsel denken. Dass Arnault der Kauf des italienischen Modehauses Gucci 2001 verwehrt blieb, war eine seiner wenigen Niederlagen — wie so oft verdiente er aber auch daran, denn wo immer Arnault sich beteiligt, steigen die Kurse, sodass er später gewinnbringend aussteigen kann.

Die epochale Übernahmeschlacht um Gucci zu Beginn des vergangenen Jahrzehnts war die Sternstunde eines anderen Erzrivalen: Der französische Unternehmer François Pinault. Er steht ebenfalls für eine gewaltige Aufbauleistung, weil er aus einem branchenfremden Familienbetrieb einen Luxus-Konzern gezimmert hat. Der Bretone verkaufte sein geerbtes Holzunternehmen, um sich zunächst auf Aktivitäten zu verlegen, die ihn bis zum Auto- und Apothekenhandel in Afrika führten. Doch mit den Jahren und im Wettbewerb mit seinem Lieblingsfeind Arnault entdeckte er den Luxus und baute den Konzern Pinault-Printemps-Redoute (PPR) auf, der heute Kering heißt. Der Eigentümer von Marken wie Yves Saint Laurent, Balenciaga, Alexander McQueen, Brioni und Puma verfolgt eine ähnliche Supermarkt-Strategie wie LVMH, doch auf kleinerem Fuß. Eine Großmacht in der Welt des Luxus ist Kering aber auch. Das Unternehmen trägt zu Frankreichs führender Rolle in diesem Wirtschaftszweig bei. Wie Bernard Arnault hat Konzerngründer François Pinault auch seine eigene Kunstsammlung, die er in Venedig und von 2018 an zusätzlich in Paris ausstellt.

Die Beschreibung der französischen Luxusszene wäre ohne die Erwähnung von Chanel, dem Haus von Karl Lagerfeld, unvollständig. Kein Unternehmen der Branche ist so verschwiegen wie Chanel. Auf den Modeschauen kehrt es sich gerne nach außen, doch seine Bücher bleiben verschlossen. Nur in jedem Sommer gewährt die in den Niederlanden registrierte Gesellschaft Chanel International BV bei der Handelskammer von Amsterdam in einem dünnen Dokument ein paar Einblicke. Demnach litt das Haus so wie die ganze Branche zuletzt unter schwachen Verkäufen in China, Russland und Brasilien. Auch die Terroranschläge und die Folge des gebremsten Tourismus tun weh. Doch Chanel erwirtschaftete 2015 immer noch einen Umsatz von 6,2 Milliarden Dollar und einen Nettogewinn von 1,3 Milliarden Dollar. Die Haupteigentümer, die beiden Brüder Wertheimer, von denen einer in New York und der andere in Genf leben, sind weiterhin weich gebettet.

Luxus ist in Frankreich also ein echter Machtfaktor. Wenn man zusätzlich zu den klassischen Unternehmen den weltgrößten Kosmetikhersteller L'Oréal mit seinen Luxusmarken einschließt, so stellt die Branche fast ein Fünftel der stärksten börsennotierten Konzerne Frankreichs. Einschließlich der Zulieferer beschäftigen die Unternehmen 180.000 Mitarbeiter. In Europa können allenfalls die italienischen Luxusfirmen den Franzosen das Wasser reichen. Sie sind zahlreicher, doch meist kleiner und haben daher weniger Finanzkraft. Frankreich dagegen ist der größte Luxuswaren-Hersteller der Welt, zumal wenn man die mittelgroßen Häuser wie Jeanne Lanvin, Louboutin, Longchamp, Sisley, Clarins, und Laboratoire Nuxe hinzurechnet. Unter den hundert größten Anbietern der Welt haben die zehn führenden französischen Häuser einen Umsatzanteil von fast einem Viertel — kein anderes Land, die Vereinigten Staaten eingeschlossen, kann da mithalten.[8]

Woher kommt dieser Erfolg? Die meisten Unternehmen der französischen Luxusgüterindustrie sind gut geführt, sie binden qualifiziertes Personal an sich, kombinieren Kreativität mit Disziplin und erfinden das Marketing geschickt immer wieder neu. Weltweit fühlen sich die Menschen davon angesprochen. Es gibt kaum noch einen Staat, den die großen Marken noch nicht mit einem ihrer Konsumtempel gesegnet haben. Selbst in der Mongolei ist Louis Vuitton heute vertreten. So decken sich die Menschen entweder zuhause ein oder sie kaufen als Touristen in Europa die Regale leer, wie die langen Schlangen vor dem Pariser Louis Vuitton-Palast an den Champs-Elysées jeden Tag zeigen. Tausende von Euros für eine Handtasche schrecken sie nicht ab, sondern ziehen sie an.

8 Deloitte: Global Powers of Luxury Goods, 2016, S. 24.

Das Irrationale ist Teil des Programms. „Ein Luxusprodukt ist ein Produkt, für das der Wunsch stärker ist als die Vernunft", sagte mir einmal der damalige Hermès-Vorstandsvorsitzende Patrick Thomas in einem Interview, „Luxus ist der emotionelle Wert, der zu einem Gebrauchsgegenstand hinzukommt."[9] Während des Interviews legte der begeisterungsfähige Manager sogar sein Fuß auf den Tisch. „Schauen Sie sich diese Schuhe an, sieht man ihnen an, dass sie zwölf Jahre alt sind? Und ich habe sie oft getragen". Auch seinen Geldbeutel zückte er. „Fassen Sie ihn an. Ist das nicht wunderbar, wie weich das Leder ist, das ist das reine Vergnügen. Er ist dreißig Jahre alt. Viele Geldbeutel halten nur fünf Jahre".

Anekdoten über die Langlebigkeit der Produkte gehören ebenso zur Marketing-Strategie wie die Geschichten über sagenhafte Preise. Hermès verkauft nach eigenen Angaben schon mal einen Reitsattel für 800.000 Euro. Die Manager erzählen auch gerne von einer mittellosen Frau, die dennoch bei Hermès in Paris einkaufe. Als man sie nach dem Grund fragte, sagte sie: „Ich habe nicht genügend Geld, um billige Produkte zu kaufen."

Die Hersteller leben somit nicht nur von ihren fingerfertigen Kunsthandwerkern, wichtiger noch ist die Fähigkeit der Unternehmen, unsere Gefühle anzusprechen. Sie erzeugen Träume und Sehnsucht. Wie anders ist es zu erklären, dass im September 2016 eine diamantenbesetzte Handtasche von Hermès, Modell Jane Birkin, auf einer Versteigerung für umgerechnet 267.000 Euro verkauft wurde? Nach Angaben des Auktionshauses Christie's war sie die teuerste Handtasche, die je bei einer Versteigerung den Eigentümer wechselte. Dabei handelte es sich gar nicht um ein besonderes Modell mit einer ausgefallenen Geschichte. 2008 war die Modell-Reihe unter dem Namen „Diamond Himalaya" für die frühere Sängerin und Schauspielerin Jane Birkin kreiert worden. Neben der „Kelly Bag", benannt nach Grace Kelly, ist das Taschenmodell „Birkin" der große Verkaufsschlager von Hermès. Das Unternehmen ist ein Meister im Schaffen von Mythen, doch wie geht das?

Die französischen Hersteller bedienen unsere Erwartungen auf verschiedenen Ebenen. Da ist zu einem ihre Herkunft aus Paris, jener Metropole, die weltweit immer noch ein Symbol für Sinnlichkeit und Eleganz ist. Das gilt selbst für eine Massenmarke wie „L'Oréal Paris". Hinzu kommt der unbestrittene Aufwand in der Herstellung. Bei der Auswahl der Rohstoffe und in den teilweise noch manuellen Fertigungsprozessen legen die Unternehmen große Sorgfalt an den Tag; die Produktionskosten sind nicht ihre

9 Frankfurter Allgemeine Sonntagszeitung, 16.10.2015.

erste Sorge, auch wenn die Standortverlagerung in ein billigeres Land eine ständige Versuchung ist. Der umfangreiche Wegzug der Herstellung würde aber den „französischen Touch" mindern und wäre damit geschäftsschädigend. Zudem ist der Verweis auf die Tradition ein wichtiges Argument. Was über Generationen weitervermittelt wurde, muss einen Wert haben — zu diesem Räsonnement wollen die Hersteller die Verbraucher bringen. Hier kommt wieder Colbert ins Spiel. Er war es, der als wichtigster Minister von Ludwig XIV. Kunsthandwerkstätten und Edelmanufakturen ins Leben rief, besonders für das Goldschmieden, Teppichweben, die Spiegelherstellung und die Kunstschreinerei. „Er begründete das Renommee des französischen Savoir-Faire in der Welt", schildert das Comité Colbert seinen Helden.

Der Komitee-Präsident de Seynes weiß auch ganz persönlich, was Tradition heißt. Fünf Familiengenerationen haben sich als Unternehmenslenker nacheinander abgelöst, seit der Firmengründer Thierry Hermès im 19. Jahrhundert aus Deutschland nach Frankreich kam. Die Familie erinnert gerne an ihre Ursprünge und dabei auch an ihr protestantisches Erbe. Das ist in Frankreich ungewöhnlich, da die Protestanten dort spätestens seit der Vertreibung der Hugenotten im 17. Jahrhundert eine kleine Minderheit sind — ein Aderlass der Bevölkerung, der Frankreich wirtschaftlich übrigens schwer geschadet hat. „Colbert ist gut, Versailles ist großartig, doch die Aufhebung des Edikt von Nantes (1685 zur Vertreibung der Protestanten), das war nicht gerade toll", sagte einmal de Seynes.[10] Sein Cousin, der Hermès-Vorstandsvorsitzende Axel Dumas, will sich auch manchmal durch Bezug auf die Familienreligion abheben. „Wie die meisten Protestanten denken wir langfristig und mögen keine Schulden", sagt er.[11]

Die französischen Luxusanbieter tragen indes Janusköpfe, sie blicken zurück und nach vorne. Sie haben keine andere Wahl, denn der internationale Wettbewerb testet täglich ihre Zukunftsfähigkeit. Beim Comité Colbert beschäftigt man sich beispielsweise mit der „Ökonomie des Teilens", die auch im Luxusgeschäft Einzug hält. Frauen tun sich zu Einkaufsgruppen für eine Handtasche zusammen oder sie nutzen einen Verleih. Auch sieht das Comité Colbert Afrika als den Kontinent der Zukunft an. „Nigeria ist heute einer der größten Champagner-Märkte der Welt", weiß die Generaldirektorin des Komitees, Elisabeth Ponsolle des Portes.

Wie könnte die Zukunft aussehen? Zu seinem sechzigsten Geburtstag ließ das Comité Colbert sieben Schriftsteller eine Utopie für die nächsten sech-

10 Paris Match, 9. November 2014.
11 Nouvel Economist, 8. April 2015.

zig Jahre entwerfen. „2074" heißt das 320 Seiten starke Werk, das eine befriedete, in Luxus schwelgende Menschheit beschreibt. „Wer, wenn nicht der Luxus — diese Industrie der wahren Träume — kann den nötigen Optimismus für den Bau einer besseren Welt liefern?", heißt es darin — Luxus als Heilsbringer. Frankreich, „das der Luxus seit dem Mittelalter charakterisiert", ist seine Heimat. „Im Jahr 2074 ist Europa trotz der Kassandra-Rufe immer noch schön und kreativ. Und Frankreich, mehr denn je, ist die Quelle der Freude für die ganze Erde". Schöne, neue Luxuswelt: Die Menschen verehren 2074 das Edle und verabscheuen den Ramsch. „Zum Luxus gehört die Pflicht zur Weitergabe des Savoir-faire und des französischen Geschmacks (…) Der Luxus findet sich im Teilen wieder, im Altruismus, im Austausch. Er ist ein Gegenkonzept zur Globalisierung und zur Beschleunigung der Welt", heißt es im Science-Fiction-Werk des Comité Colbert.

Die schriftstellerische Auftragsarbeit zeigt gut, worauf sich die französischen Luxuswarenhersteller besonders verstehen: auf das Schwelgen in Phantasien. Eigentlich verkaufen sie nur banale Gebrauchsgegenstände — Taschen, Kleider, Hosen, Hemden. Doch mit einem unglaublichen Wortgeklingel erheben sie die simplen Waren zu scheinbaren Kostbarkeiten. Das kann man kritisieren und belächeln, doch man kommt nicht umhin, eine nüchterne Feststellung zu treffen: Es funktioniert.

Frankreich beweist somit: Das Land verfügt in der Luxusbranche über alle Zutaten für wirtschaftlichen Erfolg: Charismatische Führungspersönlichkeiten, ein Pool von kreativen und fleißigen Talenten sowie die Finanzexperten, die das Kapital für die Expansion besorgen. Die Rechnung geht auf. Von ihrer Heimatbasis aus entwickeln die französischen Unternehmen ein Gespür für internationale Trends. Konsequent machen sie sich die handwerklichen und industriellen Fertigkeiten der Branche zunutze, die in Frankreich weniger als anderswo verloren gegangen sind. Die französische Industrie nutzt zwar auch mittelständische Betriebe aus Italien, Nordafrika, Osteuropa und Asien als Unter-Auftragnehmer. Das ist aber eine Entwicklung, der sich niemand in der Branche entziehen kann. Die französischen Unternehmen gehen damit eher vorsichtig um. Dass die Herstellung in Frankreich teuer ist, können sie als Anbieter im obersten Preissegment verkraften. Denn worum geht es beim Luxus? Sich aus der grauen Masse abheben. Da bezahlt man schon mal ein wenig mehr.

Schon vor langer Zeit haben das die Franzosen begriffen. Voltaire dichtete in seinem „Mondain" 1736: „Ich liebe Luxus, üppig und bequem, die Künste, das Vergnügen, Reinlichkeit. Ein jeder Ehrenmann sich daran freut. (…) Das Überflüssige, nicht zu entbehren, verbindet jetzt die beiden

Hemisphären. Unzählige schnelle Schiffe seht ihr froh von Texel abgehn, London und Bordeaux, um Güter, die von Ganges' Ursprung kommen, günstig für uns ertauscht".[12] Voltaires Plädoyer hatte eine heftige Debatte zur Folge, schließlich wird das lateinische Wort Luxus mit Üppigkeit, Ausschweifung, Schlemmerei, Sittenlosigkeit und Verschwendung übersetzt. Doch Voltaire fand damals schon viele Verteidiger. Sie entwarfen ein Gegenbild zum puritanischen, genussfeindlichen Leben. Eine Gesellschaft könne nur erblühen, wenn sie mehr herstelle, als sie zum reinen Überleben brauchte. Luxus sei eine Investition in Kunst, Handwerk, Wissenschaft und Fortschritt. Luxus besänftigte zudem die Leidenschaften und veredle die Umgangsformen.

Jean-François Melon, ein Ökonom, der den Physiokraten nahestand, schrieb 1736 an die Comtesse de Verrue: „Diese Seele eines bedeutenden Staatswesens, die man Luxus nennt, ist notwendig für die Kreisläufe des Geldes und zum Erhalt der Wirtschaft. Würde man aufhören, Gemälde zu lieben, wertvolle Drucke, interessante Gegenstände aller Arten, zwanzigtausend Menschen in Paris wären mit einem Male ruiniert und wären gezwungen, in der Fremde Arbeit zu suchen."[13]

Lassen wir am Ende noch mal Voltaire zu Wort kommen. Der Schriftsteller beschreibt, wie ein Ehrenmann schon in der ersten Hälfte des 18. Jahrhundert „gewöhnlich lebt, sei's in Paris, in Rom, in London": Sein Haus füllt „der Reichtum schöner Künste, die der Geschmack gezeugt", und „seine vier Wände schmückt der Gewerbefleiß von tausend Händen. Was ein Correggio schuf, was hochgelehrt Poussin entwarf, ein goldner Rahmen lehrt. Von Bouchardon stammt dieses Standbild hier, und von Germain des Silbers Glanz und Zier. Und mehr als manchen Malers Arbeit wert sind Farbe, Zeichnung dieser Teppichpracht, im Haus der Gobelins hervorgebracht." Im Badezimmer setzt sich der Genuss fort: „Er eilt ins Bad: duftende Wasser geben mehr Frische seiner Haut. Nun drängt es ihn, zum Stelldichein zu Julie fliegt er". Der Hausherr fährt weg, „zwei Pferde ziehn in schnellem Trab den Wagen, der schön geziert, bequem, ich möchte sagen: Er scheint ein Haus auf Rädern, halb aus Glas, vergoldet halb. Es sitzt sich gut darin, weich rollt er über hartes Pflaster hin; zwei Federn, die geschmeidig, biegsam tragen". Nicht nur Julie wartet auf ihn, sondern auch die kulinarische Freude: „Welch köstliche Ragouts auf blinkendem Geschirr: ein Hochgenuss! Ein Sterblicher, göttlich, ist der Koch! Soeben hielt den Wein der

12 Voltaire, Ein Lesebuch für unsere Zeit, herausgegeben von Martin Fontius, Berlin: Aufbau, 1989.
13 Stéphane Castelluccio: Le Commerce du Luxe à Paris aux XVII. et XVIII. siècles, Bern 2009.

Pfropfen noch, jetzt schäumt Champagner ihm ins Glas hinein. Es perlt, es schäumt im Glas der kühle Wein. Recht ein Franzose scheint er mir zu sein."

Frankreichs Herrscher am Himmel

Der alte Glanz Frankreichs ist nicht nur in der feinen Welt des Luxus zu spüren, sondern auch dort, wo einst Öl verschmiert wurde, Triebwerke aufheulten und verbranntes Kerosin seinen Geruch verbreitete. In Halle 6 des „Musée de l'air et de l'espace" am Rande des Flugfelds von Le Bourget nördlich von Paris ist die alte Größe Frankreichs als Staubfänger zu besichtigen. Doch das ist nur die halbe Wahrheit.

Dort, wo einst George Pompidou zum ersten Präsidentenflug mit einer Concorde abhob, füllen heute zwei Exemplare des Überschallflugzeuges einen Raum so groß wie zwei Turnhallen. Einen Hubschrauber sowie einen Kampfjet vom Typ Mirage, der einst die französischen Atombomben trug, haben sie dort auch untergebracht, doch der Publikumsmagnet ist die Concorde. „Für uns ist sie ein bisschen wie die Mona Lisa für den Louvre", sagt die PR-Direktorin des Museums. Ausgestellt ist die erste Concorde, die jemals abgehoben hat. Das war 1969. Die andere Maschine ist ein Modell, das 1992 einen Weltrekord für kommerzielle Flüge aufstellte: Die Erdumrundung in knapp 33 Stunden. Beide sind für Frankreich ein Mythos.

Es ist eng und stickig im Innern. 25 Reihen mit zwei Sitzen links und rechts eines schmalen Ganges, die Fenster nicht größer als zwei Handflächen. Auf der Toilette kann man sich kaum umdrehen, Bildschirme zur Unterhaltung der Reisenden fehlen. Auch im Cockpit ist der Raum äußerst knapp. „Aber das war ja nicht so schlimm, der Flug dauerte nur dreieinhalb Stunden", erzählt Pierre Grange. Der Mann weiß, wovon er spricht. Zwischen 1984 und 1989 flog er die Concorde fast jeden Tag, und heute leitet er den „Verein der ehemaligen Concorde-Professionellen" (Apcos) mit seinen 200 Mitgliedern, darunter frühere Piloten, Stewardessen, Flugingenieure und Mechaniker. Der zierliche Herr wandelt öfter durch die weitläufigen Hallen des Flugzeugmuseums von Le Bourget, denn er schnuppert gerne den Duft der alten Zeiten. Mit den ehemaligen Concorde-Profis führt er Interviews, damit ihre Erinnerungen erhalten bleiben. So ist Grange zu einem Historiker der Concorde geworden. „Solch ein Flugzeug markiert einen, das vergisst man nicht". Natürlich sei es richtig gewesen, die Concorde-Flüge 2003 einzustellen, sagt er, „doch wenn man mich heute

Produktionshalle der Concorde
Quelle: Airbus

fragen würde, so würde ich die Maschine sofort wieder fliegen". Der Franzose zählt immerhin 70 Jahre.

Die Concorde und ihr Erbe

Manchmal setzt sich Monsieur Grange noch auf den Sitz rechts vorne, den er früher als Kopilot einnahm, und erinnert sich an die alten Zeiten. Der Steuerknüppel hat die Form eines langgezogenen „M". Die Instrumente dahinter könnten für einen Laien kaum unübersichtlicher sein. Die Anzeigen wie Fahrtmesser, künstlicher Horizont, Höhenmesser, Wendeanzeiger, Kompass und Steigratenmesser erscheinen eng zusammengerückt. Grange erzählt gerne von der Blütezeit des Fliegers und den technischen Herausforderungen: Wie schwierig es etwa war, Triebwerke zu entwerfen, die stark genug für die doppelte Schallgeschwindigkeit waren und gleichzeitig wegen der aerodynamischen Anforderungen schmal und schlank sein mussten. Oder wie die Maschine im Flug durch die Erhitzung der Außenhaut um rund 20 Zentimeter länger wurde. Einmal klemmte sein

Flugingenieur einen Brief in einen Schlitz neben der Instrumententafel. Während des Fluges verschwand er, denn er rutschte tief in den Schlitz hinein, der sich später wieder schloss.

Auch für mich kommen Erinnerungen zurück. Als ich F.A.Z.-Korrespondent in London war, vibrierten jeden Morgen die Fensterscheiben unseres Hauses, weil die Concorde vom 16 Kilometer entfernten Flughafen Heathrow abhob. Am 25. Juli 2000, dem Tag des Absturzes von Paris, hielt ich mich bei der Luftfahrtschau im englischen Farnborough auf und wurde Zeuge, wie die Branche einen schweren Schock erlitt. Und 2010 und 2012 saß ich in den Gerichtssälen bei der Paris, wo die Urteile im Concorde-Prozess gesprochen wurden.

Vor allem aber hatte ich das Glück, im Jahr 2001 selbst mitzufliegen. British Airways hatte Journalisten auf einen Flug eingeladen, um nach dem schlimmen Unfall von Paris für die Wiederaufnahme des Flugbetriebes zu werben.[14] An einem Morgen im November saßen wir gespannt in den Passagiersitzen. Auf einer digitalen Geschwindigkeitsanzeige neben den Toiletten war die Beschleunigung zu sehen. Nach dem lauten Start durchbrachen wir bald die Schallmauer-Grenze von „Mach 1". Doch es war nichts Außerordentliches zu spüren oder zu hören. Da das Flugzeug schneller flog als der Schall, breitete sich der Knall hinter der Maschine aus. Dafür konnte man auf dem Flug über genügend andere Besonderheiten staunen. Wegen der hohen Geschwindigkeit fühlten sich die Fenster infolge der hohen Luftreibung warm an. Unter uns bewegten sich winzig kleine Punkte. Es waren Langstreckenflieger vom Typ Boeing 747 oder Airbus-330. Wir ließen sie schnell hinter uns. Die Königin der Lüfte thronte bei der Flughöhe von 18 Kilometern über dem Himmel.

Es war eine seltsame Reise. Nach gut drei Stunden landeten wir in New York, wo noch die Trümmer des World Trade Centers rauchten. Nur ein gutes Jahr war es her, dass auch die Concorde ihr „9/11" erlebt hatte. Für den Nachmittag war schon wieder der Rückflug angesetzt. Man spürte den Versuch von British Airways, einem Zukunftstraum von früher neues Leben einzuhauchen. Es blieb ein vergebliches Bemühen. Nicht lange danach wurde die Concorde endgültig in den Ruhestand versetzt. Die Nachfrage des Jetsets reichte nicht aus für ein überlebensfähiges Geschäftsmodell. Die Hersteller Aérospatiale und British Aircraft Corporation (später British Aerospace) hatten schon rasch nach dem ersten kommerziellen Flug 1976 erkennen müssen, dass außer ihren Stammkunden Air France und

14 F.A.Z., 24. November 2001: Überschallknall für das Marketing.

British Airways keine andere Fluggesellschaft die Concorde kaufen wollte. Die Ölkrise hatte die Spritpreise explodieren lassen. Wegen des Höllenlärms verhängte zudem ein Land nach dem anderen ein Überflugverbot. So wurde das Projekt zum wirtschaftlichen Desaster. Es kam nie zur Serienproduktion. Gerade einmal 20 Concordes wurden gebaut, wovon 14 an Air France und British Airways gingen.

Doch was tun mit den Maschinen, die nun mal da waren? British Airways und Air France positionierten sie als Luxusprodukt, investierten ein wenig in die Kabine sowie in das Speise- und Weinangebot. Mehr geschah nicht. Somit zog der technische Fortschritt an der Concorde vorbei. Die Verbesserung der Flugeigenschaften, die üblicherweise ein kontinuierlicher Prozess ist, fand nicht statt. Mehr oder weniger blieb die Maschine auf dem Entwicklungsstand der frühen sechziger Jahre stehen und schrumpfte zu einem teuren Nischenprogramm. Gleichzeitig wollte aber auch niemand die Show beenden. So flog das technische Meisterwerk von einst, ein Symbol nationaler Größe und ein ästhetischer Juwel, lange Zeit weiter. Niemand brachte den Mut auf, den „Shut down"-Knopf zu drücken.

Sicherheitsmängel waren die Folge dieser Kombination aus Wegsehen und Prestigedenken. „Natürlich gab es immer wieder technische Probleme, unter den Piloten war das bekannt", berichtet Concorde-Kapitän Grange. Das Hydraulik-System war pannenanfällig, die Reifen gaben permanent Anlass zur Sorge, und auch zu Triebwerksausfällen kam es immer wieder. Grange musste einmal über Irland kehrtmachen, weil zwei der vier Motoren ausgefallen waren. In den 24 Jahren ihres Flugbetriebes hatte das französische Untersuchungsamt für Flugunfälle (BEA) 16 schwere Vorfälle gezählt, darunter etliche infolge geplatzter Reifen.

Die Tragödie am Ende trug somit Züge der Unvermeidlichkeit. Eine gelbrote, 43 Zentimeter lange Titanlamelle lag am frühen Nachmittag des 25. Juli 2000 auf einer Runway des Flughafen Charles de Gaulle-Roissy. Vier Minuten zuvor hatte sie eine DC-10 von Continental Airways bei der Landung verloren. Nun rollte die Concorde mit der Flugnummer 4590 über das scharfkantige Teil. Der rechte Vorderreifen des linken Fahrwerks platzte, die umherfliegenden Teile durchschlugen einen Kerosintank, Flammen schossen am Flügelende heraus. Der Pilot versuchte noch den nahegelegenen Flughafen von Le Bourget anzusteuern — dort, wo heute die pensionierten Concordes als Museumsstücke ihre letzte Ruhe gefunden haben. Vergeblich. Weniger als zwei Minuten nach dem Start stürzte das Flugzeug auf ein Hotel im Pariser Vorort Gonesse. 113 Menschen, darunter

97 Deutsche, starben.[15] Die Maschine hätte in ihrem damaligen Zustand auf keinen Fall fliegen dürfen, befand ein Berufungsgericht von Versailles im November 2012.[16]

Lehren für Airbus

Das Drama von Gonesse hat sich als tiefer Schatten in die Erinnerung an die Concorde eingeprägt. Doch es wäre falsch, damit eine Bilanz über das einzige zivile Überschallflugzeug von Bedeutung enden zu lassen. Denn die Hinterlassenschaft der Concorde ist durchaus vielfältig und langlebig. Zum einen in negativer Hinsicht: Wie der Concorde-Pilot Grange berichtet, haben Briten und Franzosen im Concorde-Programm nur lose kooperiert. Jeder baute seinen eigenen Prototyp, probierte die Maschinen in seinen eigenen Testzentren aus, nahm in den eigenen Werken die Endmontage vor und holte sich jeweils eigene Zulassungen von seiner nationalen Behörde. Die Doppelung der Einrichtungen und der Abläufe ließen die Kosten explodieren. Zudem war die Concorde fast ein rein staatliches Projekt. Beamte und Minister entschieden über die Entwürfe und ihre Finanzierung. Kommerzielle Überlegungen zählten weniger als diplomatische und politische Argumente. Damit lieferte die Concorde eine Blaupause — dafür, wie man es nicht machen sollte. „Airbus zog viele Lehren daraus. Immerhin war die Erfahrung mit der Concorde in dieser Hinsicht sehr nützlich", sagt Grange.

Die Concorde sorgte außerdem für industriepolitische Impulse, mit denen Frankreich seinen Rückstand nach dem zweiten Weltkrieg wieder aufholte. Das Land war zu Beginn des 20. Jahrhunderts eine große Luftfahrtnation. Bald nachdem die Gebrüder Wright in Amerika 1903 erstmals mit Motorantrieb durch die Lüfte geflogen waren, kam in Frankreich ein Prototyp nach dem anderen heraus. Schon 1909 wurde die erste Hochschule für Luftfahrtingenieure, die Sup-Aéro, gegründet. Während des Ersten Weltkriegs stieg Frankreich zum größten Flugzeughersteller der Welt auf. 1918 baute die französische Industrie 52.000 Flugzeuge und 90.000 Motoren.[17] Danach erlebte die Branche einen Niedergang, von dem sie sich erst nach dem Zweiten Weltkrieg erholte. Es waren Modelle wie die Concorde, die sie

15 Unfallbericht des BEA: https://www.bea.aero/docspa/2000/f-sc000725/pdf/f-sc000725. pdf.
16 Zusammenfassung der Urteilsbegründung: https://static.mediapart.fr/files/resume_ de_larret_Concorde.pdf.
17 Général André Martini: L'histoire de l'aviation légère de l'armée de terre 1794–2008, Paris, 2005, Lavauzelle, coll. „Histoire, mémoire et patrimoine".

wachküssten. In den fünfziger Jahren gab die französische Regierung die Caravelle als eines der ersten zivilen Düsenflugzeuge der Welt in Auftrag. Entwickler, Zulieferer und Hersteller legten sich mächtig ins Zeug.

Auch die französische Luftwaffe profitierte von den neuen Anstößen. Der Motorenhersteller Safran brachte das Triebwerk „Atar" heraus, das in viele Kampfflugzeuge eingebaut wurde, nicht zuletzt in die langlebige Mirage. Etliche Ingenieure aus Deutschland, die Angebote aus den Vereinigten Staaten und der Sowjetunion ausgeschlagen hatten, arbeiteten in Frankreich am Aufbau mit. Hermann Östrich etwa, der im Zweiten Weltkrieg für BMW Strahltriebwerke entwickelt hatte, nahm die ursprünglichen Pläne mit nach Frankreich, wo er bald französischer Staatsbürger wurde. „Atar" ist nach einer Gemeinde am Bodensee denn auch die Abkürzung für „Atelier Technique Aéronautique de Rickenbach".

Grenzüberschreitende Zusammenarbeit wurde bald zur Regel. Mit Deutschland baute Frankreich in den sechziger Jahren das Transportflugzeug Transall C-160 sowie im Jahrzehnt danach den Trainings- und Kampfflieger Alphajet. Deutsche und Franzosen sowie Niederländer und Belgier schlossen sich auch zum Bau des Marineaufklärers Breguet Atlantic zusammen. Den Kampfjet Jaguar bauten die Franzosen mit den Briten.

So kam auch in der Unternehmenslandschaft ein Baustein zum anderen. 1970 fusionierten Sud und Nord Aviation zur Firma Snias, die auf der französischen Seite die Concorde herstellte. Aus Snias wurde 1978 Aérospatiale, als Jacques Mitterrand, der jüngere Bruder des späteren Präsidenten, die Firma leitete. Im Jahr 2000 fusionierte Aérospatiale nach der Übernahme des französischen Konkurrenten Matra schließlich mit den Unternehmen Dasa aus Deutschland und Casa aus Spanien. Der Airbus-Konzern war geboren. „Airbus baute also auf dem auf, was auch durch die Concorde geschaffen worden war", sagt Pilot Grange.

Und wie sieht es auf der technischen Seite aus? Nachfrage bei Hans-Ulrich Willbold, dem Leiter der Abteilung „Corporate Heritage" von Airbus, eine Art Chef-Historiker des Konzerns. Welche technischen Errungenschaften der Concorde wurden fortgeführt? Eine ganze Menge, wie sich herausstellt.

Da ist vor allem das Steuerungssystem „Fly by wire", mit dem der Pilot die Bewegungen der Steuerflächen ausführt. Früher lief das manuell, also über Seile, Stangen und hydraulische Systeme. Seit der „Fly by wire"-Technologie sind es elektronische Signale, bei denen ein Bordcomputer dazwischengeschaltet ist, der die Überschreitung von Grenzwerten verhindern soll. Statt zur Steuersäule greifen die Piloten zu einem Sidestick, ähnlich dem Joystick bei Computerspielen. Die Technologie wurde zunächst nur in Kampfjets eingesetzt. Bei der Concorde begann sie in analoger Form, heute ist sie Standard in allen modernen Flugzeugen. Der Hersteller Airbus erhielt dadurch einen bedeutenden Wettbewerbsvorteil gegenüber Boeing.

Die Experten nennen aber noch andere Überbleibsel: Der erste voll digitale Computer in einem kommerziellen Flugzeug, moderne Instrumentenanzeigen, ein verbesserter Autopilot, Bremsbeläge aus Karbon statt Stahl sowie ein elektronisch gesteuertes Bremssystem gegen das Rutschen auf der Runway. Die Liste ließe sich leicht verlängern. Damit zeigt sich, dass die Concorde nicht nur mit einer Absturzkatastrophe und mit ihrer chronischen Unwirtschaftlichkeit in die Geschichte eingehen sollte. Sie ist genug gescholten worden. Der Überschallflieger war ein technologischer Meilenstein, auch wenn er wegen fehlender Weiterentwicklung am Ende seine Dienste versagte. Die Concorde hat ein bedeutendes Kapitel der Luftfahrtgeschichte geschrieben und damit auch der Geschichte Frankreichs.

Die Luftfahrt – Motor der französischen Industrie

Was wäre die Wirtschaft Frankreichs ohne ihre Flugzeugindustrie? Zusammen mit der Raumfahrt ist die Branche heute eine der großen Säulen der französischen Volkswirtschaft. Täglich neue Geschäftsabschlüsse zeigen, dass die Hersteller weltweit Anerkennung und Bestätigung erfahren. Keine Wirtschaftsbranche ist in Frankreich so exportstark wie die Luft- und Raumfahrtindustrie. Nach den Vereinigten Staaten ist sie der größte Exporteur der Welt. Sie macht mehr als zwei Drittel ihres Umsatzes von rund 60 Milliarden Euro mit Ausfuhren. Abzüglich der Importe erreichten die Exporte im Jahr 2015 einen Außenhandelsüberschuss von gut 22 Milliarden Euro. Die gesamte französische Wirtschaft verzeichnete dagegen ein Außenhandelsdefizit von 46 Milliarden Euro. Ohne den Exportbeitrag der Luft- und Raumfahrtindustrie würde das Handelsdefizit also um knapp die Hälfte höher ausfallen. Daher fallen jedes Mal Schatten auf die nationale Außenhandelsstatistik, wenn Airbus in einem Monat mal weniger Flugzeuge ausliefert.

Seit einem Jahrzehnt schafft die Branche auch ohne Unterbrechung neue Arbeitsplätze. Kleine und mittlere Unternehmen suchen händeringend qualifiziertes Personal, so kräftig ist die Nachfrage. Allein in den vergangenen fünf Jahren kamen 26.000 neue Stellen hinzu, sodass heute 180.000 Menschen bei den französischen Luftfahrtunternehmen beschäftigt sind.

Wenn man alle Zulieferer hinzunimmt, die auch für die Verteidigungs- und Sicherheitsindustrie arbeiten, sind es fast doppelt so viele. Es handelt sich meist um hochqualifizierte Stellen. 42 Prozent der Beschäftigten sind leitende Angestellte oder Ingenieure.[18]

Die Luftfahrtbranche wächst seit Jahren, denn vor allem in den aufstrebenden Ländern Asiens und des Mittleren Ostens scheint der Bedarf an neuen Passagierflugzeugen unersättlich. Gleichzeitig haben in den alten Industriestaaten die Billigfluggesellschaften das Reisen für alle Schichten geöffnet. Fliegen wird zum Alltag von jedermann überall. Daher müssen alte Flugzeuge auch immer wieder ersetzt werden. So scheinen die großen Konjunkturschwankungen der Luftfahrtunternehmen überwunden. „Von der Wachstumsbranche zur Krisenbranche" überschrieb das Ifo-Institut noch eine Studie im Jahr 1996. „Das Geschäft mit großen Verkehrsflugzeugen verläuft stark zyklisch, mit kurzen stürmischen Boomphasen und langen Nachfragetälern dazwischen", erklärten die Ökonomen damals. Damit ist es wohl für längere Zeit vorbei. Die Auftragsbücher sind in der zivilen Luftfahrt prall gefüllt. Boeing und Airbus sitzen auf Bestellungen von jeweils mehreren tausend Flugzeugen. Würden mit einem Schlag keine Neuaufträge mehr hereinkommen, könnten die Firmen noch etliche Jahre weiterarbeiten. In Wirtschaftskrisen können die Kunden die Orders zwar stornieren, doch es gibt keine Anzeichen, dass es dazu in größerer Zahl kommen wird.

Frankreich ist somit Europas Luftfahrtnation Nummer eins. Die französischen Unternehmen der Luft- und Raumfahrt erzielen einen Umsatz der zwei Drittel höher ist als in Deutschland. Die Mitarbeiterzahl liegt um drei Viertel höher.[19] Nur die britische Industrie reicht an die französische einigermaßen heran.

Toulouse ist die Keimzelle der französischen Luftfahrtindustrie, seit dort Pierre-Georges Latécoère im Ersten Weltkrieg zuerst Eisenbahnwagons bauen wollte, sich dann aber für Flugzeuge entschied. Der Standort war günstig, denn die Kriegsfront war weit entfernt. Latécoère baute seine Maschinen zunächst für die französische Luftwaffe und dann für den Luftpost-Transporteur Aéropostale, der so berühmte Piloten wie Antoine de Saint-Exupéry und Jean Mermoz beschäftigte. Der Unternehmer Latécoère war bekannt für seinen Pioniergeist: „Ich habe alles noch mal durchgerech-

18 Branchenverband Gifas, Bericht über die Beschäftigungslage 2015, https://www.gifas. asso.fr/sites/default/files/video/booklet2016web.pdf
19 Daten der Branchenverbände Gifas und BDLI.

net. Die Meinung der Fachleute hat sich bestätigt: Unsere Idee lässt sich nicht durchführen. Uns bleibt also nur eins: Sie durchzuführen!", sagte er einmal.[20] Latécoère startete Luftpostverbindungen von Frankreich nach Nordafrika und dann sogar nach Lateinamerika. Erzählungen von Saint-Exupéry wie „Süd-Kurier" oder „Nacht-Post" legen davon Rechenschaft ab.

Das frühe 20. Jahrhundert war in der Luftfahrt ein französisches Jahrhundert gewesen. Ferdinand Ferber setzte in Frankreich die Versuche von Otto Lilienthal fort, Louis Blériot war nicht nur als Ingenieur erfindungsreich, sondern überflog 1909 als erster den Ärmelkanal, und die Brüder Henry und Maurice Farman trieben den modernen Flugzeugbau voran. 1926 eröffneten die „Lignes Aériennes Farman" und die „Luft Hansa" (so die damalige Schreibweise) erstmals einen gemeinsamen Linienverkehr zwischen Paris-Le Bourget und Berlin-Tempelhof.[21] Der Flug dauerte 14 Stunden. Doch dabei beließen es die Vorgänger der Air France nicht, sie wollten immer weiter. Zwei Jahre später startete Air Orient schon die Verbindung Marseille–Beirut und flog bald darauf bis nach Saigon. Auch den Südwesten der Weltkugel eroberten die Franzosen. Am 12. Mai 1930 erreichte Jean Mermoz vom senegalesischen Saint-Louis aus in der wasserlandefähigen „Latécoére 28" in gut 21 Stunden die Küste Brasiliens. Erstmals war der Atlantik zwischen Afrika und Südamerika überquert worden, und erstmals stand nun eine Luftpostverbindung zwischen Südamerika und Europa. Denn Mermoz hatte in seinem Gepäck mehr als 100 Kilogramm Briefe und Päckchen. Sie kamen aus Toulouse. Die Zustellung war jetzt in drei statt 50 Tagen möglich.

Diese Leidenschaft für alles Fliegerische lebt in Frankreich heute weiter, man kann sie auf den zahlreichen Sportflugplätzen, unter den vielen engagierten Luftfahrtjournalisten oder in den gepflegten Luftfahrtmuseen spüren. Auch der Luftfahrtsalon von Le Bourget, der alle zwei Jahre vor den Toren von Paris stattfindet, legt Zeugnis über die Stärke der Branche ab. Kein anderer Branchentreff der Welt zieht mehr Aussteller und Besucher an.

Aus ihrer Vorgeschichte beziehen auch die Unternehmen ihre Kraft. Zum Beispiel Latécoère. Das traditionsreiche Unternehmen ist heute ein mittelgroßer Zulieferer, der vor allem Flugzeugtüren sowie widerstandsfähige Spezialkabel und Stecker für die Luftfahrtelektronik herstellt. Mit seinen 5000 Mitarbeitern erzielt er in Werken rund um den Erdball einen Umsatz

20 Didier Daurat: Dans le vent des hélices, Le Seuil, 1956, S. 38.
21 Musée Air France: http://www.museeairfrance.org/docs/allemagne.pdf.

von etwa 800 Millionen Euro. In den vergangenen dreißig Jahren war Latécoère an allen wichtigen Flugzeugprogrammen von Airbus oder Boeing sowie der Geschäftsflugzeughersteller Embraer und Dassault beteiligt.

Überhaupt ist die französische Luftfahrtbranche durch starke, weltweit tätige Zulieferer gekennzeichnet. Große Namen wie Thales und Safran stehen mit Milliardenumsätzen hinter den Endherstellern Airbus und Dassault. Wichtigste Tochtergesellschaft von Safran ist der Triebwerkshersteller Scnecma. 1974 traf das Unternehmen eine Entscheidung mit Folgen: Es schuf zusammen mit General Electric aus den Vereinigten Staaten ein Gemeinschaftsunternehmen, an dem jeder 50 Prozent halten sollte. CFM International, so der Name, entwickelte eine ganz neue Triebwerkstechnik für Passagierflugzeuge. Daraus entstand das CFM-56, welches das am meisten verkaufte Triebwerk der Welt ist. Mehr als 29.000 Stück haben Snecma und General Electric in immer weiterentwickelten Versionen verkauft. Drei Milliarden Passagiere werden damit jährlich transportiert. Alle zwei Sekunden hebt irgendwo in der Welt ein Flugzeug mit einem Triebwerk aus der CFM-56-Familie ab. Seit langem studieren die Managementschulen die französisch-amerikanische Partnerschaft — jeder würde dieses Modell gerne als Abziehbild auf das eigene Unternehmen übertragen.

Auch der Airbus-Konzern ist inzwischen eine Erfolgsgeschichte, geschrieben von Franzosen und Deutschen. Spanier sowie Briten spielen auch eine wichtige Rolle, doch an den Kernnationen Frankreich und Deutschland kommt keiner vorbei. Airbus zeigt bis heute, dass Europa funktionieren kann, solange es sich ein konkretes Ziel setzt und einen festen Rahmen für den Weg dahin definiert. Die überschaubare Zahl der Teilnehmerländer spielt auch eine wichtige Rolle. Weitsichtige Männer haben in den sechziger Jahren erkannt, dass die europäische Flugzeugindustrie gegen die Übermacht der Amerikaner chancenlos war. Boeing und McDonnell Douglas beherrschten den Weltmarkt; die europäischen Hersteller ähnelten dagegen einem Haufen von Puzzleteilen. Politiker und Industrieführer kamen überein, dass nur ein europäischer Zusammenschluss das Monopol der Amerikaner brechen konnte. Sie sollten Recht behalten. Mit erheblicher Staatshilfe entstand Airbus erst als loses Konsortium und dann als eine zunehmend integrierte Firma. Es war ein turbulenter Aufbau mit vielen Rückschlägen, doch er hat sich gelohnt. Heute ist Airbus gleichauf mit Boeing, wenn nicht sogar ein Stück weit voraus. Die beiden Konzerne haben den Weltmarkt für Passagierflugzeuge unter sich aufgeteilt. Deutschland profitiert davon in hohem Maße. Rund 48.500 Menschen arbeiten dort für Airbus, ein gutes Drittel mehr als im Airbus-Gründungsjahr 2000 und fast so viele wie in Frankreich mit seinen 54.500 Mitarbeitern. Tausende von Zulieferern leben von den Aufträgen, die nicht abreißen. Forschung und Entwicklung erhalten wichtige Anstöße. Nur ein Beispiel: Das Airbus-Werk im norddeutschen Stade baut für alle Airbus-Maschinen die Seitenleitwerke[22], weil Stade ein Kompetenzzentrum für Kohlefaser-Verbundwerkstoffe ist. Wenn man weiß, dass alle zwei Sekunden irgendwo in der Welt ein Flugzeug der Mittelstrecken-Baureihe A320 abhebt oder landet, kann man sich die Auslastung dieses Werkes vorstellen. Die A320-Reihe ist das mit Abstand erfolgreichste Flugzeug von Airbus; im Monat werden davon rund 50 Stück gebaut.

Ansichten eines Europa-Managers

Der deutsche Manager Tom Enders kennt die jüngere Geschichte und die Gegenwart dieses europäischen Zusammenwachsens wie kein anderer aus nächster Anschauung und durch das eigene Mitgestalten. Er war Manager bei den deutschen Airbus-Vorgängerunternehmen MBB und Dasa, dann Verteidigungschef des EADS-Konzerns, der heute Airbus heißt, und später Leiter des zivilen Flugzeugbaus. Heute ist er Vorstandsvorsitzender der ganzen Airbus-Gruppe.

Sein Büro am Konzernsitz in Toulouse liegt direkt am Rollfeld des Flughafens. Durch die große Glasfront sieht er täglich seine Produkte am Werk, und unmittelbar dahinter die Werkshallen von Airbus. Vor dem Interview treten wir auf den Balkon. „Fluglärm und Kerosingeruch wirken für mich belebend", sagt er nur halb scherzhaft.[23] Enders ist ein sportlicher Typ, der nicht nur eine Lizenz als Hubschrauberpilot hat, sondern auch als Fallschirmspringer. Fliegerische Nervenkitzel lässt der Major der Reserve ungern aus, auch wenn er nur als Kopilot mitfliegt, so wie etwa im Sommer 2016 in Amerika bei einem Ausflug in einem alten Starfighter F-104 bei doppelter Überschallgeschwindigkeit.

An der Airbus-Spitze darf Enders jedoch kein Draufgänger sein. Beim konzerninternen Agieren hat er Vorsicht mit Entschlossenheit abwechseln lassen, sonst hätte er sich nicht so lange halten können. Jahrelang hing das Unternehmen am Gängelband der Politik und wurde von nationalen Reibereien blockiert, nicht nur zwischen Franzosen und Deutschen. Heute ähnelt Airbus mehr denn je einem normalen Unternehmen, das in der Welt seine Chancen sucht. In einer Ecke von Enders' Büro stehen drei Spa-

22 Das sind die nach oben ragenden Flossen am Heck eines Flugzeugs.
23 Gespräch am 26. Oktober 2016.

ten. „Wir haben ja so einige Spatenstiche gehabt für all die Neubauten, die wir in den letzten Jahren auf den Weg gebracht haben — nicht nur hier", erzählt er. Airbus baute ein Werk in China, um den chinesischen Markt zu erobern. Zudem ließ sich der Konzern mit einer eigenen Produktion in den Vereinigten Staaten nieder, um in der Höhle des Erzrivalen Boeing auf Kundenfang zu gehen. Die weltweite Präsenz erleichtert Konzernen wie Airbus nicht nur den internationalen Auftragsgewinn, sie können damit auch Währungsschwankungen ausgleichen und sich Zugang zu Zulieferern sowie Mitarbeitertalenten rund um den Erdball verschaffen.

Im Jahr 2013 unternahm Enders einen Schritt, der intern wie extern Entsetzen auslöste: Er löste die deutsch-französischen Doppel-Hauptquartiere von Airbus auf und machte Toulouse zur einzigen Konzernzentrale. Politiker in Deutschland, die Mitarbeiter am Unternehmenssitz von Ottobrunn bei München, aber auch viele Angestellte aus dem Hauptquartier in Paris waren außer sich. Einen Umzug in die französische Provinz mochten sie sich nicht vorstellen. Doch für Enders war der Schritt nur logisch, denn in Toulouse schlägt das Herz des zivilen Flugzeugbaus von Airbus, der fast drei Viertel der Konzerneinnahmen sichert. „Ich hätte es mir leicht machen können und Quartier in Ottobrunn beziehen können. Das hätten die meisten vielleicht sogar erwartet. Doch das wäre die falsche Entscheidung gewesen. Toulouse ist schon seit den siebziger Jahren das Zentrum von Airbus und heute das Gravitationszentrum der europäischen Luft- und Raumfahrtindustrie. Nirgends sonst ist die Taktzahl so hoch wie hier. Die Zentrale für Airbus muss dort sein, wo das Unternehmen das Gros seiner Entscheidungen trifft, wo es den Großteil seiner Produkte entwickelt und produziert", sagt der Manager.

Wir sitzen inzwischen in einem Fischrestaurant in Toulouse. Enders mag keinen Fisch, schimpft über die Speiseauswahl und schiebt irgendwann den Teller beiseite. Umso mehr kommt er ins Reden. Die französische Luftfahrtindustrie kann etliche Trümpfe ausspielen, meint er. Einer davon sei die umfassende Unterstützung der Regierung in Paris. Aus Berlin dagegen erfahre Airbus viel weniger Rückendeckung. „Über all die Jahre gab es nur wenige Politiker in Deutschland, die sich immer konsequent für Airbus eingesetzt haben und auch eine Vision für unsere Branche hatten. Franz-Josef Strauß ist hier an erster Stelle zu nennen oder auch Helmut Schmidt." Andere Politiker hätten sich dagegen oft aus den falschen Gründen um Airbus gekümmert. „Leider habe ich über die Jahre festgestellt, dass sich die Mehrheit deutscher Politiker meist nur dann für die Luftfahrt interessiert, wenn es um die angeblich notwendige Balance mit Frankreich geht. Das hat nichts mit einer durchdachten Zukunftsstrategie für unsere Branche zu tun", meint Enders. „Was in Deutschland fehlt, ist eine Strategie, die unsere Branche als Teil einer europäischen Industrie sieht. Eine Strategie, bei der weder nationale Balance noch die vermeintliche Bewahrung von Systemfähigkeit im Mittelpunkt stehen, sondern die globale Wettbewerbs- und Partnerfähigkeit."

Die Eifersucht der Deutschen führt in der Luftfahrt oft zu einem staatlichen Interventionismus, der sogar die Franzosen in den Schatten stellt. Im Sommer 2012 wollte Enders die Fusion von Airbus und British Aerospace durchboxen, um zusammen mit dem umfangreichen Verteidigungsgeschäft der Briten einen europäischen Konzern zu schmieden, der Boeing auch auf der Militärseite ebenbürtig wäre. Frankreich ließ sich damals von dem Projekt der Konzernführer überzeugen. Emmanuel Macron legte als stellvertretender Generalsekretär des Elysée-Palastes den Unternehmen keine Knüppel in den Weg. Der staatliche Eingriff kam dagegen aus Deutschland, und zwar von höchster Stelle. Bundeskanzlerin Merkel schloss sich den Fusionsgegnern an, weil sie Nachteile alleine für den Standortort Deutschland befürchtete. Enders treiben solche Interventionen zur Weißglut, denn er befürchtet Schaden für Airbus, wenn die Regierungen kleinkariert alleine für die Interessen ihrer Heimatländer kämpfen. Daher versucht er den Konzern, von der Politik zu entfernen.

Dabei ist die deutsche Industrie bei der Gründung von Airbus zu Beginn dieses Jahrtausends gut weggekommen. Sie erhielt die Hälfte der Anteile, obwohl die Franzosen bei Umsatz, Beschäftigten und Investitionen deutlich mehr in die Waagschale warfen. Enders schätzt die wahren Verhältnisse eher auf 70:30 Prozent zugunsten von Frankreich. „Die Franzosen haben da einige Kröten schlucken müssen. Doch wir hatten zum Zeitpunkt der Fusion bei der Dasa schon erhebliche Restrukturierungsprogramme hinter uns und waren einfach deutlich profitabler. Zudem hatte der damalige Daimler-Chef Jürgen Schrempp die glaubwürdige Drohkulisse aufgebaut, dass er die Dasa im Zweifelsfall auch mit den Amerikanern, etwa Northrop Grumman, fusionieren würde", erinnert sich Enders. Das war für die Franzosen eine Horrorvorstellung.

Wie geht es weiter mit Airbus? Enders nennt sein Unternehmen schon mal einen „Vulkan, der wieder ausbrechen kann". Wegen der Verzögerungen in der Produktion des Riesenfliegers A380 Mitte der 2000er Jahre war Airbus regelrecht zerrüttet. Die Manager warfen sich gegenseitig Versagen vor, tiefe Risse durchzogen das Unternehmen — nicht nur zwischen Deutschen und Franzosen. Es folgten drastische Umbaumaßnahmen, neue Manager kamen an die Konzernspitze und der Bereich des zivilen Flugzeugbaus, der ein eigenes Königreich war, wurde entmachtet. „Airbus ist ein normales Unternehmen geworden. Viel robuster, viel stärker auf Transparenz und Zusammenarbeit ausgerichtet als noch vor einigen Jahren. Aber es wirken auch immer Einflüsse von außen auf das Unternehmen, ausgelöst durch politische Diskussionen. Sie können Unruhe innerhalb des Unternehmens auslösen". Enders bleibt dabei zuversichtlich: „Die Gefahr, dass Airbus dadurch aus den Fugen gerät, ist heute viel geringer als bei der A380-Krise", sagt er.

Der europäische Luft- und Raumfahrtkonzern wäre freilich noch robuster, wenn Frankreich seinen industriellen und wirtschaftlichen Rückfall aufhalten könnte. Die Franzosen dürfen sich nicht auf ihren Lorbeeren ausruhen. Vor allem wegen der gewachsenen Rolle des Hamburger Airbus-Werkes für den Bau des A320 haben die Exportanteile der Deutschen innerhalb des Konzerns stark zugenommen. Auch übersteigen die Forschungsanstrengungen der deutschen Airbus-Standorte inzwischen jene der Franzosen. Zu Beginn der 2000er Jahre war das noch umgekehrt.[24]

Airbus-Chef Enders sieht das so: „Wir merken natürlich schon eine gewisse Niedergeschlagenheit bei unseren französischen Kollegen, denn sie sind als Patrioten stolz auf ihr Land. In jüngerer Zeit hat sich die Wettbewerbsposition Frankreichs im Vergleich zu Deutschland wieder verbessert. Doch das lag zum Teil auch daran, dass die Deutschen nachgelassen haben. Ich wünsche mir, dass Deutschland nicht weiter zurückfällt. Gleichzeitig wäre es immens wichtig, dass sich Frankreichs wirtschaftliche Stellung in der Welt wieder verbessert — für das Land selbst, für die Europäische Union und auch für Airbus. Ich bin von Haus aus aber Optimist. Die Chancen für einen neuen Reformkurs stehen in Frankreich gut."

24 Laut Professor Pierre-André Buigues von der Toulouse Business School gaben die Franzosen Anfang des Jahrzehnts das 1,5-fache der Deutschen für Forschung und Entwicklung aus. Zehn Jahre später lag das Verhältnis beim 1,1-fachen zugunsten der Deutschen. Siehe: La Tribune, 22. Mai 2015.

Das neue politische Personal:
Emmanuel Macron – Marine Le Pen

Halten wir fest: Frankreich, das „intellektuellste Land der Welt" (Sudhir Hazareesingh), träumt nicht mehr seine alten Träume. Bruchstücke der Utopien von früher sind noch vorhanden, doch sie finden keine Mehrheiten mehr. Neue Utopien sind entstanden. Ihre Anhänger verbinden die Abneigung gegen Konkurrenz und Marktwirtschaft mit der Sehnsucht nach einer nationalen Festung. Frankreich soll seinen Sonderweg des massiv umverteilenden Sozialstaates fortsetzen, doch von nun an eingemauert in seinen Landesgrenzen. Es ist die Fortschreibung einer staatsgläubigen, linken Utopie ohne Völkerverständigung und Internationalismus. Der Front National ist der Vertreter dieser Ideen. Er bleibt in Frankreich eine Minderheit, allerdings in beunruhigend großem Umfang. Seine Anhänger stehen für den enttäuschten Teil der Gesellschaft, der von der traditionellen Politik nichts mehr erwartet. Die Mehrheit seiner Befürworter fühlt sich als das abgekoppelte und vergessene Frankreich. Ihr Gegenstück sind die linksliberalen „Bourgeois-Bohèmiens", die „Bobos" in den Metropolen, die gut verdienen, im Bioladen einkaufen, Fahrrad fahren und ihr multi-kulturelles Umfeld genießen. Diese Zerrissenheit zwischen Gewinnern und Verlierern der Globalisierung macht das Regieren in Frankreich besonders schwer.

Und dennoch: Mit der Wahl von Emmanuel Macron – dem „Bobo" schlechthin – entdecken die Franzosen einen neuen politischen Raum: die Mitte. Der klassische Regierungswechsel vom linken zum rechten Lager ist vorerst beendet. Erstmals seit Gründung der Fünften Republik 1958 schafften weder die bürgerlich-konservative Partei der Republikaner noch die Sozialisten den Einzug in die Stichwahl der Präsidentschaftswahl. Frankreich startet ein Experiment der Mäßigung und des Pragmatismus.

Das Ziel lautet, wieder an alte Größe anzuknüpfen, wie sie etwa während des Wirtschaftswunders der dreißig glorreichen Jahre nach dem Zweiten Weltkrieg herrschte, als Frankreich eine Speerspitze der Moderne war. Diese goldene Epoche wird sich nicht zurückholen lassen, doch die Franzosen wollen den Fortschritt wieder selbst vorantreiben, anstatt ihn zu erleiden. Wie soll das gehen? Zuerst müssten die großen Problemzonen bearbeitet werden: die hohe Arbeitslosigkeit, die vernachlässigte Jugend in den Vorstädten, das Sterben der Industrie, die Überregulierung der Unternehmen von der Arbeitszeit bis zum scharfen Kündigungsschutz, die

notorisch oppositionellen Gewerkschaften, der teure, überbesetzte Staatsapparat, die hohen Sozialausgaben und Steuern sowie — als Folge von all
dem — die überbordende Staatsverschuldung.

Diese Liste entwirft in ihrer Ballung ein ziemlich hoffnungsloses Bild und
wirft die Schlüsselfrage auf, wie unser Nachbar seinen Niedergang stoppen
kann. Wie Mehltau lähmen der Staat und die Gewerkschaften die Wirtschaft. Genau hier könnte ein Konzept ansetzen, das Frankreich in der
Vergangenheit schon gelebt hat und dessen geistige Grundlagen es schuf:
der Liberalismus. Frankreich wird dieses Rezept nie ganz übernehmen —
darauf lassen sich ohnehin nur wenige Länder ein —, unsere Nachbarn
könnten aber ruhig etwas mehr davon wagen.

Fundamente, auf denen aufzubauen wäre, sind vorhanden: Das Frankreich
der Privatinitiative hat immer existiert. Es wurde nur oft vom Frankreich
der staatlichen Autorität beiseite gedrängt. Die privatwirtschaftlichen
Kräfte zeigen sich neuerdings in dem ausgeprägten Gründergeist. Tausende von Start-ups repräsentieren eine weltoffene und unternehmens-
lustige Jugend. „In Frankreich findet man eine enorme kreative Energie.
Es ist der beste Ort, um mit Musikern, Graphikern, Designern und Foto-
grafen über unsere Produkte zu diskutieren", sagte etwa der Apple-Chef
Tim Cook bei einem Besuch in Paris.[1] Die neue französische Kreativität
nimmt ihren Anfang oft in den exklusiven Ausbildungsinstitutionen der
Republik. Die Eliteschulen stehen zwar im Widerspruch zum Gleichheits-
ideal, doch sie statten die besten Talente mit einem Marschgepäck aus, das
sie weit trägt. Die großen Konzerne, die sich von der Luxusindustrie über
die Bauwirtschaft und das Ingenieurwesen bis zur Luftfahrtbranche breit
aufgestellt haben, sind ebenfalls ein Trumpf. Sie haben sich in der Globalisierung bestens eingerichtet und symbolisieren jenes Frankreich, das
die Grenzöffnung nicht als Bedrohung, sondern als Chance sieht. Jeden
Montagmorgen pilgern an den Pariser Flughäfen Scharen französischer
Manager zu den Gates. Oft kommen sie erst am Freitag wieder zurück. Die
Konzerne können mit ihrer internationalen Erfahrung für die Start-ups als
Paten fungieren und auch dem Mittelstand auf die Beine helfen.

Was also hält Frankreich zurück? Aufschreiben lassen sich die Lösungen
immer leicht. Intellektuelle und Praktiker, Politiker und Wissenschaftler
haben Bücherschränke mit Berichten gefüllt, in denen genau steht, was zu
tun wäre. Doch es fehlte an den Persönlichkeiten, die sich an diese schwere
Arbeit heranwagten. Betreten sie nach dem Abgang von François Hollande

---

1 Le Figaro, 7. Februar 2017.

nun die Bühne? Wohin wollen sie Frankreich führen? Emmanuel Macron gewann die Präsidentschaftswahl, doch die gestärkten Parteien am rechten und linken Rand wird er nicht ignorieren können, auch wenn sie aufgrund der Besonderheiten des französischen Wahlrechts im Parlament deutlich in der Minderheit bleiben. „Während des ganzen Wahlkampfes habe ich die Wut über Europa und das Unverständnis der Globalisierung gespürt. Ich werde nicht einfach darüber hinweggehen", sagt Macron.[2]

Der Komet Macron

Emmanuel Macron ist die interessanteste Figur der gegenwärtigen Politik Frankreichs, wenn nicht sogar ganz Europas. Wie ein Komet stieg er aus einer Sternenschar von Nachwuchstalenten auf. Noch ein Jahr vor den Präsidentschaftswahlen war sein Erfolg schlichtweg nicht vorhersehbar. Nur er selbst fühlte seine Chance. Der 39 Jahre alte Franzose hat ein sicheres Gespür für Trends, die andere erst lange danach erkennen. Der ehemalige Premierminister Manuel Valls etwa liegt inhaltlich auf einer ähnlichen Linie wie Macron und wollte seine Sozialisten von ihrem Ideologieballast befreien. Doch Valls hielt dem unbeliebten François Hollande zu lange die Treue und glaubte an eine Zukunft innerhalb der sozialistischen Partei. Dabei waren ihm wegen der Rebellen am linken Parteirand jahrelang die Hände gebunden. Macron dagegen nahm die unvereinbaren Gegensätze in der sozialistischen Partei wahr. Der Flügelkämpfe überdrüssig stieg er aus und schuf sich seine eigene Bewegung. Er nannte sie „En Marche", auf deutsch soviel wie „Vorwärts", und „zufällig" stimmten die Initialen „EM" auch mit seinem Namen überein. Übers Internet und über Haustürbesuche verbreitete sich „En Marche". Eine Partei wollte die Bewegung nicht sein, denn das gilt heutzutage als unpopulär, doch für die Parlamentswahlen im Juni 2017 bestimmte „En Marche" überall im Land Kandidaten. Denn ihr Gründer brauchte eine Mehrheit zum Regieren.

Macron ist der jüngste Machthaber Frankreichs seit Napoléon Bonaparte. Es ist, als hätten die Franzosen den Klassenprimus zum Schuldirektor gemacht. Den alten Qualitätsbeweis der Kandidaten — jahrzehntelange Politikerfahrung und mehrfaches Scheitern — haben sie aufgegeben. Vor der Präsidentschaftswahl war Macron noch nie in ein Amt gewählt worden. Seine Art Politik zu machen ist schwer einzuordnen. Er steht für Inhalte, die sich vermeintlich beißen: liberal und aus dem linken Lager kommend, populistisch und intellektuell, europäisch und sein Vaterland

2 Interview, Le Figaro, 29. April 2017

liebend. In der Hälfte der fast 600 Wahlkreise stellte er komplette Politik-
neulinge als Kandidaten auf, und die Hälfte davon hatten Frauen zu sein.
Die Leitschnur dieses Quotenmannes ist die politische Erneuerung.

Macron verfügt über einen scharfen Verstand, Charme und Schneid. Er
versteht es, Menschen für sich einzunehmen. An seiner Beliebtheit besteht
kein Zweifel. Er drückt eine Hoffnung aus, die ansteckend ist. Hunderttausende strömten zu seinen Wahlversammlungen. Viel Talent und eine
Bereitschaft, Konventionen zu brechen, beleuchten seinen Werdegang.
Als hochbegabter Schüler aus Amiens brillierte er beim Abitur mit natur-
wissenschaftlichem Fächerschwerpunkt, doch er glänzte auch im Thea-
ter- und Klavierspielen sowie beim Gedichteschreiben. Spielend meisterte
er fast alle akademischen Hürden, er wurde Assistent des Philosophen
Paul Ricœur und absolvierte die Eliteschulen Sciences Po und ENA. Nach
einigen Jahren im Finanzministerium wechselte er zur Investmentbank
Rothschild und fädelte dort große Konzernfusionen ein, die ihn reich
machten. Doch es drängte ihn in die Politik. Das Angebot eines Spitzen-
jobs beim französischen Arbeitgeberverband lehnte er ab. Auch François
Fillon wollte in seiner Zeit als Premierminister das Wunderkind verpflichten und bot ihm die Stelle des stellvertretenden Kabinettschefs an. Macron
zog es aber zur sozialistischen Partei, wo er schon mal für einige Jahre Mitglied gewesen war. 2012 wurde er stellvertretender Generalsekretär von
Präsident Hollande und damit sein wichtigster Wirtschaftsberater; 2014
ernannte ihn Hollande zu seinem Wirtschaftsminister. Zwei Jahre später
trat Macron zurück, weil er die Geduld mit der zögerlichen Reformpolitik
des Präsidenten verloren hatte. Er erfasste den bevorstehenden Untergang
der sozialistischen Regierung und die Abkehr der Franzosen von der traditionellen Politik. Daher betont er, wie gerne er gegen den Strich bürs-
tet. Das zeigt auch sein Privatleben. Als Schüler verliebte er sich in seine
Französisch-Lehrerin, die 24 Jahre älter ist. Brigitte Trogneux verließ ihren
Mann, mit dem sie drei Kinder hatte. Seit 2007 sind Macron und seine Ex-
Lehrerin verheiratet.

Als Wirtschaftsminister hat der junge Politiker einige Spuren hinterlassen.
Die Ausweitung der Ladenöffnungszeiten am Sonntag und die Öffnung des
Fernbusverkehrs für die private Konkurrenz gehen auf sein Konto. Macron hat mit viel Zähigkeit auch versucht, abgeschottete Berufsstände wie
Notare, Apotheker, Fahrlehrer und Gerichtsvollzieher aufzurütteln. Nicht
alles gelang ihm, doch die Bemühungen waren verdienstvoll. Die französische Wirtschaft braucht einen Deregulierungsschub wie ein miefiger
Raum ein offenes Fenster; Macron hat für Frischluft gesorgt. Schon vor
seinem Einstieg in die Politik arbeitete er mit dem ehemaligen Präsident-

schaftsberater Jacques Attali Vorschläge zur Entkrustung der französischen Wirtschaft aus. In seiner Ministerzeit provozierte er seine Regierungskollegen immer wieder mit Taten und Worten. Das Leben der Unternehmer könne härter sein als das der Arbeiter, sagte er einmal — für das Mitglied einer sozialistischen Regierung Frankreichs keine ungefährliche Aussage. Kein Wunder, dass er bei Wirtschaftsvertretern gut ankam. Dagegen wurde Macron bald zur Hassfigur der traditionellen Sozialisten und des Front National. Die Linkspolitiker werfen ihm vor, ein „Wirtschaftsliberaler" und damit ein Verräter zu sein. Die Rechtspopulisten brandmarken ihn als Befürworter einer „wilden Globalisierung und einer ungezügelten Deregulierung". Doch er bleibt bei seiner Linie: „Ich will unser Land mit der Risikobereitschaft und der Unternehmungslust versöhnen". Das klingt, als wolle er aus den Franzosen ein Volk von Firmengründern machen. Wenn man nicht wüsste, wie viele Beamte es in Frankreich gibt, könnte man es sogar glauben.

Macron ist seit Georges Pompidou der erste Präsident, der in der privaten Wirtschaft gearbeitet hat. Beide waren bei Rothschild tätig. Mit verblendeten Ideologen, die jedes Unternehmen als Hort der Ausbeutung sehen, hat Macron nichts gemein. Er stellt den Wert der Arbeit in den Mittelpunkt. „Ich will die Arbeit, die Schaffung von Unternehmen und die Privatinitiative von ihren Fesseln befreien", sagt er. Macron bezeichnet sich als „progressiv", was ihn von den Konservativen abgrenzen soll. Denn „konservativ" kann in Frankreich auch das Festhalten an der Stagnation bedeuten. Sein Kompass ist der Pragmatismus. Dabei glaubt Macron nicht an Hauruck-Reformen, sondern setzt auf Überzeugungsarbeit für den graduellen Umbau. „Es nützt überhaupt nichts, Dinge nur wegen ihres Symbolgehalts abzuschaffen", sagte er mir einmal in einem Interview auf die Frage nach der Abschaffung der 35-Stunden-Woche.[3] Wenn das Land monatelang blockiert sei, nur weil die Regierung ein Wahrzeichen vernichten wolle, sei nichts gewonnen. Wirkungsvoller sei es, die bestehenden Abweichungsmöglichkeiten von der gesetzlichen Arbeitszeitgrenze auszuweiten. Arbeitgeber und Gewerkschaften sollen in den Betrieben und auf Branchenebene Modelle ausarbeiten, die zu ihnen passen. Damit fallen die Überstundenzuschläge zwar weiterhin ab der 36. Arbeitsstunde an, doch sind mit Zustimmung der Gewerkschaften auch an diesem Punkt Ausnahmelösungen möglich. Dieser Weg ist typisch für Macron: Er versucht einerseits das linke Wählerlager zufriedenzustellen, für das die 35-Stunden-Woche immer noch ein sozialpolitisches Denkmal ist. Andererseits winkt er den Liberalen mit mehr Flexibilität. Der Staat soll

3 F.A.Z., 21. Oktober 2014.

nicht an allen Fronten zurückweichen, doch Macron will ihn so aufstellen, dass er die Eigeninitiative der Menschen fördert. Schon seine Vorgänger versuchten sich auf dem Weg des sanften Umbaus. Ob dies die Initialzündung bringt, die Frankreich dringend bräuchte, muss sich zeigen.

Die Bürgerlich-Konservativen schildern Macron als profillosen Verführer, der nicht das Rückgrat für einen Kurswechsel Frankreichs habe. Macron wolle letztlich nur die Fortführung des Status quo, mit dem sich schon Hollande abgefunden hatte. Der junge Mann erwidert: Gerade weil ich kein Schockprogramm plane, kann ich das Land verändern. Reformen, die nichts als Opfer verlangen, müssten in Frankreich zwangsläufig scheitern.

Der junge Politiker ist kein Liberal-Konservativer, sondern ein Sozial-Liberaler. Konservative Gesellschaftswerte lehnt Macron ab. Das Kopftuch, das schon in den Schulen verboten ist, soll in den Universitäten erlaubt bleiben. Politischen Gruppen, die nicht zur Hälfte Frauen an ihre Spitze stellen, will er staatliche Gelder streichen. In internationalen Fragen zieht Macron Offenheit der Abschottung vor. So begrüßt Macron die Flüchtlingspolitik von Angela Merkel. Sie habe Europas Ehre gerettet, sagte er im Januar 2017 in einer Rede in Berlin, und er bedauert, dass Frankreich nicht mehr Flüchtlinge aufgenommen hat. Diese müssten „würdevoll" empfangen werden und hätten Recht auf Schutz, steht in seinem Programm. Die Asylverfahren will er dabei auf höchstens sechs Monate beschleunigen. Alle abgelehnten Bewerber hätten aber rasch das Land zu verlassen. Auch Macron weiß, dass Frankreich schon seit der Entkolonialisierung mit hoher Einwanderung lebt. Dort, wo sie sich stark konzentriert, sind die Belastungsgrenzen erreicht.

In zwei Bereichen sieht Macron durchgreifende Neuerungen vor: Bei der staatlichen Arbeitslosen- und bei der Rentenversicherung. Für die Alterssicherung hat er sich besonders viel vorgenommen. Er will die Spezialregime für einzelne Berufsgruppen abschaffen und alle Franzosen in ein einheitliches System überführen. Viele Privilegien würden dadurch wegfallen. Das neue System soll nach Punkten organisiert sein, die man sich durch Arbeit und Einzahlen erwirbt. Jeder kann sein Rentenalter frei bestimmen, je früher er geht, desto weniger Rente gibt es. Gleichzeitig soll die Rentenhöhe davon abhängen, wie viele Mittel die Gemeinschaft zum jeweiligen Rentenbeginn gerade eingesammelt hat. Sein ehrgeiziges Rentenprojekt will Macron nicht sofort angehen. Er wird dafür viel Überzeugungsarbeit leisten müssen.

In der staatlichen Arbeitslosenversicherung möchte Macron Gewerkschaften und Arbeitgeber aus der Verwaltung drängen, sie soll künftig dem Staat unterstellt werden. Die Arbeitslosenbeiträge der Arbeitnehmer (und ihre Krankenversicherungs-Beiträge) werden durch Steuerfinanzierung ersetzt. Gleichzeitig verspricht Macron eine dauerhafte Senkung der Arbeitgeber-Sozialabgaben in der Hoffnung, die Schaffung neuer Jobs anzuregen. Zur Finanzierung soll dafür die Sozialsteuer CSG steigen, die nicht nur die Beschäftigten, sondern alle Franzosen abtreten. Eine Erhöhung der Mehrwertsteuer lehnt er dagegen ab, weil unter dieser Konsumsteuer besonders die Niedrigverdiener leiden. Das System der beruflichen Fortbildung will Macron ebenfalls stärker an den Staat heranrücken, damit mehr Arbeitslose davon profitieren. Im Kampf gegen die Beschäftigungslosigkeit sieht Macron den Staat somit in einer Schlüsselrolle. Ein öffentliches Investitionsprogramm von 50 Milliarden Euro will er auflegen, um Infrastruktur, Bildung und den ökologischen Umbau voranzutreiben. Hier knüpft er an Nicolas Sarkozy an, der nach der Finanzkrise ein ähnliches Programm in Höhe von 35 Milliarden Euro auf den Weg brachte.

Daneben weiß Macron aber auch, dass er den Marktkräften mehr Freiraum schaffen muss. Für die Unternehmen soll die Körperschaftssteuer und für die Anleger die Kapitalbesteuerung sinken. Die Vermögenssteuer werde nur noch auf den Immobilienbesitz zugreifen. Auch das starre Arbeitsrecht will er weiter lockern, obwohl dies schon unter seinem Vorgänger Hollande zu Demonstrationen im Lande geführt hatte.

Im Gesundheitswesen und in der Bildung verspricht Macron neue Ausgaben. Die Grundschulklassen sollen kleiner werden, gerade in den sozial angespannten Gegenden. In zwei Klassenstufen will er die Zahl auf 12 Schüler pro Klasse begrenzen. Für 12.000 Klassen würde sich die Schülerzahl damit mindestens halbieren. Die Lehrer will er auch besser bezahlen. Gleichzeitig sollen die staatlichen Gesundheitskassen unter seiner Regie verschiedene Erstattungen ausweiten. Für die Prävention von Krankheiten will er mehr Geld einsetzen und die Zentralisierung des Gesundheitssystems lockern.

In Fragen der inneren Sicherheit darf Macron nicht als Schwächling dastehen. Das war im Wahlkampf für den Politikneuling und Ex-Bankier eine reale Gefahr — gerade angesichts der Terrorgefahr und der Scharfmacherei von Marine Le Pen. Macron verspricht, 10.000 neue Polizisten und Gendarme einzustellen. Straftäter sollen dauerhaft aus den Vierteln verbannt werden können, in denen sie die Straftaten begingen. 15.000 neue Gefängnisplätze will Macron ebenfalls schaffen.

Die Verteidigungsausgaben, die viel höher als in Deutschland sind, sollen von 1,8 auf 2 Prozent des BIP steigen. Dabei will Macron auch den 1997 abgeschafften Militärdienst wieder einführen — allerdings nur für einen Monat. „Die Erfahrung der sozialen Durchmischung während dieses Dienstes stärkt den Zusammenhalt in der Republik", meint Macron. Die jungen Menschen könnten so ihren Eintritt ins Berufsleben besser vorbereiten. Im Krisenfall verfüge das Land zudem über eine militärische Reserve, die etwa einfache Bewachungsaufgaben wahrnehmen könnte.

All das kostet den Staat eine Menge Geld. Hinzukommt, dass sich Macron im Wahlkampf zu klassischen Wählergeschenken hinreißen ließ. So will er für 80 Prozent der Steuerpflichtigen die Wohnsteuer streichen, die wegen der veralteten Bemessungsgrundlage oft als ungerecht empfunden wird. Den Staat kommt dies teuer zu stehen, ihm fehlen dadurch jährlich rund 10 Milliarden Euro. Die Kommunen haben bereits heftig protestiert, denn ihnen gehen diese Einnahmen verloren.

Gleichzeitig sollen Macrons Sparanstrengungen nicht so weit gehen, wie sie etwa der bürgerlich-konservative Präsidentschaftskandidat Fillon gefordert hatte. Der Staatsdienst mit seinen 5,6 Millionen Beschäftigten soll nur um 120.000 Beamtenstellen schrumpfen. Und selbst diese bescheidene Zahl sei nur ein grober „Richtwert". Nach fünf Jahren werden sich die Einsparungen auf 60 Milliarden Euro addiert haben, verspricht Macron. Wer die Ausgaben der öffentlichen Hand von jährlich mehr als 1200 Milliarden Euro kennt, wird den Vorwurf eines Kahlschlags sofort zurückweisen. Die französischen Staatsausgaben nehmen aufgrund der inflationsbedingten, automatisch eingebauten Steigerungen ohnehin jährlich um rund 30 Milliarden Euro zu. Auch mit Macrons Kürzungen werden die öffentlichen Ausgaben also weiterhin wachsen.

Macron und seine Versprechen

Im Oktober 2014 hatte ich ein Interview mit dem französischen Finanzminister Michel Sapin vereinbart. In Berlin standen deutsch-französische Regierungsgespräche an, da wollte der Minister vorher einige Botschaften loswerden. Einige Tage zuvor erhielt ich einen überraschenden Anruf von der Pressesprecherin Macrons. Ob es mich stören würde, wenn auch der Wirtschaftsminister bei dem Interview anwesend wäre? Ich sagte sofort zu, denn ein Doppelinterview mit zwei Ministern ist ebenso ungewöhnlich wie interessant für einen Journalisten (und hoffentlich auch für die Leser). Macron, erst 36 Jahre alt und gerade sechs Wochen im Amt, drängte schon damals nach vorne. In dem 70 Minuten langen Gespräch war er es denn auch, der die Akzente setzte, sogar in Fragen der Finanzpolitik, dem Ressort seines Amtskollegen Sapin. Die wichtigste Aussage dieses Interviews war die Forderung beider Minister, dass die öffentliche Hand in Deutschland während der kommenden drei Jahre bitte schön 50 Milliarden Euro mehr investieren solle, wogegen Frankreich im Gegenzug staatliche Einsparungen in der gleichen Höhe vornehmen werde. Zur Erinnerung: Frankreich hatte sich im damaligen EU-Defizitverfahren ohnehin schon zu erheblichen Ausgabenkürzungen verpflichten müssen. Dennoch stellte das Land nun Gegenforderungen.

Die 50-50-Idee kam von Macron. Er weiß, wie man die Öffentlichkeit mit griffigen Parolen bezirzt. Der Wirtschaftsminister warnte in dem Interview vor Deflation wie in den dreißiger Jahren, die durch eine „übertriebene Sparpolitik" entstehen könne. „Die Haushaltspolitik in Europa darf nicht exzessiv juristisch betrieben werden", das heißt alleine mit dem Blick auf die nominalen Grenzen des Maastricht-Vertrages. Deutschland habe ohnehin erheblichen Spielraum — nicht zuletzt dank der Strukturreformen der Agenda 2010, die Macron ausdrücklich lobte. „Es ist unser kollektives Interesse, dass Deutschland mehr investiert", sagte er.

Aus dem „Deal", den sich Frankreich erhoffte, wurde nichts. Die Bundesregierung winkte sofort ab, denn sie sah keinerlei Veranlassung für Zugeständnisse an das Nachbarland. Das französische Einsparversprechen von 50 Milliarden Euro indes stand im Raum. Die französische Regierung hatte es schon im April 2014 gegenüber ihren Bürgern abgegeben. Was wurde daraus? Viel weniger als angekündigt. Im Sommer 2016 war nur ein Drittel der 50 Milliarden Euro erreicht, wie der Zentrumspolitiker Charles de Courson berechnete.[4] Die Regierung sprach von 30 Milliarden Euro bis Ende 2016 und kündigte weitere 10 Milliarden Euro für das Jahr 2017 an, für die sie wegen des Regierungswechsels aber keine Verantwortung mehr übernahm. Richtig ist, dass die sozialistische Regierung den Anstieg der Staatsausgaben auf ein Niveau drückte, das Frankreich lange nicht gekannt hatte. Ihre Einsparziele verfehlte sie dennoch. Ein großer Teil der Sparerfolge ging zudem nicht auf die Regierungsanstrengungen zurück, sondern auf die Niedrigzinsen für die Staatsschulden infolge der EZB-Geldpolitik. Für 40 Prozent des Defizitabbaus zwischen 2012 und 2016 waren nach Angaben des Rechnungshofes die niedrigeren Schuldzinsen verantwortlich.

4 Rede in der Assemblée Nationale, 7. Juli 2016.

Einmal mehr war die Regierung wortbrüchig geworden. François Hollande hatte bei seiner Wahl versprochen, die staatliche Gesamtverschuldung in seiner Amtszeit von fast 89 auf 80 Prozent des BIP zu senken. Stattdessen stieg sie bis Ende 2016 auf 96,5 Prozent. Nicht nur der mangelnde Sparwille war der Grund dafür, sondern auch das schwache Wachstum. Hollande hatte für seine fünf Regierungsjahre eine kumulierte Steigerung des BIP von real 11 Prozent angekündigt, doch heraus kam weniger als die Hälfte. Die Hauptverantwortung traf dafür den Präsidenten. Macron aber konnte sich als enger Berater und als Wirtschaftsminister von der Bilanz nicht völlig freisprechen, auch wenn er Hollande am Ende den Rücken kehrte.

Wie Macron später sagte, hat er aus dieser Erfahrung gelernt. Daher will er die Haushaltspolitik nun sehr ernst nehmen. Er plant geringere Steuersenkungen, als es seine Gegner im Präsidentschaftswahlkampf taten. Trotz der Mehrausgaben werde er das Defizitziel des Maastricht-Vertrages von 3 Prozent des BIP einhalten, versichert er. Anders könne Frankreich keine Glaubwürdigkeit zurückgewinnen. Eine Konfrontation mit Deutschland will er auf diesem Feld vermeiden. Denn auch für Europa hat Macron weitreichende Pläne. Er will die europäische Einigung weitertreiben, indem er den Euroraum stärker integriert. Kompetenzen der Nationalstaaten sollen auf eine zentrale Instanz übergehen. Eine Wirtschaftsregierung für den Euroraum mit einem Finanzminister werde nach seinen Plänen entstehen. Sie soll ein eigenes Budget verwalten und von einem Parlament des Euro-Raumes kontrolliert werden. Eines Tages könne diese Regierung auch Euro-Bonds auflegen. Für Bundeskanzlerin Merkel waren gemeinsame europäische Staatsanleihen immer ein rotes Tuch. Denn der größte Teil der Haftung würde auf Deutschland als führender Volkswirtschaft zurückfallen. Andere Länder könnten versucht sein, sich auf Kosten Deutschlands zu verschulden. Dass diese Idee unter vielen Deutschen unpopulär ist, überrascht kaum.

Die Frage bleibt offen, zu welchem Souveränitätsverzicht Frankreich überhaupt bereit sein wird. In der Vergangenheit ging diese Bereitschaft meist gegen null, wenn in Brüssel die Entscheidungen dem französischem Geschmack zuwiderliefen. Macron aber hält trotz der euroskeptischen Stimmung in Frankreich an seinen europäischen Vorlieben fest. Grenzüberschreitende Projekte, die den Menschen den konkreten Nutzen Europas vor Augen halten, will er gezielt fördern. „Wir können einen europäischen Google-Konzern aufbauen. Doch ein französisches Google wird es niemals geben", sagt er.

Marine Le Pen

Die Stichwahl der Präsidentschaftswahl führte zu einem Duell der Gegensätze: Hier der Europäer Macron, dort die Nationalistin Le Pen. Hier der Sozialliberale, dort die Befürworterin von staatlichem Dirigismus. Nach dem Wahlsieg von Donald Trump in den Vereinigten Staaten und dem Brexit-Votum in Großbritannien richteten sich viele Augen auf den Front National. Dabei ist er kein neues Phänomen. Seit 1974 ist die Partei sieben Mal bei einer Präsidentschaftswahl angetreten. In den Entscheidungsinstanzen oberhalb der Lokalpolitik ist der Front National jedoch kaum vertreten, weil sich seine Gegner in den Stichwahlen des französischen Wahlsystems meist zu einer breiten Front zusammenschlossen. Das Parteiprogramm ist ein Sammelsurium aus neuen Ideen und altbekannten Forderungen. Man kann es nicht alleine am rechten Rand verorten. In der Wirtschaftspolitik nimmt der Front National, anders als früher, die meisten Anleihen im linken Gedankengut. Unter den Beratern von Marine Le Pen finden sich etliche Ökonomen, die vorher dem Linkslager angehörten. Die wichtigsten Forderungen des Front National sind Einwanderungsstopp, Wiedereinführung von Grenzkontrollen, Ausstieg aus der Europäischen Union und dem Euro sowie Importhürden gegen Einfuhren. Marine Le Pen ist die Fürsprecherin eines französischen Alleingangs. Frankreich soll sein Schicksal selbst bestimmen und Schutz bieten vor dem Ungemach der Welt. Le Pens Anhänger sehnen sich nach einem Frankreich, das aussieht wie sie selbst: (zumeist) weiß, stolz auf die französische Heimat und ihre Geschichte, respektvoll vor Werten wie Familie, Recht und Ordnung. Die Wähler des Front National haben das Vertrauen in die dominierende Politikerkaste Frankreichs verloren. Vor jeder Wahl, so schimpfen sie, gaukeln die Politiker einen Wandel zum Besseren vor, der aber nie kommt. Stattdessen wird der Alltag immer mühsamer. Arbeitsplätze verschwinden, Ausländer kommen, die alten Normen zählen nicht mehr, die elektronische Vernetzung und der digitale Fortschritt machen Angst und überfordern die Menschen.

Die Politik des Front National kommt einer Einigelung Frankreichs gleich. Das Rezept mutet einfach an, enthält in Wirklichkeit aber lauter Widersprüche. Zwei gegensätzliche Seiten hat das Programm: Nach innen konservativ, nach außen radikal. Zuhause soll für die Franzosen weitgehend alles so bleiben, wie es ist: Der umfangreiche öffentliche Dienst soll stabilisiert werden, an den Sozialausgaben (außer für die Einwanderer) will man festhalten, und nicht mehr, sondern weniger freier Markt soll in der Wirtschaftspolitik herrschen. Weil es wieder so gemütlich werden soll wie früher, schlägt der Front National sogar vor, das Rentenalter von 62 auf

60 Jahre zu senken. Dass die Mittel dafür fehlen, stört die Partei nicht. Auch die Arbeitsrechtsreform von Hollande will Marine Le Pen rückgängig machen. Die Parteichefin steht für einen streng dirigistischen Ansatz in der Wirtschaftspolitik, deshalb sind ihr die Liberalisierungsinitiativen der EU-Kommission ein Dorn im Auge. Der Staat müsse „ein Stratege" sein. Er soll etwa die Banken zwingen, die kleinen und mittelständischen Unternehmen mit Krediten zu versorgen. „Doch die EU, die in Wahrheit unsere Souveränität in Bankenfragen in ihren Händen hält, verbietet mir, den Banken Befehle zu erteilen. Das ist ein Problem!", sagt sie.[5] Die großen Unternehmen will sie gleichzeitig höher besteuern.

An solchen Punkten trifft sich der Front National mit den Linksparteien. Der angesehene Journalist Nicolas Beytout, Großaktionär und Leiter der liberalen Tageszeitung „L'Opinion", glaubt daher, dass sich in Frankreich ein anti-liberaler Block aus linken und rechten Randparteien bilden werde, wie er mir in einem Interview Anfang September 2016 sagte. Weil das französische Parteiensystem immer zwei große Blöcke hervorbringe, werde ihm künftig ein liberales Lager gegenüberstehen. Zur Präsidentschaftswahl 2017 hat sich diese Tendenz in der Tat abgezeichnet. Die Linksaußen-Partei von Jean-Luc Mélenchon wollte vor der Stichwahl keine Empfehlung für Macron und damit gegen Le Pen abgeben. Auf der anderen Seite strömten die Gemäßigten von links bis rechts zu Macron.

Lieblingsthema von Marine Le Pen ist die „ungezügelte Globalisierung"; die Menschen würden sie „wie einen Totalitarismus" empfinden. „Dieser wird den Bürgern um jeden Preis aufgezwungen wie ein Krieg von jedem gegen jeden, der nur wenigen nutzt."[6] Der Nationalstaat müsse daher wieder seine alte Macht erobern. „Frankreich ist ein Land von Ingenieuren und Forschern, aber nicht von Geschäftsleuten. Daher konnten sich unsere industriellen Champions in der Vergangenheit nur dank des Staates entwickeln, der als strategischer Planer fungierte. Weil wir das aufgaben, verloren wir einen wichtigen Hebel unserer wirtschaftlichen Entwicklung."

Wie aber würde der Front National den radikalen Umschwung in seinem Außenverhältnis herbeiführen? Le Pen hat sich bei dieser Frage auf einen Schlingerkurs begeben, denn die vielen französischen Sparer befürchten nach einem Euro-Ausstieg die Abwertung des Franc und damit den empfindlichen Wertverlust ihrer Ersparnisse. Wegen der Alterung der Bevöl-

5 8. Februar 2016, im Fernsehsender TF1.
6 Interview mit der amerikanischen Zeitschrift Foreign Affairs, Ausgabe November/ Dezember 2016.

kerung wird die Schar der Sparer größer, nicht kleiner. Sie zittern vor Umbrüchen an der Währungsfront. Im Frühjahr 2017 sprach Le Pen daher von der Möglichkeit, neben dem Franc parallel eine europäische Währung zu behalten, der sich etwa die international tätigen Großunternehmen bedienen. Auf jeden Fall will sie zuerst auf den Verhandlungsweg mit den anderen Euro-Ländern setzen. Ihr Ziel ist, gelinde gesagt, ehrgeizig: Ein konzertiertes Ende des Euro möchte sie herbeiführen. Die Regierungen sollen gemeinsam zu ihren nationalen Währungen zurückkehren. Denn der Euro sei eine Zwangsjacke, die eigentlich nur Deutschland passe, so ihre Argumentation. Frankreich bräuchte einen niedrigeren Wechselkurs, damit seine Exporte im Wettbewerb mithalten können. Eine Abwertung — um vielleicht 20 Prozent — sei wünschenswert. Das Land solle auch nicht länger unter Brüsseler Sparauflagen leiden, sondern sich nach Belieben verschulden dürfen. Die volle Unabhängigkeit will Le Pen aber auch nicht, denn sie fürchtet einen Absturz des Franc ins Bodenlose oder permanente Wechselkursschwankungen. Daher plädiert sie für eine Rückkehr zur Europäischen Währungsschlange. Dieses System hatten einige europäische Länder wie Frankreich und Deutschland in den siebziger Jahren eingeführt. Es erlaubte den Währungen innerhalb festgelegter Bandbreiten zu schwanken, was die Notenbanken durch Interventionen am Devisenmarkt sicherstellten. Eine Neufestsetzung der Leitkurse war weiter möglich, wozu es auch ab und zu kam. Die Zinspolitik- und Währungspolitik blieb in dieser Zeit aber in nationaler Hand.

Soweit das sanfte Wunschbild von Marine Le Pen. Sollten ihr die anderen Euro-Länder aber die Gefolgschaft verweigern, will sie rabiater werden. Man muss kein Hellseher sein, um genau das zu erwarten. In diesem Fall sollen die Franzosen in einem Referendum über den Austritt aus dem Euro und der EU entscheiden.

Die Euro-Frage bringt Le Pen in ein Dilemma. Denn Frankreich fährt gut mit der europäischen Gemeinschaftswährung. Die superniedrigen Zinsen der EZB haben dem Land viel Spielraum verschafft. Die Franzosen haben ihn zwar nicht in dem erhofften Maße für Reformen genutzt. Doch stünde Frankreich auf eigenen Füßen, wären die Zinsen für seine Staatsschulden deutlich höher. Die hohen Euro-Schulden mit einem schwachen Franc zu bedienen, wäre zusätzlich schmerzhaft. Frankreich ließe sich also auf ein Abenteuer mit ungewissem Ausgang ein. Das Land hätte zwar die alte Macht der Banque de France zurückgewonnen, müsste aber ganz alleine beweisen, dass es die Wirtschaft auf Trab halten kann. Dafür wäre eine Mischung aus Haushaltsdisziplin, Inflationsbekämpfung, Wettbewerbsfähigkeit und Kaufkraftstärkung seiner Bürger gefragt. Der Front National wirkt nicht wie ein Garant dafür, im Gegenteil. Er will ein französisches Gesetz von 1973 rückgängig machen, das den Einsatz der Notenpresse zur staatlichen Schuldenfinanzierung ohne Zinsen verbietet. So kann man sich vorstellen, wohin die Reise ginge: Im Innern auf Reformen verzichten, stattdessen die Wirtschaft durch Abwertung, Gelddrucken und Inflation anheizen. Dieser Weg führte schon in der Vergangenheit in die Sackgasse. Immer mal wieder verbilligte Frankreich künstlich seine Währung, um den Unternehmen die Exporte zu erleichtern. Doch das ist keine dauerhafte Lösung, sondern nur der Weg des kurzfristig geringsten Widerstandes. Wichtiger wäre es, an der Kostenseite der Unternehmen zu arbeiten.

François Mitterrand entschloss sich nicht umsonst schon 1983 für eine Politik des starken Franc und damit für die Abkehr vom Sozialismus. Das ermöglichte später die Euro-Mitgliedschaft. Die Europäische Währungsunion mag kein idealer Währungsraum sein, weil die Volkswirtschaften sehr verschieden sind. Doch in einem Einzelstaat mit schwacher Stabilitätskultur ist das Wirtschaften nicht einfacher. Die Euro-Gegner vergessen gerne die starken zwischenstaatlichen Spannungen, die vor der Einführung der Gemeinschaftswährung herrschten. Die Währungskorridore zu respektieren war eine große Herausforderung. Man war sich einig, dass tägliche Jo-Jo-Bewegungen der Wechselkurse schädlich waren, doch die Einhaltung der Bandbreiten erforderte eine Ankerwährung und damit eine Art Super-Zentralbank, an der sich die anderen Zentralbanken zwangsläufig orientieren mussten. Als Vertreterin der stärksten Volkswirtschaft Europas mit einer ausgeprägten Stabilitätskultur fiel diese Rolle der Bundesbank zu. Damit mussten die anderen Notenbanken aber ihre Zinspolitik an den Frankfurter Währungshütern ausrichten, auch wenn dies zu Hause gerade nicht zu ihren Konjunkturbedürfnissen passte. Ansonsten wäre die Einhaltung der Währungsbandbreiten nicht möglich gewesen; häufige Wechselkursanpassungen wären die Folge gewesen, die aber das System ad absurdum geführt hätten. Die Einführung des Euro und der Europäischen Zentralbank beendete diese Vorherrschaft der Bundesbank. Nicht zuletzt hatte Frankreich darauf gedrängt. Doch auch für Deutschland war das Regime der Vor-Euro-Zeit alles andere als ideal. Wenn seine Nachbarländer stagnierten, weil ihnen eine unpassende Zinspolitik aufgezwungen wurde, litt auch Deutschland, nicht zuletzt weil Exportmärkte ausfielen. Heute erwähnt der Front National mit keinem Wort, ob er zu dieser alten Welt zurückkehren will. Denn es war eine Welt deutscher Vorherrschaft, mit der sich niemand wohl fühlte.

Der Front National streut den Menschen Sand in die Augen, wenn er ihnen eine wirtschaftliche Blüte „Made in France" vorgaukelt. Marine Le Pen gibt sich als Muttertyp, der eine schützende Hand über Frankreich legen will. Dabei ist sie eine politische Femme fatale. Sich auf sie einzulassen, könnte Frankreich — und Europa — zum Verhängnis werden.

Nachgefragt beim Altersweisen

Wie geht es weiter mit Frankreich? Fragen wir nach bei einem Mann, der mit seinen 91 Jahren den langen Atem der Geschichte wie kaum ein anderer bis in die Gegenwart spüren kann: Valéry Giscard d'Estaing ist ein beispielloser Zeitzeuge. Mit 32 Jahren wurde er Abgeordneter und bald darauf Staatssekretär im Finanzministerium. Das war zur Jahreswende 1958/1959, als de Gaulle gerade französischer Präsident geworden war. Neun Jahre diente Giscard unter ihm als Wirtschafts- und Finanzminister. Er erlebte den General in seiner Sturheit wie mit seinem Weitblick. Dessen Enkel Yves de Gaulle berichtet, wie sein Großvater einst die Geburt einer europäischen Gemeinschaftswährung voraussagte. In den sechziger Jahren wandte sich de Gaulle in einer Kabinettssitzung an den jungen Giscard d'Estaing: „Ich werde das nicht mehr erleben, Sie aber schon". Damit sollte er Recht behalten.

1974 wurde Giscard zum französischen Präsidenten gewählt und blieb es bis zur Wahl von François Mitterand im Jahr 1981. Mit vier amerikanischen Präsidenten hatte er es in dieser Zeit zu tun. Später war er Europaabgeordneter und Vorsitzender des europäischen Konvents, der für Europa eine Verfassung erarbeitete. Zu seinem Bedauern wurde sie in Referenden in Frankreich und den Niederlanden abgelehnt. Die EU-Länder verabschiedeten nur den Vertrag von Lissabon, der Teile des Vertragsentwurfs enthielt.

Giscard d'Estaing ist eine beeindruckende Persönlichkeit. Trotz seines hohen Alters ist er ein ebenso wacher wie kluger Beobachter seiner Zeit geblieben. Als Buchautor, Redner sowie als Mitglied des französischen Verfassungsrates und der Académie française prägt er die Gegenwart weiter mit.

Vor den Präsidentschaftswahlen habe ich eine Verabredung in seinem Wohnhaus im vornehmen 16. Arrondissement von Paris.[1] Zwei bewaffnete Polizisten kontrollieren den Eingang. In einem Vorzimmer begrüßt eine freundliche Dame die Besucher.

Giscard d'Estaing empfängt mich in einem Besprechungszimmer, das an das 19. Jahrhundert erinnert. Dunkle Holzmöbel, hohe Bücherregale, gedämpftes Licht. Der alte Parkettboden quietscht. Der ehemalige Präsi-

---

1 Gespräch mit dem Autor am 15. November 2016.

dent ist freundlich und erfrischend ironisch. Ich beginne das Gespräch mit der Bemerkung, dass „Frankreich heute ökonomisch nicht die Höhe seines Potentials erreicht hat". Da erwidert er: „Sie gehören offenbar zur höflichen Abteilung des Journalismus". Giscard d'Estaing spricht langsam und überlegt. Mit großer Klarheit bringt er seine Analyse auf den Punkt: „Frankreich steckt seit dreißig Jahren in einer tiefen ökonomischen, sozialen und politischen Krise. Das Land ist heute mehr eine Bürokratie als eine Demokratie – und Bürokratien produzieren bekanntlich nichts." Die Verschuldung seines Lands macht ihm besondere Sorgen. „Als ich als Präsident abtrat, lag sie bei knapp 17 Prozent des BIP. Heute ist sie fast auf 100 Prozent gestiegen. Das ist gefährlich, denn früher oder später werden die Zinsen steigen."

Bis heute ist Giscard als politischer Reisender in der Welt unterwegs, daher kann er seine Nation gut an anderen messen: „In der öffentlichen Meinung Frankreichs herrscht die Illusion vor, dass der Staat das Wachstum schafft. Dabei sind es die Unternehmen, die für Wachstum sorgen." Nicht nur dank seiner langen Freundschaft mit Helmut Schmidt zieht der in Koblenz geborene Ex-Präsident gerne Vergleiche mit Deutschland: „Mit der öffentlichen Meinung in Frankreich umzugehen, ist schwieriger als in Deutschland. Denn die französische Gesellschaft ist sehr gespalten. Es gibt viele Gruppen, die sich als Gegner gegenüberstehen. Denken Sie an die Gewerkschaften und die Arbeitgeber oder an die Regierung und die Beamten. Wenn jemand Reformen anpacken will, tritt der öffentliche Dienst in Streik. Dieses Gegeneinander lähmt das Land."

Doch Giscard d'Estaing hat die Hoffnung nicht aufgegeben: „Ich glaube, hinter all dem ist in jüngster Zeit eine gewisse Weisheit im Volk erwacht. Es versteht, dass ein ziemlich bedeutender Wandel erforderlich ist." Im Wahlkampf unterstützte Giscard den bürgerlich-konservativen Kandidaten François Fillon. Hoffnungsvoll stimmte ihn, dass alle Vorwahl-Kandidaten des bürgerlich-konservativen Lagers die Erhöhung des Rentenalters auf 65 Jahre forderten. Dabei vergisst er nicht anzumerken, dass das französische Rentenalter bei seinem Abtritt 1981 noch bei 65 Jahren lag. Erst sein Nachfolger Mitterrand setzte es auf 60 Jahre herab. Auch die Staatsausgaben müssten wieder auf das Niveau zurückkehren, das Giscard hinterließ – rund 43 Prozent des BIP, etwa so hoch wie Deutschland heute. Anders seien die Franzosen von Steuern und Abgaben nicht zu entlasten. Giscard prägte schon in den siebziger Jahren das Diktum, dass jenseits einer Steuer- und Abgabenquote von 40 Prozent des BIP „der Sozialismus beginnt". Er selbst hob die Belastung in seiner Präsidentenzeit zwar auch kräftig an, doch er blieb unter dieser Grenze. Heute dagegen notiert Frankreichs Steuer- und Abgabenquote bei 45 Prozent.

Was würde er heute als Präsident tun, frage ich. Das überbordende Beamtenheer müsse schrumpfen, die hohe Zahl der französischen Abgeordneten ebenfalls. Bei den verschiedenen Gebietskörperschaften seien nur die Kommunen und die Departements zu behalten, nicht aber die Regionen und die interkommunalen Ebenen. Das Korsett der einheitlichen Arbeitszeit und des strengen Arbeitsrechts in den Betrieben müsse gelockert werden. Auch die Vorschriftenflut für die Unternehmen sei zu beenden. „Die Produktion muss von ihren Fesseln befreit werden, heute sind die Regeln unglaublich kompliziert. In der Landwirtschaft kann man nichts anbauen, wenn man nicht alle möglichen Genehmigungen und Expertisen eingeholt hat und strenge Kontrollen über sich ergehen lässt." Beeindruckt ist Giscard vom deutschen Föderalismus, weil er die Präsenz des Staates eindämmt. „Eines Tages aß ich mit Herrn Teufel (früherer Ministerpräsident von Baden-Württemberg, Anm. d.A.) in Stuttgart zu Mittag. Ich fragte ihn, wo in Stuttgart die Vertretung der Bundesregierung zu finden sei. Er hatte nicht die geringste Idee, wovon ich sprach. In Stuttgart ist die Bundesregierung schlicht und einfach nicht vertreten" — ein unerhörter Zustand im Zentralstaat Frankreich.

Giscard kennt die Vorlieben und die Launen seiner Landsleute nur zu gut. „Ihre größte Leidenschaft ist die Gleichheit. Nicht die Chancengleichheit ist gemeint, sondern die Gleichheit, damit niemand mehr hat als man selbst. Es ist eine negative Gleichheit. In den Wahlen suchen die Franzosen nicht nach dem, der am fähigsten ist, sondern nach dem, der dafür sorgt, dass der Nachbar nicht mehr hat."

Das überall kursierende Wort vom Populismus lehnt Giscard vehement ab. „Es hat dazu geführt, dass Donald Trump in den Vereinigten Staaten gewählt wurde. Denn was bedeutet das Wort? Dass die Leute nicht das Recht haben zu denken. Doch Demokratie ist, was das Volk denkt. Das politische Milieu ignoriert heute die Menschen. Auch in Frankreich hat sich eine sehr dichte undurchdringliche Oberschicht aus Politikern und Lobbys von der Bevölkerung entfernt. Sie sprechen nur, um den Medien und den Lobbys zu gefallen. Doch sie wissen nicht, was wirklich im Lande vor sich geht."

Warum gab es in Frankreich eigentlich nie einen Politiker wie Ludwig Erhard in Deutschland, der die Menschen von der sozialen Marktwirtschaft überzeugte, will ich wissen. „Es gab Antoine Pinay, der es versucht hat. Er war Wirtschafts- und Finanzminister unter de Gaulle von 1958 bis 1960. Ich war in seiner Zeit Staatssekretär im Finanzministerium. Doch das exzessive Gewicht der Verwaltung und die permanenten Interventionen der Politik ließen ihn scheitern. Er war für das Konzept der sozialen Marktwirtschaft, die Welt der Unternehmen hätte es auch akzeptiert, doch die Verwaltung ließ nicht einmal zu, dass man das Wort in den Mund nahm."

Giscard bedauert das bis heute. „Praktisch alle Länder in Europa haben das Konzept der sozialen Marktwirtschaft aufgegriffen. Nur die politischen Führungskräfte in Frankreich wollen davon nichts wissen. Es tut ihnen irgendwie weh. Dabei ist es offensichtlich, dass dies der einzig gangbare Weg in die Zukunft ist — eine Marktwirtschaft mit einer sozialen Dimension." Er erklärt sich die Sonderrolle Frankreichs mit der Geschichte: „Wir hatten sehr lange die Monarchie, dann zwei Kaiserreiche im 19. Jahrhundert. Damit verfestigte sich die Mentalität, dass die meisten Entscheidungen dem Staat obliegen und nicht den Individuen oder verschiedenen Vertretungen der Gesellschaft."

Dennoch glaubt Giscard, dass sein Heimatland die Wende schaffen könne. Seine Vorhersage stellt er aber unter eine wichtige Bedingung — Frankreich dürfe sich nicht isolieren, sondern müsse sich in Europa richtig integrieren. Doch in welches Europa? Giscard schwebt eine weitere Annäherung der Euro-Länder vor. Sie sollten neben der Währungsunion eine Haushalts- und eine Steuerunion bilden. Vertreter der Nationalstaaten sollten darin das Sagen haben, nicht die EU-Kommission. „Eine politische Union ist nicht realistisch, denn jedes Land hat seine eigene lange Geschichte, die spürbare kulturelle Unterschiede hervorgebracht hat. Die Unternehmen dagegen sind grenzüberschreitend aufgestellt. Eine Wirtschaftsunion ist somit möglich." Konkret bringt er eine Forderung hervor, die in Deutschland schwer zu schlucken ist — und er weiß das: „Wir brauchen dafür ein europäisches Schatzamt, das auch gemeinsame Schulden emittiert, die berühmten Eurobonds. Anders geht es nicht." Giscard hofft, dass im Gegenzug strenge europäische Regeln die nationale Haushaltsdisziplin sichern. Dafür sollen Sanktionen sorgen, die nicht nur angedroht werden: „Ein Land, das die Vorschriften regelmäßig missachtet, muss die Union verlassen", fordert der ehemalige Präsident. 2015 hatte er sich schon für den Austritt Griechenlands aus der europäischen Währungsunion ausgesprochen. Ohne Abwertung könne das Land nicht die Krise beenden, meinte er damals.

Unser Gespräch dauert eine Stunde und 45 Minuten. Giscard verabschiedet sich mit einem Ratschlag und mit einer Prognose: Die neue Regierung müsse schnell handeln, die berühmten ersten hundert Tage nach der Wahl seien entscheidend. „Das wissen die Franzosen aber schon. Sie sind zwar etwas schwierig, doch wenn die Reformprojekte vernünftig sind und rasch vollendet werden, akzeptieren sie das. Ich glaube daher: Es wird zu den nötigen Korrekturen kommen."

Seit unserem Gespräch im November 2016 ist indes viel passiert. Nach dem ersten Urnengang der Präsidentschaftswahl im April 2017, der Fillon scheitern ließ, wollte sich Giscard nicht mehr äußern. Er sei beunruhigt über die Aussichten seines Landes, hieß es in seinem Umfeld. Der Aufstieg des Front National und der Linksaußen-Partei von Mélenchon machen ihm Sorgen. Immer wieder bezeichnen französische Medien Macron als einen „neuen Giscard". Auch Giscard war ein junger Präsident, er kam aus der politischen Mitte und verkörperte eine neue gesellschaftliche Modernität. Doch er mag die Vergleiche nicht, er ist skeptisch. Macron bringe anders als er früher kaum politische Erfahrung mit, und mit welcher Mehrheit will er regieren? So zeigt das Gespräch beim Altersweisen vor allem eins: In Frankreich bricht wahrlich eine neue Epoche an.

Ausblick

Emmanuel Macron steht in den nächsten fünf Jahren vor einem Berg an Herausforderungen. Wenn es kein Everest ist, so doch der Mont Blanc. Reformen in Trippelschritten sind jetzt keine Option mehr, davon hat Frankreich schon genug gesehen – mit dem bekannten Ergebnis. Geht der Präsident entschlossen vor, sind Konflikte im Parlament, innerhalb der Regierung und auf der Straße unvermeidlich. Eine Lähmung des Landes ist zeitweise möglich. Wenn die unvermeidlichen Zugeständnisse der Regierung an die Reformgegner aber zu weit gehen, würde am Ende wieder nur ein falscher Friede den Weg zum weiteren Niedergang ebnen. So wie oft in der Vergangenheit.

Die Frage ist, mit welcher Mehrheit die Regierung unter Emmanuel Macron regieren kann. Folgt sie seinen Vorgaben? Führt sein Experiment der politischen Mitte zu permanenten Grabenkämpfen im Regierungslager, wäre nichts gewonnen. Eine Gefahr schwebt über dem Präsidenten: Der Wunsch, allen zu gefallen und es allen Recht zu machen. Er kann nicht alleine regieren. Zum Gefangenen seiner „Partner", die ihn von links und von rechts einzäunen wollen, darf er aber auch nicht werden.

Immerhin schleppt Macron kein sozialistisches Erbgut mit sich herum wie sein Vorgänger Hollande. Ob in Europa oder zu Hause in Frankreich – Macron will als Sozialliberaler regieren. Ohne Scheuklappen greift er in die Werkzeugkästen von links und rechts. Seine wirtschaftsliberale Grundhaltung ergänzt das typisch französische Vertrauen in den Staat als Wirtschaftslenker. Ein Widerspruch? Nicht für Macron. Er will den Staat nicht als dauerhafte Interventionsmacht, sondern als Reparaturbetrieb für soziale Härten und für die Folgen von Marktexzessen. Ein Liberalismus „light" soll in Frankreich Einzug halten.

Die politische Landschaft ist heute in mehrere Lager zerklüftet. Das Ergebnis des ersten Wahlganges ergibt kein eindeutiges Bild: Die Franzosen wollen Reformen, doch welche und in welchem Härtegrad? Laut der optimistischen Vorhersage zieht die neue Regierung die Reformen rasch durch, und die Franzosen akzeptieren den erreichten Zustand als „fait accompli", wie es Valéry Giscard d'Estaing im Interview für möglich hielt. Frühere Präsidenten begannen ihre Mandate oft mit Wählergeschenken und verschoben schmerzhafte Reformen auf übermorgen. Doch wer zu spät aussäht, kann vor dem nächsten Wahltermin keine Früchte ernten.

Frankreich steht vor einem Reformbedarf, der sich nicht nur in einer Legislaturperiode bewältigen lässt. Man denke allein an den geplanten Rückbau des Staatsdienstes, der nur über die schrittweise Pensionierung von Beamten erfolgen kann. Schnelle Erfolge sind auf breiter Front nicht zu erwarten. Frankreich wird auch seine vergleichsweise hohen Staatsausgaben zunächst behalten. Die Arbeitslosigkeit könnte um einige Prozentpunkte sinken, doch die angepeilte Vollbeschäftigung ist vorerst ein Zukunftstraum. Frankreich bleibt Frankreich. Es wagt zwar den Austausch seiner politischen Eliten, doch an den übrigen Strukturen möchte das konservative Land zum großen Teil festhalten.

Fortschritte sind dennoch möglich, wenn die Regierung entschlossen genug vorgeht und es hinnimmt, zeitweise unbeliebt zu sein. Sie müsste rasch einige Reformpflöcke mit klarem Signalcharakter einschlagen. Wirtschaft und Politik sind immer auch Psychologie. Die Führung muss eine Stimmung erzeugen, die Aufbruchsbereitschaft und Investitionen begünstigt. Besonders dringend wäre es, die Staatsausgaben zu senken. Sie sind die Quelle aller Übel. Die Entlastung der Bürger von Steuern und Abgaben und damit eine Freisetzung ihrer Energien sind anders nicht möglich. Denn mit seiner aktuellen Staatsverschuldung hat Frankreich die Schmerzgrenzen schon überschritten. Zudem müsste der Wust von Normen und Vorschriften weichen, der die Franzosen und ihre Unternehmen tagtäglich einschnürt. Dies würde einerseits Freiräume schaffen und andererseits mehr Flexibilität erfordern. Beides führt im Erfolgsfall zu größerer Eigenverantwortung der Bürger und wäre damit ein Segen für das Land. Wenn Frankreich in diesem Sinne die Ärmel hochkrempeln würde, wäre auch der internationale Zuspruch gesichert, denn solche Signale hat man aus dem Nachbarland lange nicht gehört.

Das große Potential des Landes kann nicht genug unterstrichen werden: Eine wachsende Bevölkerung (wenn man für sie Arbeit schaffen kann), eine vorbildliche Familienpolitik, eine hohe Produktivität, eine gute öffentliche Infrastruktur, ein funktionierender öffentlicher Dienst (woran auch Sparmaßnahmen nichts ändern würden), viel Kreativität — und ein Präsident, der Neues wagen will.

Immerhin rücken einige Politiker heute den Wert der Arbeit in den Mittelpunkt. Arbeit zu schaffen sei die beste Sozialpolitik, sagen sie, und manche sprechen auch klar den Missbrauch sozialer Hilfen durch Empfänger an, die sie nicht bräuchten. Der Gouverneur der französischen Notenbank, François Villeroy de Galhau, empfiehlt: „Es ist besser, einen schlecht bezahlten Job zu haben als gar keinen, um danach hoffentlich auf eine

Stelle mit höherer Bezahlung zu kommen." Wenn Macron über soziale Fragen spricht, betont er am liebsten die Blockaden, die den Aufstieg verhindern, also vor allem die Arbeitslosigkeit. „In ihrer großen Mehrheit verlangen die Franzosen nicht mehr Schutz und schon gar nicht den Erhalt des Status quo. Sie wollen, dass sich das Land in Bewegung setzt", sagt er. Dass die gemäßigte Gewerkschaft CFDT gegenüber den orthodoxen Linken von der CGT an Terrain gewinnt, könnte die Beweglichkeit erleichtern.

Der Wandel ist eine Schnecke

„Ich bin tendenziell optimistisch, die Wahlprogramme sind viel liberaler als 2007 und 2012. Frankreich ist reformierbar, wenn man pädagogisch richtig vorgeht. Die früheren Reformversuche kamen meist überraschend, sie waren vorher nicht erklärt und begründet worden." So sprach der Herausgeber und Großaktionär der jungen Tageszeitung „L'Opinion", Nicolas Beytout, im September 2016.[1] Dass die Verkäufe des einzigen Blattes Frankreichs mit dem Attribut „liberal" im Zeitungskopf ordentlich sind, ist auch ein Zeichen des Fortschritts. Unmittelbar nach der Präsidentschaftswahl war Beytout jedoch skeptischer geworden. Er bewundert den Aufstieg Macrons, er fragt sich aber, ob seine Reformen ausreichen, die er teilweise nur in homöopathischen Dosen verabreichen will. Und kann er sie überhaupt durchsetzen angesichts der Spaltung des Landes?

Die Hürden bleiben hoch, das Bewusstsein der Menschen ändert sich nur langsam. Die Kultur der Franzosen ist von ihren katholischen Wurzeln geprägt, auch wenn die Kirche im Alltag ihre Bedeutung verloren hat. Reste der alten Gegnerschaft zwischen Katholizismus und Liberalismus sind noch zu finden. Sie verbinden sich mit einer Nostalgie linker Gesellschaftsentwürfe. Man darf nicht vergessen, dass die Kommunisten in Frankreich noch in den siebziger Jahren bei den Parlamentswahlen regelmäßig mehr als 20 Prozent der Stimmen erhielten. Viele Beamte, Lehrer, Intellektuelle und Journalisten sind weiterhin links gepolt. Dass Jean-Luc Mélenchon bei der Präsidentschaftswahl 2017 fast ein Fünftel der Wähler überzeugte, zeigt die Wiederbelebung dieser Tradition. Vor diesem Hintergrund klammert sich Frankreich an sein Modell. Man sieht es an der Steuerflut, der Regulierungswut und den staatlichen Rekordschulden. Der immer noch verbreitete Glaube an die Einzigartigkeit Frankreichs, der sich tief in die Geschichte und die Kultur der Nation eingeprägt hat, bremst die Bereitschaft zum Wandel.

1 Gespräch am 2. September 2016.

Dennoch: Der Prozess der langsamen Liberalisierung von Frankreichs Wirtschaft, der seit Jahren abwechselnd stockt und dann wiederbeginnt, bekommt jetzt eine neue Chance. Ein neuer Realismus verschafft sich Raum, der bei vielen Franzosen von einer wichtigen Erkenntnis ergänzt wird: So wie bisher kann es nicht weitergehen. Der Wandel ist bereits nicht zu leugnen, wenn man die Entwicklung über einen längeren Zeitraum betrachtet: Seit 1987 müssen sich die französischen Unternehmen umfangreichere Entlassungen nicht mehr vom Staat genehmigen lassen. Die Staatskonzerne sind zurückgedrängt, Gewerkschaften und Arbeitgeber verhandeln eigenständiger als früher über die Organisation und die Vergütung der Arbeit.

Die Politiker in Paris könnten sich manche Regionen zum Vorbild nehmen. Städte wie Lyon oder Bordeaux haben sich zu Kraftzentren entwickelt, weil die Verantwortlichen dort sachlich miteinander umgehen. Der sozialistische Bürgermeister von Lyon, Gérard Collomb, enger Berater von Emmanuel Macron im Wahlkampf, sieht sich auf der Linie seines liberalen Vorgängers Raymond Barre und dessen konservativen Vorgängers Michel Noir. In Bordeaux arbeitet der konservative Bürgermeister Alain Juppé mit dem sozialistischen Regionalpräsidenten Alain Rousset zusammen. Den alten Handelszentren sind ideologische Konflikte meist fremd. Das Verhältnis zwischen Arbeitgebern und Gewerkschaften, linken und rechten Parteipolitikern ist entspannter als in der Hauptstadt. Die Regionalmetropolen müssen zwar nicht alle ihre Mittel selbst erwirtschaften, denn die Zuweisungen aus Paris bleiben wichtig. Dennoch haben etliche Gegenden viel eigenen Elan entwickelt. Würde Paris das Gängelband lockern, könnte Frankreich davon noch mehr profitieren.

Wie Frankreich Europa retten kann – und umgekehrt

Die amerikanische Politik unter Donald Trump zwingt Europa, sich wie noch nie um seine eigene Sicherheit zu kümmern. Der Schutz unter dem Nato-Schirm ist in Frage gestellt. Die europäischen Staaten müssen mehr tun für ihre gemeinsame Verteidigung. Alte Bedrohungen bleiben bestehen und neue sind entstanden. Die Gefahr zwischenstaatlicher Konflikte ist nicht verschwunden, das Terrorrisiko hat sich vervielfacht. Daher muss der deutsch-französischen Zusammenarbeit das höchste Interesse gelten. Deutschland kann dabei von der breiten und langen militärischen Erfahrung Frankreichs profitieren. Die Franzosen haben die größere Streitmacht, die zudem nuklear bestückt ist, und sie schrecken vor Einsätzen außerhalb ihrer Grenzen nicht zurück. Nicht jede Mission bringt den erhofften

Erfolg, doch sie verschafft Frankreich wertvolles Know-how. Davon kann Deutschland profitieren, in welcher gemeinsamen Struktur auch immer. Die Geheimdienste müssen ebenso an einem Strang ziehen und in ihrer Organisation zusammenwachsen. Die Kooperation darf nicht exklusiv sein, sie muss weitere europäische Länder integrieren. Wenn Großbritannien mitmacht, umso besser. Wenn nicht, geht es auch ohne die Briten.

Auf dem wirtschaftlichen Gebiet verbreitet sich in Frankreich allmählich ein neuer Sinn für das Machbare und das Vernünftige. So wollen die Franzosen heute, dass der Staat den Unternehmen mehr Vertrauen entgegenbringt und weniger reguliert. 63 Prozent der Bevölkerung unterstützen diese Forderung, fast die Hälfte mehr als 2009.[2] In etlichen Detailfragen schlägt allerdings noch erhebliche Marktskepsis durch. Wenn etwa gefragt wird, ob die Unternehmen leichter Personal einstellen, sobald der Kündigungsschutz gelockert wird, antwortet eine Mehrheit mit Nein. Neue Freiheiten sind in unmittelbarer Nähe erwünscht, weniger dagegen im großen Rahmen: Auf die Frage, ob die Franzosen mehr staatlichen Schutz gegenüber den weltweiten Risiken wollen, stimmen 43 Prozent der Beteiligten zu — fast die Hälfte mehr als 2009. Darin kommt die neue Mode des Protektionismus zum Ausdruck. Machtprotze wie Donald Trump oder Wladimir Putin machen neidisch, wenn sie so tun, als könnten sie ihre Bürger vor Konkurrenz und vor den Wirren der Welt bewahren. Die nationalen Schutzwälle, die sie den Menschen vorgaukeln, schaffen nur eine Fata Morgana. Doch sie lässt sich ausschlachten. Frankreichs Rechts- und Linkspopulisten versuchen sich in der gleichen Illusion.

Es ist zu hoffen, dass Frankreich zusammen mit Deutschland und den anderen europäischen Nationen der protektionistischen Versuchung widersteht. Ohne offene Wirtschaftsgrenzen verlieren wir alle. Internationale Handelsfragen werden in den kommenden Jahren unser wirtschaftliches Wohlergehen und damit auch unsere politische Macht bestimmen. An den Verhandlungstischen misst sich das Gewicht der Regierungen daran, wie viele Verbraucher die Wirtschaftsblöcke aufbieten. Nur die Großen können die Öffnung großer Auslandsmärkte durchsetzen. Daher werden die Briten ihren EU-Austritt noch bereuen. Die Sprache der Außenhandelspolitik versteht auch ein Donald Trump, sobald amerikanische Exportunternehmen an neuen Hürden prallen, die sein Protektionismus herbeiführen könnte. Die EU muss sich in keiner Weise verstecken. Nach dem Abschied von den Briten wird sie immer noch rund 443 Millionen Einwohner haben

---

2 Umfrage von OpinionWay für das Beratungsinstitut Cevipof, Sciences Po, Januar 2017.

und damit einer der größten Wirtschaftsräume der Welt sein. In der Kopfzahl übertreffen die Europäer die Amerikaner bei weitem.

Diesen Trumpf kann Europa aber nur ausspielen, wenn es am einheitlichen Binnenmarkt festhält und die Kaufkraft seiner Bürger mehrt. Eine dynamische Wirtschaftsentwicklung ist dafür unverzichtbar, Reformen für mehr Wettbewerbsfähigkeit sind die Voraussetzung des gemeinsamen Erfolges genauso wie das Festhalten am Euro. Die Aufgabe der Gemeinschaftswährung würde den innereuropäischen Zusammenhalt bedrohen. Eine satte Mehrheit der Europäer will den Euro denn auch behalten, in Deutschland wie in Frankreich ist dies ebenso der Fall.

Die deutsche Bundesregierung darf daher nicht in einer neutralen Rolle verharren. Frankreich braucht Unterstützung, um nicht in die Hände des Front National zu fallen. Die Bundesregierung muss sich gut überlegen, wie sie mit dem Phänomen Macron umgeht. Teile seiner Europa-Pläne schießen über das Machbare und Empfehlenswerte hinaus, etwa eine europäische Arbeitslosenversicherung oder Eurobonds. Wer zwischen den Staaten zu viel umverteilt, entfremdet viele Menschen von Europa. Schon vor der Finanzkrise herrschte de facto eine Art Eurobond in Form von Niedrigzinsen selbst für Länder wie Griechenland, weil die Finanzmärkte glaubten, die starken Volkswirtschaften garantierten die Zahlungsfähigkeit überall in der Währungsunion. Die Folgen sind bekannt: Die Billigzinsen verführten die Regierungen und Banken der Südstaaten sowie Irlands zu einer Verschuldungsorgie ohnegleichen. Später mussten die Finanzkonzerne teuer gerettet werden. Die Krise führte allen vor Augen, dass differenzierte Zinsen als Reaktionssignale auf die nationalen Wirtschaftspolitiken und als Disziplinierungsinstrument unverzichtbar sind. Die Geldschwemme der EZB zur Krisenbekämpfung hat die Zinsen schon genügend gesenkt und damit Reformdruck von den Regierungen genommen. Ein Einheitszins durch Eurobonds würde die Fehlanreize vervielfachen.

Auf der anderen Seite aber zählt auch die politische Dimension. Man darf den französischen Präsidenten nicht immer wieder mit leeren Händen von europäischen Gipfeltreffen abreisen lassen. Der Front National sitzt nicht nur ihm, sondern ganz Europa im Nacken. Das kann man beklagen, dieser Umstand soll auch nicht zur Nötigung missbraucht werden, doch es ist so: Wenn Macron scheitert, haben die Rechtspopulisten 2022 freie Bahn. Natürlich muss Frankreich sich am eigenen Schopf aus der Krise ziehen, kann kein anderes Land ihm diese Aufgabe abnehmen. Doch die Nachbarn können entweder die Hände in den Schoß legen oder ein Stück weit Hilfe leisten. Der Leistungsbilanzüberschuss Deutschlands — der größte der Welt, größer als der von China — belegt die Ungleichgewichte im deutschen Wirtschaftsmodell. Nicht die Exporte sind das Manko, sondern die vergleichsweise geringen staatlichen wie unternehmerischen Investitionen in Deutschland. Der Ausbau der öffentlichen Infrastruktur sowie die Deregulierung des Dienstleistungssektors könnten Abhilfe leisten. Verbesserte Rahmenbedingungen, die deutsche und andere Unternehmen in Deutschland statt im Ausland investieren lassen, wären auch begrüßenswert. Nur ein Beispiel: Wenn Autobahnbenutzer oder Zugreisende im Hochgeschwindigkeitszug von Frankreich nach Deutschland kommen, wechselt das Fahrgefühl abrupt: In Frankreich flitzt man, in Deutschland flucht man. Erneuerungsinvestitionen lägen im Interesse Deutschlands, solange sie nicht die Staatsverschuldung in die Höhe treiben. Und warum eine solche Initiative nicht in ein deutsch-französisches Paket verpacken, das beiderseits des Rheins gefeiert werden könnte? Das wäre kein Zugeständnis an staatlichen Wirtschaftsdirigismus, sondern ein Akt realpolitischer Vernunft.

Nur geeint und als starker Kontinent hat Europa eine Zukunft. Daher ist es so wichtig, dass Frankreich das wirtschaftliche Comeback gelingt. Dann fällt auch das Zusammenleben in der europäischen Währungsunion wieder leichter. „Wir stehen vor einer riesigen Aufgabe", rief Emmanuel Macron in seiner Siegesrede des 7. Mai 2017 im Innenhof des Louvre den Franzosen immer wieder zu. Und er versprach: „Ich werde alles daran setzen, dass es in den kommenden fünf Jahren keinerlei Grund mehr gibt, für die extremen Parteien zu stimmen." Hoffen wir, dass ihm das gelingt.

Und die Träume? Frankreich hat kein Monopol darauf. Bei Flüchtlingsfragen, Atomausstieg und Verteidigungspolitik sind die Realpolitiker in Frankreich zu finden und viele Träumer in Deutschland. Über die Grenze zu blicken und sich abzustimmen lohnt sich in beiden Richtungen. Niemand soll aufhören zu träumen; als Fernziele können Träume durchaus nützlich sein, doch tun wir es mit beiden Beinen auf dem Boden und gemeinsam mit unseren Nachbarn.

Für ihren Rat, ihre Geduld und ihr Verständnis möchte ich mich herzlichst bedanken bei Teresa Adams, Barbara Willms, Manfred Weber, Vinca Dupuy, Sabine Schubert, Michaela Wiegel, Veronique Roy und Jean-Marc Daniel. Ohne ihren Einsatz hätte das Buch so nicht entstehen können. Für den Inhalt übernehme ich alleine die Verantwortung.

Der Autor

Foto: Michael von Aulock

Christian Schubert beobachtet seit dreizehn Jahren unser ebenso eindrucksvolles wie eigenwilliges Nachbarland als Korrespondent der Frankfurter Allgemeinen Zeitung mit Sitz in Paris. Täglich geht er der Frage nach, ob Frankreich wirtschaftlich und gesellschaftlich vorankommt oder auf der Stelle tritt. Internationale Vergleiche kann er reichlich ziehen. Acht Jahre lang war er F.A.Z.-Korrespondent in London, davor arbeitete er als Wirtschaftsredakteur der F.A.Z. in Frankfurt. Für dieses Buch befragte Schubert Dutzende von Managern, Politikern, Gewerkschaftern, Wissenschaftlern, Arbeitern und Jugendlichen. Er war in den Fabrikhallen genauso unterwegs wie auf den Chefetagen, er recherchierte in den unsicheren Vororten von Paris wie auf den Fluren der Ministerien. 2003 erschien sein Buch: „Großbritannien — der ewige Außenseiter Europas".